투자가의 성공조건

서병학 지음

Success Criteria of the Investor

투자의 세계에서는 돈을 못 벌어서 망하는 사람은 없다. 돈을 잃어서 망하는 것이다. 따라서 우선은 돈을 잃지 않는데 모든 포커스를 맞추어야 한다. 우리가 투자에서 얼마를 벌지는 아무도 모른다. 그러나 얼마를 덜 잃을지는 전적으로 우리의 의지에 달려 있다. 계좌의 잔고를 지키는 것은 계좌의 잔고를 늘리는 출발점이라는 점을 명심하여야 한다

불법복사는 지적재산을 훔치는 범죄행위입니다

저작권법 제97조의 5(권리의 침해죄)에 따라 위반자는 5년 이하의 징역 또는 5천만 원 이하의 벌금에 처하거나 이를 병과할 수 있습니다.

들어가면서

　주식투자는 누구나 한 번쯤 관심을 갖게 되는 분야이다. 어떤 기업을 골라 그 기업의 주식을 사고 그 주식의 가격이 오르면 돈을 번다. 뭔가 흥미진진해 보이며 해 보고 싶은 마음이 드는 것도 무리가 아니다. 그래서 주식투자에 많은 사람들이 흥미를 갖게 되며 직접 해 보고 싶어 한다.
　확실히 주식투자는 묘한 매력을 가지고 있다. 특히 돈을 벌 수 있다는 점은 누구에게나 어필할 수 있는 강력한 매력이다. 그런 매력 때문에 오늘도 수많은 사람들이 주식투자에 뛰어들고 있다.
　그러나 그 많은 사람들 가운데 주식투자에 성공한 사람은 얼마나 될까? 의외로 성공한 사람은 드물다. 대부분이 실패를 경험하며 경우에 따라서는 엄청난 손실을 보고 파산하기까지도 한다. 많은 사람들이 이야기한다. 주식해서 돈 번 사람을 본 적이 없다고. 실제로 주위를 살펴보라. 많은 사람들이 쓰라린 기억을 뒤로 하고 주식시장을 떠난다. 그 정도로 성공하기 어려운 것이 주식투자이다.
　이렇게 주식투자에서 성공하기 어려운 이유는 주식투자의 매력에 너무 심취한 나머지 그 뒤에 숨어 있는 가시의 존재를 간과했기 때문이다. 주식투자의 매력 뒤에는 가시가 존재하고 있다. 바로 손실이라는 가시이다.
　투자라는 세계에 들어선 이상 누구나 이 가시에 찔리게 되어 있다. 예외 없이 말이다. 그런데 대부분의 사람들이 여기에는 별로 신경을 쓰지 않는 것 같다. 찔리는 횟수와 깊이는 사람마다 다를 수 있지만 분명한 것은 언젠가는 찔리게 되어 있다는 사실이다. 그리고 그 가시에 너무 깊숙이 찔리는 순간, 돌이킬 수 없는 비극이 일어난다.

이렇듯 매력 뒤에는 손실의 위험이 도사리고 있는 것이 투자이다. 하지만 많은 사람들이 '돈을 벌 수 있다'는 매력에만 도취되어 돈을 잃을 수 있다는 사실은 간과하고 있다. 가시의 존재를 잊고 있는 것이다. 하지만 현실에서는 모두 이 가시에 찔려 괴로워하고 있다.

매력은 언제나 위험과 공존한다. 이는 동전의 양면과도 같다. 그러나 대부분의 경우가 그렇듯, 많은 사람들은 매력에 정신이 팔린 나머지 그 뒷면을 잘 보지 못한다. 아니, 보려고 하지 않는다. 위험에 대해서는 안이하게 생각하고 있는 것이다. 그리고 그 안이함은 언젠가 불행을 부르고야 만다.

사실, 가시에만 찔리지 않는다면 투자만큼 매력적인 일도 없을 것이다. 그렇다면 어떻게 해야 가시에 찔리지 않을 수 있을까? 어떻게 해야 주식투자에서 성공할 수 있을까? 이 질문은 가장 어려운 질문이자 가장 중요한 질문이다. 그리고 투자를 하려는 사람이라면 심각하게 고민해 봐야 할 질문이다.

'투자에서 성공하려면 어떻게 해야 한단 말인가?' 필자 역시 이 질문에 대해 오랜 기간 고민을 하였다. 딱 떨어지는 어떤 정확한 답이 있으면 좋으련만 여기에 대한 답은 상당히 추상적이고 피상적이기 쉬웠다. 그래서 질문을 조금 바꿔서 생각하였다. 투자에서 성공하기 위해서는 '투자가에게 무엇이 필요한가?' 좀 더 구체적인 차원에서 접근하기로 한 것이다. 무엇이 투자에서 성패를 가르는 요소이며 무엇 때문에 투자에서 실패하는가? 여기에 대해서는 보다 구체적이고 실질적인 답을 나름대로 찾을 수 있었다.

투자가에서 성공하기 위해서는 몇 가지 필요한 조건들이 있다. 조건은 크게 정신적인 면과 기술적인 면으로 나눌 수 있다. 정신적인 면은 그야말로 투자가의 정신자세이다. 많은 사람들이 투자에서 정신적인 측면은 그리 중요하게 생각하지 않는데 사실 성패를 가르는 가장 결정적인 요소이다. 이 시장은 멘탈 게임이다. 누가 더 냉정해질 수 있느냐에 달려 있다.

투자가로서 성공하기 위해서는, 그래서 주식투자에서 돈을 벌 수 있기 위해서는 어떤 특별한 비법이 필요한 것이 아니다. 실전에서 수익을 내느냐 못 내느냐의 문제는 비법과는 크게 상관이 없다. 실제로 비법이라 소개된 내용들은 무수히 많으며 관련 서적들도 넘쳐나고 있다. 그러나 그 비법으로 성공한 투자가가 과연 얼마나 있을까? 아무리 엄청난 비법을 알고 있더라도 그것을 아는 것과 막상 그것을 가지고 시장에서 수익을 내는 것과는 완전 별개의 문제이다. 아무리 많은 지식이 있어도 생각대로 되지 않는 것이 투자의 세계이다. 중요한 것은 어떤 지식이 되었든 그것을 제대로 활용하고 통제할 수 있는 스스로의 정신자세가 중요한 것이다. 그래서 이 책은 정신자세에 초점을 맞추고 있다.

다음이 기술적인 면이다. 한마디로 투자의 테크닉이다. 전략이니 기법이니 하는 분석하고 매매하는 기술을 말한다. 이는 학습과 반복을 통해 쌓아나가는 스킬이다. 이 역시 중요한 요소이다. 정밀한 테크닉과 숙련된 기술일수록 보다 여유 있는 대응이 가능하기 때문이다.

이 책의 구성은 다음과 같다. 제1장은 투자가 전반에 관한 이야기이다. 투자가라는 직업의 본질은 무엇이며 무엇을 목표로 하는지를 살펴보았다. 제2장은 투자가의 성공조건에 관한 구체적인 내용이다. 정신력과 매매기법에 있어 구체적인 내용들과 함께 자금관리에 관해서도 살펴보았다. 제3장과 제4장은 실전에서의 전략과 추세파악에 관한 내용들이다. 이 부분은 실전 매매에서의 매매기법과 관련된 내용들이다. 그리고 마지막 제5장은 투자가에게 꼭 해 주고 싶은 말들로 엮었다. 정신적 조건들의 중요성을 실례를 통해 강조하였다.

누군가가 이 책을 읽고 투자가라는 직업이 그리 만만한 직업이 아니라는 사실을 조금이나마 느낄 수 있다면 이는 성공이라 본다. 가시의 존재를 확인할 수 있었을 테니까 말이다. 그러면 투자에 보다 신중해질 것이며 두 번 찔릴 것을 한 번 찔릴 것이고 깊게 찔릴 것을 가볍게 찔릴 것이다. 이것만으로도 투자가로서 절반은 성공한 것이라 본다.

어떤 분야가 되었든 성공을 위해서는 분명히 무엇인가가 필요하다. 그것을 성공조건이라고 한다. 투자의 세계에서도 마찬가지이다. 성공하기 위해서는 성공조건이 필요하다. 이 책은 그런 성공조건을 확실하게 제시하고 있다. 그리고 투자가에게는 어떠한 자세가 필요한지도 역설하였다. 그런 의미에서 분명 이 책은 여러분의 성공투자에 도움이 될 것이라 확신한다. 그리고 그 성공조건을 갖추느냐는 이제 여러분의 몫이다.

끝으로 출판업계의 어려운 상황에서도 본서의 출판을 흔쾌히 수락해 주신 도서출판 두남의 전두표 사장님을 비롯하여 이승구 상무님께 감사의 말씀을 드린다. 그리고 교정을 도와준 제자 신승호군에게도 감사의 뜻을 전한다.

차례

· 들어가면서 ·· 3

Ⅰ. 투자가

1. 투자가 ·· 15

(1) 투자가란 무엇을 하는 사람인가? ·· 15
(2) 투자가의 목표 ·· 19
(3) 전업투자가 ··· 22
(4) 험난한 투자가의 길 ··· 28
(5) 아마추어와 프로 ·· 34
(6) 투자가와 도박꾼 ·· 36
(7) 투자가가 되기 위한 자격조건 ·· 39
(8) 투자가의 단계 ·· 60
(9) 성공한 투자가들 ·· 62

2. 투자가의 필수품 ·· 65

(1) 자금 ··· 65
(2) 트레이딩 시스템 ·· 67

3. 어느 시장에 투자할 것인가? ·· 71

(1) 주식시장 ··· 72
(2) 선물 옵션시장 ·· 75

II. 투자가의 성공조건

1. 정신력 ·· 86

    (1) 자제력 ·· 87

    (2) 인내력 ·· 92

    (3) 평정심 ·· 98

    (4) 겸손 ·· 101

2. 매매기법 ·· 104

    (1) 매매기법의 필요성 ·· 104

    (2) 기본적 분석 ·· 109

    (3) 기술적 분석 ·· 117

    (4) 매매원칙 ··· 122

3. 자금관리 ·· 129

4. 기타 -그 밖에 있으면 좋은 것들- ·· 133

    (1) 투자가 친구 ·· 135

    (2) 증권사 직원 ·· 138

    (3) 취미 ·· 140

    (4) 운동 ·· 142

III. 실전투자전략

1. 주식투자에 앞서 ·· 147

    (1) 절대로 투자를 해서는 안 되는 때 ·· 147

    (2) 시세를 결정하는 요인 ··· 152

    (3) 시장 분위기 파악 ··· 156

(4) 장세의 특성파악 ……………………………………… 159
　　(5) 종목 선정 …………………………………………… 161

2. 매수와 청산 ·· 165

　　(1) 매매전략 수립 ……………………………………… 165
　　(2) 종목 선정 …………………………………………… 168
　　(3) 매수 그리고 기다림 ………………………………… 176
　　(4) 이익실현 …………………………………………… 179
　　(5) 손절매 ……………………………………………… 182
　　(6) 휴식 -마이너스(-) 상황에서 빠져 나와라- ………… 187
　　(7) 기록 ………………………………………………… 193

3. 매매원칙의 실행 ·· 195

　　(1) 원칙의 필요성 ……………………………………… 195
　　(2) 매매원칙의 수립 …………………………………… 198
　　(3) 원칙의 준수 ………………………………………… 203
　　(4) 실천은 어렵다 ……………………………………… 206

Ⅳ. 추세파악

1. 추세 ·· 211

　　(1) 추세를 이용한 쉬운 주식매매 ……………………… 214
　　(2) 추세의 성질 ………………………………………… 217
　　(3) 사이클의 반복 ……………………………………… 223
　　(4) 추세 속의 작은 파동들 ……………………………… 226

2. 추세파악 방법 ·· 233

　　(1) 차트를 통한 추세파악 ……………………………… 233

(2) 수급을 통한 추세파악 ·················· 239

3. 추세전환 ·· 249

   (1) 추세전환의 포착 ·················· 249

   (2) 하락반전 ·················· 251

   (3) 상승반전 ·················· 262

   (4) 돌파 ·················· 268

4. 추세를 이용한 매매 타이밍의 결정 ·· 274

   (1) 매수 타이밍 잡기 ·················· 274

   (2) 매도 타이밍 잡기 ·················· 278

   (3) 향후 추세의 확신이 어려운 경우 ·················· 281

V. 선배 투자가의 충고 / 285

  ▶ 성공의 정답은 다 알고 있다 ·················· 288

  ▶ 시장을 받아들여라 ·················· 291

  ▶ 지피지기면 백전백승이다 ·················· 294

  ▶ 근거 없는 자신감부터 버려라 ·················· 297

  ▶ 선입견은 끝까지 상황판단을 흐리게 한다 ·················· 300

  ▶ 자존심은 잔고를 줄이는 최대의 적이다 ·················· 303

  ▶ 욕심은 지옥의 열쇠이다 ·················· 306

  ▶ 미련, 미련 때문에 ·················· 310

  ▶ 자만심은 확실한 패배의 자양분이다 ·················· 312

  ▶ 분위기 파악부터 ·················· 316

  ▶ 역사는 반복된다 ·················· 320

  ▶ 손실의 교훈을 잊지 말라 ·················· 321

- ▶ 변명은 다음 손실을 예약해 놓는다 ·················· 325
- ▶ 기다리는 행운은 오지 않는다 ·················· 328
- ▶ 찬스 다음에는 위기이다 ·················· 331
- ▶ 일단 매매횟수부터 줄여라 ·················· 334
- ▶ 배워야 산다 ·················· 337
- ▶ 매매에서는 퍼센트(비율)로 생각하라 ·················· 339
- ▶ 낙관론과 비관론은 모두 함정 ·················· 341
- ▶ 몸으로 터득하라 ·················· 344
- ▶ 이 돈은 내 돈이 아니다 ·················· 348
- ▶ 버는 것보다 덜 잃는 것 ·················· 350
- ▶ 치타는 새가슴으로 사냥에 임한다 ·················· 352

에필로그 ·· 357

I. 투자가

투자가 I

1 투자가

(1) 투자가란 무엇을 하는 사람인가?

① 미래를 생각하는 사람

투자(投資)란 무엇일까? 글자 그대로 보면 '자금(資金)을 던진다(投)' 라는 뜻이다. 사전적 의미로는 '이익을 얻기 위하여 어떤 일이나 사업에 자본을 대거나 시간이나 정성을 쏟음'이 그 첫 번째 의미이고 두 번째 의미로 '이익을 얻기 위하여 주권, 채권 따위를 구입하는 데 자금을 돌리는 일'이라고 되어 있다. 어느 경우든 이익을 위하여 무언가를 투입하는 내용이 포함되어 있다.

투자가(投資家)란 그런 투자를 행하는 사람을 말한다. 이익을 얻기 위하여 어떤 일이나 사업에 자본을 대거나 시간이나 정성을 쏟는 사람이다. 혹은 이익을 얻기 위하여 주권, 채권 따위를 구입하는 데 자금을 돌리는 일을 하는 사람을 투자가라고 한다.

투자가가 자금을 투입하는 이유는 무엇일까? 그 목적은 사전적 정의에도 나와 있듯이 이익을 위해서이다. 자기의 자금을 어느 한 분야에 투입한다는 것은 그 분야로부터 어느 정도의 이익을 기대하기 때문이다. 주식을 사든, 부동산을 사든 이익을 기대하기 때문에 자금을 투입하는 것이다. 이익은 투자가의 존재 이유이자, 그들을 행동하게 만드는 최대의 인센티브이다.

그런데 투자에서 그 이익이란 미래에 발생한다. 이익이 발생하기까지는 어느 정도의 시간이 소요되는 것이다. 돈을 투입하자마자 즉각적인 결과가 나오는 것이 아니라 결과가 나올 때까지는 어느 정도의 시간이 필요하다. 경우에 따라서는 아주 짧은 시간이 소요될 수도 있지만 제법 긴 시간이 소요되기도 한다. 분명한 것은 시간이 소요된다는 사실이다. 투자에서 결과를 내기까지는 시간이라는 요소가 반드시 개입된다. 투자의 결과는 미래에 나오는 것이다.

그런데 미래란 어떻게 될지 아무도 모른다. 실은 여기에 근원적인 문제가 있다. 불확실성의 문제가 발생하는 것이다. 이익을 기대하고 자금을 투여했는데 결과는 어떻게 될지 아무도 알 수 없다. 이 점은 투자가에게는 상당히 불안한 이야기이지만 그렇다고 어떻게 할 수도 없는 문제이다. 불확실성이란 투자가가 반드시 함께 해야 하는 동반자이다.

사실, 불확실성은 투자가에게는 기회이기도 하다. '어떻게 될지 모른다'라는 말은 '자기의 생각대로 될 수도 있다' 라는 의미를 포함하고 있다. 즉 성공 가능성도 열려 있는 것이다. 결국 이 때문에 투자가는 투자를 하는 것이지만 말이다.

따라서 미래의 불확실성은 투자가에게 기회이자 리스크이다. 그리고 어떤 의미에서든 투자가에게는 미래가 관건이다. 미래가 어떠한 방향으로 전개되느냐에 따라 투자의 결과가 달라진다. 수익이 발생할 수도 있고 손실이 발생할 수도 있다. 미래의 향방에 따라 투자는 성공할 수도 있고 실패로 끝날 수도 있는 것이다.

그래서 투자가는 언제나 미래를 생각하여야 한다. 아니, 생각할 수밖에 없다. 자신의 자금을 투입하여 성과가 나올 수 있는 미래가 보여야 한다.

물론 미래를 예상하기란 쉽지 않다. 엄청난 변수가 존재하기 때문이다. 갑작스러운 변수에 의해 생각하지도 못한 방향으로 전개되는 것이 미래이다. 그렇지만 그런 불확실한 미래에 자신의 자금을 걸어야 하는 것이 투자가의 운명인 이상, 투자가는 나름대로의 미래를 그릴 줄 알아야 한다. 자신이 그린 미래에 투자하는 것이기 때문이다. 투자와 미래. 떼어 놓고는 생각할 수 없는 관계이다.

많은 사람들이 투자가란 그냥 돈을 가지고 투자를 하는 사람 정도의 피상적인 이미지만 갖고 있으나 사실 투자가는 미래를 생각해야 하는 사람이다. 어느 누구보다도 절실히 미래를 생각하여야 하는 사람이다. 미래에 돈을 걸었기 때문이다. 투자가는 미래를 생각하지 않을 수 없는 것이다.

어느 기업에 투자한다고 하자. 우리는 그 기업의 미래에 돈을 건 것이지 과거에 돈을 건 것이 아니다. 그 기업이 미래에 어떻게 되어 있느냐에 따라 투자의 성과가 달라지는 것이다. 따라서 투자가의 관심은 미래일 수밖에 없다.

투자가는 미래를 생각하는 사람이다. 투자라는 일에 육체적 노동은 없다. 다만, 그보다 엄청난 정신적 노동이 따를 뿐이다. 끊임없이 생각하여야 하기 때문이다. 그것도 불확실한 미래를 상대로 말이다. 얼마나 미래를 정확히 그릴 수 있느냐가 투자가의 능력이자 투자의 성패를 가르는 것이다.

② 위험한 일을 하는 사람

주식시장에서 일반적으로 이야기하는 투자가란 대부분 주식이나 선물옵션 매매를 하는 사람들을 말한다. 일종의 트레이더(trader)인 셈이다. 이들은 해당 상품인 주식이나, 파생상품을 매매하여 시세 차익을 얻는 것을 목적으로 한다.

결국 싸게 사서 비싸게 팔거나 비싸게 팔고 싸게 사는 것이 목적이 된다. 과정만 보면 아주 단순하지만 이것이 그리 쉬운 일이 아니다. 대부분이 비싸게 사서 싸게 팔거나 싸게 팔고 비싸게 산다. 정반대의 행위를 하고 만다. 그만큼 싸게 사서 비싸게 팔기가 어려운 것이다. 그래서 성공한 투자가보다는 실패한 투자가가 압도적으로 많다.

그렇다면 왜 많은 투자가들이 가격이 떨어질 것을 샀을까? 이유는 간단하다. 떨어질지 몰랐던 것이다. 왜 몰랐을까? 당연한 이야기이지만 미래를 어떻게 알 수가 있겠는가? 투자의 결과는 미래에 나오는데 그 미래란 예측이 불가능한 영역이다. 누가 감히 내일의 일을 단언할 수가 있단 말인가? 한 치 앞의 일도 알 수 없는 것이 사람이다.

2011년 그리스의 재정위기로 파급된 금융위기가 한국의 종합주가지수를 단 2주 사이에 2,173포인트에서 1,684포인트로 무려 489포인트나 급락시켰다. 머나먼 유럽의 작은 나라에서 일어난 사건이 순식간에 주가를 폭락시킨 것이다. 누가 예상을 할 수나 있었겠는가? 미래는 불확실하며 돌발 상황은 언제 어디서 일어날지 모른다.

불확실하다는 것은 어떻게 될지 모른다는 의미이다. 미래는 어떻게 될지 모른다. 그러니 위험이 없을 수 없다. 그런 불확실한 미래에 돈을 거는 일이 어찌 위험하다 하지 않을 수 있을까? 위험이란 투자라는 행위에 원초적으로 수반되어 있는 요소이다. 투자가에 있어 뗄 수 없는 동반자인 셈이다.

증권가에 가서 보면 주식 때문에 집을 잃은 사람, 빚에 허덕이는 사람, 폐인이 된 사람이 한둘이 아니다. 주식투자가 위험한 행위임을 이들이 증명해 주고 있지 않은가? 모두 비싸게 사고 싸게 팔아 그렇게 된 사람들이다. 이렇듯 자칫하면 엄청난 나락으로 떨어질 수 있는 사람들이 투자가들이다.

일반적으로 군인이나 소방관은 위험한 직업으로 인식되고 있으나 투자가는 그렇게 위험한 직업으로 인식되지 않는 경향이 있다. 절대로 그렇지 않다. 투자가 역시 위험한 직업이다. 물론 위험의 성격은 다르다. 군인이나 소방관은 생명과 부상의 위험이 있으나 투자가는 엄청난 금전적 손실이라는 위험이 따른다. 온 가족이 거리에 나앉을 수 있는 위험이 있다. 투자가 역시 상당한 위험을 감수하여야 하는 직업이다.

투자가가 하는 일이란 싸게 사서 비싸게 팔면 된다는, 어떻게 보면 단순하게 보이는 일을 하지만 실제로는 상당히 위험한 일을 하고 있는 사람이다. 이 점은 우리가 투자가에 관하여 생각할 때 중요하게 생각해야 할 부분이다. 투자가는 위험한 일을 하고 있는 사람이다.

(2) 투자가의 목표

투자가의 목표는 무엇일까? 물론 투자를 통한 수익창출이다. 더 구체적으로 말하자면 사고파는 매매를 통해 시세차익을 보는 것이다. 아주 명확하다. 그런데 이 명확한 투자가의 목표를 조금 다른 차원에서 생각해 보기로 하자.

주식시장에서든 혹은 파생상품시장에서 투자가의 제1의 목표는 서바이벌(survival), 즉 생존이라고 본다. 이에 대해 의아해하는 사람들도 있을 것이다. 투자가가 수익을 내야지 생존만 해서 뭐하라는 것이냐고 말할 것이다.

그러나 생존도 못하는 투자가들이 너무나도 많은 현실에서 생존의 문제는 가장 중요한 테마가 아닐 수 없다. 사실 시장에서 살아남는 것만 해도 대단한 것이다. 시장에서 10년이고 20년이고 살아남은 사람은 존경할 만한 사람들이라고 본다. 주위를 보면 그런 사람이 얼마나 드문지 금방 알 수 있을 것이다. 대부분의 사람들이 주식을 한다느니, 돈을 얼마 벌었네, 잃었네 하다가 소리 소문 없이 사라진다. 거의 대부분이 그렇다. 유명한 펀드매니저들도 예외는 아니다. 잠깐 반짝하다가 사라지는 사람들이 한둘이 아니다.

생존한다는 것은 험난한 시장의 변동 속에서 나름대로 잘 버티고 있다는 이야기이다. 수익? 수익은 그다음 이야기이다. 생존은 투자가의 첫 번째 목적이다. 매매를 처음 시작하는 초보자에게 이 말이 무슨 말인지 선뜻 다가오지 않을 수도 있다. '매매를 하면 수익을 보는 것이 목적이지, 뜬금없이 생존이라니.' 이렇게 생각할 수 있다. 그러나 어느 정도 경험 있는 투자가라면 '생존'이라는 두 글자의 의미가 남다르게 느껴질 것이다.

매매를 거듭할수록 느껴지겠지만, 본격적인 투자가가 되어 가는 과정이란 시장에서 수익은커녕 생존한다는 것이 얼마나 어려운 것인지를 터득해

가는 과정이다. 얼마나 많은 투자가들이 이곳에서 쓴 맛을 보며 사라져 갔던가? 생존을 우습게보지 말기 바란다. 어려운 일이다. 실제로 투자가란 살아남기도 어려운 직업이다.

생존! 이것이 투자가의 첫 번째 목표이다. 전쟁터에서 살아남아야 승리의 영광도 있고 패배의 쓰라림도 있는 법이다. 일단은 살아남아야 한다. 그래야 비록 패배했더라도 다음을 기약해 볼 수 있다. 생존은 투자가의 절대 과제이자 그 첫 번째 목표이다.

그럼 그다음의 제2의 목표는 무엇인가? 생존했다면 투자가의 그다음 목표는 꾸준한 수익창출이다. 다시 말하지만 '꾸준한' 수익의 창출이다. 대박을 말하는 것이 절대 아니다. 투자가의 제2의 목표는 꾸준한 수익창출이다.

대박은 꿈꾸지도 마라. 대박은 반드시 대손실로 끝난다. 매매를 하다 보면 어쩌다 큰 수익이 날 수는 있지만 이것은 대부분 운이 좋아 그런 것이다. 오히려 한 번의 큰 수익이 과도한 자신감을 낳고 이것이 무모한 투자로 이어질 수 있다. 그야말로 실패의 시작이 될 수 있는 것이다. 투자의 세계에서 자기 환상은 대손실로 결말나게 되어 있다. 이것은 공식이다. 이 세계가 원래 그렇게 되어 있다. 대박이 대손실로 이어지는 곳, 그래서 이 투자의 세계가 무서운 것이다.

시장에서 꾸준히 수익을 낸다는 것은 시장에서 변화의 파도를 잘 넘고 있다는 이야기이다. 크게 벌었다는 것은 그리 중요치 않다. 일단 손실보다 수익이 많아야 하고 손실보다 수익이 많은 매매를 꾸준히 할 수 있어야 한다. 이것이 두 번째 목표이다.

물론 이것은 생존보다 더 어려운 목표이다. 꾸준히 수익을 내기 위해서는 정말 매매에 정통하여야 하기 때문이다. 이 단계에서 우리는 고수와 하수를 구분할 수 있다. 고수는 꾸준한 수익을 기반으로 매매를 해 나가며 이에 비해 하수는 부침이 심하다. 수익을 낼 때는 내지만 손실도 크게 낸다. 수익과 손실이 들쑥날쑥하다가 어느 순간 손실의 규모가 수익 규모를 넘어서게 되고 손실은 더욱더 커진다. 이는 대부분의 하수 투자가들이 직면하는 문제이다.

만약 어느 투자가가 꾸준히 수익을 내고 있다고 한다면 그는 확실히 성공한 투자가라고 말할 수 있을 것이다. 우리가 아는 세계적인 투자가들의 연 수익률은 약 20~40% 정도이다. 100%나 500%가 아니다. 뉴욕 월 스트리트의 최고의 펀드 매니저도 평균 수익률은 25% 정도라고 한다. 어쩌다 한 번의 매매로 100%의 수익률이 나올 수는 있다. 그러나 5년 이상 꾸준히 연 25% 정도의 수익률을 내기란 정말 어렵다. 10년 동안 연 25%의 수익률을 내기란 더더욱 어려운 일이다. 꾸준한 수익창출이라는 투자가로서의 제2의 목표를 달성했다면 이 사람은 평생 매매로 먹고 살 수 있을 것이다. 진정한 프로 투자가인 것이다.

　다음으로 투자가의 제3의 목표, 마지막 목표는 '멋있는 매매'이다. 이것은 투자가의 마지막 단계의 목표로 가능하면 매매를 좀 더 정교하게 행하여 수익률을 높이는 것이다. 이 단계라면 정말 달인(達人)의 경지라고 봐야 할 것이다.

　이 목표를 달성하기 위해서는 매매가 완벽에 가까워져야 하고 타이밍 역시 완벽에 가까워져야 한다. 이 정도의 경지라면 매매는 거의 예술일 것이다. 이것이 바로 투자가의 마지막 목표이다. 이 목표는 제2의 목표를 달성한 투자가가 추구하는 궁극의 경지이다. 매매에서 몇 푼 벌어보자는 수준과는 차원이 다르다.

　그러나 대부분의 투자가들이 생존하기에도 벅찬 것이 현실이다. 투자가의 약 80%가 엄청난 손실과 아픈 기억만을 뒤로한 채 시장을 떠난다. 그리고 수익을 확실히 내는 투자가는 약 2% 정도라고 한다. 그러니 대부분의 투자가들은 제1의 목표도 달성하지 못하고 있는 셈이다.

　일단은 목표를 차근차근 달성해 나가야 한다. 처음부터 큰 욕심을 부린다는 것 자체가 이 세계에서는 유치한 일이다. 문제는 이런 사실을 처음부터 알고 시작하는 사람이 많지 않다는 것이다. 다들 엄청난 수익을 금방이라도 낼 수 있듯이 덤벼들고 있다. 모두들 처음에는 생존이 중요하다는 말이 들리지도 않을 것이다. 하지만 곧 알게 될 것이다. 생존이 얼마나 어려운 일이라는 것을.

(3) 전업투자가

시대의 변화에 따라 여러 새로운 직업이 생긴다. 최근에 생긴 직업 중에 가장 신선한 것 중의 하나가 프로게이머라 생각한다. 이제는 많이 익숙해진 단어이지만 과거에는 상상도 할 수 없었던 직업이다. 컴퓨터 게임을 하면서 돈을 벌다니, 아마 컴퓨터와 인터넷의 보급이 없었더라면 프로게이머라는 직업은 탄생하지 않았을 것이다. 시대의 변화가 만들어 낸 직업이다.

그런데 컴퓨터, 인터넷의 보급과 함께 최근에 자주 듣게 되는 또 다른 직업중의 하나가 '전업투자가'이다. 아예 주식매매를 업으로 하는 사람들이 생겨난 것이다.

'전업'(專業)이란 전문으로 하는 직업이나 사업을 말하는데 영어로 full-time job을 의미한다. 따라서 전업투자가란 투자를 전문적인 업으로 삼는 사람을 말한다. 다른 일은 하지 않고 집에서 살림만을 하는 주부를 전업주부라고 하듯이 다른 일은 하지 않고 투자만을 전문적으로 하는 사람을 전업투자가라 말한다. 즉 투자가 생계수단인 사람이다. 여기서의 투자란 대부분 주식이나 선물옵션 매매를 하는 사람들을 말한다.

그렇게 흔한 직업은 아니지만 상당히 독립적이고 특이한 직업이다. 최근에 그 수가 증가하고 있으며 처음부터 전업투자가를 고려하는 젊은이들도 많아졌다.

주식 투자가 업인 사람으로는 금융기관의 펀드매니저도 그중 하나이다. 매매를 통해 수익을 창출하여야 한다는 점에서는 전업투자가와 같지만 독립성에 있어서는 전업투자가와 아주 다르다. 펀드매니저는 회사에 속한 사람으로 연봉을 받는다. 물론 성과에 따라 연봉이 달라지기도 하지만 기본적으로는 회사에 소속된 직원이다.

그러나 전업투자가는 그렇지 않다. 처음부터 소속도 없으며 정해진 연봉도 없다. 매매를 통해 계속해서 수익을 내야만 살아남을 수 있는 고독한 승부사이다. 요동치는 시장의 변화 속에서 기회를 노려야 하고 수익을 내야 한다. 그리고 늘 혼자서 생각하고 판단하여야 한다. 그에 따르는 위험도

전적으로 혼자서 감당하여야 한다. 모든 것을 홀로 처리해야 하는 것이다. 고독하다면 고독한 개인 사업자라 할 수 있을 것이다.

일반 샐러리맨과는 달리 눈치 볼 상사도 없고 찾아가야 할 고객도 없다. 어떻게 보면 혼자서 하는 일이니까 자유로울 것도 같지만 그 자유에는 엄청난 위험과 고독이 함께 하고 있다. 전업투자가가 얼마나 위험하고 고독한 직업인지 간단히 살펴보자. 절대 만만한 직업이 아니다.

우선 직업적인 관점에서의 전업투자가의 성격은, 주어진 일을 하고 정해진 날에 월급을 받는 샐러리맨과는 근본적으로 다르다. 오히려 개인 사업자에 가깝다고 할 수 있을 것이다. 투자의 결정과 그에 따른 책임을 모두 본인이 감수하여야 하기 때문이다. 잘되면 돈을 벌지만 잘못되면 그 뒷감당 역시 혼자서 감당해야 한다. 수익이 있어야 생계가 유지되고 수익이 없으면 굶어야 하는 직업이 전업투자가인 것이다. 그리고 모든 사업자가 그렇듯이 언제나 파산의 리스크를 감수해야 한다.

주식투자를 하는 사람들은 많다. 자본주의 사회에 사는 사람이라면 누구나 한 번쯤은 주식투자라는 독특한 제도에 자극을 받기 마련이다. 별로 어렵지 않게 돈을 벌 수 있을 것 같아 보이기도 하고 자기가 어떤 회사에 자금을 투자한다는 묘한 희열도 느낄 수 있기 때문이다. 주식투자란 이런 점에서 상당히 매력적이다. 그리고 이러한 매력은 오늘도 수많은 사람들을 주식시장으로 끌어들이고 있다.

그래서 주부들도 주식투자를 하고 대학생들도 하고 샐러리맨들도 한다. 그러나 그들을 전업투자가라고 부르지는 않는다. 그것은 어디까지나 여유자금으로 돈 좀 불려 볼까 하는 차원에서 투자를 하는 것이지 먹고살기 위해서 하는 것이 아니기 때문이다. 즉 투자가 직업은 아닌 것이다.

그들은 매매를 하다가 잘 안되면 그냥 손을 떼면 그만이다. 그들에게는 엄연한 본업이란 것이 있으며 주식이란 그 본업 외에 잠깐 하는 재테크 중의 하나일 뿐이다. 대학생은 학업이라는 주된 본분이 있고 샐러리맨은 회사라는 직장에서 맡은 바 직무가 있다.

하지만 전업투자가는 주된 본분이 투자이다. 즉 다른 사람은 재테크 차원에서 잠시 하는 매매가 전업투자가에게는 생계수단이 되는 것이다. 따라서 하루 종일 시세를 보는 것이 업무가 된다. 말 그대로 전업이다.

그런데 이 일은 상당한 스트레스를 받는다. 물론 자기가 좋아서 하겠다는데 누가 뭐라 할 수 없는 일이지만 스트레스만큼은 상상을 초월한다. 물론 다른 일도 스트레스를 받겠지만 전업투자가가 매매에서 받는 스트레스는 좀 다르다. 자기의 판단 하나하나에 수입이냐 손실이냐의 갈림길에 서기 때문이다.

샐러리맨이 업무 도중에 실수를 해 상사에게 꾸지람을 들으면 역시 스트레스를 받게 된다. 하지만 그렇다고 해서 누가 그의 월급을 가져가지는 않는다. 기분은 상할지언정 금전적 손실은 없는 것이다. 어지간한 잘못이 없는 한 샐러리맨은 시간이 지나면 정해진 날에 정해진 액수의 월급을 받는다.

그러나 전업투자가는 다르다. 조금이라도 실수를 하는 그 즉시 계좌에서 돈이 빠져 나간다. 기분이 상하는 것은 물론이거니와 금전적 손실도 당하여야 한다. 아무리 사소한 실수라도 말이다. 그러니 판단 하나하나에 신경이 곤두서게 마련이다. 그러니 그에 따르는 스트레스는 상당할 수밖에 없다. 전업투자가는 그런 스트레스를 항상 감당하여야만 한다. 여간 고달픈 일이 아니다.

전업투자의 세계에서는 정해진 날에 돈이 들어오는 일이란 없다. 더욱이 결정적인 실패라도 하는 날에는 파산이라는 마지막 단계도 기다리고 있다. 인생 자체가 나락으로 떨어질 수도 있는 것이다. 실제로 전업투자가들 중에는 파산의 경험이 있는 사람들이 상당히 많다. 있는 돈 없는 돈, 남의 돈까지도 다 날리고 원양어선을 탔다는 사람도 있고, 집 한 채를 날리고 신도시 공사판 잡부로 몇 년간 일했다는 사람도 있다. 매매에서 모든 것을 잃은 아픈 기억이 있는 사람들이다. 이렇듯 모든 것을 잃을 수 있는 것이 전업투자가라는 직업이다. 자칫 잘못하다간 원양어선을 타고 태평양에서 참치를 잡을 수도 있는 것이다.

매매가 잘되어 수익이 충분히 난다면야 그나마 고생한 보람을 느낄 수 있겠으나 고생은 고생대로 하고 손실만 커진다면 거기에 따른 좌절감이나 허탈감은 이루 형언할 수 없을 정도이다. 이는 당해 보지 않은 사람은 잘 모를 일이다.

어떤 사람은 3년에 걸쳐 힘들게 번 3억 원을 단 3일 만에 날리고 허탈해 하기도 한다. 그 심정 상상이 가는가? 또 어떤 사람은 집을 팔고 그 돈으로 투자를 하였다가 큰 손실을 보고 전세금도 내지 못하게 된 경우도 있다. 그런 사람들의 심정을 상상해 보라. 어떻겠는가? 문제는 그런 일이 누구에게나 언제든지 일어날 수 있다는 것이다. 이 세계가 그래서 무서운 것이다.

어떤 직업이든 오래 하다 보면 노하우라는 것이 생기고 그 방면에 소위 전문가가 된다. 자동차 정비를 오래 한 사람은 엔진 소음만으로도 자동차 상태를 알 수 있다고 한다. 소위 말하는 달인이 되는 것이다. 오래 하다 보면 요령과 나름대로의 감이 생긴다.

그런데 매매라는 행위는 조금 다르다. 물론 오랜 기간 매매를 하다 보면 매매의 노하우라든지 시장의 생리를 많이 알게 되겠지만 그렇다고 반드시 수익을 내는 매매로 이어지냐 하면 그것은 반드시 그렇지 않다는 점이다. 아는 것과 수익을 내는 것은 별개의 문제이다. 이 점이 매매에 있어 가장 어려운 점이라면 어려운 점일 것이다. 왜 그럴까? 다른 직업들은 오래 할수록 그 방면의 달인이 되는데 투자가는 그것이 어려운 것일까?

그것은 상대하는 대상이 상당히 독특하기 때문이다. 대상이 자동차라든지 하는 물건이 아니라 아주 변덕이 심하고 예측하기 어려운 상대이기 때문이다.

시장의 움직임에는 인간의 요동치는 심리가 끊임없이 작용하고 있다. 사람 마음처럼 변덕이 심한 것이 어디 또 있을까? 시장의 매매주체는 사람들이고 그 사람들의 마음이 시장을 움직인다. 그래서 시장은 마치 살아 있는 유기체와도 같다. 끊임없이 움직인다. 여긴가 싶으면 저기에 가 있고 쫓아가면 원래 자리로 돌아와 있다. 이렇게 종잡을 수 없는 대상이기에 아무리 오랜 시간을 함께 해도 상대하기가 만만치 않다.

따라서 전업투자가란 그 일을 오래 한다고 해서 수익이 보장되는 직업이 아니다. 사실 이 점은 전업투자가라는 직업에 있어 가장 좋지 않은 점이라고 할 수 있을 것이다. 아무리 시간이 지나도 좀처럼 달인이 되기가 어렵기 때문이다. 이 직업을 유지하려면 끊임없이 고민해야 하며 끊임없이 냉정한 판단을 내려야 하는 것이다.

특히 냉정한 판단은 거의 절대적으로 중요하다. 투자가로서 성공하려면 감정의 기복이 있어서는 안 되며 편견이 개입되어서도 안 된다. 특히 욕심이 과해서는 더욱 안 된다. 멋대로 움직이는 시장을 냉정하게 노려보면서 수익의 기회를 포착하여야 한다. 절대로 쉽지 않은 일이다.

그런데 이 냉정함을 유지하기란 말처럼 쉬운 일이 아니다. 이 점이 투자가에게 있어 가장 어려운 점의 하나라고 본다. 그래서 투자경험이 많다고 해서 수익이 나는 것이 아니다. 시장의 변화나 손실 등에 우리는 감정적이 되기 쉽고 아무리 매매 경험이 많더라도 눈앞에서 벌어지는 상황에 초연해지기란 어려운 일이다.

그렇다면 전업투자가는 힘들고 피곤하기만 한 직업일까? 좋은 점은 하나도 없단 말인가? 나름대로의 매력도 분명히 있기는 하다. 다만, 이러한 매력을 아무나 누리기가 힘들 뿐이다. 그렇다면 여기서 전업투자가의 매력에는 어떤 것이 있는지 잠깐 살펴보자.

우선, 전업투자가는 이론상으로 샐러리맨들의 월급과는 비교가 되지 않을 큰 수익을 기대할 수 있다. 물론 어디까지나 이론상이다. 가격변동을 잘 이용한다면 엄청난 수익을 올릴 수 있기 때문이다. 정해진 월급이 아니라 시세의 흐름에서 큰 차익을 남길 수 있는 것이다. 경우에 따라서는 샐러리맨의 연봉에 해당하는 금액을 한 달에 벌 수도 있다. 실제 상황에서는 말처럼 쉽지 않지만, 이론적으로는 분명히 가능하다. 시장은 그런 기회를 제공하고 있으며 전업투자가는 이를 이용할 수 있는 입장이다. 이는 정말 매력적이지 않을 수 없다. 아마 이 점 때문에 오늘도 수많은 사람들이 전업의 세계에 뛰어드는 것이 아닐까 생각한다.

그뿐만이 아니다. 전업투자가는 시간의 구속이 없다. 어느 누구도 몇 시까지 출근하라 강요하지 않는다. 상사의 눈치를 보며 퇴근시간을 기다리는 일도 없다. 마음만 먹으면 1년 열두 달이 휴가가 될 수도 있다. 샐러리맨의 입장에서는 상상도 할 수 없는 일이다. 물론 수익이 없으면 실업자와의 구분이 애매해지지만 말이다.

전업투자가의 또 하나의 매력은 세계경제의 동향과 하나가 되어 움직인다는 점이다. 매매를 위해서는 경제의 흐름에 민감해야 하는데 그러기 위해서는 국내경제는 물론 해외경제까지 그 동향을 면밀히 주시해야 한다. 한마디로 말해 스케일이 커질 수밖에 없는 것이다. 회사라는 조직에서 부품과 같이 단순히 맡은 일만 하는 것과는 차원이 다르다. 세계경제의 동향을 파악하고 그 흐름을 읽고 같이 한다는 점이 매력이라고 할 수 있을 것이다. 신경 쓸 일이 많아 보이지만 세계의 움직임과 언제나 접하면서 사는 것이 어떤 면에서는 활기차고 멋진 일일 수 있으니까 말이다.

어떤 일본인 전업투자가는 2, 3년의 전업투자가 생활로 평생을 쓰고도 남을 돈을 벌었다. 지금은 하와이와 일본을 오가며 여유롭게 살고 있다. 그는 증권회사 직원으로 일하다가 마흔이 넘은 나이에 전업투자가로 나섰다. 그리고 선물거래를 통하여 큰돈을 벌었는데 한국 돈으로 약 4,000억 원에 해당하는 수익을 냈다. 지금도 가끔 매매를 하기는 하지만 소액으로 잠깐씩 하는 심심풀이 정도이다. 대부분의 자산은 안전한 채권 등에 투자해 놓고 인생을 즐기면서 살고 있다. 전업투자가의 이상적인 성공스토리가 아닐 수 없다. 그가 한 말 중에 기억이 남는 말이 하나 있다. "큰돈을 벌고 나니 소소한 일에는 신경을 쓰지 않게 되었다. 싫은 소리 안 하고 싫은 소리 듣지 않아도 되게 되었다. 이것만으로도 많은 스트레스가 사라진 것 같다" 정말 멋있는 말이지 않은가?

이렇듯 제대로 성공하면 엄청난 부를 얻을 수 있다. 물론 자칫 잘못하면 파산할 수도 있지만 말이다. 전업투자가는 본질적으로 부와 파산 사이에서 아슬아슬하고도 힘난한 항해를 하여야만 하는 직업이다.

(4) 험난한 투자가의 길

① 손실의 길은 쉽고 수익의 길은 어렵다

투자가로서의 길을 걷게 되면 본격적인 승부의 세계로 들어서게 된다. 그리고 치열한 전투를 치러야 한다. 이와 함께 겪어야 하는 것이 엄청난 스트레스이다. 앞에서도 언급했지만 투자가가 느끼는 스트레스는 엄청나다. 그래서 이 세계에 발을 들이면 머리카락이 많이 빠진다든지 흰머리가 느는 것을 경험할 수 있을 것이다. 담배를 피우는 사람이라면 피우는 흡연양이 거의 몇 배로 늘어나 있는 것을 알게 될 것이다.

원래 투자라는 것이 아무도 모르는 미래의 방향에 대해 결단을 내려야 하는 일이다. 그리고 책임은 모두 스스로가 져야 한다. 이런 정신적 프로세스 자체만으로도 당사자에게는 충분한 스트레스이다. 그리고 주문을 넣은 후 시장이 자기 생각대로 움직이지 않을 때 받는 스트레스는 더하다. 사실 이런 측면에서 본다면 투자라는 일이 정신건강에는 그리 좋지 않다.

모든 일이 그렇겠지만 돈 버는 일이 그렇게 만만한 일일 수 있겠는가? 투자가의 길 역시 마찬가지이다. 많은 사람들이 투자로 돈을 벌겠다며 투자가의 길을 걷다가 사라져갔다. 대부분이 돈을 벌기는커녕 있는 돈도 모두 날리고 쓰라린 기억만을 남기고 떠났다. 지금도 시장에는 그 전철을 밟고 있는 사람들이 한둘이 아니다.

미래는 그 누구도 모른다. 그런데 투자가는 미래라는 불확실성에 승부를 걸어야 한다. 위험이 따르기 마련이다. 그래서 투자의 세계에서는 언제 손실을 봐도 이상하지 않다. 최악의 경우에는 수익을 내는 것이 오히려 이상할 정도로 손실이 지속되기도 한다. 이는 투자가들에게 흔히 있는 일이다.

특히 선물 옵션과 같은 파생상품시장은 투자가 중 2%만이 수익을 낸다고 한다. 98%가 손실을 보는 것이며 나머지 2%가 그 손실분만큼을 수익으로 챙긴다는 이야기이다. 선물매매를 시작하는 순간, 확률적으로 손실을 낼 확률이 엄청나게 높은 불리한 게임을 하는 것이다. 이 세상 어디에 98%의 질 확률의 게임이 있을까? 정말로 불리한 게임이 아닐 수 없다. 당신이라면 실패 확률 98%의 게임에 돈을 걸겠는가?

이러한 객관적 수치만으로도 매매에서 수익을 내기란 상당히 어렵다는 것을 짐작할 수 있다. 결코 쉽지 않은 게임이다. 특히 투자에는 예상치 못한 외적인 복병들이 많다. 9.11 테러나 미국의 리먼브라더스 사태, 그리스의 재정위기 등과 같이 생각지도 못한 대형 사건 사고가 세계 곳곳에서 발생하여 시장을 뒤흔든다.

그리고 어떤 때는 모두의 예상과는 전혀 반대 방향으로 시장이 움직이기도 한다. 순간 당황하게 되며 그 과정에서 많은 손실을 본다. 그뿐만이 아니다. 단수 높은 외국인이나 고수들이 파놓은 함정 또한 곳곳에 도사리고 있으니 자칫 잘못하다가는 손해 보는 것이 당연한 일이 되고 수익을 내는 것이 드문 일이 되고 만다. 생각하기만 해도 끔찍한 상황이지만 실제로 시장에서는 이런 일이 비일비재하다.

매매에서 불리한 것이 또 있다. 주식시장이나 선물시장 모두 처음부터 투자가에게는 불리한 조건이 전제되어 있다. 바로 수수료이다. 대수롭게 여기지 않을 수도 있겠으나 투자가는 매매에서 손실을 보든 이익을 보든 매매 수수료를 증권회사에 지불하여야 한다. 계좌에서 일단 돈이 빠져 나간 다음에 승부가 시작된다. 매매 초년생이 선물매매를 1년 정도 한 후 지불한 수수료를 보면 아마 수수료가 손실금액보다 훨씬 크다는 것을 알게 될 것이다.

이렇듯 수수료는 투자가의 자금을 조금씩 그리고 야금야금 파먹는다. 어지간히 수익을 창출하지 않고서는 이 수수료를 감당하기조차 벅차게 된다. 우리가 매매주문을 넣는 순간 우리의 계좌는 수수료만큼의 마이너스로부터 시작하게 되는 것이다.

불리한 조건은 수수료에 그치지 않는다. 정보의 양과 질에서도 개인 투자가들은 거의 일방적으로 불리하다. 증권회사들은 기관투자가를 유치하기 위해 각종 보고서를 기관투자가에게 제공하고 기업 설명회나 기업 탐방의 기회도 수시로 제공한다. 그러니 접하는 정보의 양과 질이 다른 것이다. 이런 상황에서 기관과 외국인들에 맞서 싸워서 이기기란 어려운 일이 아닐 수 없다. 언제나 개인들이 기관이나 외국인의 봉이 되는 것이 이런 이유에서이다. 어떻게 보면 이것은 비참한 상황일 수 있다.

그런데도 많은 사람들이 이러한 사실에 신경조차 쓰지 않는 것이 현실이다. 대부분 얼마나 많이 돈을 벌 것인가에 현혹되어 자신이 처해 있는 객관적 현실을 깨닫지 못하고 있다. 모두들 투자를 너무 안이하게 생각하고 있는 것이다. 어쩌면 아무 생각 없이 임하고 있다는 표현이 더 적절할지도 모른다. 결국 개인들은 처음부터 많은 핸디캡을 가지고 출발한다. 불리한 여건 속에서 끊임없이 승부해야 한다는 것, 결코 만만치 않은 일이다.

매매에서의 실패는 어디 가서 하소연도 못하며 당사자에게 많은 자괴감을 준다. 밀려오는 안타까움과 억울함, 그리고 후회. 아마 투자가라면 모두 한 번쯤은 경험하였을 것이다. 또한 이러한 감정은 투자가로 하여금 이성을 잃게 하여 과도한 매매를 유발시키기도 한다. 손실을 연속해서 보게 되면 감정적으로 상당히 격해짐과 동시에 손실을 한 번에 만회하고자 한다. 그러나 투자가가 일단 이성을 잃고 감정에 휘둘리기 시작한다면 그것만으로도 매매에 성공할 확률은 0%이다. 손실만 늘어나고 스트레스만 더 받을 뿐이다. 지금 이 순간에도 수많은 사람들이 이 과정을 되풀이하고 있다. 그리고 이 과정은 투자가가 확실한 패배자가 되어 가는 과정이다.

매매에서의 손실은 산술급수적으로 증가해 간다. 그러나 그 손실을 만회하려면 수익은 기하급수적으로 늘어나야 한다. 단기간에 수익을 기하급수적으로 늘리기란 불가능하다. 그러나 많은 투자가들이 이 불가능에 과감히 도전한다.

최악의 경우는 있는 재산 없는 재산을 총동원하여 한방의 대역전을 꿈꾸는 경우이다. 대출이니 뭐니 남의 돈까지 끌어들여 기하급수적인 이익을 바라게 될 때, 이는 투자가로서도 마지막이지만 한 개인으로서도 비참한 파국을 맞게 되는 것이다. 이렇듯 매매에는 자기 파멸성이 내포되어 있는데 도박의 그것과 아주 흡사하다. 다시 한번 강조하지만, 그래서 이 세계가 무서운 것이다.

사람이란 상황이 수세에 몰리면 몰릴수록 현명한 판단이 어려워진다. 상황이 안 좋게 된 사실 자체가 이미 판단력을 흐리게 하고 있기 때문이다. 안될 때는 가만히 있는 것이 현명하다. 그런데 매매에서는 가만히 있는 다는 것이 생각보다 어렵다. 본전 생각에 혹은 억울한 마음에 다시 매매에 달려들게 된다. 그리고 그 결과는 언제나 그렇듯 비참하다. 이 비극의 프로세스는 100년 전에도 있었으며 50년 전에도 있었다. 그리고 앞으로도 계속될 것이다. 시장에서는 이 과정이 언제나 되풀이되고 있다.

투자가란 이런 상황에서 지속적으로 수익을 창출하여야 한다. 결코 쉽지 않은 일이다. 경우에 따라서는 수익은커녕 오히려 손실만 연발할 수도 있다. 손실의 길은 쉽고 수익의 길은 어려운 것이다.

그런데 참으로 안타까운 것은 이 험난한 길을 많은 사람들이 아무런 준비도 없이 달려들고 있다는 사실이다. 시장이 얼마나 사람을 당황하게 만들며 그런 상황에서 살아남기가 얼마나 어려운지를 모르고 덤비는 것이다. 실패했을 때의 결과가 때로는 치명적일수도 있다는 생각은 해 보지도 않고 말이다.

투자를 하려는 사람들은 시장의 무서움을 조금이나마 인식하기 바란다. 시장이 무섭다는 것을 단지 알고 있다는 것만으로도 그 사람은 한발 앞선 투자가가 될 것이다.

② 요구되는 강인한 정신력

투자가란 고독한 직업이다. 모든 것을 혼자서 판단하고 결정하여야 하기 때문이다. 프로 바둑기사를 보면 유사한 점을 발견할 수 있을 것이다. 혼자서 한 수 한 수에 온 신경을 곤두세우며 승부에 임한다. 누구와 의논하며 이야기하면서 할 수 있는 것이 아니다. 순간순간의 변화에 오직 스스로의 생각과 판단으로 승부를 걸어야 하는 것이다.

투자가는 많은 시간을 모니터 앞에 홀로 앉아 신경을 곤두세우며 승부에 임한다. 최후의 판단은 늘 자신이 내려야 하며 그 책임도 모두 자신이 져야 한다. 그래서 투자가는 '혼자'에 익숙해져야 한다. 만약에 이렇게 고독한 직업이 체질상 맞지 않는다면 이는 상당한 곤욕일 수 있다. 과감히 그만두는 것이 정신건강에 좋을 것이다.

사실, 투자의 상당 부분은 투자가 자신의 심리적 상태에 좌우된다. 경험이 많은 투자가이라면 금방 이해하겠지만 투자의 과정에서 투자가는 예기치 않은 다양한 상황에 직면하게 되는데 그때마다 평정심을 시험받게 된다. 심리 상태가 불안해지면 지게 된다. 동요하면 안 된다. 상황에 굴하지 않고 평정심을 유지하여야 한다. 냉정함을 잃는 순간 분명 후회하게 될 선택을 하게 된다.

이렇듯 투자의 성패는 정신력과 깊은 관련이 있다. 이는 의지의 문제이기도 하다. 금연을 시도하거나 다이어트를 해 본 사람이라면 쉽게 이해할 수 있을 것이다. 다이어트나 금연 모두 말처럼, 생각처럼 그리 쉽게 되는 것이 아니다. 금연, 그냥 담배를 끊으면 되는 것이고 다이어트, 그냥 덜 먹고 운동을 하면 되는 것이다. 어떻게 보면 아주 간단한 일이다. 힘들게 생각할 필요도 없고 그렇다고 돈이 드는 일도 아니다.

그렇지만 금연이나 다이어트 모두 성공하는 사람이 드물다. 대부분이 중도에서 실패하고 만다. 왜 그럴까? 별로 어렵지 않아 보이는 일인데도 말이다. 그러나 그 별로 어렵지 않아 보이는 일이 실은 그 어떤 일보다도 어려운 일이다. 그 이유는 금연이나 다이어트나 모두 다름 아닌 정신력의 문제, 즉 스스로 실천하려는 의지의 문제이기 때문이다. 금연, 다이어트 모두 강력한 정신력을 요한다. 그리고 정신력을 필요로 하는 일처럼 어려운 일이 없다.

그런데 투자가가 행하는 매매 역시 강인한 정신력을 요한다. 육체적으로 하는 행위로만 본다면야 단말기에 숫자를 넣고 엔터키를 치는 것뿐이다. 10초도 걸리지 않는 행위이다. 그러나 그 과정에는 많은 고민과 생각, 감정이 교차한다. 그러면서 엄청난 정신적 에너지를 소비한다.

금연, 그냥 담배만 안 피우면 되는 것이다. 그러나 금연의 실천은 성공률이 10%도 안 된다고 한다. 아마 금연을 시도해 본 적이 있는 사람이라면 공감할 것이다. 금연이 어려운 것은 정신력의 문제, 즉 내적 통제의 문제이기 때문이다.

투자 역시 마찬가지이다. 어떤 의미에서 전업투자가는 매일 금연과 같이 실천하기 어려운 일을 정신적 의지로 극복해 가야 하는 것이다. 그렇지 않으면 매매는 실패하고 손실은 늘어간다. 투자에서 패자가 되기란 너무나도 쉽다. 금연을 포기하게 되는 것만큼이나 말이다.

시장이 요동을 칠 때는 걷잡을 수 없이 심하게 요동을 치기도 하는데 그런 소용돌이 속에서 평정심을 유지하며 제대로 매매를 하기란 거의 불가능하다. 확실히 어떤 때는 인간의 한계를 넘어서는 경우도 있다. 가격의 변동 속에서, 그 엄청난 시장의 회오리 속에서 수익을 창출하는 일이 어떻게 쉬운 일일 수 있겠는가? 요동치는 시장의 움직임 앞에서 투자가의 마음은 산란해지기 쉽고 때로는 가장 좋지 못한 악수를 두기도 한다.

문제는 매매를 하다 보면 투자가는 이런 상황과 자주 직면해야 한다는 점이다. 그리고 이런 급박한 상황에서 판단을 하여야 한다. 가격 변동의 회오리 속에서 냉정하게 혼자 대처해야 한다는 것이 얼마나 어려운 일인지 초보자들은 상상하기 어려울 것이다.

투자가의 길이 쉽지 않은 근본 이유는 투자라는 것이 상당히 정신적인 부분과 연관되어 있기 때문이다. 외부에서 강제적으로 주어지는 외적인 통제보다 스스로가 하는 내적인 통제가 원래 훨씬 어렵다. 금연이나 다이어트가 어려운 이유와 같다.

이 세계는 생각보다 훨씬 복잡하며 냉혹한 곳이다. 그리고 곳곳에 도사리고 있는 셀 수 없이 많은 함정은 당신이 떨어지기만을 기다리고 있다. 따라서 투자가로 나서기 위해서는 상당한 각오가 필요하다. '한번 해 볼까?'와 같은 안이한 자세로 임해서는 절대로 안 된다.

총알이 빗발치는 전쟁터로 떠나는 전사(戰士)의 각오로 임하여야 한다. 그래야 살아남는다. 이곳은 그 어느 곳보다 당신의 강인한 정신력이 요구되는 곳이다.

(5) 아마추어와 프로

아마추어와 프로는 여러모로 다르다. 투자를 업으로 하여 수익을 내는 투자가란 진정한 프로 투자가이다. 아마추어는 말 그대로 어떤 분야를 취미나 여가시간을 이용하여 즐기는 차원에서 하는 것이고 프로는 그 분야를 업으로 하여 생계를 꾸리는 사람을 의미한다. 프로게이머라는 직업이 있다. 일반인들은 스트레스 해소나 재미로 게임을 하는 반면, 이들 프로 게이머들은 게임을 하는 것 자체가 생계를 유지하는 수단이다.

축구를 예로 들어보자. 조기 축구회에서 축구를 하는 사람들은 자신의 건강이나 친목을 위해 축구를 하는 사람들이지 생계를 위해 축구를 하는 사람들이 아니다. 그러나 프로리그에서 뛰는 프로 선수들은 다르다. 그들은 생계를 위해 축구를 하는 사람들이다. 그들에게 축구는 생계수단이자 직업이다. 생계를 위해 뛰는 프로와 취미로 뛰는 아마추어는 그 목적부터가 다르다.

이렇게 근본적인 목적이 다른 데서 오는 차이점 중의 하나가 잘하느냐 그렇지 못하느냐에 따른 결과이다. 조기 축구회에서 축구를 하는 회원이 축구를 잘 못한다고 해서 생계를 위협받지 않는다. 그러나 프로구단의 선수가 성적이 저조하면 연봉 삭감이나 방출 등, 생계에 직접적인 위협을 받게 된다.

따라서 조기 축구회 회원이 축구에 임하는 자세와 프로선수가 축구에 임하는 자세는 근본적으로 다를 수밖에 없다. 과연 누가 더 적극적으로 임하게 될 것인지는 분명하다. 생계를 걸고 하는 프로 선수들이 적극적으로 임하는 것은 당연한 일이다.

프로 선수들은 승리하기 위하여 끊임없이 연구하고 훈련을 한다. 개인 트레이너를 고용하기까지도 한다. 아마추어와는 자세가 근본적으로 다른 것이다. 이런 면에서 프로는 남보다 적은 실수를 한다. 특별히 능력이 뛰어나서가 아니라 평소에 스스로를 단련시키기 때문이다. 따라서 만일 프로와 아마추어가 시합을 한다면 그 결과는 짐작이 갈 것이다. 그래서 아마추어는 프로를 이길 수 없는 것이다.

그렇다면 매매에 있어서 프로와 아마추어의 차이는 무엇일까? 아마추어 투자가의 대부분은 적은 자금으로 대박의 꿈을 가지고 시장에 뛰어든다. 경험과 지식은 부족하지만 큰돈 한번 벌어보겠다는 패기(?)만큼은 대단하다. 이에 비해 프로는 산전수전 다 겪은 베테랑들로서 대박은 아예 처음부터 생각하지 않는다. 차근차근 수익을 거둬들이겠다는 생각으로 시장에 접근한다. 여기서부터 차이가 난다.

아마추어는 능력은 없으면서 바라는 바가 크고 프로는 최대한 실리적으로 접근한다. 왜냐하면 프로는 시장의 무서움을 잘 알고 있으며 동시에 매매라는 것이 얼마나 어려운 일인지도 잘 알고 있기 때문이다. 어쩌다 한두 번의 매매로 대박이 날 수는 있다. 그러나 그것은 어쩌다 생긴 일이지 자신이 노력해서 된 것이 아니며 매매가 특출해서 된 것도 아니다. 순전히 운 때문이다. 프로는 그 점을 잘 알고 있다. 아마추어는 그 점에 있어 인식이 부족하다. 아마추어는 어쩌다 생긴 행운을 자기의 능력으로 착각한다. 그리고 이는 큰 실패의 첫걸음이 되게 한다. 실력과 운을 구별할 줄 아는 것, 이것이 프로와 아마추어의 가장 중요한 차이점 중의 하나이다.

실제의 주식투자에서도 프로와 아마추어는 차이가 난다. 아마추어 투자가들은 종목을 계속해서 바꿔가면서 매매를 하는데 비해 프로는 같은 시장에서 같은 종목을 매매하는 경향이 있다. 그들은 자신이 노리는 사냥감의 성격, 습성 그리고 하찮은 버릇까지 파악하고 있다. 익숙한 종목, 즉 자기가 잘 아는 종목을 공략하는 것이다. 프로는 숙련된 관찰력만이 정확한 타이밍을 포착할 수 있다는 사실을 잘 알고 있다.

상황에 대처하는 방식에 있어서도 프로와 아마추어는 다르다. 프로는 어려운 상황에 맞서기보다는 아니다 싶으면 일단 한발 물러날 줄 안다. 그들은 한발 물러나서 추이를 지켜보지만 아마추어는 어려운 상황에 처하면 당황해하면서 시장에 맞서려고 한다. 되는 때와 안되는 때를 정확하게 인식하고, 안되는 때에 무리하지 않는 것이 노련한 프로의 자세이다. 안되는 때도 될 것이라 우겼다간 결국 돌아오는 것은 손실뿐이라는 사실을 경험상 그들은 너무나도 잘 알고 있는 것이다.

프로는 자기관리에도 철저하다. 그들은 스스로를 개발시키는 데에 많은 정성을 아끼지 않는다. 이는 모든 수익이 자신으로부터 창출된다는 사실을 잘 알고 있기 때문이다. 자기 자신이 수입원이기에 스스로를 갈고 닦는 것이다. 수입원 관리를 잘해 놓아야 수입이 지속적으로 발생하지 않겠는가? 그래서 그런지 많은 프로 투자가들은 술과 담배를 거의 하지 않는다. 자기를 망쳤다간 수입이고 뭐고 없기 때문이다. 하루하루를 시장이라는 변덕쟁이와 함께 보내는 데는 본인의 컨디션 유지가 필수이다.

일반적으로 매매에 있어 초보자들은 이상하리만큼 스스로의 능력을 과대평가하는 경향이 있다. 터무니없는 자신감으로 가득 차 있는 것이다. 주식시장이 마치 자기들에게 돈을 주기 위해 존재하는 양, 시장을 우습게 본다. 물론 얼마 안가 그런 자신감은 산산조각 나지만 말이다.

반면에 프로는 몸을 사린다. 자기 생각같이 되지 않는 것이 시장이라는 것을 너무나도 잘 알고 있다. 정말이지 이들의 행동에는 자신감이 없어 보인다. 그런데 시장의 승자는 언제나 자신감 없어 보이는 프로들이고 패자는 자신감 넘치는 아마추어들이다.

(6) 투자가와 도박꾼

지금부터 이야기하려는 내용은 투자가라면 반드시 경계해야 할 내용이다. 투자가에게 있어서는 최악의 상황이자 피하여야 할 상황이기 때문이다. 투자가에게 생길 수 있는 문제 중에서 가장 좋지 않은 경우라 할 수 있을 것이다.

주식투자란 알 수 없는 미래에 돈을 거는 행위인데 이러한 점에서 도박과 그 구조가 흡사하다. 거기에다 대박이라는 기분 좋은 환상마저 가미되어 있으니 투자와 도박과는 유사한 점이 정말로 많다. 막연한 기대와 희망을 품을 수 있다는 점은 투자와 도박이 갖는 중요한 공통점이자 매력이다. 그리고 이러한 매력은 사람들을 홀리게 하는 무언가가 있다. 많은 사람들을 유혹해 끌어들인다. 투자와 도박 모두 그렇다.

어느 누구도 도박을 긍정적이고 바람직하게는 생각하지 않는다. 만일 당신 자녀가 한 방을 노린다며 도박에 빠져들기 시작한다면 당신은 어떻게 하겠는가? '그래, 잘한다. 그렇게 잘해서 대박을 터뜨리는 거야' 라고 격려하겠는가? 그럴 부모는 아무도 없을 것이다. 왜일까? 그것은 도박이라는 속성 자체가 그리 건전하지 못하고 윤리적으로도 환영받지 못하는 부분이 상당히 많기 때문이다. 아무 노력도 없이 그저 행운 하나만으로 돈을 벌려고 하는, 어떻게 보면 정말 허망한 행위이기 때문이다. 그리고 무엇보다 도박으로 돈을 벌기란 근본적으로 어렵게 되어 있지 않은가? 확률적으로 잃게 되어 있는 것이 도박이다.

그렇다면 주식시장에서의 투자는 어떨까? 주식을 사고판다든지 선물시장에서 매매를 한다든지 하는 투자는 도박과 흡사한 면이 많음에도 불구하고 도박과는 조금 다르게 취급받는다.

그 이유는 무엇일까? 우선 시장에서의 투자는 '투자' 라는 그럴듯한 이름으로 행해진다는 점이다. 그럴듯한 겉포장이 완비되어 있는 것이다. 또한 투자는 각종 기법과 분석에 의해 수익률이 좌우된다는 점에서 전적으로 운에 의존한다고 여겨지는 도박에 비해 긍정적으로 이해된다. 투자는 도박에 비해서 그래도 어느 정도 머리도 쓰고 분석도 해야 한다는 것이다. 물론 틀린 말은 아니다. 다만 현실은 머리도 안 쓰고 분석도 안 하면서 투자하는 사람들이 더 많을 뿐이다.

결국 도박과 투자는 상당히 흡사하나 투자는 투자가의 노력 여부에 따라 결과가 크게 달라질 수 있다는 점에서 도박과는 다르다고 보고 있는 것이다. 도박도 물론 나름대로의 노력이 필요하겠지만 그래도 투자의 그것과는 성격이 많이 다르다.

여기에 우리가 주의해야 할 점이 있다. 만약에 투자에 있어 노력과 분석이라는 요소가 없다면 어떻게 되는 것일까? 투자는 도박과 다를 것이 없게 되는 것이다. 스스로의 노력이 없거나 모자란다면 투자는 도박과 별 다를 바 없는 게임이 되고 만다. 실제로 상당수의 투자가는 거의 도박과 같은 수준에서 매매를 하고 있다.

  투자가 도박처럼 되는 또 하나의 요인은 투자나 도박 모두 돈을 잃었을 때 이성을 잃게 만든다는 점이다. 투자에서나 도박에서 돈을 잃으면 본전에 대한 미련, 분노, 억울함 등의 감정이 복합적으로 일어나면서 이성을 마비시키게 된다. 이때의 감정은 상당히 격렬하여 어떤 합리적 생각도 들지 않게 만든다. 이 단계에 들어서면 투자가는 본전을 찾기 위해 위험한 게임을 시작한다. 물론 여기에 분석이나 기법이 들어설 여지는 없다. 투자가가 도박꾼이 되는 순간이다.

  단지 손실을 만회하기 위해 하는 매매가 되는 것이다. 이성을 잃게 하여 투자가로 하여금 무모한 게임을 하게 하는 속성은 도박의 그것과 똑같다. 이것은 자신도 모르게 빠져들게 하는 마(魔)적인 요소이다. 투자가라면 경계하여야 할 부분이다. 사실 모든 투자가의 파산은 바로 이 단계로부터 시작된다. 손실에 처한 투자가라면 꼭 되새겨야 할 부분이다.

  이런 식으로 본다면 투자는 도박과 가까워질 수 있는 속성이 상존하고 있다고 말할 수 있다. 특히 투자가 스스로가 그렇게 만드는 측면이 강하다. 여기에 한 단계 더 나아가 도박이 가지고 있는 중독성이라는 요소마저 가미가 된다면 투자와 도박의 경계는 완전히 사라지고 만다.

  도박은 수많은 사람들을 파멸의 길로 이끌었는데 여기에 결정적인 역할을 한 것이 바로 '중독'이다. 도박 역시 술이나 담배처럼 한번 중독되면 빠져나오기가 쉽지 않다. 도박과 같이 승률이 낮은 게임에 중독이 되어 버린다면 결코 자금을 온전히 유지할 수 없다.

  투자가가 매매에 중독되어 버렸다면 그는 이미 도박꾼과 다름없다. 중독이 되는 순간, 투자라는 행위는 이제 운을 시험하는 도구이자, 안 하면 안 되는 그런 행위가 되고 만다. 이 상황에서 과연 합리적 판단이 가능할까? 그리고 투자에 있어 절대적으로 필요한 분석력, 정신력 등을 기대할 수 있을까? 거의 불가능하다. 매매는 올바른 정신자세의 유지가 승패의 관건이거늘, 뭔가에 중독되었다는 상태만으로도 올바른 정신 상태와 한참 떨어져 있는 상태이다. 이렇게 되면 매매에서 수익을 내기는 더 어려워지고 손실의 굴레에 점점 빠져들게 된다. 자기파멸의 길이 시작되는 것이다.

중독의 가장 무서운 점이 바로 자기파멸의 시작이라는 점이다. 스스로가 스스로의 파멸을 위해 열심히 매진하는 최악의 상황이 오는 것이다. 술이나 마약처럼 매매도 중독이 되면 오직 그 행위 자체에 집착하게 되어 하지 않고서는 있을 수 없는 상태가 되고 만다. 이런 상태에 이르면 현실을 부정하게 되는데 객관적인 판단에 의해서가 아니라 중독성에 의해 행동이 지배되기 때문이다.

그래서 매매중독이나 도박중독은 같다고 할 수 있는 것이다. 매매와 도박을 구분 짓는 얇고 가는 선이 바로 이성에 의한 분석과 합리적 판단인데 이 부분이 사라지게 되면 매매는 도박과 별반 다를 것이 없게 된다.

이렇게 매매를 도박으로 전락시켜 버리는 것은 다름 아닌 투자가 자신이라는 점을 명심해라. 도박에서 큰돈을 벌 수 없듯이 도박이 되어 버린 매매에서도 큰돈을 벌 수 없다. 투자가는 매매와 도박과의 작은 차이를 소멸시키느냐 활용하느냐에 따라서 도박꾼이 될 수도 있고 수익을 내는 투자가가 될 수도 있는 것이다. 도박꾼과 투자가를 구분 짓는 것이 무엇인지를 확실히 인식하고 있어야 한다.

투자가는 자신이 자칫하면 도박꾼으로 전락할 수 있다는 사실을 언제나 명심하여야 하며 스스로를 경계하여야 한다. 모든 것이 그렇지만 중독은 결코 좋은 것이 아니다.

(7) 투자가가 되기 위한 자격조건

그렇다면 투자가가 되기 위한 자격조건은 무엇일까? 물론 자격증도 필요 없고 특별한 심사도 없다. 본인이 그렇게 마음먹고 시작하면 그만이다. 너무나 간단하다.

그렇다고 해서 투자가는 아무나 해도 된다? 그건 또 아닌 것 같다. 나름대로의 최소한의 몇 가지 조건을 갖추어야 제대로 된 투자가가 될 수 있다고 본다. 제대로 된 투자가가 되기 위한 몇 가지 자격조건들을 소개하고자 한다. 물론 이것들이 절대조건은 아니다. 하지만 그래도 투자를 하겠다는 사람이라면 최소한 갖추어야 할 기본적 사항이라고 생각한다.

① 자본주의자인가?

다소 생뚱맞은 질문일 수 있다. 투자가와 자본주의라니. 그러나 곰곰이 생각해 보기 바란다. 사회주의에 투자가란 존재할 수 없다. 사회주의에서는 사유재산이 존재하지 않으며 모든 경제활동은 국가가 결정한다.

투자가란 오직 자본주의 사회에서만 가능한 직업이다. 그래서 주식시장은 자본주의의 꽃이라고 한다. 투자가란 자본주의의 꽃밭에서 활동하는 사람이다. 자본주의를 싫어해서야 되겠는가? 당신은 자본주의에 관해 얼마나 많이 알고 있으며 자본주의에 얼마만큼의 애정을 가지고 있는가?

우리는 자본주의 경제체제에 살고 있고 하루도 빠짐없이 그 영향을 받고 있다. 그러나 매일 자본주의의 영향을 받고 있으면서도 정작 자본주의에 관해 잘 모르고 있는 사람들이 너무 많은 것 같다. 오히려 자본주의에 관해 황당한 오해를 하고 있는 사람들도 적지 않다. 그리고 자본주의의 온갖 혜택은 다 누리면서도 자본주의를 혐오하는 사람들 또한 많다.

대학생들에게 기업의 목적이 무엇이냐는 질문에 상당수의 학생들이 사회공헌이라고 대답했다는 기사를 본 적이 있다. 자본주의 경제체제와 기업에 대해 이런 순진한 시각을 갖고 있는 사람이 많다는 것이다. 그리고 놀랄만한 일이지만 주식투자를 하는 사람 중에는 심지어 주식회사란 개념이 뭔지도 모르는 사람들도 많다.

위에서도 언급했지만 주식시장은 자본주의의 꽃이다. 사회주의 국가에는 주식시장이 없다. 국가가 모든 기업의 주인인데 주식이 무슨 필요가 있고 주식시장이 무슨 필요가 있겠는가? 주식시장은 자본주의라는 경제체제가 낳은 시장이다.

주식회사라는 제도가 인류의 경제발전에 미친 영향은 실로 엄청나다. 기업은 주식회사라는 제도를 통해 대규모 자금조달을 할 수 있게 되었고 이로써 대단위 설비투자와 대량생산도 가능해졌으며 인류 문명은 크게 발전할 수 있었다. 주식회사라는 제도를 통해 인류는 더욱더 풍요로운 경제생활을 영위할 수 있게 된 것이다. 주식회사 제도를 서양이 먼저 만들어냄으로써 서양이 동양을 앞서게 되었다고 보는 시각이 있을 정도이다. 그 정도로 주식회사라는 제도는 경제에 있어 중요한 부분이다. 그러나 주식투자를 한다고 하면서 이러한 주식회사에 대한 기본적 이해도 없는 사람이 의외로 많다.

자본주의에서의 기업의 유일한 존재이유는 이윤추구이다. 사회공헌이 아니다. 기업의 분명한 설립목적은 이윤추구이다. 그리고 이윤을 추구하는 기업의 활동으로 인류는 진보해 왔으며 엄청난 생활수준의 향상을 가져왔다.

우리는 지금 이 시간에도 기업 활동의 혜택을 보고 있다. 새벽에 배달되는 신문, 아침 식사의 식자재, 늘 이용하는 교통수단, 사용하고 있는 각종 전자제품들, 이 모두가 각기 이윤을 추구하는 기업들이 있기에 우리가 향유할 수 있는 것들이다.

이렇게 혜택을 보고 있으면서도 자본주의 자체를 이해 못하는 사람들이 의외로 많은 것은 왜일까? 자본주의 스스로가 사회주의처럼 체제선전을 안 했기 때문일까? 아마 사회주의처럼 구차한 자기선전이 필요 없을 정도로 자본주의는 우리의 일상사에 자연스럽게 스며들어 있기 때문일 것이다. 그래서 사람들은 자본주의라는 경제체제에 관해 생각할 필요성조차 느끼지 않고 있는지도 모른다.

그러나 그렇다고 해서 자본주의의 기본적인 이해도 없이 자본주의의 꽃인 주식시장에 달려들겠다는 것은 주식시장에 대한 예의가 아니라고 본다.

많은 사람들이 자본주의를 비판한다. 하지만 세상에 완전한 것이 어디 있겠는가? 자본주의 역시 많은 오류를 가지고 있다. 그러나 그것은 어디에나 있는 잔류적 성격의 오류일 뿐, 그 전체의 심각한 오류라고는 볼 수 없다. 왜냐하면 자본주의는 인류의 역사와 함께 등장하고 오랜 세월 진화하여 왔기 때문이다. 누가 인위적으로 만든 제도도 아니며 이상론적인 제도도 아니다. 그냥 인간사회에 부합되도록 오랜 시간 함께 진화해 왔을 따름이다. 사실 그래서 더 믿음직스러운 측면이 있다.

어떤 면에서 우리 인류는 자본주의에 많은 신세를 지고 있다고 말할 수 있을 것이다. 그리고 분명한 것은 자본주의를 비판하는 사람들조차 자본주의의 혜택을 보고 있다는 사실이다.

자본주의의 발달은 인류의 역사상 그 어느 때보다 인간들에게 풍요와 편리함을 선사했다. 과거 소수의 특권계급만이 누리던 많은 것들을 다수의 일반인들도 향유할 수 있게 되었고 대중의 소비수준을 끊임없이 높여 왔다. 이제는 특권계급만이 누릴 수 있는 것들은 점점 사라지고 있으며 대중과의 격차도 줄어들고 있다. 아마 인류사에 있어 이렇게 계급 간, 계층 간 차이가 축소되었던 적이 없을 것이다.

그리고 이처럼 대량생산과 경쟁체계의 혜택을 본 적도 없을 것이다. 과거 수십 년간 임금은 지속적으로 상승했고 공산품의 가격은 지속적으로 하락해왔다. 이는 모두 이윤의 합리적 추구의 과정에서 파생된 자본주의의 혜택들이다.

물론 빈부격차를 자본주의의 단점으로 비난하는 사람이 있다. 그러나 인류의 기나긴 역사상 정보에 있어서나 부에 있어서나 이처럼 격차를 줄인 적이 있었던가? 자동차를 타는 사람과 탈 수 없는 사람과의 격차가 큰가? 아니면 벤츠를 타는 사람과 소나타를 타는 사람과의 격차가 큰가? 만약 상대적 빈곤을 운운하자면 그것은 끝이 없을 것이다. 아마 상대적이란 개념으로 비교하자면 천국에서도 상대적 빈곤은 존재할 것이다. 분명한 것은 절대 다수의 사람들이 자본주의가 있기 전보다 더 많은 것을 사용하게 되었고 더 많은 편리함을 누릴 수 있게 되었다는 사실이다. 우리는 분명 자본주의라는 경제시스템이 만들어 낸 풍요로움을 향유하고 있다.

만일 누가 완전히 자본주의를 거부하여 무인도에서 살거나 산속에 묻혀 살면서 자본주의를 비난한다면 그는 나름대로의 철학을 행동에 옮긴 주관이 뚜렷한 사람이라 할 것이다. 그러나 자본주의의 혜택이란 혜택은 다 향유하면서 자본주의를 비난하는 사람들은 단지 불평주의자에 불과하다. 그렇다고 그들이 사회주의체제에 살기를 원하느냐면 결코 그렇지 않을 것이다. 그런 부류의 사람들은 대부분 겉과 속이 다른데, 앞에서는 부자들과 자본주의를 비난하지만 그 내면은 누구보다 부자가 되고 싶어 하고, 더 가지고 싶어 하는 사람들이다. 부자가 되고 싶고 돈도 많이 벌고 싶은데 다만 현실이 뜻대로 안 되는 사람들이 대부분 자본주의가 어쩌고 부자가 어쩌고 하면서 분풀이를 하는 것이다.

단언하건대 그들은 절대 부자가 되지 못한다. 앞에서는 재벌이 어떻고 자본주의가 어떻고 하면서도 뒤돌아서는 열심히 로또를 사면서 일확천금을 바라는 사람들, 그들은 절대 부자가 될 수 없다. 부모의 혜택을 받으면서 부모를 욕하는 사람이 어찌 자기 자식이 자기에게 효도하기를 바랄 수 있겠는가?

냉정하게 판단하자. 우리가 지금 현재 돈이 있건 없건 간에 우리는 인류사에 있어 그래도 가장 합리적이라고 여겨지는 경제체제에서 나름대로의 혜택을 보면서 살아가고 있는 것이다. 그 이상도 그 이하도 아니다.

만일 누가 자본주의는 혐오하면서 주식시장에서 돈을 벌고자 한다면 그는 부모를 혐오하면서 부모에게 돈 몇 푼 뜯어가고자 하는 그런 존재에 불과하다. 먼저 세상을 냉철하고 객관적으로 보는 눈을 갖기를 바란다. 그래야 시장도 객관적으로 바라볼 수 있는 것이다.

다시 한번 묻는다. 당신은 자본주의자인가?

② 이 일을 좋아하는가?

이 질문에 대한 대답은 아주 중요하다. 사람은 자기가 좋아하는 일을 할 때 열정도 생기고 더 집중하게 되기 때문이다. 무엇보다 본인이 행복하다. 좋아하는 일을 하면 행복감을 느끼게 된다. 어떤 일을 하는 데 이보다 더 중요한 이유가 있을까? 비단 투자란 일뿐만 아니라 어떤 직업을 선택할 때 반드시 고려해야 할 사항이라고 본다. 좋아하는 일인가?

꽃을 사랑하는 사람이 꽃집을 하면 일도 즐겁고 꽃도 자기를 사랑해 주는 사람과 있으니 더 아름다워질 것이다. 그러면 꽃을 사는 손님도 기쁘고 모두가 다 행복하다. 물론 손님들이 느는 것은 당연하며 그리고 중요한 것은 꽃을 진정 좋아하는 손님들이 는다는 것이다. 이는 행복의 사이클이다.

그러나 억지로 하거나 마지못해 한다면 그것은 반대로 모두가 불행해진다. 만약 꽃집 주인이 꽃을 그냥 장사하는 물건 정도로만 여기고 꽃 다듬는 일도 귀찮게 생각한다고 하자. 꽃은 그 아름다움을 잃을 것이며 손님은 끊길 것이다. 불행의 사이클이 완성되는 순간이다. 좋아하는 일을 하는 것이 그래서 중요한 것이다.

투자가가 되려면 투자, 더 자세히 말하자면 분석하고 판단하는 일을 좋아하여야 한다. 주식시장에서 벌어지는 모든 일을 포용해야 하고 기꺼이 받아들여야 한다. 인간의 욕심과 공포가 휘몰아치고 돈과 돈이 부딪치는 전쟁터를 제대로 즐길 줄 알아야 한다. 결코 만만한 일이 아니지만 말이다.

주식투자를 진정 좋아하는 사람들은 가격의 변화를 즐기는 사람들이다. 시장 자체를 사랑하는 사람들인 것이다. 그래서 그들은 시장을 더욱 이해하려 하고 시장을 진정한 마음으로 지켜본다. 이런 사람들은 매매라는 직업을 자신과 시장의 교류로 인식하며 시장을 즐긴다.

그러나 오직 대박이라는 한판의 승부를 위해 매매를 하는 사람들에게는 시장은 도구에 불과하다. 돈 버는 도구 말이다. 꽃을 싫어하는 사람이 꽃을 돈 버는 도구로 생각하는 것이나 마찬가지이다. 그런 사람들은 손실이 나면 시장을 저주하고 수익이 나면 시장을 우습게 본다. 주위를 봐라. 엄청나게 많은 사람들이 그런 태도로 매매에 임하고 있지 않은가? 그들은 시장을 진정으로 이해하려 하지 않는다. 자기가 돈을 버는 데에 필요한 수단 정도로만 여긴다. 그래 가지고 과연 시장에서 돈을 벌 수 있을까? 궁극적인 승자가 될 수 있을까?

투자가라는 직업은 시장과 오래 사귀어야 하는 직업이다. 어떤 대상을 장기적으로 봐야 하는데 이해하려 들지 않고 이용만 하려 든다면 과연 제대로 볼 수 있을까? 시장을 제대로 보지 못하면 바람직한 결과가 나올 수 있을까? 절대 그렇지 않다. 이 세상 그 어떤 것이든 진심으로 바라볼 때 보답하는 것이다.

시장을 돈 버는 도구 정도로 아는 사람에게 투자가는 어울리는 직업이 아니다. 아마 좋아하는 다른 일이 있을 것이다. 그 일을 선택하기 바란다.

그 일이 벌이가 시원치 않다고 생각할지 모르지만 최소한 내 돈을 빼앗아 가지는 않는다. 시장은 내 돈을 빼앗아가기도 한다.

벌이의 좋고 나쁨을 떠나서 좋아하는 일을 하는 사람이 행복하다. 돈도 다 행복해지기 위해서 버는 것 아닌가? 시장의 모든 것, 좋은 것과 나쁜 것을 다 받아들이는 사람이 시장을 좋아하는 사람이다.

투자가를 지망한다면 우선 시장을 사랑하는지 자기 마음속으로부터의 진정한 대답을 얻어라. 이 일을 정말 좋아하는지 거짓 없는 정직한 답을 내야 한다. 인생이 걸린 일이다.

③ 돈에 대한 개념은 정립되어 있는가?

투자가가 매매에 임할 때 돈에 대해서 두 가지 관점이 정립되어 있어야 한다. 이 직업은 언제나 돈을 의식하여야 한다. 따라서 돈에 대한 확실한 개념을 갖고 있을 필요가 있다.

일단 돈에 관해서는 다음의 두 가지 개념이 필요하다고 본다. 우선은 액수의 무게, 그리고 그다음은 돈에 대한 초연함이다. 이 두 가지는 일견 모순되는 듯 보이지만 실제 매매에서는 상당히 중요한 요소이다.

우선 액수의 무게에 관해 살펴보자. 돈의 무게라 함은 실제 몇 그램인지 하는 무게의 개념이 아니라, 그만큼의 가치를 의미한다. 다른 일과는 달리 매매에서는 돈의 액수가 노골적으로 거론된다. 순간순간의 투자금액과 손실, 이익 모두가 시시각각으로 몇 원 단위까지 계산되어 나타나기 때문이다. 1,000만 원을 투자하여 214만 5,892원을 벌었다, 혹은 129만 7,420원 손실을 보았다, 모두 금액으로 적나라하게 나타난다.

직장에서 월급을 받는 사람은 정해진 액수의 월급을 정해진 날에 받으므로 자신의 수입을 정확히 인지하고 있다. 따라서 굳이 일일이 금액을 언급하거나 생각할 필요가 없다. 그저 맡은 바 일에 충실하면 정해진 날 정해진 액수의 금액이 입금된다. 일하면서 월급 금액을 일일이 생각을 할 필요가 없는 것이다.

그러나 투자가는 다르다. 모든 매매는 돈의 액수로 시작하여 액수로 끝난다. 처음부터 끝까지 정확한 금액으로 나타나는 것이다. 따라서 그 누구보다 액수에 민감해지게 마련이다. 때에 따라서는 엄청난 금액의 돈이 생기기도 하고 그 반대의 경우가 생기기도 한다.

그렇다 보니 돈에 대한 감각이 숫자상의 움직임에서만 머물 가능성이 크다. 돈이라는 것에 대해 그저 액수나 금액의 의미만 갖게 될 수 있다는 것이다. 사실 매매의 세계에서는 접하게 되는 돈의 단위가 일반적인 생활에서 접하는 단위보다 훨씬 크다. '외국인 7,000억 원 순매수' 라든지 '프로그램 매물 3,000억 원 출회' 라든지, 접하는 돈의 단위가 크다. 그러니 돈의 단위에 무감각해지기 쉽다. 100만 원, 200만 원은 아무것도 아닌 것 같은 느낌이 들게 되는 것이다.

바로 여기에 치명적인 함정이 있다. 매일 시장을 대하며 생활하는 증권회사 직원들에게 자주 나타나는 현상인데, 매일 접하는 단위가 크다 보니 100만 원, 200만 원은 돈으로 보이지 않는 일이 생기는 것이다. 이는 어쩔 수 없다. 누구라도 엄청난 단위의 세계에서 매일 지내다 보면 그렇게 될 것이다. 하지만 이는 경계해야 하는 일이다.

매매가 아닌 일반적인 일을 해서 돈을 번 사람에게 100만 원의 가치는 다르다. 얼마만큼 일해야 벌 수 있는 금액인지 인지하고 있는 것이다. 그러나 그런 경험이 없는 사람들, 특히나 힘든 일을 해 보지 않은 사람들, 예를 들어 고액 연봉자나 잘나가는 전문직 종사자, 혹은 좋은 집안에 태어나 돈에 구애 없이 사는 사람들처럼 돈에 그다지 아쉬움이 없었던 사람들은 그 가치에 대해 무감각한 편이다. 100만 원은 숫자의 의미밖에 없는 것이다. 그 숫자의 돈을 벌기 위해 얼마나 땀을 흘려야 하며 그 돈으로 얼마나 많은 사람들을 기쁘게 해 줄 수 있는지 모른다. 100만 원의 가치에 대한 감이 없는 것이다.

그렇다면 그런 돈에 대한 감이 왜 투자가에게 중요한 것인가? 이 문제는 손실에 대한 감각의 차이와 연결되기 때문이다. 이는 매매에서 많이 잃느냐 적게 잃느냐의 문제와 직결된다. 매매에서 돈의 가치를 좀 더 명확히 할 필요가 있는 이유가 여기에 있다. 수십억 원의 큰 손실을 내고 파산한 투자가도 처음의 손실은 100만 원에서 시작되었을 것이다. 이를 가볍게 보고 재빠른 행동을 취하지 않은 결과가 수십억 원의 손실로 이어진 것이다. 돈의 무게를 실제로 제대로 느꼈더라면 수천만 원 선에서 그 무게를 감당하지 못하고 그만두었을 것이다. 그러면 수십억 원의 손실은 발생하지 않았을 것이다.

자금을 더 끌고 들어와 무작정 매매에 나서는 행위 역시 돈을 너무 가볍게 알기 때문에 일어나는 일이다. 겁 없이 남의 돈을 끌어들이거나, 무작정 대출을 받아 매매에 뛰어드는 행위 역시 마찬가지이다. 수천만 원, 수억 원을 너무 쉽게 생각하니까 이런 일들이 일어나는 것이다. 그 돈이면 엄청난 일을 할 수 있으며 수많은 사람들의 고민을 해결해 줄 수 있는 금액이다. 귀중한 돈이다. 그 무게는 엄청난 무게인 것이다.

그 큰 금액을 숫자의 감각으로 논하는 것이 죄스러울 정도라는 생각을 갖고 있어야 한다. 그래야 매매도 신중해지고 손절도 빨리 할 수 있다. 금액의 무게를 알고 느낄 수 있어야 한다. 이것이 첫 번째 개념이다.

다음으로 돈에 대해 초연해져야 한다는 점에 관해 살펴보자. 이는 손실이 났을 때나 혹은 욕심이 발동했을 때 대처하는 데 영향을 준다. 일단 매매에서 뜻하지 않은 손실이 발생했다고 하자. 물론 분하고 억울할 것이다. 그 돈이 어떤 돈인데 하는 생각과 판단에 대한 후회가 밀려온다. 그러나 아무리 손실이 억울하고 분하더라도 이미 내 수중을 벗어난 이상 어차피 내 돈이 될 것이 아니었다고 생각하라. 빨리 잊는 것이 좋다.

손실에 대해 지나치게 집착하거나 미련을 버리지 못한다면 이는 과도한 매매, 감정적인 매매에 빠지게 된다. 그나마 남아 있는 자금마저도 사라지게 할 수 있다. 그래서 떠나간 돈에 대해서는 초연해져야 한다는 것이다. 잃은 돈에 대한 마음의 정리가 빠르면 빠를수록 새로운 마음으로 매매에 임할 수 있게 된다.

그리고 다른 사람이 주식으로 얼마를 벌었다거나 어떤 종목이 오를 것이라는 소문 등 막연한 욕심으로 매매를 하는 것도 좋지 않다. 이는 단순한 욕심의 발로일 뿐이다.

투자는 수익창출을 위한 정교한 전략의 관점에서 접근해야지 단순한 '돈 벌기' 라는 관점에서 접근하는 것은 위험하다. 장기적으로는 더욱 그렇다. 정교한 매매, 즉 시장을 살피고 전략에 부합하는 매매를 함으로써 그 대가로 수익을 얻는 것이지 그냥 주가가 오르면 돈 버는 것 아니냐는 안이한 생각은 위험하다.

'얼마를 벌까?', '벌면 그 돈으로 뭐 해할까?' 라는 생각이 앞서서도 안 된다. 먼저 돈이 앞서는 매매는 백전백패임을 경험 있는 투자가라면 모두 공감할 것이다. 그런 점에서 투자가는 돈에 대해 초연해야 한다.

사실 돈에 대해 초연해지기란 쉽지는 않다. 그러나 있다가도 없고 없다가도 있는 것이 돈이다. 게다가 아무리 원한다고 해서 생기는 것도 아니다. 누구나가 돈을 많이 벌어 부자가 되고 싶어 한다. 하지만 실제로는 아무나 부자가 되는 것이 아니다. 한마디로 내 뜻대로 되지 않는 것이 돈이다. 그럴 바에야 초연해지는 편이 낫다.

매매가 이상하게 잘 안되는 때가 있다. 본인의 예상이 빗나갔든 운이 없든 답답할 정도로 매매가 잘되지 않는 경우가 있는데 이때의 손실은 어쩔 수 없다. 그냥 짧게 끝내고 나오는 것이 상책이다. 괜히 본전 생각에 억지로 매매를 할 필요는 없다. 안되는 것에 괜히 욕심만 더 부리다가 최악의 순간을 맞을 수도 있기 때문이다. 잃은 돈이야 생각할수록 안타깝겠지만 그렇다고 다시 돌아오는 것도 아니다. 그러니 아예 생각하지 말자. 초연해지자. 미련을 갖고 자꾸 생각할수록 손해 보는 사람은 자기 자신뿐이다.

매매를 하다 보면 경우에 따라서는 '황금 보기를 돌같이 하라'는 말을 되새겨야 할 때가 많다. 지나친 욕심을 가지고 덤벼드는 매매, 본전이 아까워 무리하게 하는 매매, 모두 실패할 가능성이 높은 매매이다. 따라서 그런 매매를 할 것 같으면 일단 스스로에게 황금 보기를 돌같이 하자는 생각을 되새기는 것이 좋다. 죽을 때 갖고 가는 것도 아닌데 뭐 그리 돈에 연연하는가? 이렇게 스스로에게 되새기면서 마음을 바로잡아야 한다. 이런 생각을 하면서 마음을 진정시키면 일단 섣부른 매매를 제어할 수 있게 된다. 이것만으로 돈을 번 것이나 다를 바 없다.

돈, 소중하게 생각하면서도 동시에 돈에 대해 초연하게 대처해야 한다. 이것이 투자가가 살아남는 길이다. 투자가로서 성공하려면 당신은 우선 돈의 무게를 알아야 하며 그와 동시에 그 돈에 대해 초연해 질 수 있어야 한다. 모순처럼 보일 수 있으나 그래야 한다.

④ 기초지식은 충분한가?

주식시장에 뛰어드는 상당수의 사람들은 모두 그 의욕만큼은 대단하다. 정말 그 의욕들은 높이 살 만하다. 그런데 그런 의욕에 비해 시장의 기초지식은 너무 빈약하다. 유상증자가 뭔지도 모르고 코스피와 코스닥의 구분도 모호한 상태에서 투자하는 사람들이 많다. 시장을 쉽게 보는 것인지 아니면 의욕이 너무 앞선 것인지는 모르지만 이는 바람직하다고 볼 수 없다. 무엇이든 어떤 일을 하려면 최소한의 지식은 갖추고 시작해야 하는 것이 좋다. 수영하는 사람이 물속에서는 숨을 못 쉰다는 사실 정도는 알고 수영을 시작하는 것처럼 말이다.

그래서 필요한 것이 기초지식이다. 투자는 투자에 필요한 지식과 정보를 얻는 것에서부터 시작하여야 한다. 최소한 몰라서 당하는 일은 없어야 하기 때문이다. 시장에 관한 지식, 투자에 앞서 살펴야 할 점들, 시장의 흐름을 이해하는 방법 등은 반드시 알아야 할 기초지식이다.

물론 기초지식이 많다고 해서 반드시 투자에 성공하는 것은 아니다. 아무리 많은 지식을 가지고 있다 하더라도 실전매매에서는 실패할 수 있다. 이는 구구단을 안다고 해서 반드시 수학을 잘한다고 볼 수 없는 것과 마찬가지 논리이다.

하지만 구구단도 모르고 수학을 하겠다는 것도 우스운 일이 아닌가? 이것은 난센스이다. 투자에도 이는 똑같이 적용된다. 필요한 기초지식도 없이 자기 돈을 위험한 시장에 그냥 노출시킨다는 것은 난센스이다.

투자도 실전에서 배우면 된다고 하는 사람들이 있다. 틀린 말은 아니다. 하지만 그렇게 하자면 그 대가가 따른다. 금전적 손실이 따른다는 말이다. 그렇지 않아도 실전에 임하게 되면 상당한 대가를 치러야 하는데 기초지식을 몰라서 대가를 치르기에는 억울한 측면이 있지 않은가? 사전에 좀 알고 나서 시작하면 불필요한 손실을 줄일 수 있다.

어떤 분야가 되었건 본격적인 시작에 앞서 미리 살펴봐야 할 사항이 반드시 있게 마련이다. 조금이라도 기초지식이 있고 시작하는 것과 아무것도 모른 채 뛰어드는 것은 분명 차이가 있다. 본격적인 시작에 앞서 최소한 이해하고 들어가야 할 사항이 있다. 수학공부에 앞서 구구단이 필요하듯이 말이다. 특히 투자와 같이 손실의 위험이 도사리고 있는 경우에는 더욱 그렇다. 덮어놓고 시작하기에는 위험부담이 너무 크다.

⑤ 수업료를 지불할 만큼의 금전적 여유는 있는가?

의사라는 직업은 일반 직장인들보다 고수입이 보장되는 인기 있는 직업이다. 그러나 의사가 되기까지의 과정은 그리 쉽지 않다. 우선 의대에 들어가야 하는데 이것부터가 쉽지 않다. 고등학교 때부터 엄청난 공부를 하여 치열한 입시경쟁을 거쳐야 한다.

그러나 의대에 입학하였다 하여 그것으로 끝이 아니다. 의대에 합격한 다음에도 의사까지의 과정은 험난하다. 이 과정에는 많은 비용이 소요된다. 우선 많은 시간을 요한다. 어떤 분야보다 오랜 학업기간이 필요하다. 그리고 긴 교육과정을 수료한 후에도 인턴, 레지던트와 같은 고단한 시절을 보내야 한다. 이 시기는 금전적 보상도 적으며 육체적으로도 고된 시절이다.

시간뿐만이 아니다. 많은 경제적 비용도 든다. 의대에 입학한 순간부터 많은 돈이 들어간다. 어느 학부보다 비싼 등록금과 수업료를 지불하여야 하고 학업기간도 길다 보니 수업료를 지불하여야 하는 기간도 길어진다. 따라서 사회에 나와 제대로 된 보수를 받기까지 남들보다 많은 비용이 든다.

다른 학과 학생들이 졸업하여 직장을 다니며 돈을 벌 때도 의대생들은 많은 수업료를 들여가며 공부를 계속하여야 한다. 사회진출도 그만큼 늦다. 이렇듯 의사가 되기까지는 시간적, 금전적으로 상당한 비용을 감수해야만 하는 것이다.

의사가 되기까지는 시간적으로나 금전적으로나 많은 비용이 들지만 일단 의사가 되고 나면 비로소 그동안 들인 비용을 회수할 수 있다. 의사가 되기까지의 비용을 회수하는 데 얼마나 많은 시간이 걸릴지는 모르겠다. 하지만 중요한 것은 많은 시간과 돈은 들었지만 어쨌든 의사가 되었다는 사실이다. 그리고 이제부터의 수입은 일반 직장인들보다 월등히 높다.

우리는 의사의 고수입에는 관심이 많지만 그 과정에 관해서는 비교적 무관심한 편이다. 실상은 그들도 나름대로의 비싼 수업료를 내고 의사가 된 것이다. 길고 긴 교육과정과 높은 수업료, 결코 만만치 않은 비용이 든 것이다. 고수입이 기대되는 의사가 되기까지는 이렇게 상당한 세월과 비용이 필요하다.

그렇다면 투자가는 어떨까? 투자가 역시 비싼 수업료를 치러야 한다는 점에서는 의사와 다름이 없다. 진정한 투자가가 되어 매매로 생활을 할 수 있는 단계에 이르려면 몇 년간은 시장에 상당한 수업료를 지불하여야 한다. 그 수업료가 얼마가 될 지는 사람에 따라 다르다. 경우에 따라서는 억대의 금액을 지불할 수도 있다. 확실한 것은 그 수업료가 당신이 생각하는 것보다는 훨씬 비싸다는 점이다. 그리고 투자가에게 이 수업료 지불은 거의 불가피하다.

시장은 우리보다 앞선 선배들로 가득하다. 그들을 상대로 처음부터 돈을 번다는 것은 중등부 야구선수가 프로를 상대해서 이기겠다는 것과 마찬가지이다. 우리는 시장에서 매매를 통해 많은 것을 경험하면서 배워 나가게 된다. 그리고 그 대가로 수업료를 지불하는 것이다. 매매의 선배들에게 지불하는 것이다. 그들 역시 초기에는 많은 수업료를 지불하였다. 의사가 되기까지 상당한 비용이 드는 것처럼 매매로 돈을 벌 수 있기까지 역시 상당한 비용이 든다.

의사와 투자가는 수업료가 비싸다는 공통점이 있으나 반면에 아주 큰 차이점이 있다. 의사는 교육과정이라는 것이 정해져 있어 그 과정을 이수하면 의사가 될 수 있다. 물론 다소의 시간차가 있을 수는 있으나 정해진 과정을 이수하고 시험에 합격하면 일단 의사는 된다.

그러나 투자가는 정해진 과정이라는 것이 없다. 의사는 의과대학이라는 공식적인 교육기관이 있어 양성되지만 투자의 세계에는 그런 기관이 존재하지 않는다. 의과대학처럼 가르쳐 주고 지도해 주는 훌륭한 교수들도 없고 교육과정도 없다. 투자가의 과정에는 예측 불가능한 시장과 오직 스스로의 의지와 시행착오만이 있을 뿐이다. 게다가 수업료도 반드시 지불하여야 한다.

의대에 입학하기만 하면 수업료는 비쌀지언정 의사가 될 확률은 아주 높다. 그래서 모두들 기꺼이 그 비용을 감수하고자 한다. 그러나 투자가의 경우는 다르다. 수업료의 지불이 차후의 고수입을 보장하지 않는다. 그런 상황에서 얼마가 될지도 모르는 수업료를 감당하여야 하는 것이다. 그리고 최악의 경우는 수업료만 내다가 파산해 버릴 수도 있다. 의대생이 수업료를 내는 것과는 엄청난 차이가 있는 것이다.

또한 투자가의 경우는 수업료를 지불하는 동안 생계의 문제를 어떻게 해결할 것인지 또 다른 고민이 있다. 따라서 수업료를 지불하는 동안, 즉 투자를 배우는 기간에는 별도의 고정적인 수입이 필요하다. 최소한 어느 단계까지 이 부분은 필수적이라고 본다. 매매로 인한 결과는 언제나 불확실하다. 수익이 날 수도 있겠지만 손실이 날 수도 있다. 때로는 파산에 가까운 큰 손실을 볼 수도 있다. 이는 어쩔 수 없는 일이고 아무리 우수한 투자가에게도 한번씩 일어나는 일이다. 그러나 경험 없는 투자가에게 갑자기 그런 큰 손실이 발생하게 되면 그야말로 생계가 위협받을 수 있다.

그래서 어느 정도의 고정적인 수입이 필요하다. 예를 들어 벌어놓은 돈이 제법 있다든지, 고정적인 임대수입 같은 것이 있다든지, 아니면 배우자의 수입이 있다든지 하는 생계에 지장을 주지 않을 정도의 수입이 있으면 문제는 쉽게 풀린다. 그렇지 않으면 시장에서 열심히 수업료만 지불하다가 생계가 위협받을 수 있다.

물론 고정적 수입도 없이 단지 적은 투자자금에서 엄청난 액수로 불린 천재적인 투자가들도 있다. 그러나 이것을 일반화하기에는 무리가 있다. 특수한 케이스를 일반화시켜 적용하는 것은 대단히 위험한 발상이다. 따라서 우리가 여기서 논해야 하는 사항은 일반적인 대개의 경우를 상정해야 한다.

　수업료를 지불해야 한다는 것은 매매에서 수입은 발생하지 않고 계좌에서 돈이 계속 빠져나가는 상황을 감내해 내야 한다는 의미이다. 이런 기간 동안을 어떻게 버티느냐는 다른 수입이 있느냐 없느냐의 문제이다.

　수업료를 지불하는 기간은 사람에 따라 다르나 보통 수년 이상으로 보는 것이 타당할 것 같다. 아무리 매매의 생리를 빠르게 이해한다 하더라도 그것을 실전매매에서 완전히 활용하기까지는 의외로 많은 시간이 소요된다. 주위의 투자가들의 이야기를 종합해 보면 꾸준히 수익을 내는 단계까지는 최소한 5년 이상의 시간이 필요한 듯하다. 의대 과정보다는 조금 짧을 수 있지만 생각보다는 짧지 않은 기간이다. 시장에 적응하고 나름대로의 매매기법을 갖추기까지는 많은 세월이 필요한 것이다. 그리고 그 기간 동안에도 수업료는 계속해서 지불된다.

　시장에 수업료를 낸다는 것은 그만큼 많은 것들을 시장으로부터 배운다는 의미이기도 하다. 이 과정은 필수과정이다. 고정수입이 있으면 이 기간 동안 수업료를 내면서 열심히 공부에 전념할 수 있지만, 고정수입이 없으면 자칫하면 수업료가 다 떨어져 공부를 중도하차할 수도 있다.

　고정수입이 없는 사람이 처음부터 매매에만 의존하여 생계를 꾸리려 한다면 매매에서 느끼는 압박감과 스트레스, 그리고 실패에 대한 불안감은 더 크게 작용한다. 이는 매매에 있어서도 부정적인 요소이다.

　예를 들어 식당을 하고 있는데 제법 잘되어 꾸준한 수입이 들어오는 사람이 있다고 하자. 이런 사람은 여유 있게 배우는 자세로 매매에 임할 수 있다. 수업료야 지불하겠지만 다른 수입이 있으므로 생계에는 큰 지장이 없기 때문이다. 매매에 훨씬 더 집중할 수가 있는 것이다.

　고정수입이 있다는 것은 매매를 여유를 가지고 할 수 있다는 점에서 상당히 유리하다. 반드시 이익을 내어야 한다는 강박관념에서 벗어날 수 있다는 것은 심리적 안정이라는 측면에서 상당히 중요하다. 일단 보다 편안한 마음에서 매매에 임할 수 있다는 것은 매매에서의 성공 가능성을 더욱 높여 주기 때문이다.

　지금 수업료를 치를 금전적 여유가 없다면 일단 본격적인 투자가로서의 선택은 조금 미루기 바란다. 우선 고정수입이 발생하는 환경부터 조성하거나 어느 정도 자금을 모으는 것부터 시작하라. 그렇지 않고 이 길에 들어서면 불안한 출발이라고 보지 않을 수 없다. 그리고 불안한 출발은 전체를 불안하게 할 가능성이 크다.

⑥ 투자자금은 충분한가?

　투자가로서 배우는 단계에서의 매매란 어차피 수업료를 지불하는 단계이므로 적은 규모의 자금으로 시작하는 것이 바람직하다. 적게 투자해야 손실도 적으므로 처음에는 가급적 적은 규모로 투자에 임하는 것이 바람직하다. 그러나 시장에서 수년간의 경험을 통해 매매능력을 갖추게 되었다면 이제는 투자자금이 중요해진다.

　투자가가 투자에 임하는 데 있어 투자자금은 상당히 민감하고 중요한 사안이다. 투자가라고 하더라도 투자에 사용되는 자금은 사람에 따라 천차만별일 것이다. 그러나 아무리 금액이 사람에 따라 천차만별이라 해도 여기에 최소한 어느 정도 이상이라는 금액은 존재하리라 본다. 시장에서 많은 기간 공부를 하고 수업료도 지불하여 어느 정도의 매매능력이 갖추어졌다면 얼마를 가지고 투자를 하느냐는 중요한 문제이다.

　아마추어가 주식을 매매한다면 금액은 아무래도 좋다. 그냥 호기심으로 몇 십만 원 정도로 매매를 하는 사람이 있을 수도 있고 여유자금 100만 원으로 시작하는 사람도 있을 것이다. 그 액수는 전적으로 자유이다. 오히려 초보자들은 가능한 적은 금액으로 시작하는 것을 권한다.

　그러나 투자가가 본격적으로 매매를 시작한다면 문제는 달라진다. 투자가에게 자금 규모는 상당히 중요한 문제이다. 일단 자금 규모가 너무 작아서는 안 된다. 몇 백만 원의 자금으로 전문 투자가가 되겠다고 한다면 이것은 난감한 일이 아닐 수 없다.

　500만 원으로 1년간 100%의 수익률을 기록했다고 하자. 수익률만 보면 이것은 아주 경이적인 수익률이다. 그러나 수익금은 500만 원이다. 1년에 500만 원을 벌기 위해 매매를 전업으로 삼는다는 것은 난센스이다. 100%의 수익률을 위해 아마 투자가는 매일 엄청난 스트레스를 받으며 리스크와 맞섰을 것이다. 그러나 그러기에는 그 대가가 너무 적다. 여기에 현실적인 자금 규모의 문제가 있는 것이다.

그리고 100%의 수익률이란 자주 나오는 수익률도 아니다. 평균적으로 매년 25%의 수익률만 꾸준히 내도 이는 고수의 경지라 감히 말할 수 있다. 500만 원으로 연 25%의 수익률을 낸다고 하면 1년에 125만 원의 수익이 발생한다. 수익률은 아주 훌륭하지만 수익금액은 아무래도 적은 감이 있다.

따라서 자금 규모는 어느 정도 이상이 되어야 한다. 물론 시장에 수업료를 지불할 시기는 적은 금액이 오히려 안정적이다. 어차피 그때는 손실을 더 많이 보는 시기이기 때문에 금액이 적을수록 유리하다. 초보운전 때 굳이 벤츠를 몰 필요는 없는 것과 마찬가지 이유이다.

그러나 어느 정도 매매에 자신이 생기고 시장에 적응이 되어 본격적인 수익을 바라고자 한다면 일정 금액 이상의 자금이 필요하게 된다. 개인적인 생각이지만 적어도 8,000만 원 이상은 되어야 하지 않을까 생각한다. 사람에 따라서는 너무 많게도 혹은 너무 적게도 느껴질 수 있을 것이다. 1년에 15%의 수익률을 생각했을 때 1,200만 원 정도의 수익은 나와야 되지 않을까 하는 생각에서이다. 그래봐야 월 100만 원의 수익이지만 말이다. 물론 15%의 수익률을 내는 것도 결코 만만치 않은 일이다. 초보자가 쉽게 낼 수 있는 수익률이 아니기 때문이다. 물론 8,000만 원이 큰돈이라면 큰돈일 수 있다. 그러나 가게를 하나 차려도 수억 원이 들어가는 것이 현실인데 명색이 투자가의 길을 가려는 사람이 적은 돈으로 큰돈을 벌겠다는 것은 지나친 욕심이다.

물론 매매 규모가 크면 감당해야 하는 리스크도 커진다. 하지만 감당해야 하는 리스크가 커진다는 것은 그만큼 기대수익도 커진다는 말이다.

본격적으로 투자가가 되려면 일단 어느 정도의 자금 규모는 확보되어야 한다. 그리고 그 규모는 크면 클수록 좋다. 물론 매매능력이 뒷받침되어야 한다는 전제에서의 이야기이다.

투자가란 매매라는 장사로 돈을 버는 장사꾼이다. 어느 장사나 다 그렇지만 밑천이 두둑할수록 좋지 않던가? 그리고 다시 한번 강조하지만 여기서의 매매 자금이란 충분한 매매능력을 갖춘 다음, 즉 수업료를 충분히 치른 다음의 단계에서의 매매 자금이다. 본격적인 투자가로서 매매에 임할 때의 자금을 말하는 것이지 초보자의 매매 자금을 말하는 것이 결코 아니다.

⑦ 매매 경험은 충분한가?

주식매매를 몇 번 해 본 경험으로 투자가의 길로 나서겠다는 것은 난센스이다. 두어 번 필드에 나가 골프를 쳐 보고 프로골퍼가 되겠다는 것과 마찬가지이다. 프로골퍼는 그나마 자격심사가 있어 마음만 가지고는 아무나 될 수 없지만 주식매매에는 그런 심사가 없기에 마음만 먹으면 누구나 할 수 있다. 어떠한 자격과 제한도 없다. 그래서 더 위험한 것이다.

수많은 아마추어 야구선수들이 고교야구나 대학야구에서 활동하고 있다. 그러나 프로로 진출하는 선수는 극히 일부에 지나지 않는다. 야구를 하는 사람은 많지만 야구로 생계를 꾸려갈 수 있는 능력을 가진 사람은 그렇게 많지 않다는 것이다. 아마추어 시절에 돋보이는 실력을 보인 선수들만이 프로로 진출하며 그렇지 못한 나머지 선수들은 다른 방법으로 생계를 꾸리게 되는 것이다.

투자도 마찬가지이다. 그냥 매매하는 사람은 많으나 제대로 하는 사람, 즉 투자로 생계를 꾸려갈 수 있는 능력을 가진 사람은 그렇게 많지 않다. 그런데 투자의 세계는 프로구단과 같이 능력 있는 선수를 선발하는 주체가 없다. 그래서 아무나 프로가 될 수 있는 것이다. 이것은 당사자에게 위험한 일이 아닐 수 없다. 능력이 없는데도 그 일로 뛰어들게 하기 때문이다. 이것은 차후에 엄청난 비극을 낳는다.

투자의 세계에서 프로가 되는 공식적인 심사나 검증 같은 것은 아예 없다. 선발과정이라는 것이 존재하지 않는다. 전적으로 투자가 자신이 알아서 판단하는 문제이다. 하지만 무작정 프로의 길로 들어서겠다는 것은 무모의 정도를 넘어 그냥 돈을 버리겠다는 것과 매한가지이다.

본격적으로 투자가의 길을 걷고 싶다면 일단 매매 경험부터 쌓아야 한다. 최소한 시장이 어떤 곳이고 얼마나 위험한 곳인지를 제대로 실전에서 인식하는 것이 중요하다. 수익을 내고 안 내고는 다음 문제이다. 매매 경험을 통해 시장의 생리를 얼마만큼 터득하느냐가 향후 매매성과를 좌우한다.

처음부터 매매를 통해 큰돈을 벌겠다는 생각은 유치하다. 골프의 기본자세를 배운 다음 곧장 필드에 나가 버디라도 잡겠다는 생각과 같다. 그런 말도 안 되는 생각은 애초에 하지 않기 바란다. 처음은 전반적인 시장생리에 대한 탐색이다. 적은 금액으로 손실의 쓰라림과 시장의 무서움을 경험해 보는 것이다. 시장이 생각만큼 호락호락하지 않다는 것을 실감하는 것만으로도 큰 공부이다. 앞으로의 매매에 큰 도움을 준다.

여기서 투자가의 능력과 시간과의 관계에 관해 중요한 사항을 하나 알려주고자 한다. 투자가의 능력이 어떤 식으로 향상되어 가느냐 하는 점이다. 이 부분은 여러 투자가들을 통해 연구한 것인데 어디서도 다루어진 적이 없는 내용이다. 투자에 들이는 시간과 매매능력과는 어떤 관계가 있느냐 하는 것이다. 분명 두 가지 사항은 서로 상관관계가 있다. 아무래도 경험이 많다는 것은 매매능력 향상에 도움이 되기 때문이다.

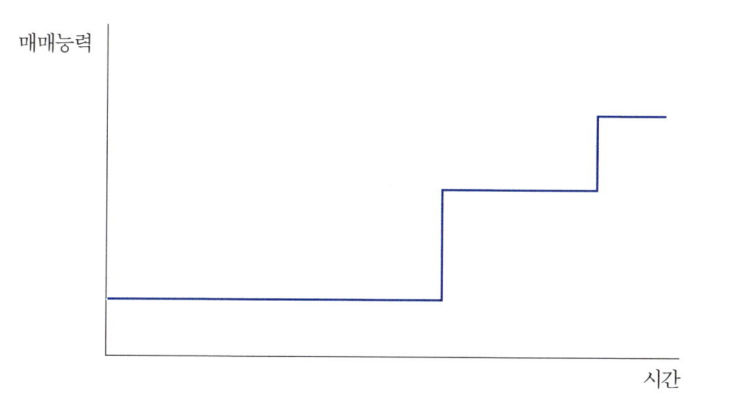

▶▶ 그림 1-1 매매능력과 시간과의 관계

앞의 그림에서 알 수 있듯이 매매시간이 늘어난다고 해서 매매능력도 동시에 함께 향상되지는 않는다. 상당 기간은 변화 없이 머물러 있다. 그러다가 어느 순간 한 단계가 향상된다. 그리고 또 한동안 그 수준에서 머물러 있다 또 어느 순간 매매능력이 한 단계 향상되게 된다. 여기서 문제가 되는 것은 변화 없이 머무는 시간이 사람마다는 다르다는 것이다. 5년이 될 수도 있고 10년이 될 수도 있다. 경우에 따라서는 그 이상도 될 수 있는 것이다. 물론 그 안에 파산을 당할 확률은 지극히 높다.

어찌 되었든 매매능력이 향상되는 데에는 상당한 시간이 필요하다. 물론 개인마다 소요되는 시간과 향상의 정도는 다를 것이다. 그러나 일반적으로 매매시간과 매매능력은 앞의 그림과 같이 움직인다. 따라서 어느 수준에 오르는 순간까지는 계속해서 시장에 수업료를 지불해야 한다는 이야기가 된다.

매매 경험은 시행착오를 얼마나 많이 경험했는가를 의미한다. 시행착오는 향후의 매매에 도움이 된다. 투자가에게 시행착오는 더 나은 매매를 위한 밑거름이 되는 것이다. 물론 매매 경험이 많다고 해서 반드시 좋은 투자가이고 매매 경험이 없다고 해서 나쁜 투자가라고 단정할 수는 없다. 아무리 경험이 많다고 해서 수익을 잘 내라는 법은 없기 때문이다. 그러나 어두운 방에 먼저 들어와 이리저리 돌아다녀 보며 넘어져 본 사람이 처음 들어온 사람보다는 그래도 더 나을 수 있다. 여기에 경험의 중요성이 있는 것이다.

그래서 성공한 투자가들 중에는 기관의 펀드매니저 출신들이 많다. 이들은 경험도 아주 확실한 경험을 한 사람들이다. 기관이라는 조직화된 곳에서 고급정보를 바탕으로 제법 큰 금액을 운용해 본 노장들이다. 산전수전을 겪은 프로들인 것이다. 어떤 의미에서는 이들이야말로 제대로 된 투자가로서의 자격이 있는 사람들일지 모른다. 내용도 잘 알고 충분한 경험과 노하우를 쌓고 독립하는 것이니까 자격요건만 보자면 최고인 셈이 아닌가?

그러나 모두가 기관의 펀드매니저의 경험을 쌓을 수 없는 일이며 펀드매니저는 아무나 될 수 있는 직업도 아니다. 따라서 일반인이 투자가가 되려고 한다면 더욱 각오를 단단히 하여야 한다. 일단 매매를 본격적으로 시작하기에 앞서 시장을 충분히 경험해 보는 것이 좋다.

그리고 매매라는 일이 스스로의 적성에 맞는지 생각해 보는 것도 중요하다. 그래서 본인 적성에 맞지 않는 것 같으면 과감히 포기하기를 권한다. 대박의 꿈을 꾸며 적성에 맞지도 않는 일을 하겠다는 것은 바둑 두는 것이 적성에 맞지도 않으면서 바둑대회에 나가 상금을 받겠다고 하는 것과 다를 바 없다.

시장의 불확실성이나 매매 리스크를 도저히 감당할 수 없을 것 같으면 피하는 것이 상책이다. 그것이 오히려 돈을 버는 일이다. 적성에 맞지도 않은 일을 돈 벌겠다는 욕심만으로 억지로 하는 것은 무리가 있다. 아니라고 느꼈을 때 과감히 포기하는 것도 용기이자 지혜라고 본다. 이 세상에는 투자 말고도 돈을 벌 수 있는 일들이 얼마든지 있다. 그중에는 본인의 적성에 맞는 일도 반드시 있게 마련이다.

매매에서 나름대로 감을 느끼고 승부를 걸어볼 만하다고 판단될 때에 비로소 과감히 도전해 보는 것이 좋다. 스스로가 시장에 적응할 수 있고 매매가 어떤 것인지 확신이 서면 그때 투자가의 길로 나서도 늦지 않다. 그러나 이 모든 판단은 매매의 세계를 충분히 경험한 후에만 내릴 수 있다.

그리고 수익의 경험보다는 손실의 경험이 더 중요하다. 결코 시장이 만만치 않은 상대라는 점과 매매라는 것이 어려운 의사결정의 연속이라는 사실을 절실히 느껴 보아야 투자에 신중해질 수 있으며 실수를 줄일 수 있다. 어떤 것이든 얕잡아 보거나 가볍게 보아서는 안 된다. 나중에 꼭 화를 당하게 되어 있다.

경험도 없는 상태에서 섣부른 결정을 하는 것은 위험하다. 무엇이든 사전준비가 철저할수록 불필요한 실패를 제거할 수 있는 법이다. 이는 비단 매매에만 해당되는 이야기가 아닐 것이다.

(8) 투자가의 단계

투자가는 경험과 능력 등에 따라 다음의 몇 가지 단계로 구분할 수 있다. 다음의 구분법은 필자가 고안한 것이다. 투자자들을 레벨에 따라 구분한 유용한 분류 방법이라 생각한다. 투자가는 초보, 유경험자, 중급, 고수의 네 단계로 구분할 수 있다.

초보는 말 그대로 처음 매매를 시작한 투자가를 말한다. 이제 막 실전매매를 접한 사람으로 정말 말 그대로 초보자이다. 이 단계에서는 그저 경험을 쌓으며 배우는 수밖에 없다. 실전을 통해 하나하나 알아 가는 과정이라 할 수 있다. 수익을 내느냐 마느냐는 이 단계에서는 별 의미가 없다.

다음은 유경험자이다. 즉 어느 정도의 실전경험이 있는 사람을 말한다. 여기서 중요한 것은 매매한 경험만 좀 있을 뿐 어떤 뚜렷한 매매원칙이나 노하우는 없다는 점이다. 아마 대부분의 투자가들이 이 부류에 속하지 않을까 생각한다. 경험은 제법 있지만 아직 뭔가 미숙한 단계이다. 다만 나름대로 주식의 분석 방법에는 흥미를 갖기 시작하는 단계이다. 기술적 분석에 대한 관심이 가장 많을 때이다.

이 단계의 투자가들은 대부분 큰 손실을 몇 번쯤 겪었기 때문에 성공매매에 대한 의지가 상당히 강하다. '이번에는 잘해야지'라는 생각으로 넘쳐 있는 단계이다. 그래서 책도 많이 읽고 관련 사이트도 열심히 본다. 그래서 여기저기서 들어 본 이 방법 저 방법을 써 보지만 결과는 신통치가 않다. 이는 아직 뚜렷한 투자관이나 매매원칙이 정립되지 않았기 때문이다. 어떻게 보면 가장 안타까운 단계이다.

사실, 대부분의 아마추어 투자가들은 초보자이거나 유경험자들이다. 그다음 단계로의 이행을 성공적으로 하는 투자가들은 극히 일부이다. 대부분 우왕좌왕하다가 이 단계에서 끝난다. 어쩌다 수익을 내기도 하지만 수익은 불규칙하고 전체적으로 보면 손실이 더 많다.

그다음이 중급이다. 중급은 아마추어 티를 벗어난 단계의 투자가이다. 매매 경험도 풍부하며 무엇보다 중요한 것은 그 매매 경험을 통해 나름대로의 원칙을 정립하는 과정에 있다. 매매에서 얻은 교훈을 통해 이 세계가 호락호락하지는 않다는 것을 확실하게 인식하고 있다. 기술적 분석도 능통하며 무엇보다 시장의 무서움을 잘 안다는 것이 중요하다.

중급 레벨의 투자가들은 어지간해서는 시장에서 파산하지 않는다. 비교적 손해를 덜 보는 편이기는 하지만 기술적 분석에 많이 의존하는 경향이 있어 큰 변동성에 손실을 보는 경향이 있다. 물론 생존은 하겠지만 그동안 번 수익의 상당 부분을 한번씩 토해낸다. 그래서 수익과 손실이 엇비슷하다.

즉 꾸준한 수익을 유지하기 어려운 점이 중급의 한계라면 한계일 것이다. 그러나 이러한 중급 레벨도 아무나 되는 것이 아니다. 엄청난 자기반성과 끊임없는 공부와 열정으로 되는 것이다.

그다음 단계가 투자가 최고의 단계인 고수(高手)이다. 중급 레벨의 투자가가 다시 엄청난 담금질을 통해 새롭게 태어난 단계이다. 우선 기술적 분석의 한계를 잘 인식하고 있으며 매매를 해야 할 때와 하지 말아야 할 때를 냉정하게 구분한다는 점이 중급 투자가들과 다른 점이다. 시장의 생리와 그에 따른 대응 방법을 숙지하고 있는 것이다. 그리고 무엇보다 강한 정신력이 갖추어진 상태이다.

고수의 단계란 대박을 내는 단계가 아니라 무리하지 않고 수익을 내는 단계라고 말하고 싶다. '무리하지 않고' 라는 말의 의미를 잘 음미하기 바란다. 무리하지 않는다는 말은 불필요한 리스크를 지지 않는다는 말이다. 확실하게 되는 곳에서만 승부를 건다는 것인데 가장 유리한 때, 가장 확률이 높은 때를 공략한다는 의미이다. 그래서 고수는 매매에 있어 타이밍의 예술가라고 말할 수 있을 것이다. 이 정도의 단계까지 가려면 스스로의 정립된 매매원칙은 물론 냉정한 판단력이 요구된다.

현실적으로 주위를 살펴보면 개인 투자가의 약 75%는 초보자이거나 유경험자 정도이고 20% 정도가 중급이 아닌가 싶다. 고수단계는 5% 이내라고 본다.

(9) 성공한 투자가들

비록 많지는 않지만 투자를 전업으로 하여 성공한 투자가들이 있다. 여기서 그런 투자가 몇몇을 소개하고자 한다. 이미 신문 지면을 통해 알려진 사람들이다.

우선 매매만으로 엄청난 금액을 번 일명 '압구정동 미꾸라지'를 들 수 있을 것이다. 금액으로만 따지면 이보다 더 많이 번 투자가도 드물 것이다. 압구정동 미꾸라지의 본명은 윤강로 씨이다. 그는 외대를 나와 서울은행에서 근무하다 독립한 후 주가지수 선물매매를 통해 원금 7,000만 원을 1,300억 원으로 만들었다고 한다.

서울은행에서 관련 업무를 하다가 투자가로 독립하여 엄청난 수익을 냈다. 투자가로서의 성공은 이런 것이라고 확실히 보여 준 케이스가 아닌가 싶다. 그는 나중에 선물회사를 인수하여 경영을 하기도 한다.

1,300억 원, 엄청난 액수이다. 꿈의 연봉인 1억 원을 받는 사람이 무려 1,300년을 일해야 벌 수 있는 금액이다. 서울은행에서 직장생활을 계속하였더라면 아마 상상조차 하기 힘들었을 금액이다. 이 돈을 그는 주가지수 선물거래를 통해 벌 수 있었다. 주로 포지션 매매를 한 것으로 알려졌는데 한국 주가지수 선물시장이 낳은 대스타임에는 분명하다.

다음은 주식투자로 슈퍼개미의 반열에 오른 박성득씨가 있다. 2006년 그는 현대약품의 1대 주주로서 100억 원대를 굴리는 큰손으로 소개되었다. 원래 직업은 일식집 사장님이다. 15세에 주방 보조원으로 출발해 25세에 독립하여 일식집을 운영해 오고 있다.

그의 투자 인생을 살펴보면 여러 가지로 시사하는 바가 크다. 우선 투자 경력 20여년 중 돈을 벌기 시작한 것은 7년 정도 라는 사실이다. 결국 13년 동안은 시장에 수업료만 지불한 것이다. 길다고 하면 길 수 있는 이 기간을 수업료를 내면서도 버틸 수 있었던 것은 일식집이라는 수입원이 있었기 때문이다. 수업료를 지불하면서도 그는 비교적 여유 있게 나름대로 많은 경험과 교훈을 얻었을 것이다.

그는 투자 초기 10년을 '고통의 저축기간'이라는 말로 표현했다. 얼마나 많은 시련이 있었는지를 짐작케 하는 말이다. 그러한 고통의 기간을 거친 후 그는 저평가 종목을 공략하여 주가가 오를 때까지 기다리는 가치투자의 전략을 구사했다. 그리하여 원금의 몇 배가 넘는 수익을 거둘 수 있었다. 우량주의 장기 보유라는 정석투자로 성공한 케이스라 할 것이다.

반면 초단기 단타 매매로 성공한 전업투자가도 있다. 일본에는 유명한 전업투자가들이 상당히 있는데 그중에 이시다 코오세이(石田 高聖)라고 하는 젊은 투자가가 있다. 일본에서는 하루에 3억 원을 버는, 일명 '카리스마 투자가'로 통한다. 그는 주식 데이트레이딩을 한다. 장 중에 상한가에 진입하려는 종목을 찾아내는 데 정평이 나있다.

와세다 대학 정경학부를 나온 그는 처음부터 전업투자가로서의 길을 걸었다. 처음 약 400만 원의 자금으로 출발한 그는 수백 억 원을 운용하는 수준으로 성장했다. 15대의 모니터를 사용하여 단시간의 상승을 놓치지 않고 공략한다. 그는 자신의 투자학교를 차려 놓고 강의도 하며 책을 쓰기도 하였다.

그는 철저한 기술적 분석을 기초로 단타만을 하는데 단순하면서도 명확한 전략으로 공략하고 있다. 전략 자체는 상당히 일반적인 기술적 분석에 기초하고 있는데 진입 시의 과감성과 철저한 손절매만큼은 상당한 수준인 것 같다. 그런 면에서 강호의 젊은 고수임에는 틀림없다. 그 후 일본에서 여러 사건을 겪은 후 태국으로 이주하여 유유자적한 생활을 하고 있다고 한다.

이상에서 전업투자가로서 성공한 세 사람을 잠깐 살펴보았다. 모두들 투자가로서 최고의 성공을 거두었다고 말할 수 있을 것이다. 그런데 그들 모두 같은 전업투자가이기는 하지만 매매하는 시장과 매매전략은 많은 차이점을 보이고 있다.

우선 압구정동의 미꾸라지의 경우 주가지수 선물시장이라는 고위험 고수익의 시장에서 매매를 하였다. 선물시장이란 주식시장과는 또 다른 형태의 시장인데 보통 주식시장보다 그 변동성이 훨씬 커서 더 위험한 시장이라 볼 수 있다.

나머지 두 사람은 모두 주식시장에서의 매매를 통해 성공했지만 구체적인 매매행태는 상당히 다르다. 한쪽은 저평가된 우량종목을 장기 보유함으로써 수익을 극대화하는 매매이고 다른 한쪽은 하루 안에 매수, 매도하는 데이트레이딩의 형태이다. 장기 보유와 단타 매매의 전형이라 할 수 있을 것이다. 여기서 우리는 투자에 있어 절대적 왕도는 없다는 사실을 알 수 있다. 즉 어느 한 방법만이 수익을 내는 매매라고 말할 수 없다는 것이다.

많은 투자가를 만나 보면 각기 나름대로의 매매에 대한 시각을 가지고 있는데 가치주를 찾아 장기 보유만이 수익을 낼 수 있다는 시각을 가진 투자가는 단기 매매에 대해 부정적으로 본다. 위험에 비해 수익 규모는 제한적이고 무엇보다 잦은 매매가 실수를 할 확률이 크다는 것이다. 이것은 상당히 일리가 있는 말이다. 실제로 데이트레이딩으로 성공한 투자가는 찾아보기 힘들다.

반면에 데이트레이딩을 예찬하는 투자가도 있다. 오히려 장기 보유가 더 위험할 수도 있다는 말이다. 하루의 변동 폭 중 정확한 타이밍을 잡아 짧게 공략하는 것이 오히려 위험부담 없이 수익을 더 낼 수 있다는 생각이다. 말은 맞지만 이러한 매매방식은 실제로는 상당히 어려운 매매방식이다.

결국 모두 일리가 있는 말이다. 이 세상에는 수많은 사람들이 있고 성향도 제각각이다. 따라서 매매형태도 가지각색일 수밖에 없다. 중요한 것은 자신에게 맞는 매매형태를 선택하는 것이다.

어떤 매매형태가 절대적이라고 말할 수 없다. 하지만 일반적으로 말할 수 있는 것은 주식의 데이트레이딩은 상당히 까다로운 매매형태라는 것이다. 물론 간혹 데이트레이딩에 천부적 감각을 가지고 있는 사람도 있다. 그러나 분명한 것은 그런 사람은 드물다는 점이고 오히려 많은 사람들이 데이트레이딩에서 고배를 마셨다는 사실이다.

데이트레이딩은 변화하는 숫자에 얼마나 민감하게 빨리 반응하는가 하는 심리게임이다. 따라서 중요한 것은 순발력과 순간 반응능력이다. 여기에 특별한 재능이 있다면 모를까 일반인들에게는 어려운 매매이다. 또한 데이트레이딩은 하루하루의 변동 폭에 승부를 걸어야 하므로 매매횟수가 많게 되고 그만큼 부담해야 하는 리스크도 많아진다. 일반인에게는 별로 권하고 싶지 않은 매매 방법이다.

따라서 투자가는 이러한 점들을 모두 종합적으로 판단할 수 있어야 한다. 선물시장에서의 매매가 되었든, 주식시장에서의 매매가 되었든, 또는 장기 보유전략이나 데이트레이딩이 되었든 간에 각각의 매매형태의 특징을 정확히 인식하고 있어야 한다. 그리고 나서 본인에게 맞는 스타일을 고르는 것이 중요하다.

2 투자가의 필수품

주식투자에서 반드시 있어야 할 필수품은 무엇인가? 기본적으로 자금과 계좌가 있어야 할 것이다. 당연한 이야기이지만 증권매매를 위해서는 증권사의 증권계좌가 필수적이고 주가지수 선물이나 옵션 매매를 위해서는 선물계좌가 있어야 한다. 이것은 최소한의 준비물이고 이외에도 매매시스템 등이 매매에 필요하다. 이러한 요소들에 관해 잠깐 살펴보기로 하자.

(1) 자금

일반적인 일과는 달리 투자라는 일은 노동을 제공하는 것이 아니라 돈을 제공하는 것이다. 보통 우리가 이야기하는 '일'과는 많이 다르다. 투자는 돈이 없으면 처음부터 불가능한 일이다. 돈이 없는 투자는 난센스이다.

따라서 자금이란 투자의 필수품이라 하겠다. 앞에서도 언급했지만 자금은 그 규모가 어느 정도 이상이 되어야 한다. 처음부터 엄청난 거금이 있어야 하는 것은 아니지만 그렇다고 너무 작은 단위로 시작하는 것도 아니다.

우리가 지금 논하고 있는 것은 본격적인 투자를 말한다. 죽느냐 사느냐의 승부의 세계를 말하고 있는 것이다. 그냥 한번 해 보는 투자가 아니라 생계를 걸고 승부하는 투자이다. 어느 정도의 자금은 필수적이다.

금액 자체도 중요하지만 자금의 성격은 더욱 중요하다. 우선 철저한 자기 자금이어야 한다. '내 돈'이어야 한다는 것이다. 초기에는 더욱 그렇다. 처음부터 부담이 따르는 자금이어서는 절대 안 된다는 것이다. 어디서 빌린 돈으로 투자를 하겠다면 이것 역시 난센스이다. 시장은 위험이 넘치는 곳이다. 아직까지 승자의 웃음보다는 패자의 피눈물이 훨씬 더 많이 넘쳐나는 곳이다. 언제 어떻게 손실을 볼지 모르는 곳이다. 따라서 매사에 냉정한 판단이 요구된다. 그런데 남의 돈으로 매매를 하려고 하면 수익에 대한 압박이 커진다. 즉 손해 보면 안 된다는 강박감이나 이자 갚을 걱정 등이 앞서게 된다. 이러한 감정이 매매에 있어 중요한 평정심을 해치는 것이다. 평정심은 매매에서 절대적으로 요구되는 요소이다. 따라서 평정심을 해치는 요소는 그 어떤 것이라도 우선 배제하여야 한다.

그런데 '남의 돈'은 평정심을 크게 해친다. 이성적 판단만으로도 이길까 말까 한 승부의 세계에서 돈에 대한 압박감마저 느끼면서 매매를 한다는 것은 처음부터 불리한 매매가 된다. 질 가능성이 높은 불리한 승부를 하게 되는 것이다. 그래서 주식은 여유자금으로 해야 한다는 말이 있다.

매매에 사용할 자금은 그야말로 '남아도는 돈'인 여유자금이어야 한다. 미국의 유명한 투자가 피터 린치는 '손실을 감당할 수 있는 한도 내에서만 매매를 해야 하며 손실을 입더라도 생활에 영향을 미치지 않을 정도가 되어야 한다.' 라고 말했다. 여기서 중요한 말이 '손실을 입더라도 생활에 영향을 미치지 않을 정도' 라는 구절이다. 이 말은 정말로 없어도 그만인 여유자금으로만 매매를 하라는 이야기이다. 먹고 사는 데 필요한 돈으로 주식을 했다가 결국은 먹고 살지도 못하게 된 사람들이 많다는 사실을 명심하라.

그리고 매매금액은 여유자금 중에서도 일부 금액으로 하는 것이 바람직하다. 여유자금의 60~70%선이 적당하다고 본다. 조금이라도 현금을 남겨두는 것이 정신적으로 안정감이 생기기 때문이다. 여유 있는 마음으로 매매에 임해야 실수를 덜 하게 되고 여유도 생긴다. 심정적으로야 금액이 클수록 수익도 클 것이라 생각할 수 있겠지만 실전에서는 절대로 그렇지 않다. 오히려 리스크만 키우는 경우가 더 많다.

가끔 엄청난 천재지변의 뉴스를 접하게 된다. 생각지도 못했던 일이 순식간에 눈앞에 펼쳐지는 것이다. 매매에서도 한번씩 그런 천재지변이 일어난다. 꼭 일어난다. 그것도 순식간에 말이다. 그때를 대비해야 한다. 일부는 반드시 현금으로 대기시켜 놓는 것이 좋다. 현명한 지휘관은 모든 병력을 최전선에 배치하지 않는다. 현명한 투자가 역시 모든 자금을 위험에 노출시키지 않는다.

또한 꾸준히 저축해 오고 있는 예금은 매매에 전용하지 않는 것이 좋다. 다른 중요한 용도가 있는 자금 역시 함부로 매매에 사용하여서는 안 되며 남의 돈은 더더욱 그렇다. 자금의 규모만큼이나 중요한 것이 자금의 성격이다.

어떤 퇴직 교원이 그동안의 저축과 퇴직금으로 주식투자에 도전하였다가 절반 이상의 손실을 보고 괴로워하는 것을 본 적이 있다. 평생 저축한 자금은 노후에 쓰는 것이 원칙이다. 투자처럼 위험한 곳에 쓰기에는 너무 무게가 있는 돈이기 때문이다.

투자에 자금은 필수품이다. 그러나 모든 자금이 다 똑같은 것이 아니다. 그 성격을 분명히 해야 한다. 자금의 성격을 확실히 구분하는 사람이 냉철한 투자가이자 현명한 사람이다.

투자에 필요한 자금은 그냥 돈이 아니다. 여유자금이다. 투자에 있어 필수품은 여유자금이다. 자금관리에 관한 내용은 뒤에 나오는 자금관리 부분에서 보다 구체적으로 살펴보자.

(2) 트레이딩 시스템

대부분의 개인 투자가들은 매매를 컴퓨터를 통한 온라인 거래를 하고 있다. 인터넷과 컴퓨터가 없었던 시절에는 증권사에 일일이 전화를 걸어 주문을 하거나 증권사에서 직원에게 주문을 부탁해야 했다. 인터넷이 본격적으로 보급되기 시작하는 1990년대 후반부터 증권사들의 홈 트레이딩 시스템(HTS)이 일반화되기 시작하였다. 개인들도 집에서나 사무실에서 컴퓨터를 통해 시세를 보면서 매매를 할 수 있게 된 것이다. 지금은 투자가에게 있어 당연한 도구가 되었지만 당시로서는 엄청난 변화였다.

홈 트레이딩 시스템은 증권사마다 조금씩 다르다. 일반적으로 대형 증권사들의 시스템은 거의 대동소이하다. 그리고 전산에 투자를 많이 하는 증권사의 시스템이 아무래도 보기에도 좋고 사용하기에 편리한 것이 사실이다.

본인과 맞는 홈 트레이딩 시스템을 고르는 것이 중요한데 대부분의 사람들이 옛날부터 써온 익숙한 시스템을 선호하는 것 같다. 홈 트레이딩 시스템의 선택은 증권사의 선택과도 같은데 알아서 잘 선택하는 것이 좋다. 증권사마다 수수료 체계가 다르고 시스템의 구성도 조금씩 다르다. 각자의 사정에 맞게 고르는 것이 무난하다고 하겠다.

다만 수수료의 차이는 미묘한 문제이다. 증권사에 따라 수수료의 차이가 제법 나기 때문이다. 소형 증권사나 온라인 전문 증권사의 경우 수수료가 상대적으로 저렴하다. 그에 비해 대형 증권사들의 수수료는 많이 비싼 느낌이다.

그러나 일반적으로 수수료가 비싼 대형 증권사들의 홈 트레이딩 시스템이 소형 증권사 보다 내용이 충실한 편이다. 화면 구성이나 정보량 등에 있어 차이가 분명히 난다. 그래서 어떤 투자가들은 시세를 보는 것은 대형 증권사의 홈 트레이딩 시스템을 사용하고 주문은 소형 증권사의 홈 트레이딩 시스템을 이용하기도 한다. 수수료 절약도 중요한 일이기 때문이다.

또 한 가지 홈 트레이딩 시스템을 이용할 때 신경 써야 할 점은 자기에 맞는 메뉴를 잘 설정해 놓아야 한다는 점이다. 최근의 홈 트레이딩 시스템은 그 성능의 향상과 함께 다양한 정보를 제공하게 되었고 사용자가 자기에 맞는 메뉴를 선택하여 구성하게 되어 있다. 따라서 홈 트레이딩 시스템의 내용을 숙지하고 본인이 많이 참고하는 항목들을 골라 메뉴를 구성해 놓는 것이 중요하다 하겠다.

특히 차트 구성에 있어서는 많은 보조지표들 중에 무엇을 어떻게 지정하여 쓸 것인지가 중요한데 본인이 신뢰하고 익숙한 지표를 설정하는 것이 좋다. 그러기 위해서는 차트에 관한 기본 지식이 필요한 것은 물론이고 실전에서의 경험을 바탕으로 가장 신뢰성 있는 지표를 추출할 수 있어야 한다.

이 모든 것을 효율적으로 구사할 수 있을 때 홈 트레이딩 시스템을 십분 활용할 수 있게 되는 것이다. 홈 트레이딩 시스템은 매매시스템에 있어 가장 기본적인 도구인 동시에 가장 많이 봐야 하는 대상이다. 투자가는 그 내용들을 충분히 숙지하고 최대한 활용할 줄 알아야 한다.

매매시스템과 관련해서 컴퓨터의 관리에 관해서도 잠깐 언급하겠다. 홈 트레이딩 시스템을 구동시키려면 컴퓨터가 당연히 필요하다. 컴퓨터는 특별히 최신식일 필요는 없다. 일반적으로 홈 트레이딩 시스템을 구동하는 데 엄청난 사양의 컴퓨터가 필요한 것은 아니다.

그러나 중요한 것은 컴퓨터의 관리이다. 바이러스나 스파이웨어와 같은 악성 코드로부터 자신의 컴퓨터를 지켜야 한다. 인터넷의 보급과 함께 부지불식간에 엄청난 양의 악성 코드들이 많은 컴퓨터를 오염시키고 있다. 이제 이런 악성 코드와의 전쟁은 피할 수 없게 되었다.

최근의 컴퓨터에서 발생하는 문제들의 하드웨어적인 문제라기보다는 스파이웨어나 바이러스와 같은 악성 코드로 인한 소프트웨어적인 문제가 압도적으로 많다. 어느 날 갑자기 컴퓨터가 느려지거나 이상 반응을 일으키는 황당한 경험을 한 적이 있을 것이다. 이런 상태에서는 매매는커녕 컴퓨터를 이용한 작업 자체가 불가능해진다. 자주 있는 일은 아니겠지만 일단 그런 일이 일어나면 타격이 크다.

컴퓨터에 문제를 일으키는 악성 코드의 감염은 대부분 인터넷을 통한 감염이다. 따라서 가능하면 매매에 사용되는 컴퓨터로는 인터넷 검색을 자주 하지 않기를 권한다. 아주 확실한 사이트만을 접속하거나 아예 인터넷 사용을 자제하는 것이 좋다. 다운로드는 절대 금물이다. 다운로드를 자주 하다 보면 그 와중에 감염된 파일이 함께 들어 올 수 있기 때문이다. 그리고 외부로부터 파일을 가져와 저장시키는 행위도 주의하는 것이 바람직하다.

함부로 USB 같은 것을 연결시키지 않는 것이 좋다. 그런 외부 저장매체들을 통한 감염도 심심치 않게 일어난다.

그리고 컴퓨터에 불필요한 프로그램은 이것저것 설치하지 않는 것이 좋다. 아주 기본적으로 필요한 것만 설치하기를 권한다. 프로그램적인 문제는 한번 발생하면 아주 당황스러울 수 있기 때문이다. 어쩌다 한번 일어나는 문제가 치명적일 수 있기에 우리는 평소에 이 어쩌다 한번 일어나는 일에 미리미리 대비해야만 한다.

다음으로는 인터넷 회선에 관한 내용이다. 매매에 있어 인터넷 연결은 필수이다. 많은 인터넷 회선 회사들이 서비스를 제공하고 있는데 가격과 안정성 등을 고려하여 선택하면 큰 문제는 없을 것이다.

홈 트레이딩 시스템을 이용하는 데 엄청난 속도를 요하지는 않는다. 다만 안정성은 아주 중요하다. 중간에 끊어지는 현상이 일어나거나 하면 아주 곤란해지기 때문이다. 오래 전 일이기는 하지만 주문을 내려는 순간 인터넷 연결이 끊겨서 상당한 손실을 본 적이 있다. 결국 전화로 주문을 냈지만 우왕좌왕하는 사이에 손실이 더 늘어났다. 정말 당황스러웠던 순간이었다.

인터넷 라인이 전화국에서 오는 데 문제가 없더라도 내부회선이 불안하면 문제가 발생할 수 있다. 그래서 어떤 투자가는 아예 인터넷 회선을 두 개를 쓰기도 하는데 만일에 대비해 여분의 회선을 준비해 놓는 것이다. 전용선도 하나의 대안이 될 수 있다. 다만 그 가격이 비싸다는 단점이 있다. 전용선은 일반 인터넷 회선보다 속도는 조금 떨어지나 안정성이 보장된다는 장점이 있다.

컴퓨터나 인터넷 회선에 문제가 발생하여 원활한 매매가 힘들어진 경우 대응할 수 있는 방법은 전화이다. 어지간한 증권회사들이 ARS를 통해 시세 정보나 주문서비스를 제공하고 있다. 이러한 ARS서비스를 이용하여도 좋고 증권사 지점에 바로 연락하여도 좋다.

3 어느 시장에 투자할 것인가?

우리가 투자할 수 있는 시장은 생각보다 많다. 아마 대부분의 사람들이 주식시장을 떠올리겠지만 그 외에도 시장은 많이 있다. 우리가 투자할 수 있는 시장은 주식시장을 비롯하여 상품선물시장, 금융선물시장 등 다양하다.

어느 시장에서 매매할 것인가는 전적으로 투자가의 능력과 성향에 따른다. 선물시장이나 옵션시장과 같은 파생상품시장은 일반 주식시장보다 훨씬 위험성이 높은 시장이므로 투자가의 경험과 능력이 더욱 요구되는 곳이다.

투자가가 어느 시장에서 매매를 하든 기본적으로 파악해야 할 것이 있다. 그것은 시장의 유동성과 변동성이라는 두 가지 요소이다.

유동성이란, 사려고 할 때 살 수 있고 팔려고 할 때 팔 수 있는가 하는 문제이다. 팔려는 물량이 없으면 아무리 사고 싶어도 살 수가 없으며 사려고 하는 시장 참여자들이 없으면 팔고 싶어도 팔 수 없다. 따라서 풍부한 유동성이 있는 시장이어야 즉시 원하는 시간에 원하는 가격에서 매매할 수 있다. 지나치게 거래가 없거나 거래량이 적은 시장은 그리 좋은 시장이라 할 수 없다.

변동성이란, 가격이 어느 정도 폭으로 움직여 주느냐에 관한 문제이다. 예를 들어 1년 전이나, 5년 전이나 가격이 별 변동이 없다면 이는 수익창출을 기대하기가 어렵다. 가격차이를 통해 수익을 창출하는 것인데 가격의 움직임 자체가 없다면 투자가의 수익창출의 기회가 상당히 제한적일 수밖에 없는 것이다. 지나친 변동성도 위험하지만 변동성이 너무 없는 것도 바람직하지 않다. 어느 정도 가격이 움직여 주는 시장이 매매하기 좋은 시장이다.

변동성과 유동성을 파악하는 것은 비단 시장을 고를 때뿐만 아니라 주식시장에서 종목을 고를 때도 적용된다. 종목에 따라 거래가 활발한 종목도 있고 거래량이 거의 없는 종목도 있다. 변동성이 큰 종목이 있는 반면, 가격이 거의 변하지 않는 종목도 있다. 사전에 파악해야 할 중요한 요소이다.

(1) 주식시장

여러 시장 중에서 자본시장, 특히 주식시장은 가장 많은 사람들이 참여하고 있는 시장이다. 우리가 일반적으로 투자라고 하면 떠올리는 시장이 바로 주식시장이다. 그만큼 많은 투자가들이 참가하고 있으며 규모도 크고 역사도 길다.

한국의 주식시장으로는 한국거래소(Korea Exchange, Inc. KRX)라는 공식적인 시장이 있다. 유가증권의 매매거래 및 선물거래에 있어 원활한 유통을 위하여 한국증권선물거래법에 의해 설립된 법인이다. 외국의 경우 한 나라에 여러 거래소가 있는 경우가 많은데 한국은 처음부터 법으로 단일 거래소만을 설립하도록 규정하고 있다. 그래서 우리나라에는 한국거래소가 유일한 거래소이다.

한국거래소는 종전의 한국증권거래소, 코스닥증권시장, 한국선물거래소, 코스닥위원회가 합병하여 2005년 1월 27일 한국증권선물거래소로 출범하였다가 다시 2009년 2월 4일 명칭을 한국거래소로 변경하여 지금에 이르고 있다.

과거의 증권거래소는 이제 유가증권시장이라 부른다. 그리고 KOSDAQ시장은 그대로 KOSDAQ 시장이라고 하는데 모두 한국거래소(KRX)에 속해있다. 일반적으로 주식시장이라고 함은 유가증권시장과 KOSDAQ시장을 말한다.

한국의 주가를 대표하는 종합주가지수(KOSPI)는 유가증권시장의 주가지수를 말한다. 유가증권시장 혹은 KOSPI 시장으로 불리는 시장이 일반인이 생각하는 주식시장이다. 삼성전자, POSCO, KB금융, SK텔레콤과 같은 종목들이 거래되며 종합주가지수가 결정되는 시장이다.

KOSDAQ 시장은 주가지수를 따로 KOSDAQ 지수로 나타낸다. 두 시장 모두 주식을 거래하는 시장이나 약간의 차이가 있다. 가장 큰 차이는 신규상장 심사요건이 다르다는 점이다. 회사가 상장하려면 자기자본, 매출액, 자기자본이익률 등에 있어 일정수준 이상 되어야 하는데 유가증권시장이

KOSDAQ 시장보다 상장조건이 까다롭다.

그 이유는 KOSDAQ 시장의 성격이 유가증권시장과 조금 다르기 때문이다. KOSDAQ 시장은 기업의 규모는 작지만 성장 잠재력이 높은 벤처기업, 유망 중소기업 등이 자금조달을 용이하게 하기 위한 취지에서 설립된 시장이다. 따라서 유가증권시장에 상장된 종목들 보다 규모가 작은 편이다.

또한 KOSDAQ 시장은 시장참가자 중에서 개인의 비중이 압도적으로 높은 시장이다. 그 비율이 90%를 넘고 있다. 거의 개인 투자가들 전용시장이라 해도 과언이 아닐 것이다.

개인의 비중이 높고 기업의 규모가 작은 KOSDAQ 시장은 주가의 변동폭이 크고 사건 사고도 많은 곳이다. 기업의 규모가 작다보니 일부 세력에 의해 주가가 인위적으로 움직여질 여지 또한 많다. 유가증권시장과는 조금 다른 각도에서 접근할 필요가 있다. 이 점은 꼭 명심해야 할 사항이다.

사실, 한국의 KOSDAQ 시장은 일종의 도박장과 같은 이미지가 강하다. 단기간에 급등하고 단기간에 폭락하는 변동성도 변동성이지만, 어느 누구도 그 방향성을 가늠하기가 어렵다는 점 때문이다. 그래서 종목을 잘 잡으면 엄청난 수익이고 잘못 잡으면 엄청난 손실이다.

주가가 상대적으로 저렴하여 한번 상승하면 몇 배가 오르기도 하기 때문에 소규모 투자자금의 개인 투자가들이 선호하는 시장이지만 그런 개인 투자가들을 역이용하여 돈을 벌려는 사람들도 많은 시장이다. 따라서 음모와 일부 큰손들의 의도에 의해 주가가 좌지우지되는 경우가 많다. 문제는 이러한 그들의 의도를 일반 투자가들은 알 길이 없다는 것이다. 일반 투자가들이 당할 수밖에 없는 이유가 여기에 있다. 투자에 보다 많은 주의를 기울여야 할 시장이다.

국제화의 진전과 함께 이제는 외국의 주식에도 투자할 수 있게 되었다. 어느 나라의 시장에서 매매할 것인가도 투자가가 고려할 수 있는 상황이다. 정보통신 기술의 발달과 규제완화의 진전으로 투자가가 보다 많은 선택권을 가지게 된 것이다. 기회의 폭이 훨씬 넓어졌다 하겠다.

주식시장에서 투자하는 방법은 여러 가지가 있다. 짧은 시간 주식을 사고팔아 적은 수익을 추구하는 단타 매매와 장기적인 관점에서 저평가된 우량주를 보유하여 길게 기다리는 장기 보유, 하루에도 몇 번을 사고파는 데이트레이딩에 이르기까지 여러 매매패턴이 있다.

일반적으로는 가치투자라고 하는 투자 방법이 이상적인 투자 방법으로 알려져 있는데 이 방법은 일종의 장기 보유 전략이다. 우량종목을 가격이 많이 하락하였을 때 매수하여 장기간 보유함으로써 장기적 주가상승을 추구하는 것이다. 상당히 높은 수익률을 기대할 수 있는 전략이다. 매매를 자주 할 필요도 없으며 대세상승이라는 기간에 오르는 폭만큼 수익을 향유하기만 하면 그만이기 때문이다.

그런데 이 가치투자라는 투자 방법은 개인 투자가들에게는 그리 인기가 없다. 우선 보유기간이 길다는 점이 문제이다. 이는 오랜 기간 자금을 묻어두어야 한다는 이야기인데 단기간에 성과를 내고자 하는 개인 투자가들의 성향과는 부합하지 않는 측면이 있다. 또한 우량종목 발굴에는 의외로 많은 노력이 필요한데 개인 투자가들은 그런 노력을 들이지 않고 상당히 즉흥적으로 종목을 선택하는 경향이 있다.

따라서 장기 보유 전략은 대부분이 기관투자나 외국인 투자가들이 구사하고 있으며 개인 투자가들은 주로 단타 매매나 데이트레이딩에 집중하고 있다. 종목 역시 변동성이 큰 가격이 싼 주식에 집중되고 있다.

사실, 데이트레이딩은 상당히 어려운 매매 중에 하나이다. 하루하루 이익을 실현시킬 수 있다는 장점이 있지만 동시에 단시간의 가격변동에 일일이 대응하여야 한다는 어려움도 있다. 주가는 하루에도 여러 번 출렁거리는데 대세에는 영향이 없는 그런 일시적인 조정도 많다. 장기적으로 보면 대세와는 전혀 관계없는 지엽적인 움직임이지만 막상 그런 상황에 직면하게 되면 투자가의 마음도 같이 출렁일 수가 있다. 그래서 서둘러 보유 포지션을 정리하거나 엉뚱한 방향을 따라가게 되는 경우가 생긴다. 많은 개인 투자가들이 데이트레이딩에서 매매 수수료보다 못한 성적을 내는 것이 이러한 이유에서이다. 따라서 어지간한 매매 감각이 있지 않다면 데이트레이딩은 삼가는 것이 좋다. 매일의 연속적인 매매에서 승률을 높인다는 것이 얼마나 힘든 싸움인지 경험이 풍부한 투자가라면 잘 알 것이다.

일반적으로 많은 개인 투자가들이 이용하는 전략이 단타 매매이다. 데이트레이딩은 아니고 그렇다고 몇 년간 장기 보유도 아닌 매매이다. 그 중간 정도의 매매라고 보면 적당할 것이다. 짧게는 2, 3일에서 수주일, 길게는 몇 개월간 보유하는 전략이다. 단기적 추세나 중기적 추세를 타는 전략인데 개인 투자가들이 가장 많이 하는 매매전략인 것 같다. 큰 흐름만 맞으면 괜찮은 수익률을 낼 수 있으며 종목 선정이 중요시되는 전략이라 할 수 있다.

주식시장에서의 매매에서 한 가지 주의할 점이 있다. 이는 모든 주식투자자들에게 해당되는 사항이다. 바로 대세 하락장에서는 어느 누구라도 수익을 내기 어렵다는 점이다.

주가는 끊임없이 변한다. 상승과 하락이 반복되는데 일명 대세 하락이라는 구간이 있다. 금융위기와 같은 충격에 의해서건 경기둔화에 의해서든 주가지수가 지속적으로 큰 폭으로 하락하는 시기이다. 이 시기에는 주식매매로 수익을 내기란 거의 불가능하다. 투자가 개인의 능력과는 상관없이 주식을 들고 있는 사람은 무조건 손해를 보는 구간이다. 투자의 달인이라도 이 구간에서는 어쩔 수 없이 손실을 볼 수밖에 없다. 따라서 주식시장에서 승부를 거는 투자자라면 이 구간에서의 매매는 자제하여야 할 것이며 지금의 장세가 어느 구간인지 언제나 신경 써서 살펴보아야 할 것이다.

(2) 선물 옵션시장

최근에 들어 그 관심의 증가와 함께 규모도 커지고 있는 시장이 파생상품시장이다. 한국에서는 주가지수 선물, 주가지수 옵션으로 대표되는 파생상품시장이 레버리지 효과를 이용한 수익창출의 장으로 각광받고 있다. 원래 위험회피 차원에서 출발한 시장이지만 많은 투자가들은 가격 변동을 이용한 시세차익을 노리고 시장에 참여하고 있다.

단시간에 큰 수익을 낼 수 있는 시장이기 때문에 대박을 꿈꾸는 개인 투자가들이 참여하고 있다. 그러나 반대로 단시간에 엄청난 손실도 낼 수 있는 시장이기에 이곳에서 엄청난 손실을 보는 투자가들도 많다. 특히 옵션시장의 경우는 하루에 두세 배 이상의 수익도 심심치 않게 난다. 물론 반대의 경우도 발생한다. 하루에 잔고가 1/2이나 1/3로 주는 경우도 많다.

파생상품시장은 또한 철저한 제로섬 게임이 적용되는 시장이다. 누군가 수익을 보는 만큼 반드시 누군가가 손실을 본다. 그리고 주식시장에 비해 상당히 변동성이 큰 시장이어서 순간순간의 가격변화가 상당히 빠르고 그 폭도 크다. 따라서 매매의 타이밍을 잘못 잡으면 낭패를 보기 쉬운 시장이다.

주식시장에서의 매매는 종목에 크게 좌우되는 경향이 있다. 상승장이라도 종목에 따라서는 오히려 하락하는 것이 있고 하락장에서도 상승하는 종목이 있다. 그리고 상승하더라도 종목에 따라 그 상승률도 천차만별이다. 결국 종목 선정이 중요할 수밖에 없는 것이다.

그러나 주가지수 선물시장과 같이 지수를 사고파는 시장은 종목이 아니라 장 전체의 움직임, 즉 주가지수의 방향을 놓고 거래를 하고 있다. 그래서 주식처럼 종목 고를 일은 없다. 어떤 사람들은 선물시장은 종목 고를 걱정이 없어서 좋다고 하지만, 선물시장 자체가 이미 상당히 까다로운 종목이다.

또한 선물시장에는 주식과는 달리 만기일이라는 것이 있다. 주식을 보유하는 데에 있어 만기일이라는 것은 없다. 어떤 종목이든 매수하였으면 한 달이면 한 달, 1년이면 1년, 혹은 10년이면 10년 동안 마음대로 보유할 수가 있다. 해당 회사가 사라지지 않는 한 그 주식은 유효하며 주주가 원하는 한 언제까지 그 주식을 보유할 수 있다. 그러나 선물시장은 다르다. 만기일이라는 것이 정해져 있기 때문에 만기일이 되면 해당 종목은 사라지게 된다. 대부분의 투자자들이 만기일 전에 청산하는 것이 일반적이다.

선물시장에서의 매매 단위는 '계약'이다. 즉 한 계약, 두 계약을 매수하거나 매도한다. 주식시장에서는 주식을 매수하게 되면 그 회사의 지분을 소유하는 것이 되지만 선물시장에서는 그렇지 않다. 팔거나 사는 계약을 매매하는 것이다.

그리고 파생상품시장의 특징 중의 하나가 매도라는 것이다. 물론 주식시장에서 현물을 거래할 때도 매도는 있다. 그러나 일반적으로 주식시장에서의 현물 매도란 주식을 이미 보유한 사람이 보유한 주식을 파는 것을 의미한다. 매수한 주식이 있어야 매도를 하는 것이다. 그러나 선물시장은 그렇지 않다. 사지 않은 상태, 즉 매수한 것이 없어도 매도를 할 수 있다. 매도 후에 나중에 매도한 것을 매수하면서 거래를 종결시키는 방법이다. 주식시장에의 공매도와 유사한 개념이다.

이렇듯 파생상품시장에서의 매매는 주식시장에서의 매매와 다른 점들이 많은데 이는 파생상품시장의 성격을 결정짓는 중요한 사항들이다. 접근 방법에 있어 주식과 선물은 많은 차이가 있다는 것을 명심하기 바란다.

매매를 처음 시작하는 투자가라면 주식시장에서의 매매를 권하고 싶다. 파생상품시장에 비해서 주식시장 쪽이 가격의 움직임이 그리 급격하지 않기 때문이다. 똑같은 손실이라도 주식시장에서 한 달 동안에 낼 것을 파생상품시장에서는 하루에, 경우에 따라서는 몇 분에 낼 수도 있다. 따라서 가격변동에 적응한다는 의미에서도 처음에는 주식시장에서의 매매가 무난하리라 본다.

선물시장이나 옵션시장과 같은 파생상품시장에서 승부를 내려는 투자가에게는 보통 이상의 감각과 리스크 관리능력이 필요하다고 하겠다. 변화무쌍한 가격변동에 대처해 나가려면 여간 노련하지 않고서는 견디기 어렵기 때문이다. 거기에다 상당한 자기제어가 필요하다. 그리고 누구나 초기에는 상당한 손실을 각오해야만 한다. 파생시장에서의 수업료는 아주 비싸다. 몇 번의 우연한 성공으로 고수익을 낼 수도 있지만 번 돈의 몇 배를 토해내게 하는 곳이 바로 이곳이다.

가격변화가 롤러코스터와 같이 빠른 속도로 움직이므로 냉정한 대응이 절대적으로 요구된다. 미국 월 스트리트의 유명 투자가들도 주가지수 선물시장에 대해서는 혀를 내두를 정도이니 어느 정도인지 짐작이 갈 것이다. 초보자가 나서기에는 너무나도 위험한 곳이다.

그리고 파생상품시장에서 매매를 하려면 파생상품시장에 관한 지식을 필요로 한다. 파생상품시장의 구조와 현물시장과의 연관성과 같은 사항들을 이해하여야 한다. 우리가 흔히 듣는 프로그램 매매라든지 베이시스와 같은 것도 이러한 내용 중의 일부이다. 그 밖에도 옵션의 경우에는 델타, 감마, 시간가치 등 공부해야 할 사항이 많다는 점에 유의하기 바란다. 아무튼 여러 의미에서 많은 준비를 필요로 하는 시장이라 할 수 있다.

그래서 그런지 실제로 전체 개인 투자가 중에서 선물이나 옵션 투자자는 매우 드물다. 증권회사 지점에서도 선물 옵션의 전문가는 찾기 어렵다. 특히 선물매매를 하는 사람은 거의 없다. 그만큼 일반화된 영역이 아니라는 이야기이다. 조금씩 투자가들이 늘고 있기는 하지만 아직 주식 투자가의 수에 비하면 비할 바가 못 된다.

최근에는 해외 선물거래도 투자자들이 조금씩 생기고 있다. 해외 시장의 주가지수 선물, 외환선물 등을 비롯하여 금, 원유, 곡물 등과 같은 상품선물도 매매가 가능하다. 국제적인 매매가 가능해진 것이다. 거래조건 등은 조금씩 차이가 있으나 모두 높은 레버리지를 이용하는 선물거래이다. 파생 금융상품의 세계는 매매의 세계에서 거의 궁극적인 마지막 단계라고 볼 수 있다. 따라서 그만큼의 경험과 능력이 요구되는 시장이다.

선물옵션과 관련해서 덧붙이고 싶은 내용이 하나 있다. 옵션시장에서의 매수는 자제해 달라는 것이다. 어쩌다 옵션에서 수천%의 수익이 났다는 이야기가 들리기도 하는데 이 때문에 많은 개인들이 옵션 시장에 참여한다. 대박의 꿈을 안고서 말이다. 그러나 그런 수익률은 정말 어쩌다 한번 나오는 것이다. 오히려 대부분의 경우 엄청난 마이너스의 수익률을 기록한다.

물론 시장이 한 방향으로 크게 움직여 주면 옵션시장에서는 하루에도 100%가 넘는 수익률이 난다. 그러나 본질적으로 옵션은 시간가치 감소라는 것이 있어 매수한 사람에게 불리한 구조로 되어 있다. 옵션시장은 적은 돈으로 몇 배의 수익을 기대하는 많은 개인 투자가들로 들끓고 있지만 결국에는 대부분이 돈을 잃고 사라진다. 높은 수익률에 현혹되지 말아야 한다. 수익률 높게 나올 수 있다는 이야기와 실제 매매에서 자기가 그 수익률을 내느냐 하는 이야기는 완전히 다른 차원이라는 것을 명심하기 바란다.

옵션에 관한 구체적인 내용은 생략하겠으나 옵션에서 매수만큼은 피하라는 말은 꼭 강조하고 싶다. 하루에 2배, 3배의 수익이 나는 날이 분명 있기는 있다. 그런 의미에서 적은 돈으로 대박을 실현시킬 수 있는 기회인 것처럼 보이는 것은 사실이다. 그러나 문제는 그 반대의 날이 훨씬 더 많다는 것이다. 한순간에 원금이 1/2, 1/3로 줄어드는 날이 대부분이라고 생각하면 된다. 그야말로 지게 되어 있는 게임이다.

달콤한 미끼를 던져 주고는 당신의 돈을 모두 빼앗아 가는 곳이 바로 옵션시장이라고 생각하면 된다. 수많은 사람들이 달콤한 미끼에 걸려들어 옵션매수에 뛰어들었다 엄청난 자금을 탕진하고 쓸쓸히 사라져 갔다. 당신이 옵션매수에 뛰어든다면 그 전철을 밟을 확률이 99.99%라 분명히 말해 둔다. 이 영역은 투자라기보다는 도박에 가까운 영역이다.

Ⅱ. 투자가의 성공조건

투자가의 성공조건

　어떤 투자가가 성공한 투자가일까? 물론 수익을 낸 투자가가 성공한 투자가일 것이다. 당연한 이야기이지만 좀 더 자세히 살펴보자. 앞에서 투자가의 목표 세 가지를 언급하였는데 아마 그 목표들을 달성한 투자가가 성공한 투자가일 것이다.

　앞에서 언급한 투자가의 제1의 목표인 '생존'을 달성한 것만으로도 일단 절반의 성공이라 말하고 싶다. 살아 있는 것만으로도 절반은 성공한 것이다. 투자를 본격적으로 시작한지 10년이 지나도 시장에서 어떻게든 버티고 있다면 절반은 성공한 셈이다. 왜냐하면 몇 년 안에 대부분의 투자가들은 살아남지 못하고 파산하거나 엄청난 손실을 남기고 떠나기 때문이다.

　생존했다는 것은 절반은 성공했다는 것이다. 하지만 생존만으로는 뭔가 아쉽다. 역시 진정한 성공은 투자가의 제2의 목표인 지속적인 수익창출이 가능할 때 말할 수 있을 것이다. 시장에서 꾸준히 수익을 낼 수 있는 투자가가 성공한 투자가이다.

　그렇다면 투자가로서 수익을 꾸준히 내기 위해 필요한 조건은 무엇일까? 모든 것이 다 그렇겠지만 무언가를 이루기 위해서는 반드시 필요한 조건이 있게 마련이다. 투자에 있어서도 마찬가지이다. 이를 투자가의 성공조건이라고 하자. 여러 가지가 있을 수 있겠지만 중요한 것이라 여겨지는 몇 가지에 관해 살펴보고자 한다.

투자가로서 성공하려면 크게 두 가지의 조건이 필요하다고 본다. 제1의 성공조건은 '정신력'이다. 스스로를 컨트롤할 수 있는 정신의 힘이다. 일종의 의지라고도 할 수 있겠는데 여기에는 자제력이나 인내력과 같은 요소들이 포함된다. 그다음으로 필요한 제2의 성공조건은 스스로의 매매기법과 매매원칙과 같은 '매매테크닉'에 관련된 사항들이다.

결국 투자가로서 성공하기 위해 필요한 조건은 정신적 측면의 것과 기술적 측면의 것, 두 가지로 압축할 수 있다. 이 두 가지는 없어서는 안 될 핵심 요소이다. 정신력과 기법이 제대로 갖추어져 있어야 소위 '돈 버는 투자가'가 될 수 있다.

우선 투자가의 성공 제1조건인 정신력을 제대로 갖춘 투자가는 절대로 파산하지 않는다. 이는 엄청난 특혜이다. 수많은 투자가들이 실패하고 사라져가는 이 세계에서 생존을 보장해 주니 말이다.

하지만 정신력이 큰돈을 벌게 한다고는 장담할 수 없다. 그래서 필요한 것이 제2의 조건, 매매테크닉이다. 정신력이라는 확고한 기반 위에 돈을 버는 기술이 첨가되어야 하는 것이다. 정신력에 매매테크닉이 첨가된다면 그야말로 금상첨화이다. 무적의 투자가가 될 수 있다. 정신력이 투자가의 갑옷이자 방패라면 매매테크닉은 투자가의 창이나 칼이 되는 셈이다.

필수조건이란 말 그대로 투자가로서 성공하기 위해 반드시 필요한 조건이다. 정신력과 매매기술이 없이 감히 투자를 논하지 말기 바란다. 이 필수조건을 제대로 갖추지 않은 채 매매를 하겠다는 것은 산소통과 같은 잠수도구도 없이 깊은 바닷속으로 뛰어 들겠다는 것과 똑같은 것이다. 무모함 그 자체이자 무지의 소치이다.

앞으로 다룰 내용은 투자의 세계에서 성공하려는 모든 사람들에게 반드시 필요한 조건이다. 이러한 필수요건의 중요성과 그 절실함을 느끼지 못한다면 그 사람은 아직 초보이자 한참 더 수업료를 지불해야 할 사람이다.

이 두 가지의 성공요건을 도저히 갖추기 어렵다고 생각하는 사람은 부디 투자라는 단어는 머리에서 지우기를 바란다. 투자 말고 다른 직업을 찾는 것이 좋을 것이다. 그렇지 않으면 불행한 길을 갈 수 있기 때문이다.

손자병법의 군형편(軍形篇)에 이런 말이 나온다. '승리하는 군대는 먼저 승리할 만한 태세를 갖추어 놓고 적과 싸우며(先勝而後求戰) 패배하는 군대는 먼저 싸움을 걸어 놓고 승리를 노린다(先戰而後求勝).' 이 말은 의미하는 바가 크다. 싸움을 하기도 전에 이미 승리할 모든 조건을 갖추어 놓고 싸움에 임하는 것이 승리하는 군대이고 일단 싸움을 먼저 벌인 다음에 이기기를 바라는 것이 패배하는 군대라는 것이다. 싸우기 전에 이길 수밖에 없는 조건을 만들어 놓는 것이 중요하다는 뜻이다. 그리고 싸움은 승리를 확인하는 과정에 불과한 것이다.

이것을 투자에 적용시키면 어떻게 될까? '수익을 내는 투자가는 먼저 수익을 낼 만한 태세를 갖추어 놓고 투자에 임하며, 반면에 손실을 보는 투자가는 일단 투자부터 하고나서 수익이 나기를 기다린다.' 이렇게 바꿀 수 있을 것이다.

수익을 내는 투자가는 수익을 낼 모든 태세를 갖추어 놓고 비로소 매매에 임하는 것이다. 일단 투자부터 해 놓고 수익이 날 것을 기다린다는 것은 상당히 위험한 발상이다. 특히 투자금액이 클수록 더욱 그렇다. 실전에 앞서 승리하는 상황을 만들어 놓은 다음 투자에 임하여야 한다. 그러기 위해서는 승리하기 위한 조건을 갖추어 놓아야 하는 것이다.

투자가로서 성공하기 위해서는 그러기 위한 조건이 필요하다. 이 점이 절실히 느껴지는 사람이라면 앞으로 투자가로서 성공할 가능성이 크다 하겠다. 일단 성공하기 위해서는 무언가가 필요하다는 사실을 알고 있기 때문이다.

그렇다면 투자가로서 성공하기 위해서는 무엇이 필요한지 구체적으로 하나씩 살펴보도록 하겠다.

1 정신력

정신력! 이 부분은 필자가 가장 중요하게 여기는 조건이다. 투자에서 정신력이 왜 중요한지 의아하게 생각하는 사람들도 있을 줄로 안다. 이는 매매 경험이 적은 초보 투자가들의 생각이다. 투자의 고수인지의 여부를 떠나 경험이 풍부한 투자가라면 정신력이 매매에 있어 얼마만큼 중요한 것인지 인식하고 있을 것이다.

매매는 승부의 세계이다. 그것도 아주 고독한 승부의 세계이다. 그리고 혼자서 내리는 결정 하나하나가 이기느냐 지느냐를 판가름한다. 그런 면에서 매매는 바둑과 매우 흡사하다. 혼자서 대응하고 판단하여 결정을 내려야 하는 아주 고독한 승부이다. 그리고 그 결과도 스스로 받아들여야만 한다.

실로 엄청난 정신노동이라 할 수 있을 것이다. 그래서 정신력이 필요한 것이다. 독할 정도로 강인한 정신무장이 없이는 이 세계에서 승리란 있을 수 없다. 매매기법을 몰라도 이 정신력만 제대로 갖추고 있다면 투자에서 최소한 파산하지는 않는다. 이것은 투자의 세계에서 엄청난 이점이라 할 수 있다. 그만큼 정신력은 강력한 요소이다.

매매테크닉만 갖추고 있는 투자가는 수익에 부침이 심하다. 수익을 낼 때는 내지만 잃을 때는 크게 잃는다. 한마디로 아슬아슬한 매매가 이어진다. 그러다가 한순간에 엄청난 손실을 내고 파산하는 경우가 종종 있다.

매매테크닉만 갖추고 있는 투자가는 기본적으로 매매에 대한 기술이 있으므로 수익이 날 때는 제법 난다. 그래서 매매에 어느 정도 자신이 있다. 하지만 이런 자신감 때문에 손실이 나도 좀처럼 포기하려 들지 않는다. 자기의 기술을 과신하는 것이다. 사실, 이것이 함정이다. 포기하려 들지 않고 마지막까지 자기의 기술을 믿고 저항하다가 최후를 맞게 되는 것이다.

그래서 매매테크닉만으로는 성공 투자가로 완성되지 못하는 것이다. 반드시 정신력이 뒷받침되어야 한다. 기초공사가 튼튼한 건물에 화려한 치장을 하는 것과 기초공사가 전혀 되어 있지 않은 건물에 화려한 치장을 하는 것의 차이일 것이다.

그리고 정신력은 매매테크닉과 결정적으로 다른 차이점이 있다. 매매테크닉은 한번 완성되어 체득하면 계속해서 사용할 수 있으나 정신력은 그렇지 않다. 아무리 다짐해도 한순간에 무너지기 쉬우며 경우에 따라서 느슨해지기도 쉽다. 그래서 더 어려운 측면이 있다. 매매테크닉보다 수십 배 어려운 것이 정신력을 갖추는 것이라고 이해하면 된다.

그렇다면 그러한 정신력의 내용은 무엇일까? 이제부터 정신력의 구체적인 내용들을 하나하나 살펴보기로 하자.

(1) 자제력

투자가에게 필요한 정신력 중에서 가장 중요하면서도 가장 행하기가 어려운 것이 자제력(自制力)이다. 이것만 완벽하게 발휘할 수 있다면 결코 승부에서 지지 않을 수 있을 텐데 말이다. 자제력이란 말 그대로 스스로(自) 제어하는(制) 힘(力)이다. 매매에 있어 자제력이란 흔히 말하는 공포와 탐욕이라는 감정의 소용돌이 속에서 냉정히 대처할 수 있는 힘을 말한다.

시장의 가격이 요동치는 가운데에서 투자가가 냉정함을 유지하기란 참으로 어려운 일이 아닐 수 없다. 어느 쪽으로든 감정적으로 휩쓸리기 쉽다. 그러나 자제력 없이 시장의 변동성에 우왕좌왕해서는 불필요한 매매만 연발하게 된다. 가격의 움직임을 냉정하게 바라볼 수 있는 힘이 있어야만 수없이 출현하는 일시적 변동이나 속임수에 휘말리지 않을 수 있다. 그렇지 않고 섣불리 대응했다가는 과도한 매매에서 벗어날 길이 없다.

대부분의 투자가들은 매매손실도 손실이지만 상당한 매매 수수료를 지불한다. 배보다 배꼽이 더 큰 경우이다. 이는 모두 자제력 없이 매매에 달려든 결과이다. 빈번한 매매는 그만큼 빈번하게 자제력을 상실했다는 의미이다. 과도한 매매는 모두 자제력의 결함에서 오는 것이다.

자제력은 매매에 적합하지 않은 상태, 즉 스스로가 정신적으로 불안정하거나 시장의 방향을 예측하기 어려울 때 매매를 자제하게 한다. 예를 들어 큰 손실을 본 뒤 만회를 위한 한방을 노리며 무모하게 달려드는 우를 범하지 않게 하는 것이다. 대부분의 투자가들이 본전 생각에, 아니면 조금 전의 실수가 너무 억울해서 다시 매매에 임하게 되는데 이는 모두 자제력의 부족 때문에 생기는 일이다.

또한 시장이 방향을 잡지 못하고 급등락을 반복할 때가 있다. 이런 구간은 매매하기 상당히 까다로운 구간이다. 이럴 때 무리하게 매매를 하면 손실만 보게 된다. 이런 구간에서의 무리한 매매를 억제시켜 주는 것 또한 자제력이다.

투자가가 자제력을 잃게 되면 이성적으로는 '이런 상태에서 하면 안 될 것 같은데.' 라는 생각이 들면서도 한편으로는 '아니야, 이번만은 될 거야.' 라는 감정이 앞서게 된다. 이 한순간의 감정을 자제하느냐 못 하느냐에 투자가로서의 성공을 하느냐 못 하느냐가 달려 있는 것이다. 스스로가 자제력이 없다고 생각한다면 일찌감치 도박이나 주식과는 거리를 두는 편이 좋다. 한순간에 손실의 늪으로 빠질 수 있다.

그런 의미에서 자제력은 수익의 극대화보다는 손실의 최소화에 적합하다 하겠다. 자제력이 있다고 해서 매매에서 반드시 수익을 낸다고는 할 수 없지만 손실만큼은 최소화시킬 수 있다. 이러한 관점에서 투자가에게 절대적인 요소이다.

많은 투자가들이 매매에서 수익을 내지 못해서 사라지는 것이 아니다. 단지 손실이 수익보다 많아서 사라진 것이다. 이 점을 명심하기 바란다. 투자가는 생존하는 것 자체가 절반의 성공이다.

투자가로서의 생존이란 손실을 어떻게 줄일 수 있느냐의 문제이다. 매매에 있어 손실의 최소화란 수익의 극대화와도 직결되는 사항이다. 그 손실의 최소화에 자제력은 결정적인 역할을 하는 것이다.

주식시장이나 선물시장에서 성공한 투자가들의 대부분이 매매라는 행위를 정신적 규율이라는 관점에서 접근하고 있다. 정신적 규율, 바로 스스로에 대한 규율이다. 여기에 자제력은 핵심적인 요소가 아닐 수 없다.

모든 것이 언제 어떻게 변할지 모르는 시장에서 투자가 스스로가 유일하게 통제할 수 있는 것은 오직 자기 자신뿐이다. 시장도 아니고 추세도 아니다. 그 어떤 투자가도 시장과 가격을 통제할 수는 없다. 매매의 세계에서 그나마 통제 가능한 대상은 바로 투자가 자기 자신뿐이다. 따라서 투자가는 스스로를 통제하고 스스로를 활용하여 수익을 창출할 수밖에 없는 것이다.

그러나 이러한 사실을 자각하고 실천하는 투자가는 그리 많지 않다. 대부분의 투자가들은 수익을 창출할 유일한 당사자는 자기 자신밖에 없음을 인식하지 못하고 있는 것 같다. 스스로를 통제하지 못하면 시장의 변동성에 휘말리게 되고 그런 과정에서 수익은커녕 잔고만 줄어들게 되는 것을 깨닫지 못하고 있는 것이다.

일반적으로 기관투자가의 매매성과는 개인 투자가들보다 좋다. 물론 개인 투자가들 중에서도 특별하게 높은 수익률을 내는 사람들이 없지 않지만 전체적으로는 기관투자가들이 매매성과에 있어 우위를 지키고 있다. 알고 보면 기관투자가라는 것도 자금을 대량으로 끌어들여 운용을 한다는 점만 다르지, 직접 매매를 하는 주체는 소속 펀드매니저인 사람이다. 개인인 것이다.

다만 기관에 소속된 직원이라는 점이 일반 개인과 다르다. 그럼, 기관의 직원은 무엇이 그리 특별하기에 언제나 일반 개인보다 좋은 매매성과를 내는 것일까? 기관이나 개인이나 똑같이 사람이 앉아서 하는 매매인데 말이다. 물론 정보라는 면에서는 기관투자가가 개인보다 우위에 있다고 볼 수 있다. 양질의 최신 정보, 그리고 고급 정보에 접근하기가 쉽기 때문이다.

그러나 차이는 그뿐만이 아니다. 개인과 기관의 결정적인 차이는 매매에 있어서의 관리의 차원이 다르다는 점이다. 개인은 그야말로 혼자서 매매하는 개인의 영역이다. 그러나 기관은 조금 다르다. 조직이 하나의 규율과 시스템으로 매매를 관리하고 있다. 허용손실 범위가 정해져 있으며 매수종목에 대한 규율이 정해져 있다. 즉 관리, 감독체계가 작용하고 있는 것이다.

만약 어느 펀드매니저의 성과가 나빠지면 즉각 해고시키는 것이 기관이다. 추가적인 손실을 방지하기 위해 매매성과가 안 좋은 직원을 단말기 앞에서 사라지게 하는 것이다.

그러나 개인은 어떤가? 해고가 불가능하다. 추가적인 손실이 계속해서 발생해도 제지하는 시스템이 없다. 이런 점이 개인과 기관의 매매성과를 가르게 하는 결정적 요인이다. 개인에게는 감시와 규제라는 관리감독이 전혀 작동하지 않고 있는 것이다. 기관은 조직적인 관리감독이 있지만 개인에게는 오직 스스로의 판단만 있을 뿐이다. 그래서 자제력이 더욱더 필요한 것이다. 아무도 제어해 주지 않는다. 스스로가 제어하지 못하면 끝장이다.

그래서 투자가의 정신력 중 제일 먼저 언급한 것이 자제력이다. 자기 자신을 통제하는 것에서 매매의 승패는 시작되는 것이다. 스스로가 스스로의 매매를 감시하고 규제하는 힘은 투자가에게 엄청난 힘이다. 손실을 방지하는 것은 수익창출 못지않게 중요하다. 기관은 성과가 좋지 않으면 당사자를 가차 없이 해고시킨다. 추가 손실을 미연에 방지하기 위해서이다. 추가 손실을 방지하기 위해서는 개인 역시 아니다 싶으면 과감히 매매를 중단해야 한다. 자제력이 필요한 것이다.

그러면 자제력이란 어떻게 하면 얻어지는 것일까? 돈으로 살 수도 없고 누구한테 빌려올 수도 없다. 정신적인 것이기 때문이다. 그래서 갖추기가 무척 어렵다. 오직 강한 정신력만이 자제력을 발휘할 수 있다. 자제력을 갖춘다는 것은 바로 강한 정신력을 갖추는 것이다. 이는 오직 자기 의지를 통해서만 얻어질 수 있는 힘이다.

자제력은 비단 매매에서뿐만 아니라 인생에 있어서도 필요한 중요한 덕목들 중의 하나이다. 예를 들어 음주을 자제한다든지 분노를 자제한다든지 하는 것들은 모두가 살아가면서 필요한 자제력이다.

그러나 매매에서의 자제력이란 조금 더 실행하기 어려운 자제력이다. 근원적인 인간의 욕망을 억제해야 하는 부분이 있기 때문이다. 그래서 쉽게 제어되지 않는 측면이 있다.

시장의 방향이 예상과 다르게 움직이거나 뭔가 매매가 석연치 않다고 느껴지면 포지션을 정리하는 것이 좋다. 상황이 심상치 않을 때는 지켜보는 것이 안전하다. 그런데 자제력이 없으면 기다리지를 못한다. 그래서 무모한 매매를 계속하는 경우가 있는데 이는 결과적으로 손실만을 늘릴 뿐이다. 상황이 여의치 않을 때는 매매를 자제하여야 한다.

그리고 자신이 현재 평정심을 유지할 수 없다고 판단되면 매매를 과감히 중단하여야 한다. 이때야말로 진정한 자제력이 발휘되는 순간이다. 자제력이 없는 상태에서 반복되는 매매는 무리한 매매일 뿐이다. 그래서 현명한 투자가가 되려면 자신을 잘 관찰해야 한다. 매매할 때는 자신의 정신 상태나 감정의 변화에 주의를 기울이지 않으면 안 된다.

당연한 이야기이지만, 불안감이나 초조함, 충동 등에 의해 매매를 하게 된다면 결코 그 매매에서 성공할 수 없다. 매매를 반복한다는 것은 그 자체만으로 투자가에게 아주 불리하다. 중국 속담에 이런 말이 있다고 한다. '노름을 계속하면 신도 진다.' 이 말은 반복적인 매매의 위험성을 경고하고 있다.

따라서 스스로의 상태가 매매에 적합한 상태인지 보고 아니라고 판단되면 매매를 일단 자제하는 것이 손실을 줄이는 해결책이다. 아니다 싶으면 매매의 욕구를 자제하는 것이다. 흥분된 상태에서 매매를 하는 우를 범하지 않게 하는 것이 자제력이다.

또한 자제력은 스스로의 매매원칙을 지키게 하는 원동력이기도 하다. 매매원칙을 정립해 놓아도 때에 따라서는 그 원칙을 어기고 싶은 욕망이 강하게 들 때가 있다. 그 순간의 유혹을 이기는 힘 또한 자제력이다.

자제력을 갖추기 위해서는 매매원칙의 실행에 무조건적인 강제성을 부여하여야 한다. 어떤 일이 있어도, 무슨 일이 있어도 이것만은 반드시 지키겠다는 의지가 자제력을 배양하는 길이다.

자제력의 실행은 말처럼 쉽지는 않다. 그러나 투자가로서 성공하려면 반드시 갖추어야 할 조건이다. 만약 자제력에 자신이 없거나 그런 의지가 본인에게 부족하다고 생각된다면 투자가로서의 길은 과감히 포기하는 것이 좋다. 그것이 앞으로의 엄청난 손실을 미연에 방지할 수 있는 길이다.

우리가 투자의 세계에서 통제할 수 있는 것은 오직 자기 자신뿐이다. 가격도 추세도 모두 우리가 어찌 하지 못한다. 유일하게 우리의 의지를 반영시킬 수 있고 통제할 수 있는 대상은 우리 자신뿐이다. 그런데 이것이 불가능하다면 우리가 시장을 상대로 할 수 있는 일이란 아무것도 없다. 돈을 잃는 일뿐이다. 매매에서의 수익창출이란 자기 자신의 통제에서 나온다는 사실을 절대 잊어서는 안 된다.

자제력(自制力), 스스로 제어하는 힘. 이것이 성공하는 투자가의 성공 제1조건이라 감히 말하고 싶다.

(2) 인내력

투자가에게 인내력이란 기회를 기다리는 힘을 말한다. 인내력 역시 자제력과 함께 투자가에게 요구되는 정신력 중의 하나이다. 모든 투자에는 고통과 심적 동요를 수반한다. 수익은 그냥 쉽게 얻어지는 것이 절대로 아니다. 수익이란 고통을 겪은 후에 찾아오는 결실이다.

사냥꾼의 최대의 무기는 인내력이라는 말이 있다. 사냥에는 사냥감이 걸려 들 때까지 끊임없이 주시하며 기다리는 과정이 필요하다. 이 과정이 없이는 사냥이란 아예 성립할 수 없다. 사냥감이 나타났다 하더라도 사정거리에 들어올 때까지 기다려야 한다. 괜히 성급하게 방아쇠를 당겼다간 모처럼 나타난 사냥감은 달아나 버리고 아까운 총알만 낭비하게 된다.

매매에 있어서도 인내력은 필수조건이다. 수익을 창출할 기회를 끊임없이 기다릴 줄 알아야 수익을 거머쥐게 된다. 기회를 기다린다는 것은 매매에 있어서의 집중력을 높이고 냉정한 판단력을 기르게 한다.

사실 기다림이란 우리 인간들의 세상에서 거의 빠지지 않는 과정이다. 밥을 먹으려면 밥이 될 때까지 기다려야 하고 식당에서 주문을 하면 음식이 나올 때까지 기다려야 한다. 어린이가 어른이 되려고 해도 기다려야 하고 표를 살 때도 줄을 서서 기다려야 한다. 기다리는 것을 좋아할 사람은 별로 없겠지만 이러한 기다림이란 어쩔 수 없는 것이다. 우리 모두 그대로 인정하고 그냥 자연스럽게 받아들여야 한다.

그러나 매매에서의 기다림이란 조금 다르다. 이것은 의지의 문제, 즉 스스로가 기다릴지 않을지를 결정하는 문제이다. 아무도 기회가 올 때까지 기다리라 하지 않는다. 기다릴 당위성도 필요성도 본인 스스로가 생각하기 나름이다. 지금 당장 매수에 들어가든 매도에 들어가든 투자가는 어느 때나 매매에 임할 수 있다. 매매에서의 기다림이란 스스로가 생각하고 결정하는 것이다. 철저한 본인 의지에 달려 있는 것이다.

가만히 모니터를 바라보며 기회를 기다린다는 것이 상당히 지루한 과정일 수도 있다. 그러나 기회를 포착하기 위해서는 기다림이란 필수적인 과정이다. 대충 봐서 매매를 남발하다간 수수료 지출은 물론이고 손실을 볼 확률만 커진다. 불리한 싸움을 하게 되는 것이다. 사냥꾼이 대충 사냥감이 있을 만한 곳에 총을 무턱대고 쏘아 대는 것과 같다. 총알 낭비에 불과할 뿐 절대로 사냥감은 얻지 못한다.

그리고 모든 기회가 다 내 것이 될 수 없다는 사실도 잊지 말아야 한다. 모든 기회가 다 내 것이 될 수는 없는 법이다. 모든 기회를 다 잡으려 애쓰지 말고 그리고 놓친 기회도 억울해 하지 마라. 단지 내가 잡을 만한 기회를 인내하며 기다릴 뿐이다. 이것이 세상 이치이다.

기다린다는 것은 수익을 창출하는 데에 있어 필수과정이다. 이 과정이 없이는 어떤 결과도 얻을 수 없다. 인내력이야말로 기회를 창출하는 원동력이다.

투자가는 기회를 기다리는 사냥꾼이 되어야 한다. 그리고 사정거리에 든 사냥감은 절대 놓쳐서는 안 된다. 기회는 한순간이고 그 기회를 만드는 것은 인내력이다. 모든 시그널이 한 방향을 가리키는 기회가 나타날 때까지 기다려야 한다. 승리할 가능성을 최대한 확보한 후에 승부를 거는 것이다. 완벽하게 사정거리에 들어왔을 때 방아쇠를 당기는 것과 같은 이치이다.

매매에서 기회는 낮은 가격에 매수할 수 있었던 때, 혹은 높은 가격에서 매도할 수 있었던 때를 의미한다. 물론 나중에 보면 전부가 기회였고 진입 타이밍이었다고 생각할 수 있겠지만 어디까지나 지나고 난 후의 이야기이지, 막상 매매를 하려고 하면 언제가 기회이고 어떻게 포지션을 잡아야 할지 고민의 연속이다.

실전에 있어서의 기회란 매매의 확신을 주는 타이밍, 즉 예상한 대로 반드시 되는 그 시점이 기회이다. 그렇게 확신을 주는 시점이란 기다리던 시그널이 모두 한 방향을 가리킬 때를 말하는데, 이럴 경우는 거의 예상한 대로 장이 움직여 주기 때문에 비교적 자신 있게 매매에 임할 수 있다.

그러나 문제는 이러한 기회가 날이면 날마다 오는 것이 아니라는 것이다. 어느 날 소리 없이 왔다가 소리 없이 사라지고 만다. 따라서 그 기회를 잡기 위해서는 꾸준히 기다리는 자세가 필요하다. 기다림이란 언제나 매매에 있어서 빠지지 않는 과정이다. 인내력 없이 기회를 포착할 수 없다.

포지션을 보유한 상태에서 시장을 보는 것은 긴장의 연속이다. 손실이냐 수익이냐가 달려 있으므로 집중하여 시장을 지켜보게 된다. 하지만 포지션도 없이 계속 장을 보고 있자면 따분하기가 이를 데 없다. 재미있는 영화도 아니고 그냥 숫자들이 움직이고 그래프가 움직이는 것이 재미있을 리가 없다. 그리 오래 볼 만한 것은 아니다. 따라서 좀 보다가 금방 질려 버리고 마는데 그래서 잠시 딴 일을 하거나 딴 생각을 하다 보면 기회는 벌써 왔다가 사라지곤 한다. 이것은 사냥감을 노리는 사냥꾼의 자세가 아니다.

사냥감이란 사냥꾼이 마음대로 컨트롤할 수 있는 대상이 아니다. 한마디로 어디서 불쑥 나타나 언제 어디로 사라질지 모르는 통제 불능의 상대이다. 그런 사냥감이 내 맘 같이 움직여 주기를 바란다는 것은 부질없는 희망이다. 여기서 사냥꾼이 할 수 있는 일이란 부지런히 사냥감을 찾아다니는 것과 사냥감이 사정거리에 들어왔을 때 정확히 사냥할 수 있도록 기다리는 일이다. 한마디로 기회를 엿보는 일뿐이다.

매매에 있어서 우리가 통제할 수 있는 것은 우리 자신뿐이다. 시장을 통제할 수 없다. 시장이 내 맘과 같이 움직여 준다면야 얼마나 좋겠냐마는 그럴 리는 만무하다. 조용히 기회를 노리는 것 외에 우리가 할 수 있는 일은 아무것도 없다.

그리고 기회를 놓쳤다고 억울해 할 필요도 없다. 다음 기회는 반드시 찾아온다. 따라서 차분히 기다리기만 하면 된다. 여기에서도 우리에게 필요한 것은 인내력이다. 다음 기회를 기다리는 인내력이 필요하다. 기회를 놓친 것이 억울해서 무리하게 매매했다간 뜻하지 않은 난관에 봉착할 수 있다. 아쉬움이 남더라도 현명한 투자가라면 다음을 기약할 줄 알아야 한다. 이번 여름에 해수욕을 못 했다면 다음 여름에 해야지 해수욕 못 한 것이 억울하다고 해서 가을에 해수욕을 할 수는 없지 않은가?

많은 사람들이 주식시장의 대세상승에 동참하지 못한 것을 아쉬워한다. 큰 상승에서 아무런 행동도 취하지 못한 것이 아쉬운 것이다. 누가 얼마를 벌었다는 이야기를 들으면 내가 아무것도 안 했다는 사실을 더 참기 어려워한다. 그러나 억울하다고 해서 무리를 하면 안 된다.

여름에 해수욕을 못 한 것이 억울해서 가을에 해수욕을 해봤자 감기밖에 더 걸리겠는가? 어리석은 행동이 아닐 수 없다. 기회를 놓쳤다는 강박관념으로는 수익을 절대 낼 수가 없다. 또 다른 기회가 온다는 편안한 마음가짐으로 다음 기회를 기다리는 것이 정답이다.

기회포착을 위해서도 인내력이 필요하지만 포지션을 보유하는 중에 나타나는 속임수로부터 포지션을 유지하는 데에도 인내력이 필요하다. 매매전략에 따라 매매를 했는데 속임수가 나타나 마음이 흔들리는 경우가 있다. 포지션에서 수익이 나고 있다면 그 수익을 키워 가는 데도 인내력이 필요한 것이다.

매매에 있어 인내력이 시험되는 경우는 의외로 상당히 많다. 매매를 하다 보면 모처럼 좋은 포지션을 구축하였음에도 잠깐의 흔들림에 놀라 서둘러 포지션을 청산하게 되는 일이 생긴다. 지나고 보면 원래 생각대로 진행이 되는데 순간적인 흔들림에 당하게 되는 경우이다. 이 역시 인내력이 부족해서 일어나는 일이다.

예상했던 바와 반대 방향으로 움직인다고 해서 곧장 청산하고 나오는 것이 경우에 따라서는 너무 성급할 수가 있다. 자신이 정한 손절매 라인까지는 꾹 참아보는 것도 하나의 방법이다. 매매가 적절했다면 시간이 문제를 해결해 줄 것이다. 그 정도의 고민도 없이 수익이 그냥 생기는 것은 아니다.

물론, 너무 인내하여 손실을 큰 폭으로 늘려서는 절대 안 된다. 그것은 인내가 아니라 오기로 버티는 것이다. 어디까지나 자신이 정한 손절매 라인까지만 참는 것이다. 혹시나 하고 기다리다가는 오히려 손실만 크게 나는 수가 있다.

그리고 인내력이 또 필요한 때가 이익을 키우는 과정에서이다. 매매 이후 주가가 예상대로 움직여 수익은 나는데 어디서 청산하고 나와야 할지 고민이 되는 경우가 많다. 자꾸 이익을 실현하고 싶은 욕망이 들어 청산을 하고 마는데 이는 진입 시에 전략이 불완전했거나 인내력이 부족하기 때문에 발생하는 경우이다.

예를 들어 어느 종목을 10,000원에 매수하였다고 하자. 가격이 몇 달에 걸쳐 12,000원, 13,000원, 올라간다. 결론적으로 가격은 상승하였지만 여기서 중요한 것은 상승했다는 결론보다 어떻게 상승했냐는 과정이다. 그냥 주가가 10,000원에서 일직선으로 올라간다면야 고민할 필요도 없겠지만 그런 경우는 거의 없다. 올라가면서도 사람을 조마조마하게 하면서 올라간다. 다시 9,500원까지도 떨어졌다가 다시 올라 12,000원, 다시 10,000원 그러다 13,000원으로 상승한다. 그리고 13,000원대서 공방을 벌이다가 12,000원이 되기도 하고 14,000원이 되기도 한다. 주가의 이러한 움직임, 즉 변동성 때문에 투자가는 고민하게 되는 것이다.

일단 10,000원에 매수했으므로 12,000원이 되면 이익은 나고 있다. 하지만 도대체 얼마에 팔고 나와야 할지 모르는 것이다. 그러다가 갑자기 9,500원으로 가격이 떨어지면 아찔해진다. 12,000원에서 팔지 못한 것을 후회하며 가슴아파한다. 그러다 주가가 다시 회복하여 조금씩 오르면 다시 언제 그랬냐는 듯 희색이 만연하며 주가에 기대를 건다. 주가는 12,000원, 13,000원으로 계속 오른다. 그런데 13,000원에서 가격이 더 이상 못 가고 자꾸 밀리는 것 같으면 투자가의 갈등은 점점 고조된다. 파느냐 마느냐의 갈등이다. 그러는 사이 갑자기 14,000원이 된다.

순간 투자가는 '더 가는구나, 더 기다려 보자.' 라고 생각하는데 가격이 점점 밀리면서 다시 13,000원으로 떨어지면 14,000원에 매도 못한 후회와 함께 혹시 더 떨어질 수도 있겠다는 걱정이 배가된다. 왜냐하면 9,500원으로 떨어지는 것도 경험해 보았기 때문이다. 12,000원, 13,000원을 왔다 갔다 하다가 갑자기 11,000원으로 떨어지는 순간 대부분의 투자가들은 청산해 버린다. 손해를 안 보려는 의도도 있겠지만 더 이상 조마조마해지기가 싫어서 던지는 심리도 상당히 작용한다.

그러나 가격은 일시에 12,000원 13,000원을 뚫고 14,000원 15,000원에 다다른다. 기가 차는 순간이다. 투자가라면 한 번쯤은 경험해 보았을 것이다. 이 경우는 매물의 조정과정을 참지 못한 경우인데 누구라도 갈등한다.

한편, 손실 규모가 서서히 늘어날 때는 많은 아마추어 투자가들이 손실을 견디려고 한다. 손실을 감내하는 데에 자신의 인내력을 시험하곤 한다. 물론 이는 어리석은 행위이며 반드시 경계해야 할 행위이다. 갑작스럽게 주가가 변동하여 가격이 크게 뒤바뀌는 경우에는 포지션을 잘 정리하지만 가격이 천천히 움직이며 손실이 조금씩 늘어날 때는 오히려 인내심을 가지고 지켜보는 경향이 있다. 이는 손실을 키우는 어리석은 행위에 불과하다. 이때는 과감한 손절매가 필요한 것이지 인내력이 필요한 것이 아니다.

하지만 가격이 미리 정한 손절매 가격까지 오지 않았다면 느긋이 기다리는 것이 좋다. 어차피 수익이 나고 있는 상황이라면 더욱 그렇다. 일단 가격이 예상된 방향으로 움직여 주어 수익이 나고 있다면 수익을 키워야 한다. 그래야 보다 큰 열매를 얻을 수 있다. 가격이 어디까지 올라갈 것이고 어디까지 떨어질 것인지 아는 사람은 아무도 없다. 다만 상황을 좀 더 냉정히 지켜보면서 판단을 내릴 수밖에 없다.

물론 추세가 중간에 기울어져서 가격이 급락할 수도 있으나 그때는 손절매 라인에서 손절을 하면 그만이다. 대세가 확실하다면 불안한 마음을 일단 접어두고 흐름에 맡겨 보는 것도 괜찮다. 때로는 그런 여유를 갖고 포지션을 쥐고 있는 것이 유리할 때가 있다.

아무튼 수익이란 가능한 더 많아질 때까지 기다리는 것이 중요하므로 추세의 믿음이 있는 한 포지션을 보유하는 것이 좋다. 이때에도 인내력이 필요한 것이다. 추세가 지속되는 동안 작은 파동에 휩쓸리지 않는 추세에 대한 신뢰가 중요한 것이다. 열매가 맺었다고 그냥 따 먹는 것보다 더 익을 때까지 기다렸다 따 먹는 것이 바람직하듯이 수익 또한 그렇다. 수익은 인내하며 키울 필요가 있다. 특히 모든 상황이 예상대로 움직이고 있을 때는 더욱 그렇다.

투자에서 인내력은 중요하다. 인내력이 있어야 기회를 잡고 수익도 키울 수 있는 것이다. 인내력은 기회를 만드는 원동력이자 수익을 내는 힘이다.

(3) 평정심

이런 말이 있다. '화장실 갈 때와 나올 때가 다르다.' 사람의 마음이 상황에 따라 어떻게 금방 달라지는지를 나타낸 말이다. 아주 적절한 표현인 것 같다.

실제로 살아가면서 우리는 마음이 순간적으로 급변하는 일들을 경험한다. 이성에게 사귀자고 했을 때 흔쾌히 'Yes' 라는 대답을 들으면 날아갈 것 같은 기분이 든다. 온 세상이 자기 것 같고 아름답게 보인다. 그러나 사귀어오던 연인에게서 갑자기 헤어지자는 말을 듣는 순간 앞이 캄캄해진다. 그 환하던 세상이 갑자기 어두워져 버린다. 보이는 것은 다른 정다운 커플들의 모습뿐이고 들리는 노래는 이별 노래뿐이다.

세상은 전이나 지금이나 같은데 이를 보는 우리의 마음은 이렇게 달라지는 것이다. 상황의 변화에 따라 마음은 천당에도 갔다가 지옥으로도 간다. 내 마음은 하나인데 상황의 변화에 따라 천당과 지옥을 오가는 것이다. 그러고 보면 마음처럼 잘 변하고 붙들기 힘든 것도 없는 것 같다.

매매에서도 마찬가지이다. 매매의 결과에 따라 투자가는 누구나 한 번쯤 지옥과 천당을 경험했을 것이다. 예상대로 시세가 움직여 큰 수익을 냈다면 어깨에 힘이 들어가고 자신감이 넘치게 된다. 그리고 보이는 것마다 긍정적으로 보인다. 어지간한 잔돈은 신경 쓰지 않게 된다. 만약에 정말로 엄청나게 큰 수익이라도 냈다면 주위의 투자가는 하찮게 보이고 자기 자신이야말로 굉장한 경지에 오른 듯 의기양양해진다.

그러나 만약 매매에서 쓰라린 패배로 엄청난 손실을 냈다면 상황은 달라진다. 예를 들어 투자금 1억 원이 2,000만 원이 되었다고 가정해 보자. 기분이 어떨까? 아마 암울함 그 자체일 것이다. 돈도 돈이지만 스스로의 판단이 어리석었다는 자괴감에 휩싸인다. 어디 가서 하소연할 데도 없다. 한마디로 모든 것이 후회막심이다. 손실로 잃은 금액은 새삼스레 크게 느껴진다. 이처럼 사람의 마음이란 상황에 따라 급변한다. 매매의 결과에 따라 극과 극을 오가는 것이다.

 그러나 중요한 것은 이러한 감정의 격한 변화가 매매에 치명적인 결과를 초래할 수 있다는 사실이다. 수익은 자만심을 초래해서 판단력을 흐리게 하고 손실은 초조함과 분노를 초래해서 자제력을 잃게 한다.

 매매에는 평정심이 중요하다. 환경의 변화에 휘둘리지 않고 침착하게 있을 수 있는 마음자세가 필요한 것이다. 상황에 대한 감정적인 대응은 매매를 최악으로 몰고 갈 수 있다. 그리고 엄청난 대가를 치르게 된다.

 매매에서 연거푸 여러 번 수익을 내거나 큰 수익을 내면 기쁜 마음과 동시에 자만심도 자연스럽게 생긴다. 그리고 자만심은 매매에 필수적인 리스크 관리를 허술하게 만든다. 자세가 느슨해지는 것이다. 이러한 상태에서는 허술한 매매가 나오기 쉽고 자칫 잘못하다간 큰 손실을 볼 수도 있다. 대부분의 투자가가 잘 나가다가 큰 손실을 보게 되는 경우가 이런 경우이다.

 한편 연달아서 손실을 보게 되거나 자꾸 타이밍을 놓치게 되면 상당히 억울한 마음이 든다. 특히 도저히 손실을 보아서는 안 되는 상황인데도 덜컥 손실을 보게 되면 더욱 그렇다. 이런 상황에서는 손실을 만회하고야 말겠다는 복수심(?)이 들끓게 된다.

 그래서 손실을 만회하고자 매매를 서두르게 되는데 이때가 평정심을 잃는 순간이다. 손실을 만회하겠다는 감정에만 충실한 나머지 시장상황이나 본인의 정신 상태 등은 무시한 채 무작정 다시 덤벼드는 것이다. 결과는 백전백패이다. 시장상황을 면밀히 분석하고 진입해도 성공할까 말까 한 것이 매매인데 그런 것은 안중에 없고 오직 밀려오는 감정만으로 대응한다는 것은 기름통을 가지고 불속에 들어가는 격이다. 대부분의 큰 손실은 이 과정에서 발생한다.

성급한 매매를 연발하게 되면 손실만 배가된다는 사실을 명심하길 바란다. 상황에 맞는 매매를 해야지 감정이 앞선 매매를 해서는 안 된다. 초조한 마음, 억울한 마음에서의 매매는 불리한 매매이다. 이는 반드시 추가적인 손실로 이어지게 되어 있다.

대부분의 투자가들은 평정심을 잃을수록 주문을 연발하게 된다. 이것이 바로 손실확대의 주범이다. 물론, 시시각각으로 변하는 가격의 변화 앞에서 평정심을 유지하기란 쉽지 않을 것이다. 더욱이 포지션을 많이 가지고 있는 상황이라면 더욱 그렇다. 가격이 자신이 기대하는 방향대로 가지 않고 반대 방향으로 진행이 되면 평가손은 확대되고 이러한 손실금액의 확대는 평정심을 무너뜨리며 초조함과 두려움을 증폭시킨다. 일단 평정심을 잃게 되면 정확한 상황판단이 어렵게 된다. 이는 다시 잘못된 매매로 이어지기 쉬우며 결과적으로는 손실 확대로 이어질 가능성이 농후하다.

진정한 프로는 수익을 냈을 때나 손실을 냈을 때나 표정에 아무 변화가 없다고 한다. 그만큼 순간순간의 상황에 좌우되지 않고 냉철하게 있을 수 있다는 말이다. 상황의 변화에 마음이 휘둘려서는 안 된다. 상황이 아무리 요동을 치더라도 그 중심에는 평정심을 유지하는 내가 있어야 한다.

사람은 스트레스를 받거나 심한 욕망에 사로잡히거나 하면 아주 비합리적으로 행동한다. 평소에는 그럴 것 같지 않던 사람도 일단 감정의 소용돌이에 빠지게 되면 어리석은 행동을 하곤 한다. 이렇듯 일단 평정심을 잃게 되면 순간적으로 분별력이 떨어지게 되는 것이다.

따라서 평정심은 투자가의 중요한 덕목일 수밖에 없다. 손실을 냈다면 빨리 잊도록 하라. 그리고 수익을 냈다면 더 빨리 잊어라. 평정심을 유지하는 데 방해가 되는 요소들은 미리미리 제거해야 한다. 감정적으로 격해질 수 있을 때는 그냥 한걸음 물러나 관조하는 것이 상책이다. 치미는 감정은 인간의 이성을 한순간에 마비시켜 버린다. 그리고 반드시 후회할 행동을 하게 만든다.

(4) 겸손

인간은 생각보다 상당히 자기중심적이고 제멋대로인 존재이다. 그런데 이런 인간의 특성이 인간을 자기 합리화의 귀재로 만들어 버렸다. 언제나 자기 잘못은 없다. 스스로의 잘못은 부정하려고 한다. 경찰서나 감사원에 가 봐라. 온갖 변명들과 거짓말이 넘쳐나고 있다. 인간의 추악한 단면을 볼 수 있을 것이다. 아마 악마가 있다면 이 세상에 넘쳐나고 있는 인간들의 변명에 흐뭇한 미소를 짓고 있을 것이 분명하다. 변명이란 기본적으로 비겁함과 이기심의 발로이기 때문이다.

이 세상의 넘치는 수많은 변명들은 이 한마디로 정리될 수 있을 것이다. '나는 잘못한 것이 없습니다.' 그러나 아무리 떠들어 봐야 본질은 결국 '내가 잘못했습니다.'이다. 그 이상, 그 이하의 문제도 아니다. 그러나 이 진실을 말하는 사람은 정말 드물다. 모두가 이 말을 하고 싶어 하지 않는다. 스스로의 잘못을 인정하기가 싫은 것이다. 책임지기 싫고 자신의 잘못을 인정하기 싫고 비난 받기도 싫다. 대부분의 사람들이 그렇다. 그래서 오늘도 수많은 사람들이 구차한 변명들을 늘어놓고 있는 것이다.

투자의 세계는 어떨까? 마찬가지이다. 오늘도 수많은 투자가들의 변명이 넘쳐나고 있다. 외국인 매도 때문에, 환율 때문에, 잘못된 정보 때문에, 재정위기 때문에, 누구누구 때문에, 무엇 때문에, 때문에, 때문에…

투자의 세계에서도 스스로의 실패를 인정하는 투자가보다는 실패를 외부의 탓으로 돌리는 투자가가 훨씬 더 많다. 자신의 손실이 누구의 탓 때문이라는 것이다. 심지어는 한국 주식시장이 아직 미숙해서 그렇다고 하는 사람들조차 있다. 자기는 잘하는데 한국시장이 거기에 못 쫓아온다는 이야기이다. 어이가 없지만 그 정도로 사람들은 자기 잘못을 인정하기 싫어한다. 그래서 끊임없이 실패의 이유를 다른 곳에서 찾고자 한다.

중요한 것은 이런 사람들은 결코 투자에서 성공하지 못한다는 사실이다. 이들은 그냥 주식시장에 모여 있는 그렇고 그런 부류의 사람들일 뿐이다. 겸손하고는 거리가 먼 사람들이다. 손실이 나면 남의 탓, 어쩌다 수익이 나면 자신의 능력이다. 이런 사람들일수록 돈을 벌면 기고만장해진다. 그런데 시장은 과거나 지금이나 이런 사람들로 가득 차 있다.

왜 이리 자기 잘못을 인정하려 들지 않는 것일까? 그러니까 주식시장에서 돈을 버는 사람들이 적은 것이다. 대부분의 사람들이 자기반성을 하기보다는 누구의 탓으로 돌리기 때문이다. '내가 바보였다.' 이 한 생각이 투자에 혁명을 가져오는데도 말이다. '내가 어리석었다.' 이 한 생각이 엄청난 돈을 벌게 해 줄 수 있는데도 말이다. 모두들 돈을 벌어다 주는 이 생각을 스스로 거부하고 있는 것이다. 그러면서도 어디 수익을 낼만한 종목은 없는지, 수익 내는 비법은 없는지 두리번거리고 있다.

언제나 나 자신에게 냉정해야 하며 시장에는 겸손해야 한다. 어떻게 시장을 탓하면서 시장에서 돈을 벌려고 하는가? 주식시장은 그 자체가 비난의 대상도 아니고 잘못의 대상도 아니다. 그저 존재할 뿐이다. 모든 문제의 원인은 그곳에서 행동하는 투자가 자신에게 있다. 투자 손실은 시장에 대응하지 못한 투자가의 잘못일 뿐, 시장은 아무런 잘못도 없다. 누군가 말한다. "이렇게 경제가 좋은데 주식이 하락하다니 시장이 제대로 된 거야?" 이상할 수도 있겠지만 원래 그런 곳이 시장이다.

경제여건이 좋지 않은데 주가가 오르기도 하고 경제여건이 좋은데 주가가 내리기도 한다. 시장이 그런 곳인 줄도 몰랐다면 그는 아마추어이다. 제대로 된 투자가가 하는 말이 아니다. 시장에서는 우리가 생각하는 그런 정답은 존재하지 않는다. 우리는 그냥 시장의 결과를 받아들여야 하는 시장의 한 구성원에 지나지 않는다.

어떤 식당이 있다고 하자. 그곳의 손님들이 모두 음식이 너무 짜다고 불평을 한다. 그런데 그 식당 주인은 짜지 않고 맛있다고 생각한다. 그래서 계속 손님들의 입맛만 탓했다. '이렇게 맛있는데, 맛도 모르고…….' 그래서 계속 같은 음식을 내놓았다. 결과는 어떻게 되었을까? 손님은 다 떨어지고 결국 식당은 망했을 것이다. 아마 그 순간에도 그 식당 주인은 맛을 몰라보는 손님을 원망했을지 모른다. 식당은 손님이 와서 먹어 주는 곳이지 주인이 먹는 곳이 아니다. 모든 것은 손님 비위에 맞추어져야 하는 것이다.

그 이유는 돈이 손님에게서 나오기 때문이다. 이 간단한 논리를 무시하면 망하는 것이다.

매매에서도 똑같다. 돈은 시장에서 나오는 것이다. 시장에 대해 겸손할 줄 알아야 한다. 겸손한 마음으로 시장의 분부를 잘 따르는 자가 현명한 투자가이다. 반대로 시장에 대드는 자가 최악의 투자가이다.

주식시장에서 결정되는 주가는 절대적이다. 아무리 자기 마음에 들지 않은들 어찌 할 것인가? 항의 데모라도 해 보겠는가? "왜 주가가 이렇게 떨어졌나? 다시 올려라." 이런 구호를 외치면서 주식시장에서 농성을 해 본들 변할 것은 아무것도 없다.

시장의 분부를 잘 떠받아 행동하는 투자가가 돈 버는 투자가이다. 시장 분위기를 파악하고 시장의 흐름을 읽고 시장의 향방을 쫓아라. 그러면 수익이 기다리고 매매는 성공적이게 되는 것이다.

만약 손실이 났으면 겸손한 마음으로 자기반성을 해야 한다. 본인의 어리석음을 뼈저리게 깨닫는 순간이 투자가로서의 일보 전진하는 순간이다. 수익을 냈을 때도 마찬가지이다. 자칫하면 못 낼 수도 있던 수익인데 수익을 낼 수 있게 된 것을 감사히 생각하라. 괜히 우쭐하는 마음에 건방지게 행동하면 그다음 매매는 손실로 연결된다. 여기에 예외는 없다. 시장은 건방진 투자가들을 가차 없이 응징한다. 손실이 나든 수익이 나든 겸손한 자세로 받아들여야 한다.

그래서 언제나 되풀이 하는 말이 있다. '안되면 내가 어리석었던 것이고 잘되면 행운이 따라 주었던 것뿐이다.' 매매에 이 자세를 견지한다면 당신은 절대로 지지 않는다.

시장의 비위를 잘 맞추어라. 그러면 시장은 당신에게 보너스를 줄 것이다.

2 매매기법

(1) 매매기법의 필요성

위에서 살펴본 투자가의 필수요건은 정신적인 측면에서 살펴본 내용이다. 지금부터 다루고자 하는 매매기법은 실전에 있어서의 기술, 즉 테크닉에 관한 내용이다.

성공적인 매매를 위해서는 기본적으로 상황판단을 정확하게 하여야 하며 그리고 상황에 맞는 포지션을 적절히 구축할 수 있어야 한다. 그러기 위해서는 활용할 수 있는 기법들이 필요하다.

일반적으로 알려진 매매기법들만 하더라도 정말로 다양하다. 너무 많아서 어떤 식으로 사용해야 할지 어려울 정도이다. 차트분석을 통한 기법만 하더라도 무궁무진하다. 이렇게 많이 있는 기법들 중에 자기가 구사할 수 있는 것이 하나도 없다면 이것은 정말로 큰 문제가 아닐 수 없다. 전쟁터에 아무 무기도 없이 맨몸으로 달려드는 것과 같다고 할 수 있다. 투자가로서의 자격미달이다.

기법은 여러 가지가 있을 수 있다. 조합도 가능하다. 중요한 것은 투자가 스스로의 기법이 정립되어 있느냐 하는 것이다. 확신을 가지고 자유자재로 구사할 수 있는 기법을 가지고 있느냐의 문제이다.

주식을 고르고 사고파는 데에도 나름대로의 기법들이 있다. 매매기법은 매매에 있어 디테일한 테크닉이다. 한마디로 어떤 종목을 선정해서 언제 사서 언제 파느냐의 문제이다. 다음과 같은 것들이다.

일단 종목 선정에 있어 나름대로 반드시 살펴보는 내용이 있어야 한다. 중요시하는 항목을 설정하여 이를 기준으로 종목을 판단하는 것이다. 재무제표의 어느 한 부분을 중요하게 본다든지, 주력제품의 시장반응과 성장성에 중점을 둔다든지 하는 내용들이다. 주로 기본적 분석과 관련된 내용인데 내용들 중에서 본인만의 분석 틀을 가지는 것이다.

그리고 매매 타이밍을 정하는 기술적 분석에 있어서도 매수시점과 매도시점을 정하는 기법이 있다. 전형적인 차트의 패턴에 의미를 둔다든지 수급상의 동향에 초점을 맞춘다든지 하는 것이다.

이러한 것들을 종합적으로 매매기법이라고 하는데 자기가 능숙하게 활용할 수 있는 매매기법이 있느냐 없느냐의 문제는 투자가로서의 능력이 있느냐 없느냐의 문제와도 직결된다. 그냥 그때그때의 기분이나 누구 말을 듣고 매매에 임하는 사람은 매매기법이 없는 사람이다. 투자가로서의 능력이 있다고 보기 어렵다.

매매기법은 자신의 스타일이 많이 반영되는 부분이며 매매에 있어 수익률을 결정짓는 중요한 요인이다. 그리고 투자가는 스스로의 매매기법을 터득함으로써 매매에 있어 자신감을 가질 수 있다. 물론, 스스로의 매매기법만으로 백전백승을 기대할 수는 없다. 그러나 적어도 매매에 임할 때 순간순간의 상황에 휘둘리는 불안한 매매는 하지 않게 된다. 이것만으로도 많은 위험을 제거할 수 있으며 수익률 제고에 한발 더 다가서게 된다.

스스로의 매매기법에 따르지 않고 주위의 의견이나 전문가라는 사람의 말만 듣고 매매에 임한다면 투자가는 스스로의 독립성을 잃게 되며 휘둘리는 매매만을 반복하게 된다. 남의 기법이라도 그것을 철저하게 자기 것으로 만들 수 있어야 한다. 자신의 매매기법에 근거한 매매를 하여야 안정적인 매매를 지속할 수 있다. 자꾸 어딘가에 의존하려고만 한다면 매매가 상당히 불안해지며 의미 없는 매매를 남발할 수 있다. 여기서의 의미 없는 매매란 본인이 정확히 이해 못하는 매매를 말한다. 왜 매수에 임하는지 왜 매도에 임하는지 본인이 나름대로의 근거를 갖고 있어야 한다. 그래야 설사 매매가 잘못되었다 하더라도 고쳐나갈 수 있는 것이다. 그저 주위의 말만 듣고 따라 하다가는 의미 없는 매매만 반복될 뿐이다.

또한 스스로의 매매기법이 없으면 오직 순간순간의 즉흥적 판단으로 매매를 남발하게 된다. 대부분의 아마추어 투자가들이 여기에 해당한다. '오를 것 같아서', '많이 올랐으니까.' 라고 하는 단순하고 즉흥적인 생각으로 매매에 임하는 것이다. 이러한 매매는 모두 투자가의 미숙함과 취약함을 드러낼 뿐 정교한 매매와는 거리가 멀다. 성공하는 투자가가 되기 위해서는 본인의 매매기법을 확립하고 그 기법에 의거하여 매매에 임하여야 한다.

물론 본인의 매매기법을 확립하는 일이 쉬운 일은 아니다. 우선 본인 스스로가 그런 기법의 필요성을 절감하고 있어야 한다. 투자에 있어 나만의 스타일과 기준이 있어야 한다는 사실, 그것이 의사결정에 기본이 되어야 한다는 사실을 충분히 인식하고 있어야 한다. 그래야 매매기법을 갖추려고 노력하게 된다.

그리고 스스로의 매매기법을 확립하려면 일단 여러 매매기법들에 관해 지식이 있어야 한다. 투자에는 어떠한 관점과 기법들이 있는지 공부하고 나름대로의 특성들을 이해하는 것이 중요하다. 그다음이 실전을 통한 스스로의 매매기법을 찾아가는 과정이다. 다양한 상황과 다양한 기법들이 어떻게 매치가 되고 적용할 수 있는지를 터득하는 것이다. 이 과정은 길고 긴 과정이다. 시행착오도 자주 발생한다. 기법에 대한 스스로의 의구심을 해소하는 과정 또한 필요하다. 그런 과정을 거쳐야만 비로소 스스로의 매매기법이 정립되는 것이다.

이렇게 해서 스스로의 매매기법을 이해하고 활용할 수 있게 된다면 매매기법에 대한 신뢰가 생기게 되고 이를 적극적으로 구사할 수 있게 된다. 일단 자기의 기법이 되면 자신 있는 매매가 가능해진다.

어두운 밤, 악당들이 우글거리는 위험한 골목을 지날 때, 맨손으로 가는 것과 믿음직스런 38구경 권총을 지니고 가는 것과는 느낌부터가 완전히 다르다.

매매기법도 이와 같다. 있는 것과 없는 것은 큰 차이가 있다. 맨손이라면 우선 악당들이 두 명만 나타나도 상대하기 벅차다. 거기에다 악당들이 칼까지 들고 있다면 거의 절망적 상황이라 봐야 할 것이다. 그냥 두 손 들고 항복하거나 두들겨 맞아야 할 것이다.

그러나 권총이 있다면 이야기는 달라진다. 악당들 두세 명 정도가 무슨 문제이겠는가? 그냥 한 방에 날려 버릴 무기가 있는데. 상대가 제아무리 칼을 들고 있다 하더라도 겁날 것이 없다. 상황을 완전히 제압할 수 있다.

이렇듯 확실한 무기가 있으면 맨손일 경우와는 비교가 되지 않을 정도로 여유롭게 대처할 수 있는 것이다.

매매기법 역시 마찬가지이다. 본인의 자신 있는 기법이 있으면 시장에서 보다 여유롭게 대처할 수 있다. 스스로 정립한 매매기법의 보유는 투자가에게 있어 스스로를 지켜주는 듬직한 무기가 되어 준다.

일반적으로 알려진 매매기법만 하더라도 정말 다양하다. 시장상황에 따라 무궁무진하게 전개될 수 있다. 시중에 판매되는 매매기법에 관한 책들만 해도 헤아릴 수 없을 만큼 많다. 초단타 매매기법, 이동평균 매매기법 등 여러 가지 매매기법들이 존재한다. 문제는 내가 다룰 줄 아느냐이다.

투수가 타자와 승부할 때 사용할 수 있는 무기는 다양하다. 빠른 직구에서 부터 변화구인 커브, 슈트, 싱커, 포크볼 등 다양하다. 그러나 아무리 다양하면 뭐하겠는가? 자기가 실제로 자신 있게 던질 수 있어야 비로소 자신의 무기가 되는 법이다. 매매기법 역시 그렇다. 수많은 매매기법을 알고만 있다고 되는 것이 아니다. 내가 자신 있게 쓸 수 있는 단련된 기법이 필요한 것이다.

스스로의 매매기법을 터득하는 데는 아무래도 시간이 좀 걸린다. 옷도 자기에 맞는 옷을 입으려면 여러 번 입어봐야 하듯 매매기법 역시 이것저것 써 보고 연구해 보아야만 스스로에게 적당한 매매기법을 찾을 수 있다. 그리고 실전을 통해 자기의 매매기법으로 확립시켜야 한다.

투수가 직구나 커브, 슈트, 포크볼 등을 모두 적당히 아는 것 가지고는 승부에서 절대로 이기지 못한다. 오히려 어설픈 공은 타자들의 좋은 먹잇감이 되고 만다. 확실히 자신 있는 무기가 승부를 걸 수 있는 결정구가 된다. 커브면 커브, 슈트면 슈트, 아니면 빠른 직구라든지 자신 있는 자기만의 무기가 있어야 하는 것이다.

매매기법도 마찬가지이다. 매매기법 역시 이것저것 지식으로만 알아가지고는 아무런 소용이 없다. 실전에서는 오히려 혼란을 가져올 수 있으며 어떻게 적용해야 좋을지 몰라 우왕좌왕하게 된다. 각 매매기법의 특성을 확실히 이해하고 자기에게 적합한 매매기법을 터득하는 것만이 수익 창출에 한발 더 다가가는 길이다. 아무리 많은 지식이나 수많은 책들을 암기한다 한들 자기 스스로가 구사할 수 있는 매매기법이 없다면 실전에는 전혀 도움이 되지 않는다.

그리고 어떤 기법이 좋더라 하는 이야기만 듣고 그것을 자신의 기법에 무조건 접목시키려 하는 것은 좋지 않다. 그렇게 되면 기법이 가지는 약점만 부각될 수가 있다. 철저하게 비교 분석한 후 자신만의 기법을 터득하여야 한다.

그렇게 해서 스스로의 기법을 갖추게 된다면 매매에 자신감이 생기며 일단 매매 자체가 수월해진다. 본인의 기법을 통한 매매가 자연스럽게 이루어지게 되면 나름대로의 원칙도 세워진다. 그리고 기회를 포착하는 능력 또한 배가된다. 그러니 장세 대응이 한결 부드럽게 되는 것이다.

물론, 스스로의 매매기법을 터득하기까지는 상당한 시간과 노력이 소요된다. 한동안의 시행착오로 인한 손실의 아픔도 각오해야 할 것이다. 이거다 싶어 해 보면 아니고, 손에 잡힐 듯하다가도 잡히지 않는 것이 매매기법이다. 아무리 시행착오를 겪더라도 투자가는 스스로의 매매기법을 정립하여야 한다. 그래서 제대로 된 투자가가 되려면 수년의 세월을 요하는 것이다.

어떻게 해서든 스스로의 매매기법을 터득한다면 꾸준한 수익을 낼 수 있으며 매매에 자신감도 생긴다. 어떤 분야에서 자기만의 노하우가 없는 사람을 우리는 프로라고 부르지 않는다.

매매를 위해 단순히 주문을 낸다고 생각하지 말고 자신의 매매기법을 실행에 옮긴다는 생각으로 주문을 내는 마음가짐을 가지는 것이 중요하다. 이 점은 매우 중요하다. 투자가 인생을 좌우하는 내용이다. 반드시 명심하기 바란다.

모든 매매마다 본인이 사용한 매매기법과 그 이유를 확실히 인식하여야 한다. 그래야 그 매매결과에 관해 분석이 가능하고 잘못된 점을 수정할 수 있다. 이 점 또한 상당히 중요하다. 의미 없이 주문 넣는 것만을 반복하지 말고 매매 하나하나에 의미를 부여하고 왜 그런 매매를 하였고 결과는 어됐는지를 꼭 따져봐야 한다. 그렇게 하여 포지션에 대한 의미를 확실히 하여야 한다. 그래야만 매매를 통해서 스스로의 매매기법이 정립되어 가며 성공매매에 접근하게 되는 것이다.

시간을 갖고 경험적으로 체득한 매매기법일수록 매매에 확실한 무기가 되어 준다. 투자자에게 있어서는 아주 든든한 무기이다. 기법 그 자체는 복잡할 필요도 없고 어려울 필요도 없다. 오히려 단순한 것이 더 좋을 수 있다.

이제부터는 이러한 매매기법을 기본적 분석과 기술적 분석, 매매원칙의 세 가지 측면에서 살펴보고자 한다. 기본적 분석이 실전매매에 앞서 상황을 이해하고 전체적인 그림을 그리는 과정이라면 기술적 분석과 매매원칙은 실제로 시장에서 주식을 사고파는 기술을 의미한다. 매매기법과 매매원칙은 굳이 구분하지 않아도 좋을 정도로 밀접한 관계가 있다. 매매원칙은 보다 큰 의미로서 매매기법 전반을 아우르는 측면이 있다. 어떻게 보면 가장 훌륭한 매매기법일 수도 있다.

(2) 기본적 분석

주식투자의 시작은 종목을 고르는 것에서 시작한다. 즉 투자 대상을 정하는 것이다. 나에게 수익을 안겨 줄 종목을 고르는 아주 중요한 과정이다. 여기서 성공하면 큰 수익이 기다리는 것이고 잘못 꼬이면 큰 낭패를 볼 수 있다. 따라서 종목 선정은 신중을 기해야 한다.

종목을 고르는 기법은 주식매매 기법의 거의 전부라 해도 과언이 아닐 것이다. 그렇다면 종목을 고르는 기법에는 구체적으로 어떤 것들이 있을까? 우리는 이런 작업을 주식분석 혹은 증권분석이라고 부른다. 주식분석은 본격적인 실전매매에 앞서 경제상황이 주식투자에 적합한 시기인지 판단하고 투자하려는 산업과 기업을 고르는 분석을 말한다.

주가에 영향을 미치는 변수는 헤아릴 수 없이 많다. 금리, 물가, 경제성장률과 같은 경제적 변수들뿐만 아니라 해당 기업의 매출, 수익성, 경쟁상황 등의 변수들이 주가에 영향을 준다. 심지어 날씨도 영향을 미친다고 하니 주가의 결정요인은 실로 다양하다 할 것이다. 각각의 변수들이 어느 정도 주가에 영향을 미치는지 정확히 파악하기는 어렵다. 상황에 따라 변수들의 영향력도 달라진다. 이렇게 다양한 변수들 중에서 그래도 주가에 비교적 큰 영향을 준다고 여겨지는 변수들이 몇 가지 있는데 그런 변수들을 분석하는 것이 주식분석이다.

주식분석의 방법에는 크게 기본적 분석과 기술적 분석의 두 가지가 있다. 이 두 가지 분석 방법은 성격이 완전히 다른 분석 방법이다. 사람에 따라서는 기본적 분석을 부정하거나 기술적 분석을 부정하곤 하는데 실제로는 둘 다 중요하다. 특히 기본적 분석은 투자에 있어 그야말로 기본이라 할 만큼 중요하다.

우선 기본적 분석부터 살펴보도록 하자. 기본적 분석이란 기업의 성장성·수익성·안정성과 같은 기업과 관련된 주요 내용들을 검토하는 분석 방법이다.

주가는 중장기적으로 기업의 수익성과 성장성에 의해 결정되고 단기적으로는 시장의 수급에 의해 변하는 경향이 있다. 기본적 분석은 기업의 수익성과 성장성, 그리고 경제상황 등을 주로 분석하므로 주가의 중장기적 향방을 예측하는 데 적합한 분석 방법이라 할 수 있다.

주가에는 기업에 대한 기대감이 반영된다. 즉 실적이 좋아질 것으로 예상되는 기업의 주가가 오르기 마련이다. 따라서 실적이 좋아질 종목을 고르는 일이 중요한 과제가 된다. 어떤 기업의 실적이 좋아지고 투자가들의 주목을 받을까? 여기에 기본적 분석이 필요한 것이다.

기본적 분석에는 주가의 전망을 예측하기 위해 기업 자체에 대한 분석과 함께 해당 기업이 속한 산업의 분석, 그리고 산업이 속해 있는 경제 전체에 대한 분석이 있다. 주가변동의 요인을 기업의 외적 요인과 기업 내적 요인으로 구분하여 분석함으로써 주가를 예측하고 평가하는 것이다.

구체적으로 살펴보면, 경제분석은 거시적 관점에서 경기·금리·통화 등의 경제요인을 분석함으로써 경제 전체의 흐름을 판단하고, 산업분석에서는 산업동향을 파악함으로써 유망 업종을 선정한다. 그리고 이러한 경제 및 산업분석을 토대로 하여 개별 기업의 수익성과 성장성을 분석, 유망 기업을 선택하게 되는 것이다.

기본적 분석은 다시 크게 질적 분석과 양적 분석으로 구분되는데, 질적 분석은 정치상황이나 경제동향, 정부정책, 경영자의 경영능력 등과 같이 계량화가 어려운 사항들을 분석하는 방법이다. 반면에 양적 분석은 수치화된 자료를 이용하여 분석을 하는 방법이다. 각종 경제지표, 산업지표, 재무제표 등 계량화가 가능한 사항을 분석한다.

① 경제분석

경제분석은 기본적 분석에 있어 가장 포괄적인 분석이다. 말 그대로 거시경제 전반의 상황을 파악하는 것이다. 어떻게 보면 가장 중요한 분석이라고 할 수 있는데 일반 투자가들이 가장 간과하고 있는 부분이기도 하다. 미국의 증권분석가 B. F. King에 의하면 주가변화의 50% 이상이 시장의 전체적인 요인에 의해 설명될 수 있다고 한다. 일반 투자가들이 경제분석을 등한시한다는 것은 주가에 50%의 영향을 주는 요소를 아예 무시하고 있다는 이야기가 된다.

따지고 보면 주식시장도 경제라는 큰 울타리 안에 있는 한 부분이다. 경제 전체의 상황으로부터 결코 자유로울 수 없을 것이다. 그런 의미에서 주가의 향방은 경제적 요인에 의해 좌우될 수밖에 없으며 따라서 투자에서 경제분석은 중요하지 않을 수 없다.

그러나 대부분의 아마추어 투자가들은 경제분석의 내용은커녕 그 중요성도 제대로 인식하지 못하고 있는 것이 현실이다. 분석이 어렵다기보다는 필요성과 개념에 대한 인식 자체가 없는 것이 문제일 것이다. 하지만 내용을 살펴보면 알 수 있겠지만 어느 정도의 경제적 상식만 있다면 얼마든지 자료를 찾아 관련내용을 분석할 수 있다. 굳이 경제학을 전공한 사람이 아니더라도 충분히 분석할 수 있는 내용이다. 오히려 경제를 전공한 사람이라도 관심이 없는 사람이라면 생소한 분야가 될 수 있다.

② 산업분석

경제분석이 주식시장을 둘러싼 경제전반의 동향을 살피는 것이라면 산업분석은 세부적으로 들어가 산업의 특성과 향후전망 등에 관한 분석이다. 해당 산업이 가지고 있는 특징들을 파악하고 그 산업에 영향을 미치는 각각의 요소들을 분석함으로써 향후 전망을 하는 것이다.

산업분석을 하는 이유는 산업동향이 그 산업에 속해 있는 개별 기업에 지대한 영향을 끼치기 때문이다. 따라서 종목 선정에 있어 산업분석은 기본이 되는 중요한 분석이라 할 수 있다. 예를 들어 자동차산업의 전망이 좋아야 그 자동차산업에 속한 현대차의 주가도 긍정적으로 볼 수 있는 것이다. 이렇듯 산업전망은 해당 기업의 주가전망에 중요한 분석요소가 된다.

우선, 개별 기업의 경영성과는 그 기업이 속한 산업의 경영성과와 매우 밀접한 관련을 갖는다. 실제로 개별 주식의 주가 흐름은 일반적으로 해당 산업의 주가흐름에 근사한다. 그래서 산업분석과 기업분석은 따로 생각할 수 없을 정도로 밀접하게 연관되어 있는 것이다.

그리고 모든 산업의 성과가 반드시 경기변동과 일치하지는 않는다. 사치품이나 내구재산업의 경영성과는 경기변동과 비교적 동일한 추세로 움직이지만, 생필품산업의 경영성과는 오히려 경기변동과 반대로 작용하는 경향이 있다. 따라서 개별 산업의 분석은 경기변동의 분석과 별도로 살펴봐야 한다.

또한 기업의 경영성과에 대한 장기적인 전망에 있어서 산업분석이 도움을 준다. 어떤 산업이 성장하고 있는 산업인지, 아니면 사양 산업인지 하는 것은 그 해당 기업의 전망에 결정적으로 중요한 요소가 된다.

주식투자에 앞서 종목 선정을 하여야 하는데 한국의 유가증권시장에 상장되어 있는 700여 개 상장사 전부를 분석하기란 현실적으로 불가능하다. 따라서 유망한 산업을 선택한 후, 그 산업에 속한 회사를 고르는 것이 훨씬 효율적인 방법이 된다.

경제분석이 경제상황과 경기의 흐름을 파악하는 포괄적인 분석이라면 산업분석과 기업분석은 좀 더 세밀한 분석이다. 사실 산업분석과 기업분석은 상당한 연관성이 있다. 어떤 산업이 유망한지를 분석하면 사실상 기업은 거의 추려지게 마련이고 기업들은 그 산업의 영향을 고스란히 받기 때문이다.

③ **기업분석**

기업분석의 핵심은 유망 산업에 속해 있는 기업들 중에서 어느 기업이 더욱 유망한지를 살피는 것이다. 기업분석을 통해 전망 있는 기업을 선정하게 되면 증권투자에서의 기본적 분석은 끝나는 셈이다. 그다음은 그 회사의 주식을 언제 매수하느냐의 일만 남게 된다. 이것이 기본적 분석을 통한 투자의 정석이다.

기업분석은 매수종목을 선정하는 최종과정이자 투자의 성과를 결정짓는 중요한 과정이다. 같은 산업에 속한 기업이라도 어떤 종목을 선택하였는가에 따라 나중의 투자결과는 다르게 나타나기 때문이다.

기업분석은 크게 질적 분석과 양적 분석으로 나눈다. 질적 분석은 기업의 전반적인 특성을 분석하는 것이다. 예를 들어 기업의 전략이라든지 제품의 경쟁력과 같은 것을 분석한다. 반면에 양적 분석은 재무제표를 중심으로 한 수치분석이다. 각각 성격이 다른 분석인데 둘 다 중요한 분석이므로 어느 것 하나 소홀히 할 수 없다. 질적 분석과 양적 분석이 모여서 비로소 기업분석이 완성되는 것이다.

어떤 사람은 질적 분석에 비중을 두어, 직원의 사기라든지 경영자의 열정과 같은 기업의 분위기가 중요하다고 주장하기도 한다. 틀린 말은 아니다. 기업의 분위기가 중요한 요소임에는 틀림없다. 다만 상당히 추상적이라는 것이 문제이다. 측정에 있어 객관적 기준이 없으며 따라서 분석하는 사람의 주관적 요소가 개입된다. 이 점이 질적 분석의 약점이다.

반면에 모든 것은 수치가 말해 준다며 양적 분석을 절대시하는 사람도 있다. 기업의 성적은 결국 재무제표로 나타나며 수치의 향방이 곧 기업의 향방이라는 생각이다. 재무제표 역시 아주 중요하다. 재무제표 이상으로 기업을 객관적으로 나타내는 자료는 없다. 하지만 여기에도 문제가 있다. 모든 재무제표는 '과거의 것'이라는 점이다. 우리가 원하는 것은 앞으로 그 기업이 어떻게 되느냐 하는 것이라는 점이다. 주가는 미래에 대한 기대감으로 오르는 것이므로 과거의 실적이 아무리 좋았다고 해서 앞으로도 좋을 것이란 보장은 없다. 이런 점에서 양적 분석 역시 한계가 있다고 하겠다. 그래서 기업분석은 질적·양적 분석을 모두 함으로써 서로의 한계를 보완하게 된다.

기업의 주가는 궁극적으로 그 기업의 실적과 방향을 같이 할 수밖에 없는 것이 시장의 기본이다. 이 점은 주식투자에 있어 명심해야 할 첫 번째 사항이기도 하다. 주가의 움직임은 도중에 우여곡절이 있을지언정, 결국은 실적대로 간다는 것이다. 이 점을 확실히 인식하여야 기업분석이 왜 필요한지를 알게 된다. 주가는 실적을 따른다는 사실을 꼭 기억하기 바란다. 이 사실을 명심하여야 비로소 제대로 된 기업분석이 시작되는 것이다.

주식의 단기 매매에서 기업실적을 운운하는 것은 무의미하다고도 할 수 있을 것이다. 기업의 실적이라는 것이 며칠, 몇 주 사이에 크게 변하는 것도 아니고 또 그런 짧은 기간의 실적변화를 알 수도 없다. 따라서 하루 이틀 매매하는 단기 매매에 있어서는 기업실적은 아예 고려대상이 되지 않는다.

그러나 장기투자의 경우는 그렇지 않다. 장기적으로 주가란 거의 절대적으로 기업실적에 연동한다. 이것은 비단 우리나라만의 이야기가 아니다. 전세계 주식시장의 기본이다. 기간이 얼마나 걸리든, 1년이든 2년이든 간에 결국 주가는 기업실적과 그 궤를 같이 하게 되어 있다.

따라서 분석을 통해서 그 장기적 성과를 향유하려면 일단 투자기간을 길게 봐야 할 것이다. 실제로 장기투자의 수익률이 단기 매매보다 월등히 높다는 것은 이미 잘 알려진 사실이다.

실례를 들어 보도록 하자. 다음은 현대중공업의 당기순익과 주가를 나타낸 것이다. [그림 2-1]은 현대중공업의 당기순이익을 연도별로 나타낸 것이고 [그림 2-2]는 현대중공업의 주가차트이다. 우리나라를 대표하는 산업 중의 하나가 조선업이고 현대중공업은 그 대표적인 회사이다.

[그림 2-1]을 보면 현대중공업이 2000년대 들어 초반에는 당기순손실을 보고 있음을 알 수 있다. 2002년에는 2천억 원이 넘는 손실이 났다. 현대중공업의 주가는 1999년 5만 원대에 있었으나 지속적으로 하락하여 2000년 12월에 15,650원까지 하락한다. 그 후 주가는 낮게는 1만 원대, 높게는 3만 원대 사이에서 움직인다.

그런데 현대중공업의 당기순이익이 2003년 흑자로 반전하더니 그 후 급증한다. 2003년 1,100억 원대였던 당기순이익이 2006년은 7,100억 원, 그리고 2007년은 1조 7,300억 원으로 급증한다. 이는 실로 엄청난 증가이다. 4년 만에 당기순이익이 10배나 증가한 것이다. 당시 조선업이 얼마나 호황이었는지를 알 수 있다.

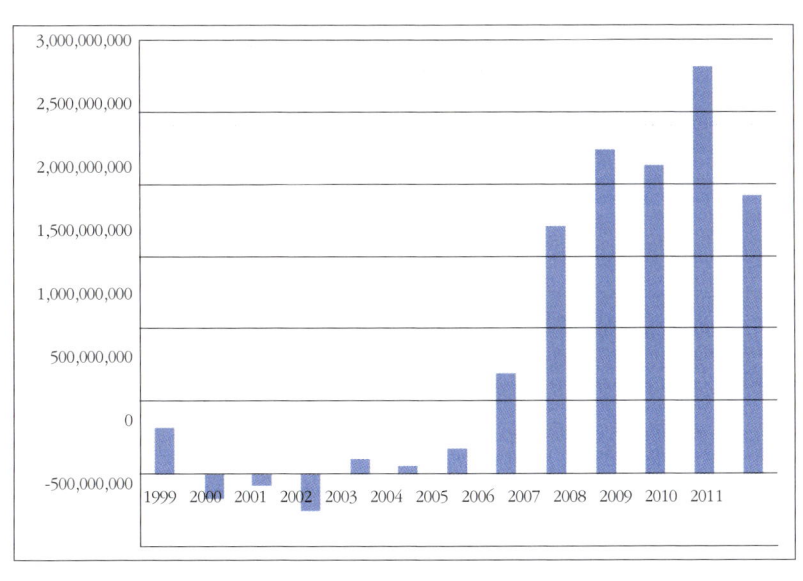

(단위: 천 원)

▶▶ 그림 2-1 현대중공업 당기순이익 추이

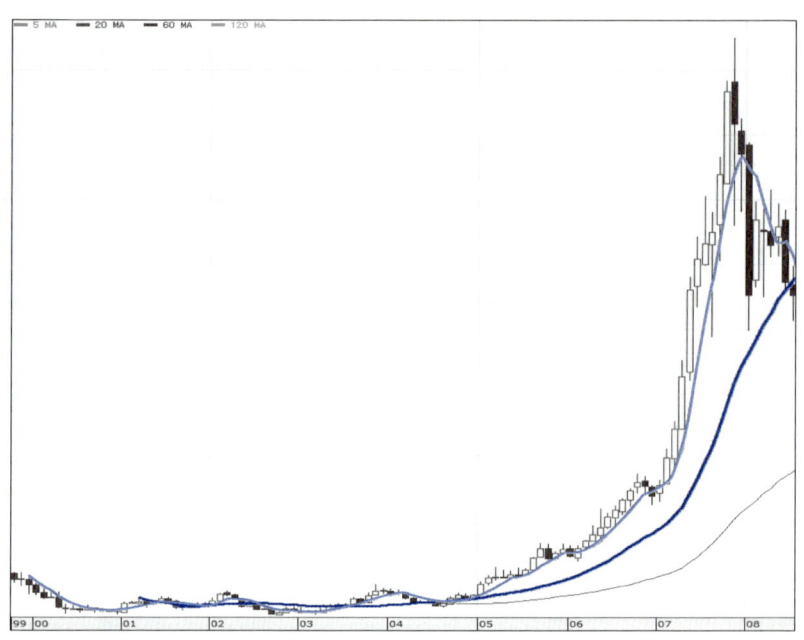

▶▶ 그림 2-2 현대중공업 월봉

　주가를 보면 2005년부터 본격적으로 상승하기 시작하는데 34,550원으로 시작한 주가는 2007년 11월에 550,000원의 고가를 찍는다. 2년 만에 주가가 16배나 오른 것이다. 흔치 않은 주가 상승폭이다. 그러나 당기순이익의 상승폭을 보아라. 당기순이익이 흔치 않은 상승이었기에 흔치 않은 주가의 상승이 나오게 되는 것이다.

　결국 기업실적이 주가를 말해 준다는 사실이 확인되었다. 그리고 현대중공업의 사례는 아주 전형적인 그 예가 된다. 아마 현대중공업의 당기순이익의 변화만 제대로 살폈던 사람이라면 이 주식에 장기로 투자하여 많은 수익을 얻을 수 있었을 것이다.

　조선산업이 호황이라는 산업분석과 함께 현대중공업의 엄청난 수익개선이라는 두 가지 기본적 분석만 알고 있더라도 16배의 수익이 나는 것이다. 이것이 기본적 분석의 위력이다. 이런 수익은 단기 매매로는 절대로 낼 수 없는 수익이다.

그래서 기업분석의 필요성이 강조되는 것이다. 투자가라면 일단 투자대상을 철저하게 분석할 줄 알아야 한다. 그러기 위해서는 기본적 분석의 기법을 나름대로 확립시켜 놓아야 한다. 어느 부분에 어떤 비중을 두고 중점적으로 살필 것인지 확실히 정립한다는 것이다. 여기에 노하우와 기법이 있다.

(3) 기술적 분석

기술적 분석은 주가 등을 도표화하여 과거의 일정한 패턴을 찾아내고 이 패턴을 이용하여 주가변동을 예측하고자 하는 분석 방법이다. 앞에서 살펴본 기본적 분석이 경제나 산업, 기업을 분석하여 주가의 향방을 예측하는 것이라면 기술적 분석은 주가의 움직임 자체만을 분석하여 향후 주가의 움직임을 예측하는 것이다. 기업의 내용이 아니라 기업의 주가의 움직임을 보는 것이다. 그런 의미에서 매매 시점을 포착하기에 적합한 기법이다.

기술적 분석은 기본적으로 차트분석이다. 차트분석에는 상당히 다양한 분석 방법이 있다. 차트도 여러 종류의 차트가 있으며 봉을 분석하는 것에서부터 이동평균선을 분석하는 것, 보조지표를 통해 분석하는 방법 등이 있다.

기술적 분석은 다음과 같은 가정에서 출발한다.

주식의 시장가치는 시장의 수요와 공급에 의해서만 결정된다는 가정이다. 이는 기업 내용이 아무리 나쁜 회사라도 그 회사의 주식을 사려는 사람만 많으면 주가는 올라가며 기업 내용이 아무리 좋더라도 팔려는 사람이 많으면 주가는 하락한다는 것이다. 즉 시장에서의 수급이 우선시된다는 것이다.

그리고 주가의 추세나 패턴은 반복하는 경향을 가지고 있어 과거의 패턴이 또 나타난다고 가정한다. 어떤 변화에 대한 인간의 반응 양상은 과거나 지금이나 큰 변화가 없으므로 주가의 패턴은 반복된다는 것이다.

이 두 가지 가정은 기술적 분석의 절대적 근거가 되는 내용이자, 차트분석이 왜 중요한지를 설명해 준다. 수급의 변화는 그 발생 이유에 관계없이 차트에 의해 확인할 수 있으며 차트에 나타나는 주가패턴은 반복된다고 보는 것이다.

그러나 실전에서는 차트분석을 기반으로 하는 매매가 성공할 때도 있지만 실패하는 경우도 의외로 많다. 기술적 분석을 믿고 매매했음에도 불구하고 손실을 보는 이유는 무엇일까? 이 불확실한 시장에서 그래도 모두가 믿고 의지하는 것이 차트인데 말이다. 그 이유는 두 가지로 볼 수 있을 것 같다. 하나는 기술적 분석이 갖는 태생적 약점 때문이고, 다음은 투자가 자신이 기술적 분석에 제대로 반응하지 못했기 때문이다.

기술적 분석을 논할 때 자주 지적되는 약점 중의 하나가 후행성 문제이다. 즉 지나간 다음에는 설명이 딱딱 들어맞지만 막상 앞으로 어떻게 전개될지는 아무도 모른다는 점이다. 지나간 다음에 과거를 설명하기에는 더 없이 좋은 분석도구이지만 당장 미래를 예측하기에는 한계가 있다는 뜻이다. 이는 기술적 분석이 갖는 태생적인 한계이기도 한데, 어떻게 보면 아주 치명적인 약점일 수 있다. 매매에서는 당장 앞으로 어떻게 될지가 중요하지, 과거가 어땠냐는 별 의미가 없다. 이러한 치명적인 약점 때문에 기술적 분석 자체를 무의미하게 보는 시각도 있다. 그래프에 좌지우지 당할 바에야 소신껏 판단해서 하는 것이 수익률이 높다는 주장이다.

실제로 일부 투자가들은 기술적 분석이란 미래를 점 보는 것과 그다지 다르지 않고 단지 예언에 불과하다는 비판을 내놓기도 한다. 그들은 기술적 분석이 갖는 과학적 근거가 기본적으로 너무 불안정하고 애매하다고 본다. 그리고 후행성 때문에 차트는 실전 투자에 전혀 도움을 줄 수 없다고 본다.

하지만 그 많은 비판과 회의적인 시각에도 불구하고 기술적 분석은 투자가들에게 중요한 분석틀로써 자리 잡고 있는 것 또한 사실이다. 그래서 많은 사람들이 차트를 보면서 그 속에서 무엇인가를 열심히 찾고 있는 것이다. 기술적 분석이 알 수 없는 미래에 관하여 그나마 합리적인 예측 근거를 제공하고 있기 때문이다.

확실히 기술적 분석은 지금까지의 시세의 방향성을 정확히 나타내어 준다. 그리고 지금까지의 추세를 근간으로 앞으로의 예측도 나름대로 할 수 있게 해준다. 여기에 차트분석의 의미가 있다. 그 예측이 맞고 틀리고는 별개의 문제이지만 중요한 것은 예측의 근거를 제시해 준다는 점이다.

그리고 기술적 분석만으로 매매가 어렵다고 하는 이유 중의 또 하나는 투자가 자신이 기술적 분석을 제대로 숙지하지도 않은 채, 기술적 분석을 사용하려 하기 때문이다. 그냥 차트를 보고만 있을 뿐 철저한 분석이 없는 경우이다. 대충 어설프게 차트만 보고 매매를 하다가는 오히려 역효과만 나타날 수 있다.

따라서 기술적 분석의 확실한 학습이 선행되어야 한다. 모든 것이 그렇듯 제대로 알아야 제대로 써먹을 수 있는 법이다. 기술적 분석을 어설프게 이해하고 매매에 덤볐다간 손실이 날 가능성이 높고 그렇게 해서 손실이 나면 '역시 기술적 분석으로도 어려워.' 라고 단정 짓기 쉽다. 기술적 분석을 제대로 쓸 줄도 모르면서 말이다.

그러나 기술적 분석을 능수능란하게 활용할 수 있기까지는 의외로 많은 노력과 시간이 요구된다. 이러한 점 또한 기술적 분석의 난제라면 난제라고 할 수 있을 것이다. 대충 아는 것과 확실히 아는 것은 전혀 다르다.

기술적 분석을 이용한 매매에 있어 또 하나의 걸림돌은 기술적 분석의 지표가 나타내는 방향을 얼마나 객관적으로 받아들일 수 있느냐의 문제이다. 이 점은 실전매매에서는 아주 중요한 사항이 된다. 아무리 기술적 분석에 정통해 있다 하더라도 지표가 나타내는 상황을 인정하고 그대로 매매로 연결시킬 수 있느냐 하는 것은 또 다른 차원의 문제이기 때문이다.

즉 투자가 자신의 생각과 기술적 분석의 시그널이 상반될 때 어떻게 대응하는가에 관한 문제이다. 예를 들어 투자가 자신은 상승추세를 기대하고 있는데, 지표는 모두 하락추세를 나타내고 있는 경우이다. 이럴 경우 투자가가 상승에 대한 믿음이 너무 강한 나머지 하락추세에 대한 경고를 애써 외면하게 된다면 지표의 유용성은 사라지고 만다. 지표를 보는 마인드를 중립적으로 가져야 하는데 그렇지 않으면 자기가 기대하는 지표만을 선호하여 받아들이게 되고 기대와 상반되는 지표는 과소평가하게 된다. 이런 편견에 찬 마인드 앞에서는 기술적 분석이란 아무런 의미가 없다.

기술적 분석에 관하여 정리하자면, 기술적 분석 그 자체가 완전하지 않을 뿐더러 그 학습 역시 쉽지 않으며 아무리 잘 알아도 그것을 객관적이고 중립적인 마인드로 이용하지 않으면 그 의미가 없다는 것이다. 이러한 난점들 때문에 기술적 분석만으로도 매매가 어렵다는 말이 나온다.

기술적 분석을 익힐 때는 패턴의 흐름은 숙지하되 맹신을 해서는 안 된다. 기술적 분석대로만 된다면야 누가 손실을 보겠는가? 실제 상황은 훨씬 복잡한 것이다. 따라서 기술적 분석의 응용과 매매로의 연결은 언제나 투자가 자신의 몫으로 남겨져 있는 것이다.

기술적 분석을 잘 사용하느냐 못하느냐는 여러 모양의 패턴에서 나름대로의 흐름을 정확히 파악해 낼 수 있느냐 없느냐의 문제이다.

기술적 분석을 잘한다고 해서 모든 매매에서 수익을 내는 것은 분명 아니다. 하지만 기술적 분석의 숙지를 통해 신뢰성 높은 기회를 포착할 수 있고 불필요한 손실도 피할 수 있다. 이것만으로 그 효용가치는 충분하다고 본다. 불확실한 시장에서 그나마 몇 가지의 가능성을 제시해 주는 것이 기술적 분석이다.

기술적 분석에 사용되는 각종 지표들에는 여러 가지가 있다. 그중에서도 기본은 역시 봉차트와 이동평균선이다. 추세를 이해한다는 의미에서 이동평균선의 이해는 상당히 중요하다. 그리고 봉차트는 그야말로 장세의 강약의 정도와 흐름을 정확히 나타내 주고 있다는 점에서 상당히 의미 있는 분석지표이다. 따라서 이 두 가지는 우선적으로 반드시 숙지하여야 한다. 기술적 분석에 있어 기본 중의 기본이라 할 것이다.

모든 것이 그렇겠지만 기술적 분석의 학습에 있어서도 대충 이해하는 것과 완전히 정통해 있는 것과는 큰 차이가 있다. 그래프를 보고 대충 이런 것이구나 하고 아는 정도와 그래프를 보고 상황이 어떤지를 파악하고 향후의 움직임까지 예상하는 정도와는 큰 차이가 있다. 총을 쏠 줄 아는 것과

총을 잘 쏘는 것은 엄연히 다른 것과 마찬가지 이치이다.

　기술적 분석을 숙지하기 위해서는 다양한 사례연구를 통해 지표가 나타내는 속뜻까지 꿰뚫어 볼 수 있어야 한다. 특히 봉차트는 나타나는 양상이 상당히 다양하므로 그 패턴을 잘 이해하고 그다음 상황을 예측하는 데 많은 노력을 기울여야 한다. 그리고 봉차트에는 추세전환을 예고하는 아주 전형적인 패턴들이 몇 가지 있는데 이러한 패턴들은 자주는 나타나지 않지만 일단 한번 나타나면 거의 들어맞으므로 반드시 숙지하여야 한다. 확실하게 수익을 낼 수 있는 얼마 안되는 기회이기 때문이다.

　이동평균선과 봉차트 외에도 MACD, Stochastic, Bollinger Band 등 보조지표라고 하여 여러 가지 기술적 지표들이 있다. 모두 나름대로의 의미를 가지고 있는 분석 도구이므로 몇 가지 정도는 숙지하여 사용할 줄 알아야 한다. 매매에 있어 참고가 될 수 있는 도구들이다.

　기술적 분석에 근거하여 투자가가 구사할 수 있는 기법들은 실로 다양하다. 각종 매체를 통해 이미 여러 가지의 기법들이 소개되어 있으며 투자가 자신도 나름대로 얼마든지 개발할 수 있다. 다만 실전매매에 있어서는 충분히 검증한 후에 적용하여야 한다. 왜냐하면 각각의 기법들이 나름대로의 특성을 가지고 있고 적용되는 상황도 조금씩 차이가 나기 때문이다. 따라서 기법들을 하나하나 이해하고 나서 각각 실전에 응용해 보는 것이 좋다.

　이런 식으로 적용해 보니 이렇고, 저런 식으로 적용해 보니 저렇게 되더라 하는 것을 체험해야 한다. 그리고 각 기법을 적용하였을 시 어떠한 문제점이 생기는지도 나름대로 몸으로 느껴야 한다. 그래야 진정 자기 것이 되며 매매기법도 진화하게 된다. 각각의 매매기법이 장세에 어떻게 적용되는지를 분석하고 매매 하나하나에 매매기법상의 의미를 부여하여 그 원인과 결과 그리고 무엇이 문제인지를 분석해야 한다.

　무조건 수익을 내었다고 해서 그 분석이 훌륭했다고 볼 수는 없다. 스스로의 상황판단과 기법이 어느 정도 발휘되었나에 따라 매매의 질이 결정되는 것이다. 수익을 냈어도 질 낮은 매매가 있다. 어쩌다 행운이 따라주어 수익을 낸 매매이다. 이런 매매가 반복되어서는 곤란하다. 어쩌다 오는 한 번의 행운을 위해 매매를 하다가는 엄청난 손실을 볼 수 있다.

처음에는 일단 자신이 사용하고자 하는 기술적 분석을 검토하는 데서 시작하는 것이 좋다. 그리고 실전 경험을 통해 무엇이 잘못 되었고 무엇이 적중했는지를 찾는 것이다. 그래야 분석이 더욱 정교해진다. 그리고 그 과정에서 자신만의 기법이 생기는 것이다.

(4) 매매원칙

매매원칙이란 매매에 있어서 투자가의 행동을 제어하는 기본 룰이다. 투자가의 행동지침이라고도 할 수 있을 것이다. 투자가의 모든 매매는 이 매매원칙에 근거하여 이루어져야 한다. 투자가는 매매원칙을 수립함으로써 안정된 매매를 할 수 있는데 무엇보다 손실을 최소화할 수 있다는 점에서 그 의미가 크다 하겠다. 투자가에게는 아주 중요한 제어장치인 셈이다.

매매원칙은 매매를 할 때 반드시 준수하여야 할 사항들이다. 여기에는 여러 가지가 있을 수 있다. 간단한 예를 들어 보자. '코스닥 종목은 매매하지 않는다.' 라는 원칙을 정하였다고 하자. 주가의 변동성이 크고 소위 세력에 의한 주가조작의 가능성이 많은 코스닥 종목을 아예 투자의 대상에서 배제하는 것이다. 나름대로 의미 있는 원칙이다. 본인의 매매가 지나친 가격 변동성이 맞지 않는다면 아예 처음부터 변동성이 큰 코스닥시장을 제외하는 것도 하나의 방법이다. 이 원칙을 지키면 언젠가 코스닥 종목에서 당할 수 있는 변동성에 의한 손실을 미연에 방지하게 되는 것이다.

이런 원칙도 있을 수 있다. '손실이 월간 최대 허용 손실액에 다다르면 매매를 중단한다.' 월간 최대로 허용할 수 있는 손실금액을 미리 정해 놓아 손실액이 그 최대 허용치에 다다랐으면 무슨 일이 있어도 매매를 중단한다는 원칙이다. 이는 일종의 손절매 원칙인데 손실액을 일정 수준에서 제한함으로써 추가로 발생할 수 있는 손실을 방지하고자 하는 것이다. 매매원칙 중에서도 아주 중요한 원칙이다. 투자가라면 이러한 손절매 원칙은 반드시 갖고 있어야 한다.

이렇게 두 가지의 매매원칙의 예를 간단히 살펴보았다. 모두 매매에 있어 어떠한 기준을 제시하고 있다. 이러한 기준은 실전매매에서 큰 힘이 된다. 특히 감정적으로 격해져 이성적 판단이 어려울 때 완벽한 제어수단이 되어 준다. 매매원칙은 각자 자기 스타일에 따라 정하면 된다. 자기의 약점을 파악하고 매매원칙이라는 제어장치를 통해 그 약점을 커버하는 것이다.

모든 법 위에는 헌법이 군림하고 있다. 헌법이란 법 중에서 가장 상위에 있는 법이다. 각종 법률은 헌법의 테두리에서 제정되며 헌법과 합치되지 않을 때에는 폐기된다. 이와 마찬가지로 매매원칙이란 헌법과 같이 모든 매매 위에 군림하며 매매는 매매원칙에 근거하여 행해져야 한다.

만약에 한 나라에 헌법이라는 것이 없다고 가정해 보자. 이것은 법체계에 큰 가이드라인이 없다는 의미이다. 이렇게 되면 법들이 서로 충돌하면서 혼란을 일으킬 가능성이 있다. 헌법이 필요한 이유가 여기에 있는 것이다. 모든 법을 관통하는 하나의 기준이 필요한 것이다.

일반적으로 투자가가 스스로의 매매원칙을 수립하기 전까지는 상황에 따라 오락가락하는 매매를 많이 한다. 투자경력이 얼마 없는 사람일수록 매매원칙에 대한 의구심도 든다. 시장상황이 변하는 만큼 그에 따라 매매해야지 원칙 같은 것을 세워 놓고 있으면 오히려 융통성이 떨어지고 능동적 대처가 어렵지 않을까 하는 것이다. 그러나 현실은 전혀 그렇지 않다. 원칙 없는 매매는 반복적인 실수만을 연발할 뿐이고 오히려 능동적인(?) 손실만 볼 뿐이다.

차근차근 헌법을 제정하는 마음으로 매매원칙을 세워 보도록 하라. 원칙을 만들고 이에 근거한 매매를 하게 되면 우선 큰 손실을 줄일 수 있다. 그리고 손실 규모는 언제나 만회가 가능한 선에서 한정된다. 또한 매매원칙에 근거하여 주문을 내면 우발적인 주문을 막을 수 있다. 반복되는 실수가 사라지는 것이다. 이런 식으로 손실이 감소하게 되면 상대적으로 수익 규모가 증가한다.

이렇듯 매매원칙의 정립은 매매에 신중함을 더하고 무엇보다 손실 규모를 줄인다. 이는 수익증대와 직결된다. 또한 원칙에 입각한 매매를 하다 보면 나름대로의 매매 틀도 잡히는데, 이는 투자가로서의 노련함이 갖추어지는 과정이다.

시장에는 온갖 술수가 넘쳐나며 엄청난 규모의 자본끼리 충돌하면서 힘자랑을 하는 곳이다. 이 과정에서 예기치 않은 상황이 발생하며 속임수 또한 난무하게 된다. 여기에 휘둘리지 않는 길은 스스로의 매매원칙을 일관되게 고수하는 것뿐이다.

원칙을 지킨다는 것은 좋은 것이다. 삶에 있어서도 원칙이 바로 서 있다면 괜찮은 삶을 보낼 수 있을 것이다. 눈앞의 상황에 휘둘리지 않는 삶 말이다. 매매에 있어서도 이는 그대로 적용된다.

매매원칙에 있어 가장 중요한 분야는 역시 리스크 관리 부분이다. 매매원칙이라는 것도 결국은 리스크 관리 차원에서 필요한 것이기 때문이다. 여기서 중요한 매매원칙 몇 가지를 소개하고자 한다. 개인적으로 가장 중요시하는 매매원칙이다.

제1의 매매원칙은 '손실 총량제'이다. 바로 손절매 원칙이다. 일간, 주간 혹은 월간 단위로 허용되는 최대 손실한도를 미리 못 박아 두고 손실이 한도에 다다르면 미련 없이 청산하고 단말기와는 이별하는 것이다. 손실로 인한 흥분된 마음을 가라앉히고 보다 안정된 상태에서 다음 매매에 임할 수 있게 하기 위해서이다.

예를 들어 월간 손실한도를 매매 자금의 7% 수준으로 한정한다고 하자. 손실액이 7% 한도에 다다르면 매매를 즉시 중단하고 다음 달까지 매매를 하지 않는다. 매매를 쉰다는 것은 매매의 흥분을 줄이는 한편 다음번 매매에서 좀 더 침착한 대응을 가능하게 해준다. 이는 그만큼 승리의 가능성을 높여 주는 것이다. 이러한 손절매의 원칙은 손실을 빠른 시간에 극복하고 수익으로 연결시키기 위한 가장 완벽한 도구이다. 이런 말이 있다. '최초의 손실이 가장 적은 손실이다.' (Your first loss is your smallest loss.) 이를 실천하는 원칙이다.

큰 손실을 보게 되면 누구라도 평정심을 잃게 되는데 이런 상태에서 매매를 고집하다간 손실만 배가되는 것이 보통이다. 따라서 일단은 단말기에서 떨어지는 것이 좋다. 냉각기간을 가져 자신의 투자전략을 되돌아보고 반성하는 시간을 갖는 것이다. 사찰과 같이 조용한 곳을 찾아가는 것도 좋다. 마음을 가라앉히고 자신을 되돌아보기에는 그 이상의 곳이 없는 것 같다.

냉각기간은 일단 흥분된 마음을 가라앉게 한다. 그러면 그간 보이지 않았던 것이 보인다. 그리고 어떤 점이 잘못 되었는지 냉정하게 짚어 볼 수 있게 된다. 모두 매매에서 잠시 떠났기에 가능한 것이다.

이런 냉각기간을 갖고 다음번 기회에 다시 도전한다. 경험상 냉각기간 후의 매매에서는 손실을 본 적이 거의 없는 것 같다. 주위의 투자가들을 봐도 그렇다. 어떤 투자가가 큰 손실을 연속적으로 내고 있어 여행이나 가라고 충고를 했다. 하지만 자기 매매는 자기가 알아서 한다며 충고를 무시하고 고집을 부리더니 자금을 전부 날렸다. 실제로 이런 투자가들이 한둘이 아니다.

우리가 한 치 앞을 모르는 이 불확실한 시장에서 살아남기 위한 유일한 방법은 스스로를 제대로 관리하는 일뿐이다. 그렇지 않으면 시장에서 살아남지 못한다. 이런 점 때문에 매매원칙에 있어 '손실 총량제'가 제1의 원칙이 되는 것이다.

그런데 매매원칙 중에서 이 손절매 원칙이 실천하기가 제일 힘들다. 매매를 하다 보면 '미워도 다시 한번'이란 식으로 미련이 남아 손절매가 뜻한 대로 되지 않는다. '아니야, 한번은 다시 가 줄 거야.' 라는 미련이 나중에는 '꼭 가야 돼.' 라는 절규로 변하며 손절은 생각처럼 되지 않는다.

그리고 대부분의 경우 결국에는 엄청난 손실만 입고 나오게 된다. '안되는 줄 알면서 왜 그랬을까?' 라는 허탈함과 아쉬움만을 느끼면서 말이다. 어차피 빠져 나올 걸 빨리 빠져나왔으면 될 일을 미련을 갖고 발버둥 치다가 크게 당하고 나서야 물러나는 것이다.

손절매. 정말 마음같이 되지 않는 것이 이것이다. 이것 역시 금연이나 다이어트처럼 실천이 어려운 것이다. 하고자 다짐은 하지만 실천은 생각처럼 되지 않는다. 내용은 단순하지만 그 실천이 어려운 것이다. 그러나 우리가 살아 나가는 데 있어서 아주 중요한 것들이란 단순하지만 실천이 어려운 것들이다. 투자가 역시 단순하지만 실천이 어려운 손절매를 실천하여야만 매매에서 성과를 낼 수 있다. 혹자들은 손절매는 기계적으로 해야 한다고 한다. 전적으로 맞는 말이다. 그런데 문제는 인간은 기계가 아니란 점이다. 복받쳐 오르는 본전 생각과 혹시 모를 것이란 한줄기 희망, 이 모든 것이 인간이기 때문에 느끼는 감정이다. 그러나 손절매에 있어서만큼은 우리는 기계가 되어야 한다.

손절매란 빨리 하면 할수록 좋다. 그래야 빠른 시간에 손실을 만회할 수 있는 것이다. 손절매 원칙은 전쟁터에 있어 방탄복과 같은 역할을 한다. 비록 총알을 맞아 충격은 있을지언정 생명을 지켜 주는 것이다. 손절매를 못한다는 것은 총알이 비 오듯 쏟아지는 곳에 맨몸으로 맞서는 것과 같다. 언제나 강조하지만 매매의 세계에서는 생존이 가장 중요한 덕목이다.

인간에게는 의지라는 것이 있다. 그 의지로 인간은 에베레스트산도 정복하고 42.195km의 마라톤 코스도 완주한다. 손절매 역시 강한 의지만이 가능하게 한다. 처음에는 좀처럼 하기 어려울 수도 있으나 해 보면 그것도 별것 아니게 된다. 일단 하는 것이 중요하다.

두 번째 매매원칙은 좀 시시한 것일 수도 있다. 매매는 아무 일이 없는 편안한 날에만 한다는 것이다. 어떠한 특별한 이벤트가 있는 날이나 어떤 골칫거리가 있는 날에는 매매를 아예 하지 않는다. 살아가면서 이런 일 저런 일을 겪게 되는데 기분 나쁜 일이나 뭔가 걸리는 일이 생기는 때가 있다. 그런 날에는 매매를 삼간다. 이런 저런 생각을 하게 되면 정신 상태가 나도 모르게 분산되기 때문이다. 집중을 해도 될까 말까 하는 상황에서 벌써 딴 생각이 든다는 것은 실패할 가능성이 그만큼 높아지고 있다는 이야기이다.

감기에 걸렸다거나 컨디션이 안 좋은 날도 피해야 한다. 육체적으로 컨디션이 좋지 않으면 순발력이나 판단력이 크게 떨어진다. 이런 날의 매매는 거의 백전백패이다. 투자가는 자신의 상태에 민감해야 한다. 나의 투자 도구는 바로 나 자신이기 때문이다. 자신의 컨디션을 잘 살펴봐야 하는 것이다.

마지막으로 중요하게 생각하고 있는 매매원칙은 휴식의 원칙이다. 장의 방향이 도무지 감이 안 잡힌다든지, 매매가 영 잘되지 않는다든지, 혹은 향후 추세의 향방에 자신이 없으면 그냥 푹 쉬는 것이다. 매매가 잘 안되는 날도 마찬가지이다. 자꾸 타이밍을 놓치거나 대응하는 속도가 무뎌지면 일단 매매를 중단하고 그냥 혼자서 서점에 가 책 구경을 하거나 백화점 같은 곳에 가 두리번거리며 시간을 보내는 것이 좋다. 스스로가 '오늘 왜 이러지?'라고 생각할 정도면 뭔가 문제가 있는 상태이다. 그런 상태에서의 매매는 실패할 확률이 높다. 일찌감치 물러나는 것이 돈을 버는 것이다.

상승추세를 자신하고 있는 상황에서 주가가 자꾸 하락한다면 이는 상당히 언짢은 상황이다. 이런 상황에서는 매매가 생각처럼 되지 않을 가능성이 높다. 본인의 생각과 시장의 움직임이 충돌하고 있기에 심적으로 크게 동요되고 있기 때문이다. 이럴 때 섣부르게 고집을 부리다간 아주 크게 당할 수 있다.

이럴 때 대부분의 사람들은 대개 자기 생각을 꺾지 않는데, 확신이 서지 않을 때는 그냥 쉬는 것도 훌륭한 전략이다. 시장과 싸우겠다고 대들어 봤자 피곤한 것은 자신이고 손실을 보는 것도 자기 자신이기 때문이다. 때에 따라서는 미련 없이 포기할 줄도 알아야 한다. 안되는 상황에서 단말기만 뚫어지게 본다고 해서 뾰족한 수가 나오는 것이 아니다. 오히려 기분전환을 함으로써 발상을 전환하여야 한다.

어떤 파생상품 투자가가 한 말이 있다. 매매에도 리듬이 있다고. 그렇다. 모든 것에는 리듬이 있다. 언제나 잘 될 수도 없고 언제나 안될 수도 없다. 잘되는 때가 있으면 안되는 때도 있는 법이다.

인간은 매너리즘이니 슬럼프니 하는 것에 빠지게 되어 있다. 인간은 감정이 있는 존재이기 때문이다. 이는 어쩔 수 없다. 인간인 이상 피할 수 없는 운명이다.

그러나 문제는 투자가에게 있어서 그러한 감정적 기복은 매매손실이라는 금전적 피해와 직결된다는 사실이다. 직장인이 잠시 슬럼프에 빠져 일의 능률이 안 오른다 해서 월급을 주지 않거나 벌금을 내지는 않지만 투자가는 확실한 금전적 손실을 본다. 돈을 잃게 되는 것이다.

따라서 투자가는 슬럼프나 매너리즘에서 빨리 벗어나야 하는데 그냥 쉬는 것이 최선의 방법이다. 뭔가 언짢은 때일수록 단말기에서 떠나 있는 것이 중요하다. 휴식이야말로 투자가의 생명을 연장시키는 중요한 요소이다. 시장의 분위기가 좋지 않을 때나 혹은 투자가 본인의 분위기가 좋지 않을 때는 쉬는 것이 돈을 버는 방법이다.

또한 충분하리만큼 수익을 냈을 때도 한 템포 쉬는 것이 좋다. 번 돈으로 주위 사람들과 맛있는 식사를 하거나 여행을 떠나는 것을 권한다. 그것이 정신건강에도 좋고 그동안의 스트레스도 풀 수도 있는 좋은 기회가 된다. 가능한 한, 성공할 확률은 최대로 높인 다음에 매매에 임하는 자세가 필요하다. 매매를 하여야 한다는 강박관념은 오히려 실패를 유발시킨다. 기회는 언제나 또 온다. 잠시 떠나 있다고 해서 당장 어떻게 되지 않는다.

이렇게 세 가지의 매매원칙을 예를 들어 살펴보았다. 손절매의 원칙과 매매를 하지 말아야 할 때, 그리고 휴식의 원칙이다. 물론 그 밖에도 얼마든지 다양한 매매원칙이 있을 수 있다. 그것은 투자가들 각자의 사정과 특성에 따라 정하기 나름이다.

어떤 내용이 되었건 매매원칙은 자신을 제어해 주는 데에 큰 의미가 있다. 따라서 빠른 시일 안에 자신의 매매원칙을 세우는 것이 중요하다. 매매원칙에 근거하여 매매를 하다 보면 불필요한 여분의 손실을 막을 수 있다. 손실이 줄면 결과적으로 수익은 늘어나게 되어 있다.

결국 매매원칙이란 매매에 있어 투자가가 자기 자신에게 부과하는 절대적인 하나의 룰(rule)이다. 이 룰은 투자가가 심리적 공황상태로 빠져들어 불필요한 손실을 내지 않게끔 제어하는 중요한 역할을 한다. 여기에 매매원칙의 의의가 있다.

매매원칙은 매매라는 긴 여정에서 투자가의 나침반이 되어 줄 것이고 깜깜한 밤에 손전등이 되어 줄 것이다. 그리고 무엇보다 중요한 것은 투자가의 믿을 수 있는 유일한 동지라는 사실이다.

3 자금관리

자금관리, 이 문제는 매매 자체와는 직접적인 연관은 없다. 하지만 전체적인 자금운용이라는 측면에서 보면 아주 중요한 부분이다. 투자가에게 있어 자금관리는 매매보다 한 단계 위의 차원에서 생각해야 할 부분이기 때문이다. 매매라는 행위 자체가 일단 돈을 직접 투입해야 하는 행위이고 이익이든 손실이든 결과 역시 돈으로 나타난다. 따라서 그 돈을 전반적으로 어떻게 컨트롤하느냐의 문제는 중요하지 않을 수 없다.

일단 매매와 관련된 사항부터 살펴보자. 매매와 관련된 자금관리는 매매에 필요한 자금 규모를 결정하는 일이다. 시장상황이 어려우면 매매 규모를 축소시키고 방향성이 확실하면 매매 규모를 늘리는 등 매매 규모의 탄력적 조정 자금관리에 속한다고 하겠다.

사실 시장은 변화무쌍한데 자신의 투자금액은 일정하다는 것 자체가 리스크 관리의 관점에서 보면 문제가 있다고 볼 수 있다. 실제로 시장은 상승하는 구간, 횡보하는 구간, 하락하는 구간이 있다. 그리고 그에 따라 매매하기 까다로운 구간, 매매하기 쉬운 구간도 있다. 그런데 어떻게 자금 규모를 똑같이 가져갈 수 있단 말인가?

적이 한두 명일 때 필요한 무기와 적이 중대 규모일 때 맞서는 무기는 엄연히 다르다. 동원되는 화력이 다를 수밖에 없는 것이다. 적이 한둘일 때나 중대 규모일 때나 같은 무장과 화력으로 덤비는 것은 엄청난 비효율의 극치가 아닐 수 없다.

따라서 매매에 투입하는 자금은 시장의 추세를 철저히 분석한 후에 적절히 결정하여야 한다. 애매한 구간에서 대량의 자금을 투입했다가 낭패를 볼 수도 있기 때문이다. 일반적으로 자금을 많이 투입할수록 더 많이 벌 수 있다고 생각하기 쉬우나 실제는 전혀 그렇지 않다. 오히려 더 많이 잃을 수가 있다. 사실, 이 점은 경험 있는 투자가들만이 공감할 수 있는 부분이다. 무리한 투자 규모는 반드시 화를 부른다. 시장 분위기를 파악한 후 투입자금의 규모를 조절할 수 있어야 한다.

큰 차원에서 자금계획을 세우기 위해서는 우선 투자가 자신의 고정수입이 어느 정도인가를 파악하는 것이 중요하다. 매매의 결과와는 상관없이 매월 고정적으로 확보할 수 있는 자금의 양에 따라 매매전략도 달라지고 감당할 수 있는 리스크의 정도도 달라지기 때문이다. 예를 들어 월 고정수입이 200만 원인 사람이 매매에서 1,000만 원의 손실을 보는 것과 월 고정수입이 1,000만 원인 사람이 1,000만 원의 손실을 보는 것은 같은 1,000만 원이라도 그 후유증이라는 측면에서 크게 다르다. 전자의 경우는 5개월분의 수입이 사라진 것이고 후자는 한 달분의 수입이 사라진 것이다. 똑같이 손실금액이 1,000만 원이라 하더라도 그 타격은 큰 차이가 있는 것이다.

투자가가 부담할 수 있는 리스크, 즉 손실 범위는 고정수입 이내의 범위에서 정하는 것이 좋다. 리스크를 감당할 수 있는 여력은 고정수입으로 연결시키는 것이 좋다. 만약 고정수입이 없다면 손실 범위를 한 달 생활비로 고정시키는 것도 하나의 방법이다. 아무튼 빠른 시일 내에 회복할 수 없는 손실은 투자가에게 치명적이다.

보유 현금은 용도별로 분류해 놓아야 한다. 예를 들어 연금, 보험료와 같이 정기적으로 불입하여야 하는 자금과 비상시 언제든지 쓸 수 있는 자금 등은 구별하여 관리하여야 한다. 투자는 손실을 입더라도 생활에 영향을 받지 않을 정도의 자금으로 하여야 한다.

어디까지나 고정적인 수입과 여유자금의 정도에 따라 매매 자금의 규모가 결정되어져야 한다. 그에 따라 감수할 리스크의 규모도 결정되어지는 것이다. 없어도 생활하는 데 지장이 없는 여유자금이 1억 원인 사람과 1,000만 원인 사람이 각각 감당할 수 있는 손실 규모는 분명히 다르다.

그리고 매매금액은 여유자금 중에서도 일부만 하는 것이 바람직하다. 예를 들어 1억 원의 여유자금이 있다면 매매에는 5~6천만 원만 할당하는 것이 좋다. 여유가 있는 것이 매매할 때 정신적 여유가 생기기 때문이다. 여유 있는 마음으로 매매에 임해야 실수를 덜 하게 되고 안정감도 생기게 된다.

선물매매의 경우 계약 수가 많아질수록 매매에 실패하는 경우가 종종 있다. 계약 수의 증가와 함께 심적 부담감도 함께 증가하기 때문이다. 그리고 계약 수가 적으면 적을수록 손실 보는 매매가 줄어드는데 그만큼 여유롭게 대응할 수 있기 때문이다.

매매에 적합한 절대적인 규모라는 것은 없다. 투자가 각자의 사정에 따라 그 규모가 정해지는 것이다. 각자 자금의 규모나 자금의 성격도 다 가지각색이기 때문이다. 다만, 정신적으로 부담 없이 비교적 가볍게 매매에 임할 수 있는 매매 규모를 선택하는 것이 중요하다.

자금관리에서 매매 규모의 결정은 투자가가 매매를 실행하는 데 부담을 느끼지 않는 한도 내에서 이루어져야 한다. 당장에는 매매 규모가 커야 수익도 크지 않겠느냐는 생각으로 매매 규모를 최대한도로 잡기 쉬우나 장기적으로 보면 결코 그렇지 않다. 오히려 한 번의 실수가 돌이킬 수 없는 손실을 주는 경우가 생길 수 있다.

매매 규모가 감당하기 벅차다는 이야기는 곧 그 손실을 감당하기 벅차다는 이야기이다. 매매를 하다가 한번 잘못되면 손실 폭이 확대되고 그 상황에서 손절을 못하고 우왕좌왕하게 되면 손실 규모는 순식간에 눈덩이처럼 불어난다. 이때 투자가는 심리적 공황상태에 빠지기 쉬운데 일단 심리적 공황상태에 빠지면 합리적 사고와 이성적 판단은 거의 불가능해진다. 그리고 결국에는 도저히 감당하지 못할 엄청난 손실로 끝을 내고 만다. 투자가들에 있어 대부분의 파산은 이 과정을 통해 일어난다.

시장에서는 안정적으로 꾸준히 수익을 내는 자만이 살아남는다. 투자가는 이 점을 늘 마음속에 새기고 있어야 한다. 따라서 매매 규모도 이 같은 점을 염두에 두고 결정해야 한다.

자금관리에 있어 또 하나 중요한 것이 이익금의 관리이다. 매매로 수익을 창출했으면 그 이익금은 관리의 대상이 되어야지 곧바로 매매 규모의 확대에 사용되어져서는 안 된다. 대부분의 사람들은 매매수익의 증가를 곧바로 매매 규모의 확대로 연결시키는데 이는 큰 잘못이다. 매매 규모의 결정은 투자가의 여유자금 정도와 위험을 감수할 능력, 그리고 시장의 분위기에 의해서 이루어져야지 단지 이익금이 생겼다는 이유만으로 매매 규모를 늘리는 것이 아니다. 이익금은 따로 여유자금의 일부로 관리되는 것이 바람직하다. 수익이 생기는 대로 전부 위험에 노출시켜서는 안 된다는 것이다.

이익금은 CMA계좌 등에 여유자금으로 분류하여 따로 관리하는 것이 좋다. 그리고 전체적으로 여유자금 규모가 커지고 리스크 관리능력이 증가하였을 때 일부를 매매 자금으로 투입시켜 투자 규모를 확대시키는 것이 바람직하다. 그러나 매매 규모를 늘릴 때에는 언제나 신중을 기해야 한다. 매매에 있어서 본인의 능력과 본인의 기분은 어디까지나 별개의 문제이기 때문이다.

매매에 동원되는 자금 규모는 가능한 한, 억제하는 것이 좋다. 대부분의 투자가는 매매 규모를 가능한 한 확대시키고자 하는 욕망이 강하게 작용한다. 기왕에 하는 것 크게 해보자는 심리이다. 그러나 이것은 함정이다. 무서운 함정이다. 자신에 맞는 매매 규모는 따로 있다. 뭐든지 무리하면 문제가 생기기 마련이다. 따라서 매매 규모는 수익이 좀 늘었다고 해서 함부로 늘려서는 안 된다. 수익금은 안전한 곳에 소리 소문 없이 빼 놓아라. 그리고 일부는 가끔 친구들이나 가족들에게 식사 대접이라도 해 인심 얻는 데 쓰는 것도 좋다. 여러모로 보아 훨씬 더 효과적이다.

매매 규모의 확대란 투자가 자신의 리스크 관리 능력이 향상되었을 때의 이야기이다. 되도록 수익금은 조용히 안전한 곳으로 돌려놓아라. 이것은 중요한 자금관리의 하나이다. 수익금이야말로 힘들게 매매해서 얻은 성과이다. 잘 간직해 두는 것이 좋다. 사실, 수익금이란 증권계좌에서 안전한 은행계좌에 이동할 때까지는 결코 안전하다고 할 수 없다. 내 돈이 내 돈이 아닌 것이다. 매매에서 언제 어떻게 될지 모르기 때문이다. 힘들게 번 돈이니 만큼 소중히 보관하기 바란다.

자금관리와 관련해서 또 한 가지 강조하고 싶은 것이 있는데 바로 남의 돈으로는 매매를 하지 말라는 것이다. 특히 빌린 돈으로는 절대 금물이다. 많은 사람들이 돈 때문에 괴로워할 때가 남의 돈을 썼을 때이다. 물론 다 이유가 있고 필요에 의해 썼겠지만, 이것은 갚아야 할 빚이며 정신적 부담이다. 만약 여의치 못해 갚기 어려운 상황이 된다면 엄청난 스트레스와 압박에 시달려야 한다.

매매에서 정신적 부담은 최대의 적이다. 평정심을 유지해도 성공할까 말까 하는 것이 매매인데 부담을 갖고 매매에 임한다는 것은 장기를 두는데 포, 차를 떼고 대결에 임하는 것과 같다. 만약 여기서 손실이 조금이라도 발생한다면 심리상태는 더욱 불안정해지고 동요하게 된다. 그리고 십중팔구 더 큰 손실로 이어진다.

투자금액을 더 늘리면 더 많은 수익을 낼 것 같을 것이다. 그런 생각은 누구나 다 한다. 그런데 희한하게도 실전에서는 그렇게 되지 않는다. 사람마다 적정 규모라는 것이 있는 것 같다. 물론 이 적정 규모라는 것이 사람마다 다 다르다. 사람에 따라 수천만 원일 수도 있고 수 억 원일 수도 있을 것이다. 그러나 문제는 적정 규모를 넘게 되면 리스크가 기하급수적으로 늘어난다는 것이다. 이는 아마도 심적 부담 때문이라고 본다. 심적 부담감은 판단력을 흐리게 하며 부적절한 매매를 유발시킨다.

빌린 돈은 적지 않은 심적 부담감을 일으키게 되어 있다. 아무리 태연하고자 해도 그렇지 않다. 빌린 돈으로 매매를 하려는 순간 불안감은 마음 어느 한구석에 자리 잡게 된다. 이는 매매에서 처음부터 불리한 위치를 잡게 되는 것이다. 불리한 게임은 처음부터 하지 않는 것이 상책이다.

4 기타 - 그 밖에 있으면 좋은 것들 -

투자가의 필수조건은 앞에서 언급한 정신력, 매매기법, 매매원칙, 자금관리 등이다. 이 요건들은 제대로 된 투자가가 되기 위해서는 반드시 갖추어야 할 필수요소들이다.

다음으로 살펴볼 내용은 그 밖의 요소들이다. 위에서 살펴본 조건들 외에 기왕이면 있었으면 하는 그런 것들이다. 협력자와 취미, 운동 등이다.

우선 협력자에 관해 잠깐 이야기 하면 다음과 같다. 여기서의 협력자란 매매라는 공통된 주제를 가지고 의견을 교환하고 서로의 매매에 관해 코멘트할 수 있는 그런 상대를 말한다. 한마디로 투자가에게는 도움이 되는 사람이다.

주식시장에서의 매매는 고독한 직업이다. 그리고 다른 직업보다 스트레스도 훨씬 많이 받는다. 투자의 결과가 손실로 끝나도 스트레스가 엄청나지만 매매하는 와중에서도 가격 변동으로 인한 엄청난 스트레스를 받는다. 시장의 방향이 예상과 다르게 움직이면 손실이 발생하고 그러면서 스트레스를 받게 된다. 투자가는 그런 긴장상태에서 시장을 지켜보아야 하는 것이다. 그리고 이익을 보든 손실을 보든 매매를 청산하여야 할 시점을 찾는 것도 스트레스이다. 어느 시점에서 이익을 확정지을지, 어느 시점에서 손절매를 하여야 할지 모두가 긴장의 순간이다.

이렇게 스트레스를 많이 받는 상황에서 누군가 시장의 움직임과 매매에 관해 이야기를 나눌 수 있는 사람이 있으면 스트레스 해소에 많은 도움을 받을 수 있다. 하루하루의 매매에 관해서 터놓고 이야기하는 것만으로도 마음이 후련해질 때가 있다. 그리고 손실의 스트레스도 한결 가벼워진다.

사람은 어떤 고민이나 걱정으로 스트레스가 쌓일 때 누군가에게 속 시원히 말하는 것만으로도 상당 부분의 스트레스를 해소할 수 있다. 매매에서의 스트레스도 그렇다. 누구에게 속 시원히 털어 놓으면 마음이 한결 가벼워진다. 다만 상대가 주식시장에 관해 전혀 무지한 사람이라면 좀 그렇다. 기왕이면 시장의 느낌이나 매매의 어려움을 공감할 수 있는 사람이 좋다.

다음은 취미이다. 투자가의 요건에 취미라니 조금은 어색할 수 있다. 그러나 이것은 매매라는 기나긴 싸움에서 아주 긴요한 요소이다. 투자가의 심리적 균형을 잡는 데 중요하기 때문이다. 투자라는 행위는 정신적 행위이므로 정신적 관점에서 접근하여야 한다.

(1) 투자가 친구

투자가에게 같은 투자가 친구만큼 이야기가 통하는 상대도 없을 것이다. 시장을 함께 보고 그 움직임에 관해 이야기를 나누며 오늘의 매매에 관해 서로 이야기를 나눈다는 것은 투자가에게 아주 중요한 일이 아닐 수 없다. 스트레스 해소는 물론이거니와 사고의 전환이 되는 계기도 되면서 미처 생각하지 못한 정보도 듣게 된다.

친구란 살아가면서 없는 것보다는 있는 것이 좋은 것 중의 하나이다. 특히 학창 시절의 동창처럼 편안하게 이야기를 나눌 수 있는 친구란 소중한 존재이다. 그런데 의외로 이야기를 터놓고 할 수 있는 상대가 그렇게 많지 않은 것 같다. 사회생활을 하게 되면 더욱 그렇게 된다.

하지만 이야기를 터놓고 할 수 있는 상대는 누구에게나 꼭 필요하다. 이것저것 따지지 않고 이해관계에 얽매임 없이 터놓고 이야기할 수 있는 사람이 있다는 것은 그 사람에게는 행운이다. 그런 상대와 이야기를 통해 알게 모르게 우리의 마음은 안정이 되며 스트레스도 해소가 된다.

흔히들 대화가 중요하다, 대화가 필요하다는 말을 많이들 하는데 정말 그렇다. 대화는 필요하다. 특히 말없이 단말기만 바라보며 대부분의 시간을 보내야 하는 투자가에게 대화는 더욱 중요하다. 그런데 투자에는 전혀 관심이 없는 친구하고는 아무래도 주제가 제한되게 마련이며 투자에 관해 심도 있게 이야기할 수 없다. 기왕이면 투자에 관해 깊은 이야기할 수 있는 상대가 좋다.

흔히들 동호회를 통해 취미생활을 영위하는데 이는 혼자서 취미활동을 하기보다 어울려서 하면 여러모로 도움을 받기 때문이다. 일단 정보의 양이 많아진다. 혼자서는 시간적, 공간적 제약으로 얻지 못하는 정보를 동호회의 멤버를 통해 얻을 수 있다. 서로서로의 경험과 생각을 이야기하면서 친목도모는 물론이거니와 몰랐던 새로운 정보를 얻을 수 있고 이로 인해 취미활동 자체를 질적으로 향상시킬 수 있다. 그래서 혼자보다는 여럿이 좋은 것이다.

예를 들어 자전거타기 동호회가 있다고 하자. 동호회 회원들끼리 각자 여러 코스에 관해 정보를 나눌 수 있을 것이다. 혼자서는 도저히 알 수 없는 코스들에 관한 생생하고 자세한 이야기를 들을 수 있다. 실패한 경험을 통해 무엇이 잘못되었는지도 알게 되며 무엇이 필요한지도 알게 된다. 모두 다 소중한 정보들이다. 그리고 자전거에 관한 지식도 훨씬 늘어나게 될 것이다.

투자가 역시 마찬가지이다. 서로의 교류를 통해 많은 것을 얻을 수 있다. 그래서 투자가에게는 같은 투자가 친구가 필요하다. 아마 화제가 끊이질 않을 것이다. 매일매일의 시장의 움직임 자체가 끊이지 않는 화제가 될 테니 말이다.

혼자서 끙끙대기 보다는 다른 의견도 들어 보고 서로의 매매 경험을 나눌 수 있는 친구가 있다면 투자가 생활이 한결 더 생기가 있을 것이다. 그래서 같은 투자가, 즉 동종 업계의 친구가 있는 것이 없는 것보다 좋은 것이다. 무언가를 공감할 수 있는 대상이 있다는 것은 정말 좋은 일이다.

손실을 본 이야기를 하게 되면 서로에게 위안이 되기도 하며 이익을 본 이야기를 하면 서로 좀 더 분발할 수 있는 계기가 되기도 한다. 기분 전환이 가능한 것이다. 큰 손실을 보게 되면 사람이 상당히 의기소침해지며 기력을 잃기 쉬운데 그럴 때일수록 실패담을 유쾌하게 나눌 수 있는 상대가 필요하다. 그렇게 이야기하고 나면 기분도 한결 가벼워지며 의욕도 새롭게 생긴다.

필자 역시 동종 업계의 지인들이 많다. 카페에서 커피를 마시며 서로 이야기를 나누는데 개인적으로 가장 즐거운 시간 중의 하나이다. 그날의 매매주체들의 움직임, 가격의 변동성에 관해 이야기하며 매매와 그 결과에 대해 이야기를 하면 시간 가는 줄 모른다. 이 모두가 같은 업종에 종사하는 사람이기 때문에 가능한 것이다. 다른 분야의 사람들과는 도저히 같이 할 수 없는 공감대가 형성된다. 그런 교류를 통해 새로운 자극도 받고 정보도 얻으며 무엇보다 매매로 인한 스트레스도 풀 수 있어 좋다. 기분 전환이 되는 것이다. 기분 전환이라는 것이 얼마나 중요한 것인가는 매매 경험이 많은 사람이라면 금방 이해할 수 있을 것이다.

주식시장이 끝난 3시 이후 한동안 전화 받기에 바쁘다. 오늘 어땠냐는 질문에서부터 매매손실에 대한 하소연에 이르기까지 많은 이야기를 듣는다. 오늘도 나처럼 단말기를 보면서 마음고생들 많이 했다는 것을 느끼며 서로의 이야기 상대가 되어 준다. 동병상련이라고나 할까?

이런 친구들은 투자가들의 좋은 협력자이다. 혼자서 하는 것보다 여럿이 하면 쉽고 재미있을 때가 많다. 바로 '협력'의 힘이다. 매매 자체는 혼자서 하는 고독한 싸움이지만 그런 매매에 관해서 이야기하고 시장에 관해 토론하는 것은 좋은 협력이 된다. 투자가 친구를 하나 이상은 꼭 만들기를 바란다. 외로운 싸움에 동반자가 되어 줄 것이다.

그런데 여기에 한 가지 덧붙여 말하고 싶은 것이 있다. 일부 투자가들이 친구들에게 돈을 받아 투자하는 경우가 있는데 주의해야 한다. 친구가 당신의 매매에 반드시 수익을 내게 한다는 보장은 어디에도 없다. 또한 수익과 손실이라는 금전적인 문제가 얽힌 경우에는 민감한 사안이 많을 수밖에 없다. 오히려 친구를 원수로 만드는 경우가 일어날 수 있다.

친구라는 사실 하나만으로 사업을 함께하는 것에는 함정이 의외로 많다는 점을 반드시 기억하기 바란다. 특히 투자의 세계에서는 더욱 그렇다. 우리에게 필요한 것은 서로서로 위로가 되어주는 말동무이지 대행업자가 아니다.

그리고 마지막으로 덧붙이고 싶은 것은 가능하면 잘나가는 친구를 사귀라는 것이다. 행운이 따르는 친구들과 사귀어라. 행운이 넘치는 사람들, 일이 잘 풀리는 사람들과 같이 있으면 자신도 모르게 그런 분위기로 가게 된다. 반대로 일이 잘 안 풀리고 실패만 하는 사람은 멀리 하는 것이 좋다. 불행이라는 바이러스에 감염될 수 있기 때문이다. 그런 사람은 피하는 것이 좋다.

기존의 친구는 그냥 우정을 위해 사귀어라. 그러나 투자의 친구는 유능하고 실력 있는 사람, 특히 운이 따르는 사람과 사귀어라.

(2) 증권사 직원

증권사의 창구에 가서 계좌개설을 하게 되면 담당 직원이 배정되곤 한다. 본인이 증권사 직원을 특별히 지명하여 담당하게 할 수도 있고 특별히 지정하지 않으면 증권회사에서 임의로 배정하기도 한다.

여기서 말하는 증권사 직원은 브로커들이다. 즉 매매를 중개하는 영업 사원들이다. 이러한 브로커들은 고객들이 사고파는 동안 수수료를 취하게 되는데 이것이 증권회사의 주 수입원이자 브로커의 실적이다. 증권회사의 지점에는 이런 브로커업무를 하는 직원들이 고객을 상대하고 있다.

홈 트레이딩 시스템의 보급으로 어느 곳에서나 컴퓨터와 인터넷망만 있으면 매매가 가능하게 되었다. 그래서 이제는 각자가 알아서 매매하는 것이 보편화되었으나 홈 트레이딩 시스템이 없었거나 많이 보급되지 않았던 시절에는 대부분 증권사 직원을 통해 주문을 내어야 했다. 따라서 지금보다 훨씬 빈번하게 증권사 직원과 접촉했다.

그런데 이 증권사 영업 사원들은 기본적으로 매매를 유발시켜 수수료를 취해야 하는 입장에 있는 사람들이다. 바로 약정이라는 것이다. 약정에 따라 이들의 수입이 달라진다. 약정은 그들에게 영업 실적이자 수입의 차이를 결정짓게 하는 결정적 요소이다. 문제는 여기에 있다. 고객이 수익을 내든 손실을 보든 일단 매매가 이루어져 약정이 발생해야 수입이 발생한다는 것이다. 이 점은 증권사 직원의 이익과 고객의 이익이 반드시 합치되지는 않을 수 있다는 것을 의미한다.

주식의 장기 보유가 고객에게는 더 유리할 수 있지만 브로커들에게 있어서는 고객이 보다 빈번하게 매매하는 것이 유리하다. 그만큼 매매 수수료가 발생하고 그것은 곧 자신의 실적이자 보너스이기 때문이다. 그러다 보니 증권사 직원들은 고객들로 하여금 매매를 유발시키는 쪽으로 유도하기 쉽다.

물론 고객의 이익을 최우선으로 하는 증권사 직원이 없는 것은 아니다. 다만 아주 드물 뿐이다. 특히 고객이 실력이 없으면 십중팔구 직원들의 '봉이 되기 쉽다. 그냥 직원들 말에 휘둘리게 되기 때문이다.

홈 트레이딩 시스템의 보급 이후 증권사 직원을 통한 거래는 상당히 줄었고 직원 말에 좌우되는 여지도 상당히 감소했다. 그래서 자기가 거래하는 증권회사의 담당 직원이 누군지 모르는 투자가들도 많다.

그러나 증권사의 담당 직원은 알아두는 것이 좋다. 그들은 좋은 조언자가 될 수도 있고 어쩌다 생각지도 못했던 점을 지적해 줄 수 있다. 또 대화를 통하여 장 분위기도 짐작할 수 있다. 홈 트레이딩 시스템이 제대로 작동하지 않을 경우 직원을 알고 있으면 전화로 신속하게 대처할 수 있다.

대규모의 자금으로 본격적인 매매를 하는 전업투자가들은 직원이라도 지점장급과 상대한다. 지점 역시 우량 고객이므로 소홀히 대할 수 없고 접대도 한다. 자연스럽게 증권사 직원들과 잘 알게 되는 것이다. 그리고 수수료도 협상을 통해 낮게 조정할 수 있다. 물론 수수료 할인은 약정 규모가 큰 경우에 한하지만 수수료 할인은 매매 수익률을 높이는 데 도움이 된다.

따라서 증권사 직원은 여러모로 알고 지내는 것이 좋을 때가 많다. 단, 처음에 고를 때 잘 골라야 한다. 사기꾼 기질이 있거나 영업 실적 올리려고 혈안이 된 사람은 피하는 것이 좋다. 누구든 자기와 맞는 사람과 그렇지 않은 사람이 있게 마련이다. 자기와 맞는 증권사 직원을 찾아 잘 사귀어 나가면 매매하는 데 많은 도움을 받을 수 있는 것이다.

여기서 중요한 사항을 하나 일러둔다. 경험에서 나온 것인데, 증권사 직원은 언제나 고객의 수준에 맞춰 대답한다는 사실이다. 즉 고객이 초보자라면 증권사 직원에게서 나오는 말은 초보적인 것들일 수밖에 없다. 말해 봐야 이해하지 못할 내용들을 일부러 말해 주겠는가?

그러나 고객이 전문가라면 증권사 직원 역시 그 수준에 맞게 말을 하게 된다. 따라서 증권사 직원을 상대해서 유용한 정보를 얻고자 한다면 먼저 고객 스스로가 자신을 업그레이드시키는 것이 필요하다.

(3) 취미

여기서의 취미는 그냥 말 그대로의 취미이다. 예를 들어 낚시, 등산과 같은 것들이다. 매매와 투자를 논하고 있는데 갑자기 취미라 함은 무엇인지 어리둥절할 수도 있다. 그러나 투자가라는 독특한 직업을 성공적으로 수행하기 위해서는 매매 이외에도 관심을 갖고 즐길 수 있는 그 어떤 대상이 필요하다.

그런 대상이 없으면 과잉 매매의 함정에 빠지기 쉽기 때문이다. 과잉 매매의 함정이란 매매 중독과 비슷한 개념인데 한마디로 매매를 위한 매매를 반복하는 것이다.

하루의 대부분을 매매로 인한 손실과 이익의 두 가지 결과만 생각하다 보면 자꾸 그 결과에 집착하게 된다. 손실을 보았으면 만회를 하려고 매매를 하게 되고 이익을 보았으면 이익을 더 보려고 매매를 하려고 한다. 과잉 매매에 빠지게 되는 것이다. 머릿속이 온통 매매로 꽉 차게 되면 과잉 매매에서 빠져나오지 못한다. 매매를 하지 않으면 견딜 수 없는 상태가 된다. 한마디로 정신적으로 황폐해지는 것이다. 이런 상태에서 과연 매매가 제대로 될 수 있겠는가? 절대로 그렇지 않다.

그래서 매매를 완전히 잊을 수 있는 그 무엇인가가 필요하다는 것이다. 시장과는 완전히 다른 성격의 취미를 갖고 그것에 열중할 수 있다면 과잉 매매가 조금이나마 억제가 되며 한 숨 돌리고 재정비할 수 있는 정신적 여유 또한 가질 수 있다.

특히 매매가 뜻대로 잘되지 않을 때 취미는 많은 도움을 준다. 매매가 뜻대로 잘되지 않을 때일수록 매매를 완전히 잊고 집중할 수 있는 대상이 필요하다. 매매에 문제가 생기면 심리적 동요가 일어나고 이러한 심리적 동요는 다음의 매매에도 영향을 미쳐 매매를 더욱 꼬이게 만든다. 손실이 손실을 부르는 상황이 발생하는 것이다. 손실로 인한 심리적 동요는 매매에서 실패할 확률만 높인다. 이런 때에 잠시라도 매매를 잊게 할 수 있는 대상이 있다면 도움이 될 수 있다. 매매로 인한 정신적 동요를 안정시킬 대상이 필요하다.

  큰 손실을 보고 황당해진 상황에 처한다면 등산이 취미인 사람은 그냥 산으로 가면 된다. 산행을 마음껏 즐기고 매매 따위는 잊어버린다. 취미인 등산으로 마음을 진정시키고 새로운 각오를 다지는 것이 단말기를 붙들고 씨름하는 것보다 백배 더 낫다.

  낚시가 취미라면 도구를 챙겨 강이든 바다든 떠난다. 그냥 낚시에 집중하는 것이다. 강을 보고 바다를 보면서 마음도 푸르게 가져본다. 그냥 그렇게 취미를 즐기면 되는 것이다.

  낚시나 등산 같은 동적인 취미가 아니라도 좋다. 음악 감상이 취미라면 그냥 음악을 들으면 된다. 그냥 눈을 감고 편안한 자세로 음악의 세계에 빠져들면 된다. 매매에 관한 생각은 머리에서 완전히 없애 버린다. 아니면 새로운 음반을 사러 밖으로 나가는 것도 좋다.

  취미가 무엇이 되었건 매매에서 완전히 벗어나 다른 것에 집중할 수 있다는 것이 중요하다. 매매라는 것이 한번 불리한 방향으로 치닫기 시작하면 갈 때까지 가는 경향이 있다. 그래서 안 좋은 방향으로 흐를 때는 그 흐름을 한 번쯤 끊어 줄 필요가 있는 것이다. 이 점은 매매에서 상당히 중요하다. 대형 손실을 미연에 방지할 수 있기 때문이다.

  취미를 활용하자. 매매를 중단하고 취미를 즐기면 된다. 장 끝나고 열 받아 하면서 술로 스트레스를 풀려고 하지 마라. 그야말로 돈 버리고 몸 버리는 일이다.

  매매가 생각처럼 되지 않으면 그냥 자리에서 일어나라. 건전한 취미의 세계로 빠져들어라. 치명적 손실은 어느 한 시점을 시작으로 집중적으로 발생한다. 파산에 이르는 손실이란 대부분 이때에 발생한다. 그동안 차곡차곡 벌어놓았던 수익금을 단시간에 모두 날려 버리는 것이다. 실패가 더 큰 실패를 부른다는 사실, 이는 투자가가 가장 경계해야 할 부분이다. 잘 풀리지 않을 때는 하지 않는다. 그냥 단말기에서 벗어나는 것이 좋다. 붙잡고 있으면 더 벌 수 있을 것 같을지 몰라도 절대 그렇지 않다. 멈추어라. 이때 좋아하는 어떤 취미가 있다면 단말기에서 벗어나기가 훨씬 수월할 것이다.

(4) 운동

일반적으로 운동은 신체의 건강을 위해 필요하다고 알고 있으나 사실 정신 건강에도 아주 중요하다. 특히 머리 쓰는 일에 운동은 더욱 필요하다. 머리를 쓰는 일에 운동이 왜 필요한지 의아하게 생각할 수도 있다.

흥미로운 실험결과가 있다. 어떤 어려운 문제를 풀기 전에 제법 격한 운동을 한 팀과 그렇지 않고 책상에 앉아 문제만 생각하던 팀의 문제해결 능력을 비교하였다. 앉아서 문제만 생각한 팀보다 제법 격한 운동을 한 팀이 훨씬 더 문제를 잘 풀었다. 이 실험을 통해 운동이 뇌의 활성화에 도움을 준다는 사실을 알게 되었다. 이렇듯 운동이라는 자극이 우리의 뇌를 더욱 활동적으로 한다는 결과는 이미 여러 실험을 통해 밝혀지고 있다.

그래서 그런지 미국이나 일본과 같은 선진국에서는 중고교 시절에 운동을 매우 중요시한다. 그리고 실제로 미국과 일본의 학생들은 청소년기에 많은 시간을 운동에 할애한다. 그들 나라들의 학문적 수준이 책상에 앉아 공부만 시키는 나라들보다 결코 뒤떨어지지 않는다는 점은 우리가 곰곰이 생각해 봐야 할 사항이다.

운동과 뇌의 움직임에 관해 진화론적으로 설명한 내용도 재미있다. 그 옛날 원시인이었던 우리 조상들에게는 지금처럼 책상과 의자가 없었다. 물론 책상에서 작업할 일도 없었겠지만 말이다. 그들은 생존을 위해 그저 쉬지 않고 움직여야만 했다. 사냥감을 쫓으며 혹은 맹수에게 쫓기면서 달리고 달렸다. 그러면서 생각해야 했다. 어디에 숨을까? 어디로 도망갈까? 그들은 중요한 것을 움직이며 결정해야 했다.

우리의 뇌는 그런 상황에 맞게 진화되어 온 것이다. 지금처럼 의자에 앉아 생각하도록 진화되어 온 것이 결코 아니다. 인간이 앉아서 하는 일이 많아진 것은 인류 역사에 있어 아주 최근의 일일 뿐이다.

우리의 뇌는 움직임과 함께 활발해진다. 운동을 하라. 그 가운데서 새로운 아이디어가 떠오를 확률이 높다. 그리고 매매도 더욱 효과적으로 할 수 있을 것이다. 뇌는 움직임을 원한다. 운동을 하면 당신은 더욱 활성화된 뇌를 가지고 매매에 임할 수 있을 것이다.

 아무튼 투자가들에게는 운동을 해야 할 이유가 하나 더 생긴 셈이다. 우선은 건강한 신체를 위하여, 그리고 더 나은 매매를 위하여.

 책상에 앉아 컴퓨터와 씨름하느니 당장 나가서 주위를 한 바퀴라도 걷고 와라. 움직이면 좋은 생각이 떠오른다.

Ⅲ. 실전투자전략

실전투자전략

1 주식투자에 앞서

(1) 절대로 투자를 해서는 안 되는 때

투자의 시작은 포지션 진입으로 시작한다. 주식을 매수하거나, 선물을 매수 혹은 매도하는 순간부터, 새로운 포지션에 진입하게 된다. 그리고 일단 포지션을 갖게 되면 본격적인 승부가 시작된다. 투자가들은 각자의 포지션에 승부를 걸게 되는 것이다. 그때부터는 신경이 곤두서며 가격의 움직임에 민감해지면서 본인 포지션 방향으로 가격이 움직이기를 기대한다. 매매를 하면서 늘 느끼는 기분일 것이다.

하지만 보유하려고 하는 포지션에서 수익이 발생할지 발생하지 않을지는 아무도 모른다. 시장의 결과가 포지션의 결과를 결정짓는데 시장이 향후 어떻게 움직일지는 아무도 모르기 때문이다.

일단 포지션에 진입하면 활에서 떠난 화살과 같다. 그다음은 우리 뜻대로 되는 것이 아니라 시장의 뜻대로 되는 것이다. 제대로 쐈으면 과녁에 맞을 것이고 잘못 쐈으면 빗나갈 것이다. 따라서 우리가 할 수 있는 일이란 화살이 활에서 떠나기 전까지 최대한 과녁에 맞을 수 있게끔 조준을 하는 일이다. 즉 포지션에 진입하기 전에 최대한 추세에 맞는 포지션을 취해야 하는 것이다.

그래서 포지션 진입에 앞서 먼저 검토해야 할 사항들이 있다. 여러 사항들을 검토하고 고려해야 한다. 가장 처음 검토해야 할 것은 지금이 투자를 해도 괜찮은 상황인지에 관한 것이다. 투자를 해도 괜찮을 경제상황인지 전반적으로 검토하는 것인데 이는 기본적 분석과 관련이 있다. 경기현황과 산업동향 등을 분석하는 것이다.

우선 투자를 해서는 안 되는 때에 관해 살펴보자. 절대로 투자를 해서는 안 되는 때는 언제일까? 이것은 종목 선정 이전의 문제이다. 절대로 투자를 해서는 안 되는 때를 알면 반대로 언제 해야 하는지도 알 수 있다.

어떤 상황이 투자를 해서는 안 되는 상황인가? 절대로 해서는 안 되는 때는 평화가 무너진 시기이다. 즉 전시와 같은 비상상황에서는 절대로 주식투자를 해서는 안 된다. 사실 너무나 당연한 이야기이다. 그런 상황에서 주식투자를 하려는 사람이 어디 있겠는가?

그러나 비상상황은 전쟁과 같은 최악의 상황 이외에도 여러 상황을 상정해 볼 수 있다. 정치위기, 금융위기, 천재지변 등 얼마든지 있을 수 있다. 한마디로 불확실성과 위험성이 증폭되는 시기이다.

이런 시기는 주식투자를 하기에 적합하지 않다. 이런 불확실한 상황에서는 누구나 현금을 원하지 주식을 원하지 않는다. 주식을 가진 사람들은 주식을 팔아 현금을 확보하려고 하고 현금을 가진 사람은 절대 주식을 사려고 하지 않는다. 시장에는 팔려는 사람만 있게 되는 것이다. 결국 시장에는 일방적인 매도세만 존재하게 되며 이런 때에 시장은 공황을 맞는다. 주가는 폭락한다. 기본적으로 비상상황에서는 언제나 유동성이 떨어지는 주식이나 부동산과 같은 자산은 매력이 없다.

다음으로 주식투자를 해서는 안 되는 때가 돈이 귀해지는 시기이다. 주식시장에서 돈은 산소와도 같은 존재이다. 이것은 변하지 않는 진리이다.

산소가 부족하면 시장은 죽게 되어 있는 것이다. 따라서 금융위기와 같이 시중 유동성 부족을 야기하는 상황에서 주식투자는 절대로 자제하여야 한다.

여기서의 금융위기란 금융기관이 연쇄적으로 파산위기에 몰리면서 금융부문의 시스템적인 위기로 번질 때이다. 그 원인으로는 기업들의 연쇄도산으로 인한 금융기관의 불량채권의 급증, 자산가치의 급락으로 인한 담보가치의 하락 같은 것들을 들 수 있다. 이런 상황들이 금융기관의 위기로 이어진다. 기업의 도산으로 금융기관의 부실채권이 증가하거나 부동산 폭락과 같은 자산가치의 급락으로 금융기관이 보유하고 있는 담보의 가치가 하락하는 상황이 진행이 되면 그 후유증은 엄청나다. 1997년 말의 한국의 외환위기라든지 2008년의 미국의 서브 프라임 사태 등이 아주 전형적인 사례이다.

특히 부실채권의 급증으로 대형 금융기관이 파산이라도 하는 경우에는 거의 최악의 상황이 온다. 예금자들은 자기 돈을 찾겠다고 아우성일 테고 자금을 필요로 하는 기업들은 돈을 구할 곳이 없어 도산한다. 금융부문에서 시작한 위기가 실물경제로 번지고 경제상황은 걷잡을 수 없게 악화된다. 이런 금융위기는 주식투자에 있어서도 최악의 시기이다.

이런 시기는 그야말로 '돈이 귀한' 시기이다. 금융시스템에 문제가 생기면 잘 순환되던 자금의 흐름이 갑자기 막히게 되고 자금을 필요로 하는 곳에 자금이 제대로 공급되지 못하게 된다. 그럼 자금의 품귀현상이 발생하게 되는데 이때 금리가 급등하기 마련이다.

이렇게 자금이 말라드는 상황에서 주식을 매수할 사람은 없을 것이다. 당연한 이야기이지만 시중에 자금이 마르기 시작하면 주식시장으로 들어올 자금도 같이 마르기 때문이다. 일단 자금을 확보해야 하는 상황이 오면 주식은 가장 처분하기 쉬운 자산이 된다. 비교적 빠른 현금화가 가능하기 때문이다. 당장 돈이 필요하다고 하자. 가진 것이 부동산과 주식이라고 하면 어느 것을 먼저 처분하겠는가? 아니, 어느 것이 보다 빨리 현금화가 가능하겠는가? 두 말할 필요도 없이 주식이다. 이런 상황에서 너도 나도 현금 확보를 위해 주식을 매도하기 시작한다. 이런 과정에서 시장은 걷잡을 수 없는 상황에까지 치닫게 된다. 주가의 폭락사태가 오는 것이다.

주식시장이나 부동산시장과 같은 자산시장으로 돈이 흘러들어 오려면 무엇보다도 시중에 돈이 넘쳐야 한다. 즉 유동성이 풍부하여야 한다. 시중에 돈이 모자라서는 주식시장에 들어올 자금도 줄어들 수밖에 없다. 따라서 돈이 귀해지는 시기에는 주식이나 부동산과 같은 자산시장이 활황이 될 수 없다. 시중 유동성이 부족한 시기, 즉 돈이 귀해지는 시기에는 주식투자는 자제해야 한다.

주식의 가격이 상승한다는 것은 누군가가 좀 더 비싼 가격에라도 주식을 사려고 할 때 가능하다. 즉 시장으로 새로운 자금이 지속적으로 유입되어야 한다는 것이다. 자금이 귀해지면 돈이 필요한 사람은 늘어가고 모두들 주식을 처분하여 현금화하려고 한다. 이 과정에서 주가는 필연적으로 하락할 수밖에 없다. 주가가 하락한다는 것은 누구나 더 싼 가격에라도 주식을 팔려고 할 때 나타나는 현상이다. 현금이 급한 상황에서 주식을 파는 것이 문제이지 그 가격은 문제시되지 않기 때문이다.

이상에서 주식매매를 해서는 안 되는 상황을 경제적 측면에서 살펴보았다. 투자가는 어떠한 경제적 상황이 주식투자에 적당한지 인식하고 있어야 한다. 그리고 해서는 안 되는 상황이 온다면 투자를 자제하여야 할 것이다.

다음은 투자가의 개인적 상황이다. 이는 거시경제 상황이나 시장과는 전혀 무관한 투자가 스스로의 상태와 관련된 것이다. 아무리 주식매매의 절호의 타이밍이라 하여도 스스로의 상태가 여의치 못하면 매매 결과는 의외로 저조할 수 있다. 스스로의 상황이 매매를 할 상황이 아니라면 아무리 시장이 좋아도 100전 100패를 당할 수가 있는 것이다. 따라서 경제상황뿐만 아니라 자신의 상태도 살펴야 한다. 이 점은 주식투자를 하는 투자가들이 반드시 명심해야 한다. 그렇다면 어떤 때에 매매를 하지 말아야 되는 것일까?

우선 투자가 자신에게 돈이 가장 필요로 할 때 매매를 해서는 안 된다. 즉 돈이 급할수록 매매를 해서는 안 된다. 이때의 매매는 수익을 낼 가능성은 희박하고 손실을 볼 확률이 훨씬 높아진다.

물론 돈이야 언제나 필요하겠지만 여기서 언급하는 경우는 보통 이상으로 돈이 절실히 필요한 때이다. 절실히 돈이 필요할 때, 예를 들어 갚아야 할 돈이 필요하다거나, 인상된 전세금을 마련해야 하는 경우 등이다. 이런 경우, 주식투자로 모든 문제를 해결할 수 있을 것이라고 생각할 수 있겠지만 이럴 때의 매매는 상황을 더욱 악화시킬 가능성이 크다.

돈을 필요로 하는 정도가 강하면 강할수록 매매에서 손실을 볼 가능성은 수십 배씩 높아져 간다. 이는 분명한 사실이다. 왜냐하면 압박감이나 절박감은 일종의 강한 스트레스로 사람의 판단력을 떨어뜨리며 합리적인 행동을 저해하기 때문이다. 이는 필연적으로 매매에서 치명적 실수를 유발시킨다.

매매는 평정심의 싸움이자, 냉철함의 싸움이다. 그런데 오직 돈이 필요하다는 절박한 심리상태에서 평정심과 냉철함을 유지하기란 극히 어려운 일이다. 이런 때에 매매에 임한다는 것은 온몸에 기름을 붓고 불길 속에서 돈을 찾아오겠다는 이야기와 다름이 없다. 위험천만한 일인 것이다. 시장은 오히려 그런 절박한 상황에 빠진 투자가들의 돈을 좋아한다. 시장은 부담 없이 그런 돈들을 쓸어간다. 돈이 절박할수록 주식시장에서 멀어져야 한다. 이런 상황에서 투자는 무조건 피하여야 한다.

주식투자를 해서는 안 되는 또 하나의 시기는 신상의 변화가 있는 시기이다. 투자가의 개인적인 차원에서 어떤 큰 일이 일어났다든지 지금까지의 환경이 크게 바뀌든지 하는 그런 경우이다. 이럴 때에 우리는 알게 모르게 엄청난 스트레스를 받게 된다. 그리고 우리의 심신은 그 스트레스를 처리하는 데 집중하게 된다. 이런 상황에서 투자는 전혀 어울리지 않는다. 판단력이 떨어질 우려가 있다. 그만큼 리스크를 증대시킬 따름이다.

예를 들어 집에 도둑이 들었다고 하자. 피해액이 아무리 미비하거나 설사 전혀 없다 하더라도 그 충격은 생각보다 크다. 겉으로는 별로 표가 나지 않더라도 당사자는 큰 심적 동요를 느낀다. 그리고 그 동요가 가라앉으려면 시간이 필요하다. 만약 이런 상황에서 단말기에 앉아 매매를 하겠다고 할 사람도 없겠지만 절대로 해서도 안 된다. 집중력이 떨어지고 냉정한 판단도 어렵다.

또한 결혼과 같이 중요한 인생의 이벤트를 앞두고도 매매를 하지 않는 것이 좋다. 인륜지대사를 앞에 두고 할 일도 많고 정신도 없을 것인데 주식매매를 하겠다고 해봐야 올바로 집중하기 어렵다. 인생에 있어 큰 변화이자 새로운 단계의 출발을 앞두고 얼마나 긴장이 되고 이것저것 챙길 것도 많겠는가? 이런 상황에서 주식매매는 불리한 싸움을 자초하는 것과 마찬가지이다.

이렇듯 개인의 상태에 따라 매매를 해서는 안 되는 때가 있는 것이다. 어떤 경우든 심적 동요가 있고 집중하기 어려운 상황이라면 주식투자 생각은 처음부터 하지 않는 것이 현명하다.

그리고 본인의 몸 컨디션이 좋지 않을 때도 하지 않는 것이 좋다. 감기에 걸려 머리가 아프거나 하는 상황에서 매매는 아주 위험하다. 순발력과 판단력이 모두 저하된 상태에서는 순식간에 움직이는 가격에 대응하기가 어렵기 때문이다. 잠이 오는 상황, 피곤한 상황, 이런 때의 매매 역시 무조건 피하라. 위험천만이다.

정상적인 컨디션에서의 매매도 상당한 스트레스를 일으키는 일이다. 심신이 적지 않은 스트레스를 받고 있다는 사실을 알아야 한다. 정상적일 때도 가격의 변화에 대처하기가 수월치 않은데 몸 컨디션이 좋지 않을 때의 매매는 오죽하겠는가? 오히려 손실만 늘리고 몸만 더 안 좋게 될 수 있다.

이상에서 살펴본 사항을 종합해 보면 다음과 같은 결론을 도출할 수 있다. 매매는 세상이 평화로울 때, 그리고 자기 자신도 평온할 때 하는 것이 제일 좋다. 그리고 기왕이면 시중에 돈이 풍부할 때에 하는 것이 더더욱 좋다. 일상에 큰 변화 없이 그저 평온한 때가 매매하기에도 좋은 때이다.

(2) 시세를 결정하는 요인

본격적인 매매에 앞서 체크하여야 할 사항들을 살펴보도록 하자. 우선 주가를 결정하는 요인들부터 검토해 보자.

우리의 최대 관심사인 주가란 무엇인가? 바로 주식의 가격이다. 그렇다면 주식의 가격은 어떻게 결정되는가? 이 물음에 대해 '주가는 기업의 가치' 라고 말한다면 그것은 아주 교과서적인 답이다. 장기적인 흐름으로 보았을 때 이 말은 정답이 될 수 있다. 10년 동안 성장한 기업은 10년 전보다는 주가가 올라 있으니까 말이다. 그러나 이런 대답은 지금 당장의 실전 매매에서는 별 도움이 되지 못한다. 당장의 매매에서 기업가치란 별로 중요하지 않다.

우선 아무도 그 기업가치를 객관적으로 측정할 수 없다는 사실이다. 그리고 주가는 시시각각으로 변한다. 기업가치라는 것이 그토록 하루에도 몇 번씩 변하는 것일까? 만약에 그 기업의 정확한 가치가 측정 가능하여 산출된다고 한다면 주가가 그렇게 움직일 일이 있을까?

다시 한번 질문해 본다. 주가는 어떻게 결정되는가? 이 질문에 대해 가장 정확한 답은 주식시장의 수요와 공급에 의해 결정된다는 것이다. 경제학 원론에 나오는 수요와 공급의 법칙이 주식시장에도 그대로 적용된다. 자본주의 사회의 모든 재화와 용역의 가격은 기본적으로 수요와 공급에 의해 결정되며 여기에 주식도 예외일 수는 없다. 주가는 주식을 사고자 하는 수요자들과 주식을 팔고자 하는 공급자들에 의해 결정된다. 주식을 사고자 하는 수요자가 더 적극적이고 수적으로도 더 많을 때 주가는 오르게 되고 그 반대일 때 주가는 내리게 된다.

투자가들은 이 사실을 기본적으로 명심하고 있어야 한다. 주식시장의 수급이 주가를 결정한다. 따라서 투자가들은 이 수급의 동향에 민감하여야 한다.

그럼 좀 더 추가적인 질문을 해 보자. 그렇다면 주식시장에서의 수요와 공급을 결정하는 요인은 무엇인가? 여기에 대해서는 답이 좀 복잡해진다. 다양한 요인들이 복합적으로 작용하고 있기 때문이다.

그러나 간단하게 요약해서 말할 수는 있다. 투자가적인 관점에서 보는 주식시장의 수요와 공급 결정 요인은 바로 '유동성과 심리'이다. 즉, 자금과 마음이다. 이 두 가지 요소는 수요와 공급에 끊임없이 영향을 주며 주가의 변화를 가져온다.

　유동성과 심리가 결합하여 수급을 결정하고 이것이 시세를 결정한다. 앞에서도 언급하였듯이 유동성은 자금, 즉 돈이다. 유동성이 풍부할 때, 즉 시중에 자금이 넘칠 때 자금은 주식시장으로 흘러 들어오게 되며 이와 함께 주가도 상승여력을 갖게 된다. 유동성은 그래서 중요한 것이다. 축적된 자금이 실물경제의 수요를 초과하게 되면 잉여자금은 자연스럽게 주식이나 부동산과 같은 자산시장으로 흐르게 되어 있다.

　주식시장의 에너지는 돈이다. 돈은 주식시장의 산소이다. 돈 없는 주식시장, 상상이 가는가? 시장에 돈이 많을 때는 에너지가 충만한 상태로 주가의 상승이 기대되고 에너지가 약한 상황에서 주가의 상승은 기대하기 어렵다. 시중 유동성은 그 정도로 중요하다. 따라서 투자가는 언제나 시중 유동성의 변화에 민감하여야 한다. 이러한 시중 유동성과 관련 깊은 주요 지표가 통화량과 금리이다. 투자가라면 언제나 주의 깊게 살펴야 할 사항들이다.

　다음으로 시세에 영향을 주는 요인이 심리이다. 정확히 말하면 시장 참여자들의 집단심리라고 말할 수 있을 것이다. 시장 참여자들이 향후 시장을 어떻게 보고 있느냐 하는 점이다.

　그런데 심리라는 것이 상당히 복합적이고 가변적이다. 따라서 가늠하기가 매우 어렵다. 때로는 논리적이기도 하지만 어떤 때는 전혀 논리적이지 않고 비합리적이기도 하다.

　그리고 때에 따라서는 이러한 집단적인 심리가 극단적으로 표출되는 경우가 있다. 극단적인 욕심과 기대의 영향을 받으면 주가는 폭등한다. 수요가 공급을 압도하게 되는 현상이 발생하는 것이다. 반대로 극단적인 공포와 불안의 영향을 받게 되면 주가는 폭락하게 된다. 공급이 수요를 압도하게 되는 것이다.

　그리고 집단심리가 일단 극단적인 방향으로 쏠리기 시작하면 더욱 비정상적으로 치우치는 경향이 있다. 그래서 가격이 비정상적으로 느껴질 때가 있는 것이다. 주가가 폭등할수록 대중은 더 몰리고 주가를 더 크게 상승시킨다. 논리적 설명이 불가한 부분이다. 여기에 적정 기업가치라는 개념은

끼어들 여지가 없다. 반대의 경우 가격이 폭락하게 되면 분위기는 반전되어 투자가들은 여지없이 등을 돌려 버린다. 투매현상이 일어나고 주가는 수직으로 하락을 거듭하는데 이 역시 기업가치로는 설명이 불가한 부분이다.

이렇듯 대중의 집단 히스테리가 어느 쪽으로 쏠리느냐에 따라 시세가 크게 좌우된다. 탐욕이 만연할 때 주가는 급등하고 공포심이 만연할 때 주가는 폭락하게 된다.

그래서 급변하는 주가를 논리적으로 설명하기란 어렵다. 결국 시세라는 것은 합리적 적정선이라는 것이 존재하지 않는다. 언제나 지나치게 고평가되어 있거나 지나치게 저평가되어 있으며 설명이 불가한 가격대까지 가기도 한다.

주가는 전적으로 수백만 명의 사람들의 심리에 달려 있을 뿐, 합리적인 적정 수준이라는 것은 아예 처음부터 존재하지 않거나 존재한다 하더라도 사람마다 다르니 굳이 의식할 필요가 없다.

그래서 투자가는 언제나 대중의 심리를 읽어야 하며 어떠한 뉴스가 대중의 심리에 어떤 영향을 줄 것인지를 관심 있게 지켜봐야 한다. 대중의 심리는 어떤 때는 상당히 대담하고 과격하기도 하지만 어떤 때는 소심하고 아주 비굴하기도 하다. 그래서 가격 역시 종잡을 수 없을 때가 많다. 주가 예측이 의미가 없다고 말하는 이유도 여기에 있다.

따라서 가격에 의문을 품지 않는 것이 좋다. 가격의 변동성이 심하다고 탓할 필요도 없다. 변동성으로 따지자면 원래 인간의 마음만큼 변동성이 심한 것이 또 어디에 있겠는가? 마음이 넓을 때는 바다와 같이 넓다가도 좁아지면 바늘도 못 지나갈 만큼 좁아지는 것이 인간 마음이다. 가격의 변동은 그런 인간 마음이 만드는 것이니 오죽하겠는가?

시세를 결정하는 요소가 무엇인지 감을 잡았을 것이다. 시세는 수요와 공급 즉 수급이 결정한다. 그리고 그 수요와 공급은 시장의 유동성과 인간의 심리의 영향을 받는다. 따라서 수급의 변화를 이해하는 것이 향후 주가의 움직임을 이해하는 것과 직결된다.

(3) 시장 분위기 파악

시장의 분위기 파악은 향후 방향을 예측하고 매매 여부를 판단하는 데 대단히 중요한 부분이다. 시장이 상승에 대한 기대감으로 달아오르고 있어 매수 주문이 줄기차게 들어오는 상황인지, 아니면 시장이 하락의 두려움으로 매도 주문이 압도하고 있는 상황인지, 혹은 매수세와 매도세가 팽팽하게 맞서 가격이 거의 움직임이 없는 상황인지 파악하여야 한다.

무턱대고 매매에 임하는 것보다 살펴볼 것은 살펴보고 확인할 것은 확인하고 매매에 임하는 것이 좋다. 이는 매매에 앞서 현 상황에 대한 명확한 인식이 선행되어야 한다는 것으로 매매전략 수립에 결정적 역할을 한다.

사실, 분위기 파악이란 매매에서 뿐만 아니라 우리가 살아가는 데 있어 상당히 중요하다. 사람을 만났을 때도 분위기 파악을 하고 그 분위기에 맞추어 행동하는 것이 무난하다. 괜히 그 분위기와 다른 방향으로 나섰다가는 본인도 한심해지지만 상대방에게도 실례가 될 수 있다. 물건을 구매하려고 할 때도 그렇다. 특히 고가품일수록 시장의 상황을 잘 파악해야 한다. 다른 신제품이 출현하여 해당 제품의 가격이 떨어지고 있는 상황인지 아니면 워낙 인기가 있는 상품이라 물건이 모자라는 상황인지를 알아야 한다. 그리고 어느 제품이 잘 팔리는지도 파악한 후에 구입하는 것이 좋다. 조목조목 따지고 구매하는 것이 확실히 나중에 후회가 덜하다.

주식 역시 마찬가지이다. 조목조목 따지고 사야 나중에 후회가 없다. 서두르면 반드시 놓치고 지나가는 것이 있게 마련이다. 매매를 하기 전에 따질 것은 다 따지는 것이 좋다.

매매에 들어가기 전에 우선 시장이 전체적으로 상승추세에 있는지 하락추세에 있는지 아니면 횡보국면인지를 먼저 살펴보고 현재 시장의 분위기를 살핀다. 비록 하락추세에 있더라도 향후 상승을 기대하는 분위기가 형성되어 있으면 하락이 상당히 제한적일 수 있으며 상승추세에 있더라도 향후 장세에 대한 불안감이 존재한다면 상승폭은 제한될 수밖에 없다.

그다음에 시장의 특성이나 최근 시장에서의 특이사항 등을 살펴본다. 외국인의 강한 매수세가 감지된다든지 IT 업종으로 매수세가 들어온다든지 하는 시장의 특성을 살피는 것이다. 이러한 전체적 흐름을 파악한 후에 기본전략을 세우고 매매에 있어 진입시점은 지표 등을 통해 포착한다.

상승국면을 판단함에 있어서는 일반적으로 차트를 이용할 수 있다. 20이동평균선의 방향을 보고 판단할 수 있으며 또한 수급을 통해서도 확인할 수 있다. 매수와 매도의 주체가 누구이며 얼마나 강력한지를 살핀다. 일반적으로 외국인의 강한 매수세가 꾸준히 유입되는 시장은 쉽게 하락하지 않는다. 베이시스의 상승으로 프로그램 매수가 유발되는 상황도 나쁘지 않다. 대부분의 상승장이란 이런 분위기가 지속되는 장이다.

주식투자는 상승국면에서 하는 것이 바람직하다. 전체적인 추세가 상승이라면 수익률에 차이는 있을지언정 주가가 오를 확률이 높다. 특히 대형우량 종목은 거의 그렇다.

단, 상승국면이라고 판단, 매수에 들어감에 있어 가장 중요한 것은 주가의 천정 여부이다. 주가의 최고점, 천정에서 매수를 하게 되면 기다리고 있는 것은 주가의 하락, 내리막이다. 따라서 언제나 주의를 해야 할 것이 주가의 천정 여부이다.

그러나 실제로 상승하는 주가의 천정 여부를 판단하기란 그리 쉬운 일이 아니다. 기본적으로 바닥에서부터의 상승폭을 감안하고 과거의 고점 등을 참고하여 판단할 수밖에 없는데 정확한 예측은 불가능하다. 일단 주가가 지나치게 올랐다는 감이 든다면 일단 주의하고 좀 더 신중해질 필요가 있겠다. 물론 지나치게 올랐는지 적당히 올랐는지 판단한다는 것 역시 말처럼 쉽지는 않다. 그래서 천정을 예측하기란 바닥을 예측하는 것보다 더 어렵다고 한다.

현실적으로는 이제까지의 상승추세가 꺾였는지를 확인함으로써 대응할 수밖에 없다. 즉 일단 고점에서 주가가 꺾인 후에 대응하게 된다는 것이다. 고점 부근에서의 외국인 투자가들의 이유 없는 연속적인 대량매도는 신뢰할만한 하락 징조이다. 어떤 악재로 인한 매도공세보다 무서운 것이 이유 없는 매도공세이다. 돌발 악재로 인한 매도공세는 일시적인 것으로 곧 회복하는 경우가 많지만 이유 없는 매도공세는 기조적일 가능성이 크다. 특히 천정권에서의 대량매도 출회는 더욱 그렇다.

하락추세에서 주식매수는 무조건 피하여야 한다. 일단 주가가 하락국면에 접어들면 어지간한 호재는 힘을 못 쓸 뿐만 아니라 아무리 우량종목이라 하더라도 쉽게 상승하지 못한다. 하락추세가 진행되는 동안은 모든 호재는 묻혀 버리고 조그만 것이라도 악재만이 부각되는 시기이기 때문이다.

하락추세에서 주의할 점이 있다. 이미 수급이 무너진 상태라면 중간 중간에 한 번씩 나타나는 기술적 반등은 물량 정리의 기회 정도로 생각해야지 추세전환이라 성급하게 판단해서는 안 된다는 것이다. 반짝 반등하는 시기에 매수에 동참하는 것은 절대 금물이다. 이 말은 바닥을 선불리 판단하지 말라는 이야기와도 통한다. 진정한 바닥은 바닥에서 어느 정도 벗어난 다음에야 확인할 수 있는 것이므로 추후에 확인을 한 다음 매수에 임해도 늦지 않다. 따라서 선불리 판단하고 덤비는 행동은 자제하여야 한다.

투자가는 시장의 추세파악 하나만 제대로 해도 손실을 볼 확률을 크게 줄일 수 있다. 시장추세의 파악은 기본전략 수립에 결정적인 영향을 미치기 때문이다. 따라서 가장 신경 써서 해야 할 부분이다.

추세가 상승의 과정에 있다면 다소 고가라고 생각되는 가격대에서 매수를 하여도 큰 무리가 없다. 중간에 일시적 조정이 나타나더라도 주가는 궁극적으로는 상승 궤도를 타기 때문이다. 이런 때가 수익을 볼 확률이 높다. 반대로 하락전환이 된 상태에서는 주가가 일시적인 반등은 나타날지언정 결국 하락추세를 타게 된다. 추세는 그 추세를 지속하려는 경향이 있기 때문이다.

따라서 시장 전체의 추세를 확인하는 것이 매매에 앞서 가장 중요한 작업이다. 큰 파도의 흐름만 제대로 잡아 매매를 하여도 수익은 충분히 낼 수 있다.

(4) 장세의 특성파악

장세의 특성이란 시세의 변화 폭이나 장을 이끄는 종목들과 투자주체들, 그리고 시장의 테마들을 말한다. 추세를 파악하여 매수를 결정하였다면 장세의 특성을 살펴보는 과정이 필요한데 이 과정을 거친 후에 종목 선정에 들어간다. 여기까지의 과정이 소위 상황파악이다. 결국 장의 분위기와 특징을 살펴봄으로써 전략수립의 바탕을 마련하는 것이다.

장세의 특성을 단기적 관점에서 살펴보기로 하자. 우선 시장의 움직임, 변동폭을 중심으로 한 특성 파악이다. 즉 상하로 크게 변동하는 장인지 별 움직임 없이 일정한 가격대에서 소폭의 등락을 거듭하는 장인지를 파악하는 것이다. 예를 들어 전일의 큰 상승의 여파로 오늘도 기운차게 상승세를 보이는지 아니면 전일의 상승을 부담스러워 하며 조정이나 소폭의 등락을 보이는지를 알아보는 것이다.

매매주체들이 방향성을 모색하는 장인지, 아니면 방향성에 확신을 갖고 덤벼드는 장인지에 따라 시장의 향후 움직임이 확연히 달라진다. 매매는 이러한 장의 특성에 맞추어서 움직여야 한다. 변동성이 커 요동치는 장이라면 매수 타이밍 잡기가 수월하지 않다. 가능하면 한 방향으로 몰아치듯이 움직이는 장에서는 일시적 소강상태를 보일 때 재빨리 진입하는 것이 좋다.

하지만 기본적으로는 변동 폭이 위로든 아래로든 지나치게 큰 때는 매매를 자제하는 것이 좋다. 시장의 변동성이 클 때에 매수를 했더라도 갑자기 주가가 급격하게 하락하게 되면 급히 청산을 하게 되는데 청산을 하고 나면 다시 급등하여 골탕 먹는 수가 많다. 한마디로 타이밍 잡기가 상당히 어렵다. 이럴 때는 어지간하면 관망하는 것이 좋다.

그리고 지루한 횡보장이 어느 정도 지속된 이후에는 상승이나 하락으로 방향을 틀고 제법 큰 폭으로 움직이는 경우가 많다. 따라서 횡보하는 장에서는 향후 방향이 어디로 향할지 면밀히 지켜보아야 한다. 주가는 언제나 횡보 속에서 앞으로의 방향을 모색한다. 그리고 횡보 후의 방향은 상당히 오래 가는 경향이 있다. 횡보할 때는 일단 지켜보면서 나중에 방향을 잡았을 때 공략하는 것이 확실하다.

매매하기 제일 쉬운 날은 시가부터 종가까지 꾸준히 한 방향으로 움직여 주는 장이다. 선물시장에서의 데이트레이딩에서 특히 그러하다. 그냥 포지션 진입 후 기다렸다가 청산하면 그만인 것이다. 선물가격이 +1포인트로 시작하여 +2, +3포인트로 점점 상승하여 종가 +4포인트로 마감하는 장에서 대응하기가 제일 쉽다. 한 방향으로만 움직여 준다면 대응도 그만큼 쉬워진다. 하락의 경우에도 마찬가지이다. -1포인트로 시작하여 -2, -3포인트로 하락추세를 유지하다 종가는 -4포인트로 끝나는 것이다. 이렇게 꾸준히 한 방향으로 방향성을 가지고 움직이는 장은 무리 없이 대응할 수 있다. 투자가로서는 절대 놓쳐서는 안 되는 찬스이다. 이런 장은 흔하지는 않지만 어쩌다 한번씩은 꼭 나타나는데 이런 때는 시장이 주는 보너스라고 생각하고 수익을 챙겨야 한다. 이런 경우를 사냥에 비유하자면 사냥감이 떼로 몰려오는 경우이다. 그냥 적당히 쏘아도 사냥감이 맞는 그런 경우이다. 정말 쉽게 사냥할 수 있는 찬스이다.

그러나 실제로 장이 하루 종일 한 방향으로 일관되게 꾸준히 움직이는 경우는 흔하지 않다. 다만 한 달에 몇 번은 꼭 나타난다. 프로라면 이런 날을 놓쳐서는 안 된다. 사냥꾼도 아마 사냥감의 대부분은 이런 날에 잡을 것이다. 이런 날은 매매 규모를 조금 더 크게 가져가도 무리가 없을 것이다.

시장의 특성을 분석하는 데 있어서 주의할 것 중의 하나가 갭 상승이나 갭 하락으로 시작하는 날이다. 특히 미국시장의 급등락은 우리 시장의 시초가에 영향을 주는데 그 때문에 갭 상승, 갭 하락이 나타나는 경우가 많다.

그러나 갭으로 시작하는 날은 실제로 매매하기 까다로운 경우가 많다. 장 중에 반대 방향으로 급선회할 가능성이 있으므로 이런 날은 성급하게 따라 붙기보다는 장중에 추세가 어느 쪽으로 흐르는지 확인한 후에 매매에 임하는 것이 좋다. 왜냐하면 대부분의 갭은 메워지기 마련이기 때문이다. 그만큼 반대매매가 출현하기 쉽다는 의미이다. 추세가 아주 강할 때는 메워지지 않은 채 그대로 가는 경우도 있지만 그런 경우는 드물며 대부분의 갭은 조만간 메워지는 것이 보통이다.

그리고 테마주 혹은 주도주라고 하여 유독 각광을 받으며 상승을 거듭하는 종목들이 있다. 그래서 시장의 주도주가 무엇인지 파악하는 것이 중요하다. 소위 녹색성장이라는 테마가 유행하면 대체에너지 관련주들이 한동안 주목을 받기도 한다.

이렇게 시장에서 주목받는 산업을 찾음으로써 종목 선정을 더욱 정교하게 가져갈 수 있게 된다. 또한 장의 특성에 따라 매매의 타이밍이나 전략이 바뀔 수도 있으므로 매매하기 전에 장의 특성을 반드시 파악해 놓아야 한다.

(5) 종목 선정

추세와 장세의 특성을 파악하면 일단 포지션을 매수 중심으로 갈 것인지, 매도 중심으로 갈 것인지, 그리고 장기 보유를 할 것인지, 단기 보유를 할 것인지를 결정할 수 있게 된다. 만약에 시장이 안개 속이라 도저히 갈피를 못 잡겠다면 최선의 전략은 포지션 설정을 유보하는 것이다. 이것도 훌륭한 전략이다.

종목 선정은 수익률을 결정하는 데 결정적인 과정이다. 어떤 종목을 매수하였느냐에 따라 수익이냐 손실이냐가 결정이 되며 수익의 폭과 손실의 폭도 결정된다. 종목 선정은 아무리 강조해도 지나치지 않을 만큼 중요한 과정이다.

종목 선정은 주식투자의 수익발생 여부에 있어 결정적인 요소이다. 여기서 주의해야 할 점이 한 가지 있는데 종목 선정에 있어 '어떤 종목'을 선정하느냐의 문제보다 '어떻게 선정했느냐'가 훨씬 중요하다는 점이다. 종목 선정은 과정이 중요하다. 누구의 말만 듣고 매수한다든지 왠지 오를 것 같아 매수한다든지 하는 종목 선정 방식은 상당히 위험하다. 기본적 분석에 근거한 스스로의 기준을 가지고 충분한 정보와 날카로운 분석에 의해 이루어져야 한다. 종목의 선정 방법이 좋았다면 결과도 좋을 것이다.

종목을 선정하기 위해서는 기본적 분석이라는 과정을 거쳐야 하는데 차트를 보는 기술적 분석과는 다른 영역이다. 종목 선정은 기본적 분석을 철저히 하는 것이 좋다. 재무제표는 물론 관련 주요 정보들은 파악하고 있어야 한다. 정보가 애널리스트의 수준은 아니더라도 일반인들보다는 월등히 많아야 한다. 언제나 그렇지만 많이 살펴본 만큼 실패할 확률도 줄어드는 법이다.

특히 기업의 수익성과 성장성에 관해서는 꼼꼼히 따져 봐야 한다. 투자가들을 움직이는 핵심요소이기 때문이다. 그리고 아무리 성장성이 인상적이더라도 하나의 사례만 가지고는 의사결정을 하지 않는 것이 좋다. 우리가 종목 선정에서 원하는 것은 '종합적인' 판단이다.

그리고 아무리 철저한 분석으로 종목을 선정하였다 하더라도 불확실성은 인정하여야 한다. 분석하는 과정에서 간과했던 사실이나 숨겨진 정보가 분명히 있으며 이것이 나중에 어떻게 작용할 지는 아무도 모르기 때문이다. 당연한 이야기이지만 이 세상에 100%란 없다. 다만 우리는 100%에 근접하게끔 노력할 따름이다.

종목 선정에 있어 중요한 몇 가지 사항에 관해 살펴보도록 하자. 종목 선정에 앞서 우선 장세의 특성을 잘 파악하여야 한다. 특성을 잘 파악하면 종목 선정이 그만큼 수월해진다.

우선 최근에 시장에서 형성된 테마는 어떤 것이고 어떤 종목군들이 각광을 받고 있으며 핵심 매수주체는 어디인가를 살핀다. 그리고 핵심 매수주체들이 어떤 종목을 중심으로 장을 이끌고 가는지를 파악한다. 예를 들어 외국인이 IT관련주를 집중 매수하면서 장을 끌고 가고 있는 것인지, 아니면 기관투자가들이 금융주를 중심으로 매수의 강도를 높이고 있는지를 파악하는 것이다. 상승장에서는 인기를 모으는 종목들의 상승세가 당분간은 지속되기 때문이다.

실제로 어떤 종목이 테마와 부합되는 특성을 가지고 있다면 그 종목의 다른 특성들도 실제보다 좋게 보일 가능성이 크다. 그래서 해당 종목군의 인기는 그런대로 지속되는 경향이 있다.

따라서 시장 분위기가 가장 원하고 있는 종목을 선정하는 것이 바람직하나 여기에서도 몇 가지 유의할 사항이 있다. 우선 너무 모르는 종목의 매수는 피하는 것이 좋다. 기왕이면 정보가 풍부한 우량종목이 좋고 매매 경험이 있는 종목이라면 더욱 좋다. 매매 경험이 있는 종목은 종목의 특성도 감 잡기가 수월하고 주가의 변동 패턴을 이해하기도 쉽기 때문이다. 결국 익숙한 종목이 그만큼 매매도 용이하다고 할 수 있는 것이다.

주식매매에 있어 종목 선정은 언제나 몇 개의 테두리 안에서 행하는 것이 여러모로 유리하다. 다양한 종목보다는 핵심적인 우량종목 몇 가지를 위주로 하여 포트폴리오를 구성하는 것이 자료수집도 용이하고 보다 집중력을 발휘할 수 있기 때문이다.

장세의 특성상 외국인이 주도하는 경우는 역시 외국인 선호 우량주 중심으로 포트폴리오를 구성하는 것이 바람직하다. 외국인은 비교적 꾸준히 매수하는 경향이 있으며 빠른 시일 내에 포지션을 바꾸지 않기 때문에 따라 잡기가 수월하다. 따라서 이럴 때에는 어느 정도 시간을 두고 중장기로 보유하는 것이 좋다. 외국인이 집중 매수하는 종목들은 갑작스럽게 크게 하락하는 경우가 드물기 때문에 시간적인 기회를 충분히 가질 수 있는 장점이 있다. 이러한 장세는 대세상승의 초기나 중기에 많이 나온다. 우량종목 매수의 적기인 셈이다.

시장이 개인 투자가들의 지속적인 매수로 달아오를 때는 테마가 있는 종목을 선정, 가능한 한 빨리 매수에 들어가야 한다. 상승하는 폭은 크나 그 기간이 길지 않기 때문에 적절한 매도시점도 잘 잡아야 한다. 기본적으로 개인들은 변덕이 심하고 언제나 새로운 상승을 기대하면서 급상승할 종목들을 찾고 있으므로 순간적인 변화를 주의 깊게 살펴보아야 한다.

종목 선정에 있어 또 하나 유의하여야 할 점이 있다. 시장 전체의 상승 기조에서 잘 오르지 못하는 종목은 매수에 신중해야 한다는 것이다. 이러한 종목들은 소외된 종목으로 상승하지 못하는 데에는 나름대로 이유가 있다. 따라서 가격이 오르지 않았다는 이유만으로 섣불리 매수하는 것은 위험할 수 있다.

예를 들어 전기전자 업종이 급등세인데, 같은 전기전자 업종인데도 불구하고 유독 하락하거나 상승하더라도 그 폭이 제한적인 종목이 있다. 그 종목은 뭔가 문제가 있을 가능성이 크다. 매수하기 전에 그 종목의 제반 사항을 충분히 검토할 필요가 있다. 해당 종목에 의외의 손실이 있거나 향후 전망이 안 좋을 수 있기 때문이다. 대부분의 경우 숨겨진 큰 악재가 버티고 있는 경우가 많다. 그냥 싸다고 해서 덤비는 것은 경솔한 처사이다.

지수는 상승하는데 자기가 보유한 종목은 하락하거나 지수가 오른 만큼 못 오른다면 불쾌한 일이다. 따라서 종목 선정은 장세의 특성에 맞추어 행하는 것이 중요하다. 장의 분위기상, 흐름을 타는 종목이 있게 마련인데 그런 종목을 매수하는 것이 유리하다.

종목 선정에 있어 강조하고 싶은 것은 종목 선정의 결과만큼이나 중요한 것이 어떠한 과정을 거쳐 그 종목을 선정하였는가 하는 것이다. 종목 선정의 과정이 정교해지고 이것이 버릇처럼 되면 주식투자는 절반 이상의 성공을 거둔 셈이다. 많은 투자가들이 심사숙고하지 않아 실패했다는 사실을 명심하기 바란다.

위와 같은 일련의 과정을 통하여 종목을 선정하는 것은 나중에 손실을 보고 반성하는 데 있어서도 매우 유용하다. 왜 이 종목을 골랐는지에 대한 근거가 명확하면 무엇이 잘못되었는지도 쉽게 파악할 수 있기 때문이다. 반성할 점과 잘못된 점을 곧바로 찾아낼 수가 있는 것이다. 이렇게 원인과 결과를 분석하다 보면 종목 선정은 더욱 정교해질 수 있으며 투자 전반에 자신감이 생긴다.

2 매수와 청산

(1) 매매전략 수립

추세분석을 마치고 본격적인 매수에 나서려면 그에 따른 매매전략을 수립하여야 한다. 매매전략의 수립이란 어느 종목을 어느 시점에 매수에 들어가서 어느 시점에 청산할 것인지, 또 어느 정도의 규모로 매매에 임할 것인지 등을 사전에 계획하는 작업이다.

매수에 앞서 주가의 지지선과 저항선은 어디인지 살펴보고 상승하면 어디까지 올라갈 것이고 하락한다면 어디까지 떨어질 것인지를 미리 예상해 보며 전체적인 흐름을 그려 보는 것이다. 그리고 갑작스러운 변화가 일어난다면 어느 선까지 밀리거나 오를 것인지도 예상해 본다. 물론 시장이 그런 예상대로 움직이지 않을 수도 있으나 사전에 가격대를 검토해 봄으로써 전체적인 가격대와 폭을 조망해 볼 수 있다는 점에서 확실히 도움이 된다.

이 과정에서 손절매할 가격대도 사전에 확실히 해 두는 것이 중요하다. 투자란 언제나 뜻대로 되지 않을 가능성이 더 많으므로 미리 손실의 폭을 확실히 해 놓는 것이 리스크 관리에 있어 중요하다.

시장의 추세에 맞추는 매매가 중요한데 상승추세에서는 조정 시에 매수라는 전략을 기조로 움직여야 할 것이고 하락추세에서는 반등 시 매도라는 기조로 움직여야 한다.

이렇듯 매매전략은 전투에서의 작전계획과 흡사하다. 어느 부대를 공격에 투입시키고 언제 어디를 공격할지를 사전에 점검하는 것이다. 적의 어느 지점이 취약한지를 알아 공격 지점을 정하고 만약 예기치 못한 반격이 있을 때는 어느 선까지 후퇴를 할 것인지를 정한다. 그리고 추가 병력의 투입과 보급은 어떤 형태로 진행할 것인지 등을 사전에 계획하는 것이다.

전투에서 구체적인 작전계획도 없이 무작정 공격에 임한다는 것은 아주 무모한 행위이다. 불필요한 희생만 늘릴 뿐이다. 갑작스런 적군의 강한 저항에 부딪히거나 복병이 나타나 공격을 받으면 우왕좌왕하다가 전멸당하기 쉽다.

매매에 있어서도 마찬가지이다. 전략을 수립하지 않고 순간순간의 기분에 따라 매매를 남발한다면 갑작스런 상황변화에 적절히 대응하지 못하고 우왕좌왕하다가 손실만을 늘리거나 수익의 폭을 줄이기 쉽다.

매매전략의 예를 들어보면 대략 다음과 같다.

〈시장분석〉
- 외국인의 지속적인 매수세 유입으로 지수는 하방경직성을 보이며 상승
- 선물시장에서도 외국인의 순매수 기조로 베이시스 콘탱고 상태 유지
- 프로그램 매매 역시 순매수 기조로 전환된 상태
- 차트에서 5일선과 20일선의 지나친 괴리가 없이 상승기조 유지

→ 당분간 큰 하락은 없을 것으로 보고 매수 결정
   우량종목을 대상으로 종목 선정에 들어감

〈종목분석〉
- 기업의 재무상황 확인과 기업이 속한 산업의 업황 조사
- 관련 리포트를 읽고 대략적인 기업의 현황과 향후 전망을 파악

→ 종목분석 결과가 긍정적이고 하나의 기업으로 내가 소유하고 싶을 정 도의 느낌이라면 매수를 고려하고 차트분석에 들어감

〈매수전략〉
- 저항선을 예상한 뒤 추가 상승폭을 상정
- 하락 반전할 경우 지지선을 예상하면서 손절매할 가격선을 미리 확인
- 30분 스토케스틱과 10분 스토케스틱 등을 살펴보고 둘 다 교차하여 상승하는 시점을 기다려 매수 개시

이렇듯 매매에 있어서 하나의 시나리오를 짜는 것이 매매전략이다. 물론 매매전략이 있다고 해서 반드시 수익을 내는 것은 아니다. 아무리 전략을 잘 짜도 미래의 불확실성을 모두 제거할 수는 없기 때문이다. 중간에 예기치 못한 변수가 얼마든지 돌출할 수 있다. 주가가 오를지 내릴지는 누구도 알 수가 없는 일이기 때문이다.

하지만 좋은 전략을 짜는 것은 불확실한 미래에 대해 그나마 우리가 할 수 있는 최선의 일이다. 미래는 어차피 우리가 통제할 수 있는 것이 아니다. 현재에서 최선을 다할 뿐이다. 미래의 성과를 좌우하는 것은 의사결정의 결과가 아니라 의사결정 시에 어떠한 과정을 거쳤나 하는 점이다.

충분한 분석과 고민을 거친 매매전략에 근거해 매매하였다면 나중에 잘못되는 경우라도 어디가 잘못되었는지를 확인하고 수정하는 것이 가능하다. 그리고 그러한 수정을 통해 다음 매매에서는 정밀도가 향상되며 시장을 좀 더 정확히 파악할 수 있게 된다. 투자가로서 '노련해진다.' 라고 하는 것은 바로 이런 과정을 거치면서 되는 것이다.

또한 매매전략이 수립되어 있어야만 큰 흐름 안에서 불안감 없이 매매에 임할 수 있다. 전략에는 손절매 라인 설정이라는 도망갈 구석도 포함되어 있기 때문에 뜻한 방향으로 움직이지 않아도 우왕좌왕하며 당하는 일이 없다. 그만큼 손실도 최소화시킬 수 있다는 것이다.

단, 주의할 점이 있다면 매매전략을 세우는 데 있어 너무 서두르지 말라는 점이다. 하나하나 검토하면서 신중하게 임하여야 한다. 서두르면 반드시 빠트리는 부분이 생기기 마련이다. 빠트리는 것이 많게 되면 매매전략 자체가 초라한 것이 되기 쉽다. 잘못된 매매전략은 반드시 잘못된 결과를 초래한다.

많은 투자가들이 종목에만 신경을 쓰지 큰 시황에는 별 관심을 보이지 않는데 이는 좋지 않다. 시장수급이 악화되는 대세하락의 시기에는 아무리 우량한 종목, 유망한 종목이라도 하락의 파도에서 벗어나기가 어렵다. 반드시 한국 주식시장이라는 큰 틀에서 전체적인 시장상황을 먼저 파악하여야 한다. 예를 들어 외국인 매매동향이나 선물시장에서의 베이시스의 추이

등 확인할 것은 확인해 보면서 시장의 큰 흐름을 감 잡아야 한다. 그다음이 종목분석이다.

종목분석은 많은 시간을 할애해서라도 사전에 체크할 것은 일단 다 체크해 보는 것이 좋다. 종목에 관해 놓치고 지나가는 부분이 있어서는 안 된다. 꼭 그런 것들이 나중에 후회거리가 되곤 한다. 사전에 체크할 것은 전부 체크해 놓자.

그리고 매매전략은 한 매매가 끝날 때까지 고수하는 것이 좋다. 지나치게 변경을 자주 하면 전략 자체의 의미가 퇴색하고 만다. 그리고 대부분의 경우 처음 생각이 맞을 때가 더 많다. 전략을 짤 때에는 심사숙고해야 하지만 전략에 따라 매매를 개시했다면 일단 전략에 충실히 따르는 자세도 필요하다.

많은 투자가들이 전략보다는 그때그때의 순간적 판단에 의해 즉흥적으로 매매에 임하곤 하는데 여기에는 리스크가 많이 따른다. 매매란, 리스크를 경감시킴으로써 수익의 확률을 최대한 높이는 게임이다. 모험은 하지 않는 것이 좋다. 어쩌다 예상대로 움직일 수도 있겠으나 그럴 경우에도 어느 선에서 이익을 실현시킬지 모르기 때문에 이익의 폭을 줄이게 되는 경우도 있고 예상대로 움직이지 않을 경우에는 손절매를 어디에서 해야 할지 몰라 손실의 폭을 늘리게 되기도 한다.

또한 투자가의 심리상태라는 측면에서 봐도 전략을 갖추고 임하는 경우가 보다 안정감이 있다. 안정적인 심리상태에서의 매매가 정확한 판단과 대응에 있어 월등히 유리하다.

(2) 종목 선정

① 종목 선정에 있어서의 유의사항

위에서도 강조하였지만 주식매매에 있어 수익률과 직결되는 것이 종목 선정이다. 수많은 종목 중에서 자신이 선택한 종목이 어떻게 움직여 주느냐에 따라 수익이 정해진다. 위에서 구체적인 방법에 관해서는 언급하였으므로 여기에서는 종목 선정에 있어 유의할 점에 관해 살펴보겠다.

종목을 고를 때는 너무 모르는 종목보다는 매매한 경험이 있거나 관심 있게 보아 온 종목을 고르는 것이 무난하다. 아무래도 익숙한 종목이 흐름을 파악하기도 쉽기 때문이다. 들어 본 적도 없고 도저히 사업내용도 이해가 되지 않는 종목이라면 신중해질 필요가 있다. 그리고 처음에 거부감이 드는 종목도 피하는 것이 좋다.

사람들 사이에서도 궁합이라는 것이 있듯이 종목에도 그런 것이 있는 듯하다. 자신과 궁합이 맞는 종목이 있기 마련인데 이왕이면 그런 종목을 선택하는 것이 매매가 수월하다.

궁합이 맞지 않은 사람과 있으면 왠지 거북한 느낌이 들거나 말을 해도 서로 포인트가 어긋난다. 할 말도 별로 없으며 함께 오래 있으면 불편하기만 하다. 한마디로 서로가 맞지 않는 것이다. 종목도 그런 종목이 있다. 본인과 어딘가가 맞지 않는 종목이 있다. 그런 종목은 보유할수록 피곤하다. 종목에 무슨 궁합이 있느냐고 생각할 수도 있겠으나 그렇지 않다. 종목이라도 각기 그 특성이 있기 때문이다.

주가가 하루에 수십 번씩 위아래로 오르내리는 종목들이 있는가 하면 주가가 거의 수평으로 움직이는, 너무나도 움직임이 없는 종목들도 있다. 하락은 조금 하고 오를 때는 많이 오르는 종목들도 있으며 외국인 투자가나 기관투자가들이 특히 선호하는 종목들도 있다. 물론 개인들이 주로 매매하는 종목들도 있다. 환율이 오를 때 주가가 하락하는 종목이 있는가 하면 오르는 종목도 있으며 경기에 민감한 종목이 있는가 하면 경기와는 전혀 무관하게 움직이는 종목도 있다. 정말로 가지각색이다.

이렇듯 종목들이 나름대로 다양한 개성들을 지니고 있다. 그중에서 자기와 맞는 성격의 종목을 고르는 것이 매매하는 데 수월하다.

종목을 선정하는 데 있어 또 하나의 명심하여야 할 사항은 성공이 입증되지 않은 종목에의 투자는 아무리 미루어도 아쉬울 것이 없다는 것이다. 흔히 소문이나 장밋빛 전망으로 급등하는 종목들이 있는데 이는 어디까지나 잠깐 동안이다. 그 뒤에는 더 무서운 폭락이 기다리고 있는 경우가 더 많다.

　은밀한 소문이나 누가 조용히 건네는 귓속말은 사람을 홀리게 하는 최면 효과가 있다. 종목 역시 누가 비밀스럽게 이야기하면 귀가 더 솔깃해지기 마련이다. 은근히 감정을 자극하는 귓속말이 증권사의 리서치 자료보다 더 호소력을 갖는 것이다. 하지만 그런 말들을 듣고 산 종목들이 과연 얼마나 많은 수익을 냈는지는 의문이다. 필자에게도 하루에 그런 정보가 몇 개씩 들어온다. 그러나 대부분이 이미 많이 올라 있거나 조금 반짝하다 하락하는 종목들이 대부분이다. 결과적으로 대부분이 신통치 않은 종목들이다.

　따라서 소문과 속삭임으로만 인기가 있는 종목은 신중하게 대처하는 것이 좋다. 특히 회사와 그 업종에 관해 잘 모르면서 단지 오른다는 이야기만으로 매수하는 일은 절대 없어야 한다. 이것은 투자가의 바람직한 자세가 아니다. 한두 번의 성공은 있을 수 있으나 결국에는 좋지 않은 결과로 끝난다는 사실을 명심하기 바란다.

　종목을 선정한다는 것은 어느 기업을 고른다는 것이다. 좀 더 정확히 말하자면 자신의 자금을 걸어 승부할 회사를 찾는다는 것이다. 어떤 기업에 승부를 걸겠는가? 투자가라면 여기에 관한 나름대로의 기준은 가지고 있어야 하지 않겠는가? 이 기준이 바로 매매기법 중의 하나가 된다.

　기업의 선정 기준이 될 만한 내용들에 관해 잠깐 살펴보자. 우선 부채가 없는 기업은 절대 도산하지 않는다. 이런 기업들을 보유하면 일단 안정감이 있다. 그리고 모든 것이 같은 조건이라면 많은 수익을 내왔고 지금도 내고 있으며 앞으로도 낼 회사가 좋다. 그런 회사는 당신을 배신할 확률이 낮다. 수익성이 좋고 그런 상황이 지속될 수 있는 조건의 우량기업을 찾아내는 것은 투자가에게는 즐거운 일이 아닐 수 없다.

　그리고 궁극적으로는 투자가 자신이 인수할 기업을 고른다는 심정으로 종목 선정에 임하는 것이 좋다. 그렇게 되면 기업의 제반 사항을 조목조목 따지게 되고 우량기업을 고르지 않을 수 없게 되기 때문이다.

　그리고 우량기업은 자주 매매하는 것보다 조금 시간적 여유를 가지고 보유하면서 승부를 거는 것이 좋다. 이는 대부분의 우량기업에 적용된다. 상승이든 하락이든 큰 방향이나 추세는 일단 방향을 잡고나면 여간해서는 잘 변하지 않는다. 추세란 방향이 한동안 유지되는 경향이 있다. 우량기업은 더욱 그렇다. 상승 시에는 꾸준히 오르기 때문에 단기적으로 대응하기보다는 조금 여유를 가지고 대응하는 것이 좋다.

또한 우량기업의 경우는 아무리 주가가 떨어졌다 하더라도 언젠가 주식시장이 좋아지면 반드시 내린 만큼은 올라 준다. 실로 고마운 일이 아닐 수 없는데 그래서 우량기업의 경우 주가가 어느 정도 떨어졌다 싶으면 저가 매수세가 반드시 들어오는 법이다.

다른 기업보다는 우량기업의 주가가 우리를 실망시킬 확률이 그만큼 적다. 단, 바뀐 패러다임에 적응하지 못하거나 수익구조에 결정적 타격을 입은 종목은 가능한 빨리 정리하는 것이 바람직하다.

저가 주식만 찾는 사람들이 있는데 이것은 바람직하지 않다. 싼 데는 그만한 이유가 있다. 그리고 비싼 것 역시 그만한 이유가 있는 것이다. 당장의 보유 자금과 상승 기대감을 고려하면 싼 주식을 사는 것이 훨씬 유리하게 보일 수 있으나 그것은 가격의 함정이다. 오히려 고가의 주식이 더 고가가 되어 수익률을 높여 주는 경우가 많다. 많은 사람들이 고가의 주식에 너무 가격부담을 느끼는데 그럴 필요가 없다. 얼마나 더 오를 것인가가 중요하지 그것이 지금 얼마인가는 차후의 문제이다.

종목 선정을 보다 효율적으로 하기 위한 좋은 방법이 증권사의 리서치 자료를 이용하는 것이다. 증권사의 자료는, 그 예상가가 맞느냐 틀리느냐를 떠나서 종목을 고를 때 최소한 살펴봐야 할 점이 무엇이고 어떠한 각도로 종목을 봐야 하는지의 방법론을 제시하여 준다. 여기에 중요한 의미가 있다. 그래서 주식 투자가라면 리서치 자료를 읽는 습관을 가져야 한다. 몇 년이고 꾸준히 읽다 보면 나름대로의 종목 선정의 감이 잡히고 종목 선정에 있어 어떤 점을 주의 깊게 봐야 하는지를 알게 된다.

증권사의 자료는 그 분야의 전문가들이 여러 방면의 분석을 통해 내놓는 것이기 때문에 참고할 내용이 상당히 많다. 투자가 혼자서 그런 분석을 하기는 불가능하다. 좋은 자료는 최대한 이용하여 매매에 활용하여야 한다.

그렇다고 절대적인 추종은 금물이다.

분석은 분석이고 예측은 어디까지나 예측일 뿐이다. 실제로 주가가 상승할지 하락할지 하는 문제와는 완전히 별개의 문제이다. 다만 종목 분석이라는 측면에서 본다면 그만한 자료도 또 없다. 증권사의 리서치 자료를 언제나 읽는 습관을 들여야 한다. 그런 노력도 없이 매매하여 돈을 벌려고 한다면 이것은 투자에 대한 모독이다.

그리고 보유 종목의 수는 적을수록 좋다. 보유 종목의 수가 지나치게 많다 보면 개별적인 집중도가 아무래도 떨어지게 된다. 적은 수의 종목이라도 하나하나 파악하고 있는 것이 훨씬 중요하다. 아마추어들의 특징 중의 하나가 많은 종목들을 조금씩 보유하는 것이다. 그것도 결코 우량하지 않은 종목들로 말이다. 에너지는 분산시키지 않는 것이 좋다.

많은 종목을 보유했다는 것은 그만큼 종목 선정이 허술했다는 반증이라고 볼 수도 있다. 본인이 잘 파악하고 있는 소수의 종목에서도 좋은 수익률을 얼마든지 낼 수 있으며 그 가능성도 높아진다. 그리고 그냥 '이 정도면 되겠지.' 라는 생각으로 매수에 임하지 말라. 한 수를 두더라도 확신에 찬 한 수를 두어야 한다. 그만큼 매수에 앞서 종목 선정은 신중하여야 한다.

그리고 한 종목에 모든 자금을 투입하는 것은 결코 바람직하지 않다. 리스크 분산이라는 투자의 기본에도 어긋날 뿐 아니라 종목에의 집착을 키울 여지가 있기 때문이다. 그렇게 되면 손절매도 어렵게 되고 객관적인 분석도 어렵게 된다. 일정 현금은 반드시 보유하고 있어야 하며 성향이 다른 종목도 보유하는 것이 좋다.

마지막으로 매수에 앞서 다시 한번 그 종목을 의심해 보는 습관을 가지는 것이 좋다. 사람들은 현재 생각하고 있는 것이 옳다고 믿게 되면 자꾸 그런 쪽에서만 바라보려는 경향이 있다. 어떤 기업의 주가가 상승할 만한 호재를 알게 되었다고 하자. 그렇게 되면 주가상승에 대한 기대가 자연스럽게 생기게 되며 그 기업이 상당히 긍정적으로 비친다. 그리고 그 후로는 그 기업의 긍정적인 요소만이 눈에 들어온다.

그러나 이러한 태도는 심각한 오류를 불러일으킬 수 있다. 보고 싶은 점만 보려고 하기 때문에 다른 부분이 눈에 들어오지 않는 것이다. 눈에 들어오지 않는다고 해서 없는 것이 절대 아니다. 단지 내가 보지 못하고 있을 뿐이다.

분명 호재를 상쇄시키고도 남을 다른 악재가 있을 수도 있고 호재라고 여겨지는 부분도 상황에 따라서는 호재가 되지 않을 수도 있다. 내가 모든 정보를 알고 있다고 섣부르게 판단하지 말아야 한다.

따라서 자신의 생각에 반하는 내용을 일부러라도 찾아내려는 자세가 중요하다. 스스로의 오류를 찾아내는 것이다. 그렇게 신중에 신중을 기한 종목이라면 아무래도 틀릴 확률이 많이 줄어들게 된다. 투자가는 가능한 한 불확실성을 최소화시킨 후에 불확실성을 관리해 나가야 한다. 종목 선정에서 실패하는 이유는 자기 과신과 모든 가능성을 진지하게 생각하지 못하는 데에 있다.

발생 가능한 여러 케이스들과 자신이 빠질 수 있는 함정을 살피고 또 살펴야 한다. 더 멀리 볼수록, 그리고 보다 많은 경우의 수를 생각할수록 당신은 더 강력해진다는 사실을 명심하라.

종목 선정을 제대로 하였다면 그 종목과 결별할 때가 언제인지도 알 수 있게 된다. 즉 처음에 매수에 들어갔을 때의 매수 이유를 인식하고 매수종목의 특성과 왜 상승했는가를 안다면 매도시점은 자연스럽게 알게 될 것이다. 종목 선정이 그래서 중요한 것이다.

② **최고의 매수조건**

여기서 잠깐 상승 가능성이 높은 종목을 찾는 기법 한 가지를 소개하고자 한다. 아마 종목 선정에 있어 최고의 매수 기법이 아닌가 생각한다.

상승 가능성이 높은 종목을 찾는 방법 중의 하나가 떨어질 만큼 떨어진 종목을 찾는 일일 것이다. 즉 주가가 더 이상 하락하지 않을 정도까지 하락한 종목을 말한다. 이런 종목은 조금만 실적이 호전된다면 주가가 오를 일만 남았기 때문이다. 실제로 낙폭이 과대한 종목들 중에 충분한 기간조정을 거친 종목이 어느 날 기관이나 외국인의 매수세가 몰리면서 상승하는 경우가 많다. 이런 종목은 크게 상승할 가능성이 있다.

외국인과 기관은 기업의 실적에 민감하게 반응한다. 그들이 먼저 손을 댔다는 것은 뭔가 실적호전의 근거를 포착했다는 말이 된다. 따라서 이들이 진입하기 시작하였다는 것은 기업이 좋아진다는 의미로 해석할 수 있다. 특히 오랜 기간 횡보했던 주식이 이들의 개입으로 주가가 오르기 시작했다면 호재가 아닐 수 없다.

2012년에 크게 상승한 종목 가운데 미래나노텍이라는 종목이 있다. 이 종목은 2010년에 고점인 17,150원을 찍고는 주가가 크게 하락하여 2011년 10월에 4,165원까지 떨어졌다. 그러더니 주가가 약 10개월간 별 관심을 못 받으면서 횡보한다. 이 점이 중요하다. 횡보기간이 지루할 만큼 길면 길수록 상승 에너지가 비축되는 것이다. 그러다가 2012년 8월에 7,000원을 돌파하면서 뭔가 기류가 변하고 있음을 보인다.

특히 외국인의 매수가 이어지고 있다는 점이 긍정적이었다. 이 종목은 실적이 뒷받침이 되었다. 매출과 영업이익이 점점 좋아지고 있었다.

외국인들은 이 점을 놓치지 않았던 것이다. 2012년 12월에 미래나노텍은 주가 14,000원을 돌파한다.

[그림 3-2]를 보면 2012년 6월부터 외국인의 매수세가 유입되고 있다는 것을 알 수 있다. 이들의 꾸준한 매수와 궤를 같이 하며 주가도 상승하였다.

미래나노텍은 "과대낙폭 → 횡보 → 실적호전 → 외국인 매수 → 주가상승" 이라는 프로세스를 교과서적으로 밟은 종목이라 하겠다. 이런 종목들이 수익을 크게 내준다.

결국 종목 선정에서의 승부는 이런 종목들을 어느 정도의 노력과 끈기로 발굴해 내는가에 달려 있다고 하겠다.

특히 실적이 뒷받침이 되는 종목을 찾는 것이 중요한데 외국인과 기관이 들어온 것을 확인하고 매수하는 것이 핵심 포인트이다.

▶▶ 그림 3-1 미래나노텍 주봉

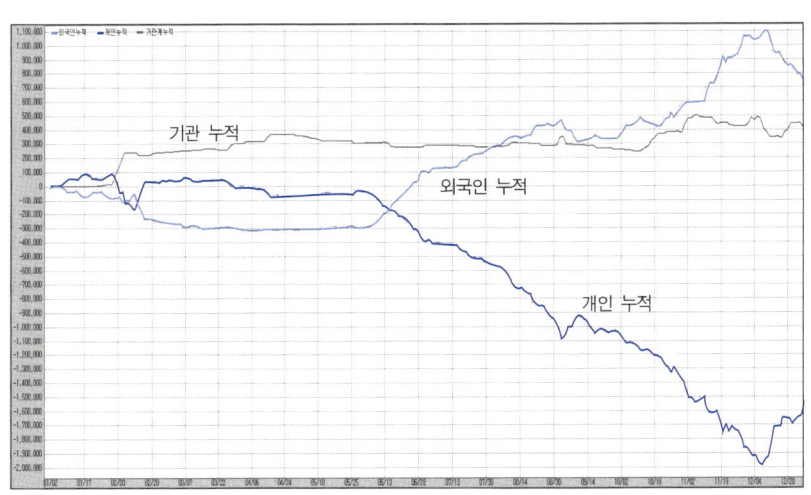

▶▶ 그림 3-2 미래나노텍 매매동향

Ⅲ. 실전투자전략

(3) 매수 그리고 기다림

신중을 기해 종목을 선택하였다면 그 종목의 움직임을 살피다가 기회다 싶으면 전격적으로 달려들 줄 알아야 한다. 이때 주저하거나 망설여서는 안 된다. 무엇이든 결정하기 전에는 신중에 신중을 기해야 하겠지만 결정된 후에는 신속하고 과감한 행동이 필요하다. 매수는 그렇게 하는 것이다. 선정된 종목을 집요하게 살피다 보면 매수 타이밍을 어느 정도 알 수 있다. 그때는 과감해져야 한다.

그렇게 해서 어떤 종목을 매수하였다면 그다음 순간부터는 해당 종목의 주가에 관심이 집중된다. 그리고 하루하루 주가의 움직임에 희비가 교차되게 된다.

여기서 명심할 사항이 하나 있다. 미래에는 그 어떤 예상치 못한 일도 일어날 수 있다는 사실이다. 주식을 매수하여 보유한 시점에서 그 주식의 가격은 상승도 할 수 있고 하락도 할 수 있다. 어떻게 될 지는 아무도 모른다. 우리가 할 수 있는 것은 열린 마음으로 어떤 상황이든 침착히 대응하는 것뿐이다. 이것이 투자가의 일이다. 향후 주가의 움직임은 아무도 모른다.

전반적인 상승흐름에서 주식을 매수하였다면 하루 이틀의 주가 변동에 그리 크게 반응할 필요는 없다. 오히려 우량주식을 적정한 시점에서 매수하였다면 여유 있게 장기적으로 가져가는 편이 유리하다.

매수시점 이후의 주가의 움직임은 이익실현이라는 중요한 과정과 밀접히 연관되어 있다. 투자가에 따라서는 이익이 좀 났다 싶으면 서둘러 매도를 생각하거나 가격이 생각대로 움직여 주지 않으면 잘못 샀다는 생각이 들어 매도하려고 하는 투자가들이 있다. 그러나 기왕 매수하였으면 추세가 이탈하기 전까지는 지켜보는 것이 좋다. 이익이 났으니까 매도하겠다는 생각보다는 추세가 꺾였으니까 매도한다는 생각으로 접근해야 수익을 늘릴 수 있다. 이런 자세는 실전매매에 있어 상당히 중요하다.

그리고 심사숙고하여 고른 종목이라면 조금 더 향후 움직임을 지켜보는 자세가 필요하다. 물론 대세가 꺾인 상황에서 추세를 지켜본다는 것은 어리석은 행위이다. 그럴 때는 미련 없이 정리하여야 하지만 추세가 아직 살아 있다고 판단된다면 기다리는 쪽이 오히려 바람직할 수 있다. 그리고 우량기업의 주식이라면 그리 쉽게 배신하지 않는다. 설사 하락한다 하더라도 최소한 빠져나올 기회는 제공해 주는 것이 우량주, 소위 블루칩 종목들이다. 현명한 투자가라면 이런 기회를 놓쳐서는 안 된다.

주가의 움직임은 일직선으로 움직이지 않는다. 상승하더라도 울퉁불퉁한 선을 상하로 그리면서 올라가고 하락할 때도 마찬가지이다. 상승하는 와중에도 하락이 있고 하락하는 와중에서도 상승이 나타난다.

이러한 작은 파동들은 큰 추세의 흐름에 포함되어 있을 뿐, 대세를 거스르지는 못한다. 따라서 매매는 큰 추세를 쫓아서 행해야지 그 안의 작은 파동에 휘둘려서는 안 된다. 작은 파동의 움직임에 연연하게 되면 불필요한 매매만 반복하게 되지 수익을 내기 어렵게 된다. 오히려 손실을 내거나 작은 이익밖에 챙기지 못할 수 있다.

특히 투기성이 높은 소형 종목들은 그 등락 폭이 상당히 커 극단적인 상승과 극단적인 하락을 보이는 경우가 많은데 이런 종목들은 매매하기가 상당히 까다롭다. 매수를 했는데 갑자기 크게 하락하여 겁이 나 팔면 또 언제 그랬냐는 듯이 급상승하곤 한다.

이런 종목에 대한 대응 방법으로 가장 좋은 것은 아예 관심을 두지 않는 것이다. 어차피 말을 타려면 잘 길들여진 말을 타라. 날뛰는 야생마를 일부러 골라 탈 필요는 없다. 스릴이야 느낄 수 있겠지만 잘못하다간 큰 부상을 입을 수 있다. 왜 일부러 그런 위험을 감수하려 하는가? 남들도 많이 타 보고 그래서 큰 문제없었던 그런 길들여진 말을 타는 것이 안전하다. 기왕이면 큰 추세를 그리면서 움직여 주는 우량종목을 매수하는 것이 안정감도 있으며 타이밍 잡기도 무난한 것이다.

문제는 모처럼 매수에 임했는데 추세가 완전히 꺾인 경우이다. 이럴 경우에는 기다리면 기다릴수록 손실의 폭이 확대되므로 빠른 시일 내에 정리하는 것이 상책이다.

그럼 추세가 꺾였다는 것을 어떻게 확인할 수 있을까? 어려운 일이다.

정확하게 알려 주는 신호가 있다면야 매매가 얼마나 편하겠냐마는 실제로 그런 것은 없다. 다만 여러 지표를 종합하여 미루어 짐작할 뿐이다.

추세가 대세하락 쪽으로 완전히 역전되었다는 신호가 포착되면 일단 신규매수는 자제하고 보유 물량의 조절을 심각하게 고민해야 한다. 리스크 관리에 들어가야 하는 것이다. 이 단계에서는 수익보다는 손실의 축소에 의미를 두는 것이 좋다. 얼마만큼 손실의 폭을 줄일 수 있느냐에 관심을 집중시켜야 하는 것이다.

일반적으로 주식매매에서 성공한 사람들의 공통점은 우량기업의 주식을 장기로 보유하였다는 점이다. 단기 매매를 하여 큰돈을 벌기란 아주 어렵다. 가까운 주위를 봐도 큰 수익을 낸 사람들은 단기적 파동에는 개의치 않고 주식을 꾸준히 장기 보유한 사람들이다. 우량한 회사라면 언젠가는 주가가 크게 오르기 마련이다. 문제는 그 언젠가가 언제냐 하는 것인데 모두가 생각하는 것보다는 그리 오래 걸리지 않는다. 그냥 잊고 지내다 보니 어느새 크게 올라 있더라고 말한다.

그래서 주식은 여유자금으로 해야 한다는 말이 나오는 것이다. 기다리는 동안에는 수익이 발생하지 않기 때문이다. 투자는 생계를 유지하는 것과는 상관없는 자금으로 해야 한다. 그렇지 않으면 조바심이 나게 되어 단기 매매에 빠지게 된다. 모처럼의 큰 수익의 기회도 놓치게 되는 것이다. 조바심은 언제나 수익을 제한한다.

그런 의미에서 하루 종일 주가의 움직임을 보는 사람들은 상대적으로 불리할 수 있다. 단기적 변동에 민감하게 반응할 수 있기 때문이다. 증권회사 직원들의 수익률이 낮은 이유가 여기에 있다고 할 수 있다. 매일 단말기를 보고 있노라면 지그시 앉아 기다리기가 어렵기 때문이다. 조금 오르면 팔고 딴 종목을 매수하고 그런 식으로 매매를 빈번하게 하다 보면 큰 상승폭을 놓치기 쉽다.

(4) 이익실현

이익실현의 단계는 투자가에게 상당히 중요하다. 투자의 결과가 비로소 확정되는 순간이기 때문이다. 보유 종목에서 수익이 나고 있다면 추세의 붕괴가 확인되기 전까지는 보유하고 있는 것이 바람직하다. 어차피 수익이 나는 상황이므로 다소 하락한다 하더라도 좀 더 여유롭게 대응할 수 있다. 이익은 최대한으로 손실은 최소한으로 하는 것은 투자의 세계에서 기본이다. 따라서 이익실현도 이러한 관점에서 이루어져야 한다.

특히 선물이나 옵션매매에서와 같이 변동성이 심한 시장에서는 청산시점이 매우 중요하다. 기본적으로 한 방향으로 잘 가다가도 반대 방향으로 급변하기 쉽고 한 방향으로 가더라도 가는 과정에 많은 변동을 주기 때문에 대응하기가 까다롭다. 더 신중하고 신속한 대응이 요구된다.

수익이 나고 있을 때의 대응은 시장의 급작스런 변동성을 염두에 두면서 대응하는 것이 바람직하다. 방향성 없이 잔파동만 주는 장에서는 짧게 이익실현을 하는 것이 좋고 방향성이 있는 장에서는 여유를 두고 지켜보는 것이 좋다. 그리고 추세 초기에 진입을 했다면 보다 여유를 가질 수 있으나 추세가 상당 기간 지속된 후에 진입했을 경우에는 청산을 염두에 두며 가격의 움직임에 보다 민감해질 필요가 있다.

어느 경우이든 일단 수익이 나기 시작하면 가능한 그 폭을 늘려 수익을 키우는 것이 바람직하다. 모처럼 진입한 포지션을 서둘러 청산하여 이익의 폭이 제한되어 버리면 다시 진입하기가 쉽지 않기 때문이다. 따라서 이익실현은 그 폭의 최대화에 신경을 쓰면서 대응하여야 한다.

그러나 실제로 투자가에게 있어 포지션의 청산은 상당히 어려운 결단이 아닐 수 없다. '더 기다려 볼까?' 아니면 '지금의 평가익을 실현시킬까?' 망설여지는 것이다. 사실 여기에 정답은 없다. 투자가의 판단뿐이다.

보유 종목을 매도함으로써 수익을 확실히 현금화하여 내 것으로 해 놓느냐 아니면 더 오를지 모르므로 두고 보느냐. 이 문제 역시 시장의 움직임에 있다고 밖에 말할 수 없을 것이다. 좀 더 엄밀히 말하자면 시장의 추세가 어느 쪽에 있으며 향후 어느 쪽으로 기울어질 확률이 더 큰가를 판단하는 것이다.

잘 오르던 주가가 갑자기 하락하기 시작하면 누구나 당황스러워 한다. 그리고 그 하락이 일시적으로 나타났다 사라지는 조정인지 아니면 추세 자체가 완전히 꺾인 것인지 고민하여야 한다. 실제로 판단하기 어려운 경우가 많다. 정확한 판별 방법은 없겠으나 일단 하락폭과 하락의 지속성, 그리고 종목의 최근 수급동향 등을 살펴 판단해야 한다.

하락폭을 키우면서 지속적인 하락이 나타난다면 일단 위험신호로 받아들여야 할 것이다. 특히 처음 나타난 하락의 양상이 중요하다. 그전의 상승폭을 상당 부분 잠식시킬 정도의 큰 하락폭이 나타났다면 일단 주의해야 한다. 이는 추가적인 하락으로 이어질 확률이 높기 때문이다. 수급에 있어서도 외국인과 기관투자가의 지속적인 매도가 나오는 것 역시 좋지 않다. 이런 사항들을 종합적으로 분석하여 판단하여야 한다.

저가에서 매집한 기관이나 사모펀드 등이 잠깐씩 물량 정리를 할 경우에도 주가가 흔들리는데 큰 문제는 되지 않는다. 그러나 어느 정도 상승한 후에 그동안 꾸준히 주식을 매집한 기관투자가들이 대량으로 물량을 정리할 때는 위험하다. 이들이 주식을 사 주지 않으면 주가의 상승이 어렵다. 여기에 외국인까지 가세한다면 상황은 매우 심각한 상황이라 봐야 한다. 꾸준히 주식을 매수해 오던 세력이 포지션을 청산한다는 것은 좋지 않은 징조이다. 이렇듯 수급의 흐름을 잘 살피는 것이 중요하다. 주가는 주식시장의 수급에 의해 결정된다.

사실, 어느 가격대가 고점인지 혹은 저점인지를 판단한다는 것은 아주 어렵다. 어쩌면 도저히 알 수 없는 부분이기도 하다. 따라서 이런 예측의 영역은 투자가로서 섣불리 예단하지 않는 것이 좋다. 시장은 생각했던 것보다 더 상승하고 생각했던 것보다 더 하락하는 것이 일반적이기 때문이다.

다만, 나름대로의 포지션 청산 원칙은 가지고 있는 것이 좋다. 예를 들어 전체적인 추세가 미덥지 않은 경우 3일 이상 하락하거나 고점 대비 5% 이상 하락하였다면 일단 추가 하락을 염두에 두는 것이다. 여기에 수급적인 요인을 분석하여 청산 원칙을 세운다. 그리고 원칙에 부합하면 미련 없이 청산한다. 이익이 나고 있는 상태라면 일단 이익을 확보한다는 생각으로 청산하고 설령 이익 폭이 만족스럽지 못하더라도 손실보다는 다만 얼마라도 벌었으니 다행이라는 생각으로 이익실현을 하는 것이다. 만일 손실이 나는 상황이라면 더 큰 손실을 미연에 방지한다는 데에 의미를 두고 빠져나온다.

물론 5% 빠졌다가 다시 상승할 수도 있다. 그렇다고 억울하게 생각할 필요는 없다. 원칙을 지킨 것이 중요하다. 미래는 아무도 모르므로 스스로의 원칙에 맞추어 대응할 뿐이다.

여기서 주의할 것이 또 있다. 주가가 상승하다가 어떤 돌발 악재에 의해 잠깐 하락하는 경우이다. 이때의 매도는 바람직하지 않다. 돌발 악재란 단발성 하락, 깜짝 쇼로 끝날 가능성이 크기 때문이다. 우량한 종목일수록 더더욱 그렇다. 세계경제를 뒤흔들 정도의 엄청난 A급 악재가 아닌 이상 잠깐 밀렸던 주가는 얼마 가지 않아 곧 추세로 회복되는 경향이 있다. 그리고 강세장에서는 어지간한 악재 가지고는 하락폭을 그리 크게 늘리지도 못한다. 오히려 많은 투자가들이 이를 저가매수의 기회로 삼으려 한다.

본격적인 추세의 하락반전은 호재가 만발하며 장밋빛 미래전망이 충만할 때 나오는 법이다. 단발적인 악재 때문에 추세 자체가 하락으로 전환하지는 않는다. 단발성 악재로 일시적인 조정은 있을지언정 절대로 상승추세 자체를 꺾지는 못하는 것이다. 따라서 투자가는 어떠한 악재가 출현하면 그것이 단발성인지 아니면 지속적으로 주가에 영향을 줄 악재인지를 잘 판단하여야 한다. 단발성이면 잠시 밀렸던 주가는 곧바로 다시 회복한다.

주가는 시장이 암울한 분위기에서 바닥을 찍으며 낙관론이 넘치는 분위기에서 천정을 친다는 이야기는 거의 예외 없이 맞아 온 것 같다. 일반적으로 주가는 우리가 예상했던 고점보다 더 상승하고 우리가 예상했던 저점보다 더 하락한다. 뭐든지 갈 때까지 가야만 반작용이 생기는 법이다.

모처럼 매수한 주식의 주가가 상승하고 있다면 일시적 악재에 겁을 먹고 서둘러 매도할 필요는 없다. 오히려 장밋빛 전망이 나오면서 모든 것이 좋게 보이는 때가 주의해야 할 시기이다. 희망적인 전망이 나오면서 한편에서는 이제까지의 주요 매수주체가 매도를 시작하는 시기가 추세반전의 시작이다.

어떤 세력도 몰아치는 대세하락의 태풍을 막을 수 없다. 일단 추세가 꺾이고 매도 물량이 본격적으로 쏟아지기 시작하는 대세하락기에는 어떤 세력도 하락장을 막지 못한다. 일단 태풍이 멈춘 다음에야 복구 작업도 할 수 있는 법이다. 몰아치는 태풍이 지속되는 동안은 속수무책이다. 이때는 종목이 우량하건 불량하건 상관없이 주가는 하락하게 되어 있다. 아무리 실적이 좋고 전망이 좋아도 하락의 태풍에 맞서 상승하기란 어렵다.

따라서 보유 종목의 이익실현이란 이러한 태풍의 징조가 있거나 태풍이 불기 시작했을 때 전격적으로 행해져야 한다. 상승의 분위기에 잘 편승해서 수익을 내고 있다면 대세가 기울어질 때까지는 꾸준히 이익을 키우는 것이 중요하다. 그리고 모든 것이 갈 때까지 가서 이제 하락의 먹구름이 드리워지기 시작한다면 알아서 곧장 빠져나와야 한다.

단, 태풍이 아닌 산들바람에 놀라서 주식을 정리할 필요는 없다는 것이다. 현명한 투자가라면 지금 부는 바람이 태풍의 시작인지, 아니면 잠시 스치고 지나가는 산들바람인지를 구별할 줄 알아야 한다. 이것이 이익실현의 최대 관건이다. 그리고 투자가의 진정한 실력 차가 드러나는 순간이다.

(5) 손절매

매수한 종목의 주가가 계속해서 하락하여 손실이 늘어나게 되면 투자가는 결단의 기로에 서게 된다. 포지션을 정리하여 더 이상의 손실을 멈추게 하느냐 아니면 올라갈 때까지 더 기다리느냐 하는 선택의 문제에 직면하게 되는 것이다. 손절매를 하느냐 마느냐의 순간이다.

손절매는 아주 어려운 결단 중의 하나이다. 그리고 투자가의 운명을 결정짓는 중요한 결단이다. 얼마나 중요하냐면 투자가에게 있어 생존과 관련된 결단이다.

투자가에게 있어 손절매는 결코 쉽지 않은 결단이다. 일단 평가손을 실제로 확정짓는다는 것이 그렇게 내키는 일이 아니다. 게다가 보유 주식의 주가가 언젠가는 오르지 않을까 하는 미련도 남아 있기 때문이다.

어떤 사람이 1,000만 원의 자금으로 한 주에 2만 원 하는 주식을 500주 샀다고 가정하자. 그러면 그 사람의 잔고는 주식 500주이지 1,000만 원이라는 현금이 아니다. 주가가 크게 하락하여 2만 원에서 1만 원이 되었다고 하자. 그래도 이 사람의 잔고는 주식 500주이다. 실제로 주가가 떨어져 입은 500만 원의 손실은 어디까지나 평가손실이지 실현된 손실은 아니다. 따라서 주가가 2만 원이 되었든 1만 원이 되었든 잔고에는 500주의 주식만이 남아있다. 그러나 1만 원에서 매도를 하게 된다면 계좌의 잔고는 500만 원이 되어 버린다. 물론 수수료까지 치면 더 줄어들어 있겠지만 말이다. 1,000만 원의 자금이 순식간에 절반이 되는 것이다. 이는 누구나 피하고 싶은 상황이다. 그래서 손절매가 망설여지는 것이다.

대부분의 투자가들은 보유 포지션이 손실이 나고 있을 때 처음에는 혹시나 하는 마음으로 기다리는 경향이 있다. 누구나 매수한 직후부터 손절매를 생각하지는 않는다. 그래서 처음에는 어느 정도의 손실을 감내하려 한다. 물론 잠시 하락하였다가 다시 오를 수도 있다. 그러니 포지션 진입 초기에는 기다리는 것이 당연할 수 있다.

그런데 문제는 기다릴수록 손실이 점점 늘어나는 경우이다. 주가의 하락이 좀처럼 멈추지 않고 손실이 계속 늘어나는 상황, 여기서부터는 손절매를 고려해야 하는데 대부분의 투자가들은 아직 결정을 내리지 못한다. 1,000만 원에서 500만 원으로 줄어 버린 현금보다는 그래도 500주의 주식이 더 희망적으로 보이기 때문이다. 그냥 1만 원에서 팔면 500만 원이지만 그대로 들고 있으면 500주이다. 그리고 언젠가 더 오를 수도 있지 않을까 하는 희망도 있다. 투자가라면 모두 이러한 상황을 몇 번쯤은 경험해 보았을 줄로 안다. 기다리느냐 정리하느냐.

과연 이 상황에서 정답이 있을까? 지나고 보면 '그래 처분하길 잘 했어.'라고 할 수도 있고 '좀 더 참고 기다릴 걸.' 하고 생각할 수도 있을 것이다.

아니면 '더 일찍 팔아 버렸을 것을' 하고 후회할 수도 있을 것이다. 하지만 미래는 아무도 모른다. 지나고 보면 답이 보이지만 문제는 닥친 상황에서 당장 어느 길을 선택하느냐이다.

우리가 미래를 알 수 없는 한 우리의 판단은 늘 불완전할 수밖에 없다. 어쩌면 불확실한 미래를 두고 정답을 운운하는 것 자체가 무의미할 수 있다. 그런데 확실한 것이 하나 있다. 그것은 손절매를 잘하는 사람은 절대 파산하지 않는다는 사실이다. 그리고 파산한 사람은 언제나 손절매를 못한 사람이다. 이 사실로부터 우리는 교훈을 얻어야 한다. 손절매는 투자가에게는 생존의 기술인 것이다.

우선 이런 결단의 기로에서 중요한 것은 냉정한 현실인식이다. 내 마음이야 조급하고 안타깝겠지만 시장만큼은 냉정하게 바라보아야 한다. 만약에 이성적으로 생각해서 '아, 더 빠지겠구나.'하는 생각이 든다면 미련을 두지 말고 손절매에 임하는 것이 좋다. 본인 스스로가 이 주식은 가망 없다는 사실을 인식하였다면 더 이상의 생각할 것이 뭐가 있겠는가? 본전이 아깝고 손실이 두려워서 혹시나 하는 생각으로 망설인다는 것은 손실의 폭만 늘리는 어리석은 행동이다. 그래서 '아니다.' 라고 본인이 느낀다면 이런 때는 과감히 손절매를 하는 것이 좋다.

설령 나중에 주가가 올랐다고 하더라도 이성적 판단에 의해 행동했다는 것 자체만으로 위안으로 삼기 바란다. 그리고 그런 이성적인 결단을 통해 투자가로서의 성공의 가능성을 더 높였다는 데에 의의를 두자. 한쪽으로는 안 된다고 판단하면서 미련 때문에 손절매를 못 하였다면 설사 이익이 났다 하더라도 다음에 더 큰 손실을 볼 여지만을 그만큼 늘렸을 뿐이다. 투자가로서의 함량만 줄인 셈이다. 이는 어리석은 짓이다. 수익을 내지는 못할망정 다음번 매매에서의 위험을 늘리는 어리석은 행동만큼은 절대로 하지 않는 것이 좋다.

그렇다면 주가가 하락하여 손실이 나고는 있지만 이성적으로 판단해볼 때 손절매보다는 좀 더 기다리는 것이 좋다고 여겨진다면 어떻게 하는 것이 바람직할까? 상당히 어려운 질문이다. 나름대로의 근거가 있겠다면 생각해 볼 일이지만 만약 그 근거가 남의 말이라거나 황당한 소문이거나 막연한 희망이라면 문제가 있다. 특히 시장이 전체적으로 하락하는 분위기에서는 아무리 우량한 종목이라도 버티기 힘든 것이 일반적이다. 따라서 객관적 근거는 정말로 이성적 판단 하에서 충분히 납득할 만한 것이어야 한다. 여기에 타협은 있을 수 없다.

그래서 추세파악이 중요한 것이다. 추세가 확실한 상승추세라면 주가가 잠시 밀리더라도 조정으로 보고 좀 더 지켜볼 수 있는 여유가 있겠지만 추세가 불안하다거나 하락추세의 성격이 짙다면 조기 청산을 준비해야 한다. 그렇지 않고 질질 끌다가는 보유 물량이 엄청난 재앙으로 돌변해 버릴 수 있다. 만약에 손절매를 해야 할지 더 버텨야 할지 도저히 감이 잡히지 않는다면 정말 난감해진다. 이것도 저것도 어려울 때는 어떻게 하는 것이 좋을까? 손절매의 원칙을 세우면 된다. 예를 들어 매수자금의 5% 손해가 나면 무조건 정리한다든가, 매수한지 7일 이내에 7%가 빠지면 정리한다든가 하는 나름대로의 손절매 원칙을 수립하고 철저하게 이행하면 된다. 물론 손절매를 하고 보니 나중에 주가가 올라 약이 오를 수도 있을 것이다. 그러나 철저하게 원칙에 입각한 매매를 하다 보면 장기적으로는 손실의 폭이 제한되기 때문에 오히려 이익이 된다. 손실 폭의 제한, 바로 이 점이 손절매를 해야 하는 가장 중요한 이유이다. 어차피 한두 번 매매하고 끝낼 일도 아니지 않은가?

손절매는 빠르면 빠를수록 좋다. 손절매를 빠른 시점에 할수록 손실이 줄어드는 것이고 느리면 느릴수록 손실 규모는 늘어난다. 그리고 너무 늦어 버리면 정말 손을 쓸 수 없을 만큼 심각한 상황이 된다.

손절을 앞두고 본전 생각이 나는 것은 모두 마찬가지이다. 그러나 본전은 본전일 뿐이다. 문제는 지금 이 순간에 내 계좌의 잔고가 줄고 있으며 앞으로도 줄 가능성이 높다는 사실이다. 본전이 얼마이든 간에 이 상황에서의 정답은 당장 손실을 멈추게 하는 것이다.

손실 규모가 작다는 것은 나중에 언제라도 만회할 수 있다는 이야기가 된다. 만회를 보다 쉽게 하기 위해서라도 손절매를 해야 한다고 생각하는 것이 좋다. 이 점은 상당히 중요한 포인트이다.

예를 들어 어떤 사람이 1,000만 원을 투자하여 50%의 손실을 보았다고 하자. 500만 원만 남은 것이다. 이 사람이 원금 1,000만 원을 회복하기 위해서는 몇 %의 수익률을 내어야 하는가? 100%의 수익률이다. 500만 원에서 100%의 수익률을 내어야 본전인 1,000만 원이 되는 것이다. 결코 쉽지 않은 수익률이다. 당연히 부담스럽고 초조한 매매가 기다릴 수밖에 없다. 그러나 만일 5%정도의 손실이 났다고 하자. 1,000만 원에서 50만 원 손실이다. 50만 원의 손실은 다음 매매에서 950만 원의 약 5.5%의 수익률만 내어도 복구가 가능하다. 이는 비교적 부담 없이 도전해 볼 만한 수익률이다. 그리고 심리적으로도 덜 초조하다.

이렇듯 손실의 폭이 적으면 적을수록 다음 매매에서 복구할 가능성이 커지지만 손실의 폭이 걷잡을 수 없이 확대되면 다음 매매에서 복구하기란 거의 불가능해진다. 이렇게 손실 규모가 커지면 투자가는 서두르게 되고 이는 다시 무리한 매매로 연결된다. 결과적으로 실패할 가능성만 더 키우게 되는 것이다. 따라서 가능한 한, 손실은 가벼운 수준에서 제한하여야 한다. 모든 큰 손실은 초반의 작은 손실을 받아들이지 못해 발생한 것이다.

상당수의 투자가들은 이익이 나고 있는 종목의 주식은 쉽게 매도하고 손실이 나고 있는 종목은 끝까지 들고 가는 경향이 있다. 종목에 대한 미련, 손실에 대한 거부감 때문이다.

그러나 이런 행동은 야구 감독이 이제까지 잘 플레이 해 오고 있는 컨디션 좋은 선수는 모두 빼고 컨디션 나쁘고 플레이가 좋지 않은 선수들, 혹은 부상당한 선수들만으로 시합을 치르겠다는 것과 다를 바 없다. 수익이 발생하고 있는 종목은 계속 보유하고 뭔가 문제가 있는 종목은 빨리 정리하는 습관을 기르는 것이 좋다.

손절매는 분명 어려운 선택이자 피하고 싶은 선택이다. 그래서 이 세계에는 승자보다 패자가 많은 것이다. 다들 하기 어려운 것은 하지 않으려하고 피하고 싶은 것은 피해 버리기 때문이다. 그러나 언제나 어려운 것을 피하지 않는 자가 승리의 영광을 누린다. 이것이 어디 투자의 세계에서 뿐이겠는가?

(6) 휴식 －마이너스(－) 상황에서 빠져 나와라－

　매매에 있어 휴식이라는 과정은 매우 중요하다. 좀 이상하게 들릴 수 있으나 이것만큼 다음의 성공을 기약해 주는 것도 없기 때문이다. 필자가 개인적으로 가장 중요시하는 전략 중의 하나이다. 휴식은 분명 매매전략이다. 그것도 아주 요긴한 전략이다. 다만 투자가들에게 좀처럼 선택되지 않는 전략일 뿐이다.

　샐러리맨들은 쉬고 싶어 안달인데 매매에 정신을 빼앗긴 사람들은 쉴 수 있음에도 불구하고 쉬지 않는다. 특히 매매에서 계속해서 손실을 보는 사람들은 더욱더 매매에 집착한다. 매매에서의 연속적 손실은 휴식밖에 그 탈출구가 없다. 그런 의미에서 휴식은 아주 중요한 매매전략이다. 휴식이라는 전략에 관해 살펴보기로 하자.

　투자가가 시장에서 하루하루 승부에 매달리다 보면 자신의 생활 자체가 시장에 예속되어 버리기 쉽다. 시장의 방향이 어디로 향할까 언제나 조마조마해 하며 그날의 매매의 결과에 따라 자신감이 넘치기도 하고 시장을 저주하기도 한다.

　그리고는 수익이 나면 더 내려는 욕심에서 매매를 하고 손실이 나면 만회하려는 억울함에서 매매를 한다. 매매 결과에 따른 감정이 그다음 매매를 지배하는 것이다. 이는 결코 바람직하다고 볼 수 없다. 수익이 났다 하여 다음번 매매에서 또 수익이 나는 것도 아니며 억울해서 또 한다고 다음번 매매가 잘되는 것도 아니다.

　모두가 감정에 따른 반응일 뿐이다. 시장은 그저 오르고 내리는 본연의 일을 하고 있을 뿐인데 거기에 우리들이 감정적으로 반응하고 있는 것이다. 그러나 인간인 이상 어쩔 수 없다. 보고 듣는 것에 마음이 동하는 것을 어찌하랴. 그러나 문제는 매매에서 감정적 대응은 손실을 부를 수 있다는 점이다. 감정의 소용돌이 속에서 투자가는 순간적으로 이성적 판단을 상실

할 수 있으며 이것은 치명적인 손실로 직결된다.

평정심이 무너지고 감정이 회오리치는 상황에서 합리적이고 냉철한 판단을 하기란 거의 불가능하다. 단말기의 평가손은 늘어만 가고 시장은 전혀 예상외의 방향으로 거세게 움직이는 상황에서 과연 얼마나 많은 사람이 평정심을 유지할 수 있을까? 감정적으로 격해질 수밖에 없으며 당황하게 된다. 그리고 대부분의 경우 그런 상황에서 손실을 만회하겠다고 매매를 반복한다. 잔고가 바닥이 날 때까지 말이다.

현명한 투자가라면 스스로가 감정적으로 격해져 있고 평정심의 유지가 어렵다고 판단이 되면 과감히 물러날 줄 알아야 한다. 일단은 단말기에서 멀어져야 하는 것이다. 감정적으로 격해진 상태에서 더 이상의 매매는 무의미하다. 오히려 손실만을 늘린다. 그래서 어차피 실패할 매매, 손해 볼 매매는 사전에 방지하는 편이 낫다.

누구나 손실을 싫어한다. 그리고 어떻게든 빨리 만회하고 싶어 한다. 그러나 이미 평정심을 잃은 상황에서는 손실을 만회하기는커녕 손실을 확대시킬 가능성만 커져 있다. 잠시 매매에서 손을 떼고 쉬는 것이 현명한 선택이다. 지게 되어 있는 게임을 왜 일부러 하려고 안달인가? 쉬어라. 쉬는 것도 버는 것이다.

이 휴식이라는 과정처럼 다음번 매매에서 수익을 확실하게 보장해 주는 것도 없다. 휴식의 기간이 길었을수록 다음의 매매는 거의 예외 없이 좋은 수익을 낸 것이 필자의 경험이다. 그 이유는 간단하다. 승부의 결정적인 요인은 평정심이며 휴식은 그 평정심을 가져오게 하기 때문이다.

매매에서 많은 손실을 낸 경우, 감정은 격해져 있고 아무리 이성적으로 대처하려고 해도 잘되지 않는다. 감정이 격해진 상황에서 투자가가 평정심을 유지하기란 불가능하다. 황당함과 억울함 그리고 후회스러움의 감정이 계속해서 치솟기 때문이다. 그럴 때는 그냥 피하여야 한다. 말없이 단말기에서 떨어져라. 승리의 여신이 이번에는 당신을 명단에 넣지 않은 모양이다. 어쩔 수 없지 않은가? 아무리 발버둥 쳐도 명단에 없으니 어쩌랴? 발버둥 치는 자신만이 처량해질 뿐이다. 쉬는 것도 훌륭한 전략이자 투자가의 대응전략이다.

요동치는 시장의 움직임에서 평정심을 유지한다는 것은 힘든 일이다. 우리가 인간인 이상 정도의 차이는 있을지언정 감정의 파도는 밀려오게 되어 있다. 그리고 밀려오는 감정에 유연히 대처하기란 쉽지 않다. 그래서 그런지 1년 365일 쉬지 않고 단말기에만 붙어 있는 사람치고 큰 수익을 내는 사람을 별로 본 적이 없다. 한 템포 쉬면서 자신의 심리상태를 편안히 유지하는 것이 매매에 있어 아주 중요하다.

투자가에게 있어 휴식은 전략이자 특권이다. 바둑의 프로 기사가 대국 중에 운이 따르지 않고 있다는 것을 느꼈다고 하자. 그렇다고 쉬었다 할 수 있겠는가? 절대 그럴 수 없다. 그들은 아무리 쉬고 싶어도 대국 중에는 휴식을 취할 수가 없다. 쉴 수 있을 때는 대국이 끝난 다음이다. 그러나 그 때는 이미 승패가 결정 난 다음이다.

그러나 투자가는 다르다. 언제든지 도중에 물러나 쉴 수 있다. 휴식을 취하겠다고 하는데 어느 누구도 제재하지 않는다. 이것은 투자가가 갖는 특권이다. 그런데 대부분의 투자가들이 이 특권을 누리지 않는다. 대부분 이것이 특권인지조차도 모르고 있다. 매매가 잘 안될수록 한발 물러나 관조하는 자세가 필요하다. 매매는 이것을 투자가에게 허용하고 있다. 많은 투자가들이 이를 제대로 활용하지 못하고 있을 뿐이다.

안될 때는 아무리 발버둥 쳐야 되지 않는다. 필자는 이런 상황을 마이너스(-)의 상황이라 부른다. 수익이 마이너스가 되는 상태, 즉 매매가 잘 안되는 갑갑한 상황이다. 이런 상황에서는 아무리 매매를 반복해야 마이너스의 수만 늘어난다는 것이다. 즉 -1에다 10을 곱하면 -10이 되고 100을 곱하면 -100이 되듯이 말이다. 일단 마이너스의 상황에서는 아무리 큰 수를 곱해봐야 마이너스가 되는 것이다. 이럴 때는 일단 마이너스 상황에서 빠져 나와야 한다. 상황을 플러스로 반전시켜야 한다. 그래야 수익이 나는 것이다. 매매가 제대로 되지 않는 마이너스의 상황은 매매를 거듭해야 손실만 늘어난다. 일단 벗어나는 것이 좋다. 휴식을 취해야 하는 것이다.

휴식이라는 시간은 투자가에 있어 진정 의미 있는 시간이다. 단말기에서 잠시 떠나 전혀 다른 세상을 거닐고 있노라면 모든 것을 잊게 되고 새로운 정신 상태가 된다. 마이너스 상황에서 빠져나오는 것이다.

따라서 휴식이란 중요한 투자전략의 하나이다. 마음먹은 대로 매매가 안 된다거나 평정심이 무너졌다 생각되면 그냥 밖으로 나가라. 서점에서 책 구경을 하거나 시장바닥을 누비며 돌아다녀도 좋다. 혼자서 영화를 보는 것도 좋다. 노래방에 가 혼자서 열창을 하는 것도 좋다. 그렇게 단말기에서 떨어져 전혀 다른 분위기에 빠져 보는 것이다. 괜히 되지도 않는 것을 억지로 붙잡고 있어봐야 정신적으로 스트레스만 받고 손실은 손실대로 늘어만 간다.

시장에 대해 확신이 서지 않거나 매매에 판단이 서지 않을 때도 그냥 쉬어라. 굳이 지금 매매를 무리해서 할 이유는 어디에도 없다. 언제든지 다시 들어갈 수 있지 않은가? 방향이 보이지 않을 때는 그냥 편안한 밤을 보내라. 다음 날이면 모든 것이 분명해져 있을 것이다.

잘 안되었을 때만 휴식을 취하는 것이 아니라 너무 잘되어 큰 수익을 올렸을 때도 휴식을 취하는 것이 좋다. 왜냐하면 많은 경우의 큰 손실은 큰 수익이 난 뒤에 발생하기 때문이다. 자만심이 생겨 리스크 관리에 소홀해지기 쉬운 상태에서 손실이 나는 것이다.

어떤 투자가가 말하기를 대형 수익이란 두 번 연속해서 나는 일이 거의 없다고 한다. 즉 잘 나간 다음에는 반드시 함정이 도사리고 있다는 것이다. 개인적으로도 아주 공감이 가는 이야기이다.

필자는 수익을 크게 낸 다음에는 영화를 본다. 수고한 자기 자신에 대한 보너스이기도 하지만 새록새록 피어오르는 자만심에서 벗어나기 위한 방편이다. 이때는 반드시 혼자서 본다. 누구와 같이 있어 신경 쓰는 것이 귀찮기 때문이다. 철저히 혼자만의 편안함을 즐긴다. 평일 대낮에 혼자서 영화를 본 적도 많다. 주위에서는 이상한 시선으로 보기도 하지만 개의치 않는다. 그냥 웃고 즐긴다. 매매와는 전혀 다른 세상에 있음으로 해서 매매에서 생긴 자만심을 식히는 것이다. 의도적으로 시선을 딴 곳으로 돌린다고나 할까?

필자는 매매의 천재가 아니다. 그런데 매매에서 수익이 좀 나면 마음은 무슨 매매의 천재인 양 거들먹거리려고 한다. 이것을 제어하여야만 한다. 그래서 그냥 빠져나와 쉬는 것이다. 수익이 좀 났다고 스스로가 매매의 천재라는 그런 건방진 착각을 하지 않도록 말이다.

특히 시장이 횡보국면이거나 매매가 도저히 마음먹은 대로 되지 않는 상황이라면 아예 해외로 떠나기도 한다. 횡보국면처럼 방향이 애매한 국면에서는 매매를 남발할 가능성이 크며 타이밍이 조금만 어긋나도 큰 손실을 볼 수 있기 때문이다. 그래서 아예 피해 버리는 것이다. 어려울 때 매매를 자제하는 것은 훌륭한 전략이다.

분명 누구에게나 이상하리만큼 매매가 잘되지 않는 때가 있다. 포지션을 역으로 잡게 되고 시장은 생각대로 움직이지 않는다. 운이 안 따른다고밖에 말할 수 없는 그런 경우이다. 하루에 종합주가지수 30포인트가 오른 상황에서 자신이 매수한 종목만 하락한다거나 당일 30포인트가 하락한 상황에서 선물 매도 포지션을 잡았음에도 불구하고 타이밍이 어긋나 손실을 보면서 청산을 해야 하는 경우이다. 안 풀려도 정말 안 풀리는 경우이다.

이럴 때는 억울함도 더 하고 화도 더 난다. 그러나 이런 상황에서 매매를 지속하다가는 그나마 남아있는 자금도 바닥이 난다는 사실을 명심하여야 한다. 이렇게 우울한 상황에 처하게 되었다면 노래방에 가서 노래를 부르기를 권한다. 절대 노래가 나올 상황이 아니겠지만 그래도 가서 노래를 불러라. 그래야 추가 손실도 방지할 수 있고 다음번 매매를 위한 준비도 할 수 있다. 노래를 부르면 인간은 행복해지고 건강해진다. 그래서 노래는 천연 항우울증제라고 한다.

시장이 광적으로 요동을 칠 때도 휴식을 취하는 것이 좋다. 상한가와 하한가를 오가거나 극심한 변동성으로 사이드카가 발동되는 상황은 누구라도 대응하기 어려운 장이다. 물론 그런 광적인 변동성을 이용해 큰 수익을 기대할 수도 있겠지만 그 반대의 경우도 분명 존재한다. 시장이 진정할 때까지 쉬는 것이 현명하다.

아무튼 휴식은 여러 경우에 있어 중요한 전략적 대응 방법이다. 투자가에게 이것은 특권이자 무기이다. 그런데도 많은 투자가들이 이 좋은 전략을 너무 사용하지 않으려 한다. 한번 쉬어 주는 것이 뭐 그리 어려운지 모두들 단말기 앞에서 떠나려 하지 않는다. 단말기 앞에 붙어 있어 해결된다면야 이 세상에 손해 보는 사람이 어디 있겠는가?

안될 때는 떠나라. 과감히 떠나라. 완전히 다른 분위기, 완전히 다른 공간에 몸을 맡겨 보는 것이다. 정신세계에 새로운 바람을 쐬게 하라. 이것은 노는 것이 아니라 더 나은 수익창출을 하기 위한 마음의 준비운동이다. 매매는 정신세계의 영역이라는 점을 명심하라. 마음을 안정시키고 진정시키는 것은 전투에 앞서 무기 손질을 해 놓는 것과 같다.

쉬어야 된다는 것을 알면서도 실천이 잘되지 않는다면 그냥 눈 딱 감고 여행을 떠나라. 실제로 손실을 냈을 때의 손실보다 여행경비가 오히려 훨씬 적게 든다. 아마 경험 많은 투자가라면 이 말에 수긍이 갈 것이다. 우리가 쉬지 않아서 날려 버린 손실액이 얼마이겠는가? 아마 세계 일주를 몇 번 하고도 남았을 금액일 것이다.

좀 쉬어라. 더 벌려고 욕심을 내기보다는 더 좋은 매매를 위해 마음을 가다듬는 것이 수익에 더 가까워지는 전략이다. 한번 큰돈을 벌고 나면 집중도가 떨어지거나 위험관리가 느슨해진다. 그리고 자만심이 커져 과거의 교훈도 잊기 쉬워진다. 한마디로 실패의 가능성이 커지는 것이다. 그럴 바에는 쉬는 편이 훨씬 낫다. 번 돈으로 인심이나 팍팍 쓰는 것도 괜찮지 않은가? 주위 사람들에게 점수도 따고 기분도 더 좋아질 것이다. 번 돈은 쓸 줄도 알아야 한다. 악착같이 모아봐야 한순간의 실수로 다 잃을 수도 있는 것이 돈이다.

이 세상은 매매말고도 다양한 세계가 펼쳐져 있다. 쉬는 것을 핑계로 다른 세계를 경험해 보는 것도 그리 나쁘지 않을 것이다. 다음번 매매를 위한 투자라 생각하라.

결국 휴식이라는 것도 매매에서 실패하지 않으려고 하는 전략 중의 하나이다. 그것도 아주 효과가 좋은 훌륭한 전략이다. 이 휴식이라는 전략까지 멋있게 구사할 수 있다면 당신은 진정 멋진 프로이다.

(7) 기록

매매를 끝내고 나면 이익을 보았든 손해를 보았든 거래내역이라는 것이 남게 된다. 언제 어떤 종목을 얼마에 매수했는지, 그리고 언제 얼마에 매도하였는지가 남게 된다. 거래의 발자취인 셈이다. 증권회사를 통해 조회해 볼 수도 있겠지만 본인이 나름대로의 양식을 만들어 기록해 두는 것도 한 방법이다. 예를 들어 매수한 날 주가지수는 얼마였고, 정확히 몇 시 몇 분에 무슨 생각으로 매수했는지를 기록에 남기는 것이다.

이런 기록들은 나중에 본인의 매매패턴을 분석할 때 큰 도움을 준다. 거래마다 정리해 둔 기록들이 쌓이고 쌓이면 나름대로의 자료가 되고 그 자료를 통해서 본인 매매에 대한 분석이 가능해진다. 그리고 분석을 통해 어떤 생각에서 매매했을 때 수익을 냈고 손실을 냈는지를 파악할 수 있게 된다. 이는 향후 매매전략을 짜는 데 아주 중요한 참고자료가 된다.

매매기록을 통해 어떤 매매가 불리했고 유리했는지를 가늠해 볼 수 있으며 또한 매매의 빈도수와 수익에 어떠한 연관성이 있는지도 알 수 있다. 이런 것들을 분석하다 보면 스스로의 장단점과 매매에서의 문제점을 찾을 수 있게 된다.

장기적으로 매매에서 승부를 보려는 투자가에게 기록을 통해 본인의 매매패턴을 분석하는 것은 대단히 중요한 일이다. 자신의 매매기록을 분석해 보면 손실을 낼 때면 언제나 비슷한 패턴을 보인다는 사실을 알 수 있을 것이다. 잘나가다 한 번 큰 손실이 나고 그 이후부터 매매가 불안정해지면서 손실액이 급증한다든지 하는 일종의 패턴을 확인할 수 있다. 또한 어떤 시점에서 손절매의 원칙이 흔들리고 있다든지 하는 것도 알 수 있다. 큰 손실일수록 그 패턴은 거의 예외 없이 들어맞는다. 무엇이 문제였는지를 객관적으로 나타내고 있는 것이다.

이 모든 것이 기록을 해놓았기 때문에 알 수 있는 것으로 기록이 없었다면 명확한 자료를 통한 분석이 불가능했을 것이다. 기록은 하나씩 쌓여 중요한 자료가 되며 그 자료는 스스로의 매매에 관한 여러 사실들을 보여 준다.

또한 매매에 있어서의 승률, 수익률과 손실률 같은 통계를 정확히 산출함으로써 매매의 전반적인 관리가 가능해 진다. 그래서 기록이 중요한 것이다. 매매에서 손실이 나면 기록이고 뭐고 집어치우고 싶은 마음이 들기도 하겠지만 기록만큼은 신경 써서 꾸준히 하여야 한다. 시간이 지난 후에 냉정한 마음으로 보면 그때의 시장과 스스로의 상황을 확인할 수 있어서 유용하다. 기록은 꾸준히 하는 것이 중요하다. 그래야 축적이 되고 나중에 자료로써 활용이 가능하다.

하나의 매매가 완성이 되면 결과는 두 가지이다. 수익을 내었는가, 손실을 내었는가 하는 것이다. 결과에 따라 기분이 달라질 수도 있겠지만 어떤 경우에라도 기록은 해 두는 것이 좋다. 손실을 보았으면 더욱더 철저하게 멘트를 달고 무엇이 잘못되었는지를 분석해 놓는 것이 좋다.

투자가는 하루 이틀의 승부를 하고 있는 것이 아니다. 장기적인 승부를 하는 것이다. 승부 하나하나를 통하여 스스로를 업그레이드시켜 나가야 한다. 그러기 위해 투자가는 하나의 거래에서 수익과 손실뿐만 아니라 경험과 교훈도 함께 얻어 나가야 하는 것이다. 이것은 더 나은 투자가가 되기 위한 필수 작업이다.

만일 당신이 이 세계에서 오래 있고 싶다면, 그래서 수익이라는 결과를 향유하고 싶다면 일단 기록부터 시작하길 권한다. 그것도 꼼꼼하게 말이다. 그리고 그 기록을 통해 당신이 과거에 저지른 잘못들, 특히 가장 참담하게 실패했던 매매들을 검토하라. 이런 과정을 반복한다면 분명 당신은 더 성숙한 투자가가 되어 있을 것이다. 명심하라. 발견하지 못하면 고칠 수도 없는 것이다.

3 매매원칙의 실행

(1) 원칙의 필요성

매매에 있어 주가의 방향을 예측하는 것도 힘들지만, 한번씩 나타나는 급작스런 움직임은 투자가를 당황하게 만든다. 그런 돌발적인 상황은 예측도 할 수 없지만 적절히 대처하기 또한 쉬운 일이 아니다. 우물쭈물하다가 손실이 갑자기 늘어나는 상황으로 전개되기 쉽다. 우리가 상대하는 시장은 감히 그 예측을 불허한다.

상승하던 주가가 갑자기 방향을 급선회하기도 한다. 추세의 대반전이다. 급작스러운 상황에 대부분의 투자가들은 당황해 한다. 문제는 이런 상황에서 투자가들이 심리적으로 상당히 불안해지고 이성적 판단을 잘 내리지 못한다는 점이다. 갑작스럽게 곤경에 빠지게 되면 우리의 이성은 감정의 불안감으로 인해 제대로 작동하지 못하게 된다. 손실의 대부분이 이런 상황에서 발생한다.

투자가들이 살아남으려면 수시로 나타나는 변화무쌍한 시장의 변동에 적절히 대처하여야 한다. 물론 쉬운 일은 아니다. 급변하는 주가에 냉정히 대처하기란 생각보다 어려운 일이다. 어쩌면 불가능한 일일 수 있다. 눈앞에 보이는 급박한 상황에 어찌 무감각할 수 있으랴.

여기에 매매원칙이 필요한 이유가 있다. 매매원칙은 변화무쌍한 시장에 대응할 수 있는 하나의 지침이자 중심이 되어 준다. 이성이 마비되어 현명한 판단이 불가능할 때 우왕좌왕하는 것이 아니라 미리 정해진 룰에 따라 자동적으로 행동하는 것이다.

매매원칙은 투자가에게 있어 매매를 결정하는 기준이 되는 동시에 매매 자체를 보다 일관적이고 안정적이게 한다. 매매원칙을 정하고 실천하는 것은 어려운 시장에 대처하기 위해 필요한 방편이다. 한마디로 투자가의 자구책인 셈이다.

정부도 비상사태에 대비한 매뉴얼을 마련해 놓고 있다. 상황이 발생하면 매뉴얼에 따라 움직인다. 급박한 상황에서는 누구나 우물쭈물하기 쉽고 우물쭈물하다가는 사태가 더욱 악화되기에 이를 방지하고자 매뉴얼을 미리 만들어 두는 것이다. 고민할 필요 없이 매뉴얼에 따라 움직이는 것이 효율적이기 때문이다.

현실적으로 우리가 시장에서 마음대로 할 수 있는 것은 주문뿐이다. 가격의 움직임은 우리가 마음대로 할 수 없다. 시장의 수많은 참가자들의 신경전과 세력싸움에서 결정되는 가격, 그리고 그 와중에서 요동치는 가격의 파동들, 이런 것들 모두가 우리들의 의지와는 완전히 무관하게 움직이는 것들이다. 우리로서는 통제가 전혀 불가능한 대상이다.

그렇다면 과연 우리가 매매에서 통제할 수 있는 것은 무엇인가? 시장도 아니고 주가도 아니다. 통제 가능한 것은 오직 우리 자신뿐이다. 이것이 투자가가 가진 전부이다.

따라서 시장에서의 승패는 스스로를 제대로 통제하였는가, 그렇지 못했느냐의 결과이다. 그런데 매매 경험이 있는 사람이라면 누구나 동감하겠지만 스스로를 통제한다는 것이 말처럼 쉬운 일이 결코 아니다. 유일하게 통제할 수 있는 것이 자기 자신뿐인데 통제하기가 쉽지 않은 것이다. 매매의 어려움이란 바로 여기에 있다고 할 수 있을 것이다. 나의 무기는 나 자신뿐인데 그것이 내 마음대로 안되는 것이다. 하나밖에 없는 유일한 무기가 생각대로 통제되지 않는다면 그것은 전쟁에서 진 것이나 다름없다.

실제로 우리는 매매에서 스스로가 제대로 통제되고 있지 않음을 자주 느끼게 된다. 불안한 주문, 손실 폭의 확대, 망설이다가 놓치고 마는 타이밍, 섣부른 청산, 등등 모두 제대로 통제되지 않고 있는 상황에서 일어나는 것들이다. 그리고 이런 일들은 한두 번으로 끝나지 않는다. 줄기차게 반복되면서 투자가들을 괴롭힌다.

그래서 매매원칙이란 것이 등장하게 되는 것이다. 매매를 단지 투자가의 자유재량에만 맡겨 놓기에는 불안한 요소가 너무나도 많기 때문이다. 따라서 매매를 하는 데 있어서 무언가 기준이 되고 근거가 될 수 있는 준칙을 마련하고자 하는 것이 매매원칙이다. 어떻게 보면 우왕좌왕하는 심적 동요에 브레이크를 거는 제어장치를 마련하는 셈이다. 불필요한 매매를 줄이고 안정적인 매매를 위해서는 이런 제어장치가 반드시 필요하다. 이것은 매매에서 그 어떤 무기보다 강력한 힘을 발휘할 수 있다.

매매원칙에 의한 결정은 많은 경우에 신속한 결정과 그로 인한 손실 축소에 큰 힘을 발휘한다. 원칙준수의 유용성이 크게 드러나는 순간이다. 원칙은 망설임이나 혼란스런 비일관성을 제거해 주므로 복잡한 결정과정을 아주 단순하게 만들어 준다. 그래서 즉각적인 대응이 가능해지며 이는 전체적으로 손실을 축소시키는 아주 중요한 역할을 한다. 스스로 매매원칙을 정하고 그 원칙으로 자기를 제어함으로써 매매를 안정시키는 것이다. 수익을 내기 위해 투자가가 할 수 있는 최대한의 사전 작업인 셈이다.

일반적으로 많은 투자가들은 수익을 내는 방법이나 비법에는 많은 관심을 갖고 있지만 손실을 방지하는 데에는 그다지 관심이 없다. 사실은 둘다 중요한데 말이다. 어쩌면 손실방지가 훨씬 더 중요한 일일 수 있다. 투자가의 생존과 직결되는 사항이기 때문이다. 적게 벌어 망하는 투자가는 없어도 손실 때문에 망하는 투자가는 많다. 매매원칙이란 이런 손실을 방지하는 차원에서 중요하다.

매매원칙은 매매에 있어서의 일종의 헌법과도 같은 것이라 하였다. 헌법은 모든 법체계에 있어 근간이 된다. 따라서 헌법에 위배가 된다고 판결이 난 법은 즉시 폐지되며 그 효력을 상실한다. 모든 법은 헌법에 근거하여야만 하는 것이다. 이는 법질서에 있어 핵심사항이다.

매매원칙이 매매에서 헌법과 같다면 모든 매매행위는 매매원칙에 근거하여야만 한다. 매수와 매도 그리고 손절매와 청산과 같은 모든 매매행위가 일정한 원칙 하에서 이루어져야 한다는 이야기이다. 이렇게 된다면 즉흥적인 매매, 충동적인 매매, 무모한 매매와 같이 손실을 낼 수 있는 불안정한 매매가 사전에 제어된다. 이는 투자가에게 엄청난 메리트를 준다. 안정적인 매매와 시장에 대한 냉정한 대처가 가능해지는 것이다. 무엇보다 우왕좌왕하는 사이에 낼 수 있는 불필요한 손실을 방지함으로써 수익률을 올리는 데 큰 역할을 한다.

물론 이 원칙을 만드는 사람은 투자가 자신이다. 따라서 투자가마다 설정하는 매매원칙은 각각 다를 수 있다. 그러나 각각의 매매원칙이 각각의 투자가가 매매함에 있어 기준이 되어야 한다는 사실에는 변함이 없다.

무슨 일이 일어날지 모르는 시장에서 나 자신을 지키기 위해서도 매매원칙은 필수적이다. 변화무쌍한 시장의 변덕스러움 속에서 매매원칙은 나를 지켜주는 수호신과 같은 역할을 한다.

이는 실로 망망대해에서의 나침반과 같은 존재이다. 사방을 둘러봐도 바다와 하늘밖에 안 보이는 상황에서 나침반은 방향에 대한 확신과 항해에 대한 안정감을 주는 없어서는 안 될 도구이다. 아마 거의 절대적인 도구라 해도 과언이 아닐 것이다. 당신이 매매를 함에 있어 매매원칙이 없다고 하는 것은 나침반 없이 망망대해를 항해하겠다는 것과 마찬가지이다. 무모하기 짝이 없는 행위가 아닐 수 없다.

매매원칙, 매매의 전쟁터에서 당신을 지켜줄 유일한 보호막이자 무기이다. 그래서 수호신이라 하지 않았던가?

(2) 매매원칙의 수립

매매원칙의 중요성을 인식하였다면 각자 나름대로의 원칙을 정하여야 할 것이다. 매매원칙을 정하는 데 있어서 가장 중요한 것이 손절매 원칙과 휴식의 원칙이다. 개인적으로도 가장 중요하게 여기는 원칙이다. 이 두 가지 원칙은 투자가로서의 성패가 달린 중요한 원칙이라고 감히 말하고 싶다. 투자가의 운명을 좌우할 원칙이다. 이 정도까지 강조하면 얼마나 중요한지 짐작이 가리라 믿는다. 손절매와 휴식의 원칙은 매매성과에 가장 결정적인 영향을 미친다.

우리가 머리로는 이해하면서도 정확히 인정하지 못하는 것이 하나 있다. 바로 우리가 손실을 볼 수도 있다는 사실이다. 매매를 하면서 100전 100승이란 있을 수 없다. 잘 진행되다가도 한번씩 뒤틀릴 수가 있는 것이 매매이다. 결국 매매를 하는 과정에서 수익과 손실은 반복되게 되어 있다.

그런데 막상 매매에 임하게 되면 사람들은 대부분 이익이 날 생각만 하지 손실이 날 수 있다는 사실을 인정하려 하지 않는다. 이번 매매가 실패로 끝날 수 있다는 사실을 생각하고 싶지 않은 것이다.

하지만 이익이 날 때도 있고 손실이 날 때도 있는 것이 매매의 세계이다. 우리 모두 이 점은 인정해야 한다. 우리가 이 점을 확실히 인정한다면 다음 단계로 나아갈 수 있다.

매매에서 손실을 볼 수밖에 없는 것이 운명이라면 이제 우리가 신경 써야 할 것은 그 손실을 얼마나 줄일 수 있느냐 하는 문제이다. 즉 매매에서의 궁극적 승패는 이익의 규모가 큰지 손실의 규모가 큰지에 달려 있는 것이다. 대부분의 투자가들이 실패하는 이유가 수익을 내지 못해서라기보다는 손실이 수익보다 커서이다. 감당하지 못할 정도로 불어난 손실이 투자가를 파산으로 몰고 가는 것이다. 따라서 손실 규모를 어떻게 제한하느냐가 매매의 성패를 결정한다 해도 과언이 아닐 것이다.

어차피 매매를 하다 보면 손실은 나게 되어 있다. 어느 누구도 여기서 예외일 수는 없다. 문제는 얼마나 손실을 덜 보느냐 하는 것이다. 여기에 직결되는 원칙이 손절매의 원칙이다. 손실 규모를 적정선에서 제어하는 것이다.

투자가가 자신이 감당할 수 있는 범위의 손실을 추정하여 한 번의 매매에서 허용되는 손실 규모의 최대치를 미리 정해 놓는다. 이는 손실의 확대를 줄이고자 하는 기본 목적과 함께 다음 매매에서 쉽게 손실을 만회할 수 있게 하기 위한 조치이다.

허용할 수 있는 손실의 최대한도는 투자가에 따라 가지각색일 수 있다. 원금의 10%일수도 있고 5%나 7%가 될 수도 있다. 그러나 손실한도는 적으면 적을수록 좋다고 본다. 왜냐하면 손실한도를 지나치게 크게 정하면 일단 손실의 액수가 커져 회복이 어렵게 될 수 있다는 문제가 발생한다. 그리고 추가적인 손실, 즉 매매원칙이 지켜지지 않았을 때의 손실이 엄청나게 불어날 수 있다는 문제가 있다.

예를 들어 3%의 손절매 원칙이 있다면 비록 매매원칙을 지키지 못하여

3%를 초과하였더라도 한도를 벗어났다는 일종의 가책 때문에 5%정도에서는 손절매를 할 수 있다. 그러나 10%의 손절매 원칙이라면 그 원칙이 준수되어지지 않았을 때 손실의 폭은 더욱 커질 수밖에 없는 것이다. 그런 의미에서도 손실한도의 폭은 가능한 좁게 잡는 것이 좋다.

손절매 원칙을 고수하는 과정에서 처음에는 누구나 회의적인 생각이 들 수 있다. 예를 들어 5% 손절매 원칙을 세웠다고 하자. 주당 10,000원에 구입한 주식이 9,500원으로 하락하였다. 원칙에 의해 손절매를 하였더니 오히려 주가는 곧장 상승하여 10,500원이 되었다고 하자. 황당한 순간이 아닐 수 없을 것이다. 잘하겠다고 지킨 원칙 때문에 오히려 수익을 낼 수 있었던 기회를 손실로 만들었으니 말이다. 당연히 이때는 손절매 원칙을 지킨 것이 원망스럽고 상당히 억울한 마음이 든다. 그냥 가지고 있었으면 주당 500원 이익인데 손절매를 하는 바람에 오히려 주당 500원의 손실을 내지 않았는가? 이런 순간이 손절매 원칙에 회의를 가지게 되는 순간이다.

그러나 원칙이란 단순히 얼마 벌 수 있는 기회를 놓쳤다는 측면에서만 봐서는 안 된다. 만약 주가가 더 떨어져서 8,000원, 7,000원이 되었다면 어떻게 되었겠는가? 만약 손절매를 하지 않아 주식을 계속 보유했다면 평가손만 불어났을 것이다. 손절매는 그런 수십 %의 큰 손실을 막기 위한 대책이다.

실제로 대부분의 큰 손실이란 손절매를 제대로 하지 못해 난 것이며 그런 큰 손실이 몇 번 나게 되면 투자가는 생존조차 어렵게 된다. 만일 손절매 원칙을 지킴으로써 손실을 보았다고 치자. 설사 손실을 보았더라도 원칙을 지켰다는 사실에 뿌듯해 하라. 원칙을 준수했다는 사실, 그것 하나만으로 당신은 훌륭한 투자가의 자질이 있는 것이다. 시장에서의 승부는 장기적인 승부이다. 우리가 필요로 하는 것은 오늘 당장 얼마의 수익이 났는가가 아니라 장기적으로 수익을 창출할 수 있는 능력과 체계를 갖추는 일이다. 이 점을 꼭 명심하길 바란다. 장기적으로 수익을 창출할 수 있는 능력과 체계. 이것이 우리가 간절히 원하는 것이다.

손절매 원칙은 상당히 중요한 원칙임에도 불구하고 대부분의 경우 잘 지켜지지 않는다. 그만큼 실천하기가 어려운 것이다. 더 기다리면 오를 수 있을 것 같은 기대가 있고 손실을 확정짓기가 싫은 것이다. 그래서 손절매 원칙은 언제나 인기가 없는 매매원칙이다. 그러나 일단 확실하게 지키기만 한다면 투자가로서의 수익창출 능력은 배가된다고 하여도 과언이 아니다.

모든 매매에서 손절매 원칙만 제대로 지켜진다면 손실은 언제나 적은 규모로 제한될 것이고 이는 그만큼 만회도 빨리 할 수 있게 한다. 모든 것이 다 그렇지만 행하기 어려운 것일수록 강력하고 효과도 강한 법이다.

다음으로 중요한 매매원칙이 휴식의 원칙이다. 쉬는 원칙이다. 앞에서도 강조한 원칙이지만 중요한 원칙이다. 쉬는 데 무슨 원칙이 필요한가라고 말할 수도 있겠지만 경험 있는 투자가라면 매매에서 쉬는 것이 얼마나 힘든 것인지 잘 알 것이다. 많은 투자가가 아마 매매에서 제때제때에 적절히 쉬기만 했어도 모두 갑부가 되고도 남았을 것이다.

시장이 확실한 방향성을 보이는 경우는 그렇지 않은 경우보다 드물다. 대부분의 경우 많은 변칙적인 움직임을 동반하기 때문에 방향성에 대한 확신을 갖기 어렵다. 확신을 가지고 매매하다가는 오히려 손실을 보기 더 쉽다.

문제는 이렇게 방향성이 전혀 보이지 않는 경우이다. 오르는가 싶으면 떨어지고 떨어지는가 싶으면 올라가는 경우가 매매하는 데 힘든 경우이다. 며칠씩 갭을 내면서 시작하여 장 중에는 갭을 메우며 끝나는 경우도 매매가 용이하지 않다. 이럴 때는 무대응이 상책이다. 그냥 쉬는 것이다. 방향성에 자신이 없거나 도무지 감이 잡히지 않을 때, 혹은 이상하게 매매가 꼬일 때는 그냥 푹 쉬는 것이 좋다. 사냥감이 없는 곳에서 괜히 총알 낭비하지 말고 확실한 사냥감이 사정거리에 들어 왔을 때를 기다리자는 말이다.

시장의 방향성에 자신이 없을 때에 쉬는 것은 물론이고 본인의 매매가 잘되지 않을 때에도 쉬는 것이 좋다. 아무리 시장이 한 방향으로 확실히 움직이더라도 이상하게 자신의 매매는 잘되지 않는 경우가 있다. 타이밍을 놓치거나 매매가 꼬이는 경우이다. 결정적인 순간에 장애물이 나타나 신경을 건드리는 수도 있다. 이런 때는 그냥 쉬어라. 그냥 단말기에서 멀리 떨어져라. 뭔가가 잘되지 않는 날에는 무엇을 해도 잘되지 않는다.

매매에서 중요한 것이 투자가의 평정심인데 그런 것들이 자꾸 신경에 거슬리게 되면 평정심을 유지하기 어렵다. 평정심이 유지되지 않는 상황에서의 매매란 처음부터 이길 수 없는 게임을 하는 것과 같다. 그리고 그런 불리한 게임을 굳이 할 필요는 없다.

불리한 매매를 하지 않으면 투자가의 잔고는 변함이 없으나 불리한 매매를 하면 투자가의 잔고는 줄어들고 만다. 어느 쪽을 택하겠는가? 모두들 혹시나 하고 달려들지만 그 결과는 어떠했는가? 대부분이 오히려 손실만 불려 놓고 후회만 하면서 끝났다. 이런 패턴은 앞으로도 일어날 것이다. 어차피 시장은 장기전이다. 분위기가 불리하면 쉬는 것이다. 기회는 내일도 있고 모레도 있다. 시장은 언제나 그렇듯 또 열린다. 조급해질 필요는 어디에도 없다.

이렇게 휴식의 원칙을 지키면 일단 매매의 횟수가 줄어들게 되고 특히 불안정한 상태에서의 매매가 줄게 된다. 이는 그만큼 승률을 높이는 데 기여한다.

휴식의 원칙을 수립하기 위해서는 자신의 매매상황을 잘 분석하여야 할 것이다. 그래서 매매일지가 중요하다. 꼼꼼하게 그날그날의 매매상황을 기록해 놓아야 어느 때가 수익률이 좋았고 어느 때가 처참한 손실이 났는지 나름대로 분석이 가능하다. 그렇게 자신의 매매를 정확히 파악하여야 제대로 된 원칙을 수립할 수 있다. 예를 들어 자신의 매매패턴을 분석해 보니 손실 규모가 두 번 연속 늘어나면 그다음에 엄청난 손실을 초래한다는 것을 발견했다고 하자. 그러면 손실 규모가 두 번 연속 늘어났을 때 매매를 쉬거나 기분전환을 하는 것이 필요하다.

개인적으로 추천해 주고 싶은 매매원칙은 최근 한 달에 있어 가장 큰 손실을 보았을 때는 무조건 쉬는 것이다. 그것도 한 2, 3주 정도 그냥 쉬도록 한다. 이 기간이 길게 느껴질 수도 있고 기회를 놓쳐 버리는 것은 아닌가 하는 생각이 들 수 있을 것이다.

그러나 그렇지 않다. 수익을 내는 것은 시장이 아니다. 투자가 자신이다.

아무리 좋은 기회이더라도 투자자의 상황이 여의치 않으면 기회고 뭐고 소용이 없다. 그냥 안되는 것이다. 이 사실을 꼭 인식하였으면 한다. 모든 초점은 투자자 본인, 스스로의 상태에 맞춰져야 한다.

(3) 원칙의 준수

법이 있기만 하고 집행이 되지 않는다면 그런 법은 있으나 마나 한 법이 되고 만다. 지키라고 있는 법인데 아무도 지키지 않는다면 그야말로 유명무실한 법이다. 아무런 의미가 없다.

매매원칙 또한 그렇다. 매매를 제대로 하기 위해 만든 원칙이 매매에 전혀 반영되지 않는다면 원칙은 있으나 마나 한 것이 되고 만다. 매매원칙의 철저한 준수만이 궁극적으로 매매에서 승리할 수 있는 유일한 길이다. 장기적인 싸움에서 이기려면 우선 스스로의 전투태세가 완비되어야 하는 것이다. 그럼에도 불구하고 매매원칙을 지키지 않는다면 이는 승리를 하지 않겠다는 선언이나 다름없다.

사람은 무엇을 진정 하고 싶은 마음이 우러나면 스스로 행동하게 된다. 그 욕망이 강하면 강할수록 어떠한 어려움이 있더라도 하고야 만다. 그러나 별로 하고 싶지는 않은데 해야만 하는 의무적인 일에 대해서는 그렇게 열정을 보이지 않는다. 한마디로 내키지 않는 일은 하기가 싫은 것이다.

그런 의미에서라면 매매원칙의 준수는 의무적으로 하는 일에 가깝다. 별로 내키지 않는 일이다. 손절매를 하지 않고 더 기다리고 싶은데 원칙이니까 손절매를 해야 한다. 기분은 지금 매수하고 싶은데 객관적인 시그널이 아니니까 매수하지 않아야 한다. 이렇듯 매매원칙은 주로 규제하고 제어하는 측면이 많다. 한마디로 '하지 말라.', '해서는 안 된다.' 같이 하지 못하게 하는 것들이 많다. 그래서 매매원칙은 인기가 없으며 제대로 지켜지기가 어려운 것이다. 원칙을 지키지 않는 사람이 훨씬 더 많기에 시장에는 승자보다 패자가 많은 것이다.

하기 싫고 어렵지만 해야만 하는 것, 이것이 성공으로 가는 길이다. 따라서 진정으로 투자에서 성공하고자 한다면 매매원칙을 준수하는 훈련부터 시작하여야 한다. 따라서 처음에는 수익을 얼마 내느냐 보다 매매원칙을 준수하는 데 초점을 맞추는 것이 좋다. 매매의 결과가 어떻든 매매원칙을 지켰다는 데 의미를 두고 매매를 하는 것이 좋다. 즉「매매 = 매매원칙의 실현」이라는 공식을 스스로에게 세뇌시켜야 한다. 이것은 아주 중요하다. 비록 손실을 보았지만 손절매의 원칙을 준수했다면 이는 큰 의미가 있다. 원칙의 준수는 다음의 성공을 기약하는 중요한 발판이 되기 때문이다.

　주식을 매수하는 데 나름대로의 원칙을 세웠다면 그 원칙을 철저히 준수하여 매수하여야 한다. 그러면 자신도 모르는 사이에 매매가 정교해지고 신중해진다. 손절매를 하여 손실을 실현시키면 당장은 기분이 썩 좋지 않아도 반복되면서 왠지 모르게 매매에 자신감이 생긴다. 만약 3% 손절매의 원칙을 만들어 준수한다면 적어도 손실은 언제나 3%에서 제한된다. 이렇게 손실을 한정할 수 있다는 것은 매매에 있어 상당히 중요하다. 다음 매매에서 손실을 만회할 가능성이 더욱 커지기 때문이다. 매매의 경험이 많은 투자가라면 이것이 무엇을 의미하는지 금방 알 수 있을 것이다.

　원칙에 의하여 매매하는 습관을 들여라. 좋은 습관은 당신의 행동을 바꾸고 그 행동은 당신의 인생을 바꾼다. 매매원칙을 준수하는 습관은 당신의 매매결과를 바꿔 놓을 것이며 나아가 당신의 계좌 잔고를 바꿔 놓을 것이다.

　만일 누군가 시장의 움직임을 완벽히 읽고 매매에 천재적인 감각이 있다면 굳이 매매원칙에 관해 말하지 않겠다. 그러나 그런 특별한 천재가 아닌 이상, 투자가로서 성공을 하려면 원칙을 고수하며 무리하지 않고 차근차근 대응하는 수밖에 없다.

　우리가 미국인이 아닌 이상 영어를 구사하려면 영어공부를 하여야 하듯이 매매의 천재가 아닌 이상 매매에서 승리하려면 매매원칙을 준수하여야만 하는 것이다. 영어공부를 열심히 한 사람이 영어 구사에 문제가 없는 것처럼 매매원칙을 준수하며 매매를 하는 투자가는 승리하는 데 문제가 없다. 영어공부를 제대로 하지도 않고 영어를 잘하겠다는 것이 얼마나 허망한 이야기인가? 매매에서도 이 같은 사실은 똑같이 적용된다. 매매원칙을 준수하지 않고 매매에서 성공하겠다는 것도 똑같이 허망한 이야기인 것이다.

얼핏 보면 매매원칙을 지키는 것이 돈을 버는 것과 그리 밀접한 관계가 없어 보일 수도 있다. 싸게 잘 사서 비싸게 팔면 그만이지, 무슨 원칙이 대수냐고 생각하는 사람들이 더 많을 것이다. 그렇다면 이렇게 되묻고 싶다. 그래서 당신은 시장에서 얼마나 벌었느냐고. 절대 남만큼 해서는 여기서 살아남지 못한다. 남이 하지 못하는 것을 자신이 해내야 이기는 것이다. 남보다 몇 배의 각고의 노력이 있어야 수익이 나는 것이다. 이 같은 사실은 어느 분야에서나 마찬가지이며 매매에서도 결코 예외일 수 없다.

돈은 주식시장에서 버는 것이 아니다. 매매를 통해 버는 것이다. 이 점을 명심하여야 한다. 주식시장에는 수많은 종목과 엄청난 자금과 수많은 참가자들로 언제나 들끓고 있다. 그러나 거기서 내가 그냥 가질 수 있는 돈은 단 한 푼도 없다. 오로지 나의 매매를 통해서만 가능하다. 그리고 그 매매의 주체는 바로 '나'이다. 어느 누구도 대신할 수 없으며 그 책임도 대신 질 수 없다. 따라서 내가 제대로 해야 매매도 제대로 되며 수익도 낼 수 있는 것이다. 여기에 매매원칙이 필요하다.

나를 통제하고 보다 완벽해질 수 있도록 도와주는 원칙이 준수되면 매매가 안정된다. 그래야 지속적인 수익도 기대할 수 있는 것이다. 어쩌다 운 때문에 나는 수익은 운이 나빠지면 몽땅 손실로 변하고 만다. 그러나 원칙으로 일관한 매매에서의 수익은 지속적이다.

스스로에게 어떠한 원칙을 제시하고 그 원칙에 대해 절대적인 복종을 하기란 참으로 어렵다. 그 원칙을 어겼다고 해서 그 누구로부터 어떠한 제재도 받지 않기 때문이다. 매매원칙을 어겼다고 하여 누가 벌을 주는 것도 아니고 누가 비난하는 것도 아니다. 그렇다고 지금 당장 엄청난 금전적 손실이 발생하는 것도 아니다. 다만 자신의 의지가 약했음을 스스로가 느낄 뿐이다. 그러나 그것도 만성이 되어서는 곤란하다. 원칙을 어기는 것에 익숙해져 무감각해진다면 그야말로 매매원칙은 아무런 의미가 없는 것이 된다. 그 순간이 투자가란 직업을 접어야 할 순간이라 본다.

매매원칙을 지키지 못할 것 같으면, 혹은 본인에게 도저히 그럴 의지가 없다면 아예 매매를 하지 않는 것이 좋다. 그나마 있는 돈이라도 보전할 수 있을 것이다. 그러나 투자가로서 돈을 벌고자 한다면 매매원칙을 준수하라. 끝까지 준수하라. 어떤 일이 있어도 준수하라. 작은 원칙이라도 깨지면 혼란이 오고 끝까지 지켜지면 결실로 이어진다. 원칙에 타협은 없다. 예외도 없다. 그래서 원칙인 것이다.

(4) 실천은 어렵다

매매원칙을 세워 투자가 자신을 통제함으로써 불필요한 손실을 줄여 나가자는 의미에서 상당히 중요한 것이다. 그러나 원칙을 세우는 것도 세우는 것이지만 지키는 것은 더더욱 어렵다. 실제로 매매의 경험이 많은 투자가라면 이러한 사실에 공감할 것이다. 원칙 중에서 가장 중요한 손절매의 원칙 하나만 보더라도 좀처럼 지키기가 쉽지 않다.

이 세상에는 좋은 것인 줄 알면서도 좀처럼 실행하기 어려운 것들이 많다. 금연이 좋다는 것, 운동이 좋다는 것은 모두 다 공감하고 있는 사실이다. 오히려 너무 많이 들어서 진부한 느낌마저 든다. 그러나 그 현실은 어떠한가? 금연에 성공한 사람은 극소수이며 운동을 시작해야겠다며 휘트니스클럽에 등록하고 며칠 가다 중단하는 사람들이 대부분이다.

실천은 결코 만만치 않은 것이다. 실제로 행동으로 옮기는 데에는 강한 의지를 필요로 한다. 그렇다면 좋은 줄 알면서, 해야 하는 줄 알면서 하지 못하는 이유는 도대체 무엇일까? 아마도 가장 큰 이유는 그렇게 하지 않아도 지금 당장에는 별 다른 지장이 없기 때문일 것이다. 금연을 하지 않아도 운동을 하지 않아도 지금 당장에는 나에게 어떤 피해도 없기 때문이다. 즉 절박함이 없는 것이다. 당장 어떠한 피해나 불이익도 없기 때문에 즉각적인 실천이 되지 않는 것이다. 그래서 차일피일 미루게 되며 좀처럼 행동으로 못 옮기게 된다. 그러면서 시간만 흘러간다. 아무리 중요한 것이라도 의지의 부족으로 행동이 뒤따르지 못하면 소용이 없다.

　매매에서 원칙을 세우고 준수하는 것도 마찬가지이다. 중요성은 모두들 나름대로 인정하고 있다. 그러나 막상 실천하려 하면 잘되지 않는다. 이 역시 의지의 부족이다. 원칙을 세우고 지키지 않더라도 지금 당장 매매하는 데에는 아무런 지장이 없다. 그냥 단말기를 보고 주문만 입력하면 되기 때문이다. 오히려 원칙을 세우고 원칙에 의거한 매매를 하는 것이 더 이상하게 여겨질 수도 있다. 게다가 어느 누구도 원칙에 의거한 매매를 하라고 강요하지 않는다. 이는 어디까지나 순전히 투자가 자신의 선택의 문제일 뿐이다. 그런데 투자가로서 살아남느냐 마느냐 하는 문제는 이 선택에 전적으로 달려 있는 것이다.

　누구든 막상 실전매매에서는 매매원칙의 실행에 많은 어려움을 겪을 것이다. 매매원칙을 실천하기에 앞서 꼭 이래야만 하는지에 대해 많은 회의도 들 것이다. 원칙을 지키기 위해서는 쉽지 않은 결정을 내려야 할 때가 많다. 좀 더 솔직히 말하자면 내키지 않는 결정이다. 손실 규모를 제한하기 위해 더 이상의 매매를 하지 않기로 한 손절매 원칙을 지키기 위해 매매를 중단해야 할 때는 정말 내키지 않을 것이다. 지금 매매하면 손실을 만회할 것만 같은데 그만 해야 하는 것이다. 무엇보다 손실을 본 채 물러난다는 것이 억울할 수도 있다.

　특히 매매원칙을 시행하는 초기에는 이러한 갈등의 연속일 것이다. 왠지 원칙을 지킨다는 것이 너무 융통성 없어 보이기도 하고 원칙 자체가 너무 타이트한 것이 아닌지 의구심도 든다. 원칙을 다시 고치고 싶은 생각도 든다. 그러나 원래 몸에 좋은 약이 입에는 쓴 법이다.

　여러 매매원칙 중에서도 특히 손절매의 원칙은 실천하기 가장 어려운 원칙이다. 손실을 확정짓는다는 것 자체가 내키지 않는 일이며, 앞으로 시장이 달라질 수도 있다는 기대감이 손절매를 주저하게 만든다. 수익률 관리에 있어 손절매가 중요하다는 사실을 아무리 잘 알고 있는 사람이라 할지라도 막상 매매에서 손절매를 하려면 망설여지는 것이 일반적이다. 그만큼 실행이 쉽지 않다.

원칙을 준수하고자 하는 사람이라도 아마 처음에는 손절매에 앞서 많은 갈등을 해야 할 것이다. 머릿속으로는 손절매를 부르짖으면서도 좀처럼 주문은 나가지 않는다. 분초를 다투는 상황에서 이러한 갈등은 그 자체가 엄청난 스트레스이다. 그리고 이런 스트레스는 더욱 판단을 어렵게 만든다.

이렇듯 매매원칙을 준수하는 데에는 많은 망설임이 따른다. 원칙의 실행에 갈등을 유발시키는 것이다. 그러나 눈 딱 감고 원칙을 지켜 나가 보기 바란다. 만약에 원칙을 어기고자 하는 충동을 못 이기고 넘어간다면 다음에도 그럴 확률이 높다는 점을 기억하라. 망설이고 주저하는 나 자신이 성공매매의 가장 큰 장애물이라고 생각하라. 그런 식으로 생각한다면 갈등도 줄고 망설임도 줄게 된다. 냉정하고 매몰차게 원칙을 실행에 옮길 수 있을 것이다.

장기적으로 보았을 때 원칙의 준수는 분명 매매를 더욱 정교하게 해 주고 승률을 높여 준다. 특히 손절매 원칙은 손실의 폭을 제한해 주면서 수익률 관리에 획기적인 변화를 준다.

실천하기 어려운 것일수록 그 열매는 달다. 누구나 성공하기를 원한다. 그러나 그럴 만한 의지를 갖고 있는 사람은 극소수에 지나지 않는다. 무엇이 필요한지, 무엇이 중요한지 몰라서 성공하지 못하는 것이 아니다. 아는 것을 실행하지 않기 때문이다.

Ⅳ. 추세파악

추세파악

1 추 세

매매에 있어 주가의 추세를 파악하는 것은 상당히 중요한 작업이다. 현재의 위치가 어디이며 주가가 어떤 흐름을 거쳐 현재까지 왔는지를 확인하는 것이다. 그렇게 함으로써 향후 움직임도 조심스럽게나마 예측해 볼 수 있다.

추세란 한번 방향을 잡으면 여간해서는 그 방향으로 지속하려는 성질이 있다. 한번 방향 잡기가 어려워서 그렇지 일단 방향을 잡으면 상당 기간은 그 방향으로 지속되는 것이다. 그래서 추세에 순응하는 매매가 성공할 확률이 높다. 무엇보다 추세라는 큰 흐름을 따라가기 때문에 그만큼 안정적으로 매매할 수 있다는 장점이 있다.

한편, 주가가 올랐다 내렸다 반복하면서 추세를 잡지 못하고 우왕좌왕하는 구간이 있다. 소위 횡보구간 혹은 박스구간이라고 하는 구간이다. 이 구간에서의 매매는 상당히 까다롭다. 큰 수익을 기대하기도 어려운 구간이다. 횡보구간에서는 불필요한 매매가 반복될 가능성이 높으며 투자가를 혼란스럽게 한다. 물론 수익 내기도 쉽지 않다. 설사 수익이 난다 하더라도 그 규모가 그다지 크지 않다. 오히려 연속적으로 손해를 볼 가능성이 더 큰 구간이다. 따라서 방향이 정확하지 않은 횡보구간에서는 매매를 가급적 자제하는 것이 좋다.

주가의 흐름은 크게 나누면 상승, 하락, 횡보, 세 가지 구간으로 나눌 수 있다. 언제나 시장이란 이 세 구간 중의 하나에 있게 마련이다.

상승추세일 경우는 매수를 염두에 두어야 할 것이고 하락추세일 경우에는 매도를 염두에 두어야 할 것이다. 횡보구간은 그때그때에 따라 포지션을 결정하여야 하는데 이 구간에서의 매매는 가능한 한 피하는 것이 상책이다.

매매에 앞서 현재의 시장이 어느 구간에 있는지 반드시 확인하여야 한다. 이러한 과정도 없이 매매를 한다는 것은 행선지도 확인하지 않은 채 아무 버스나 올라타는 것과 같다. 추세파악의 과정은 아무리 강조해도 지나치지 않다. 이 과정은 향후 포지션의 방향을 결정하는 데에 있어 중요한 과정이다. 주가가 어느 가격대에서 어떤 흐름으로 진행되어 왔는지를 확인하는 것이다.

추세는 비교적 장기간에 걸쳐 지속되어 온 것이므로 일단은 차트를 통해 확인해 볼 수 있다. 봉차트에 있어 특히 주봉의 20주 이동평균선은 중장기 추세를 가장 잘 나타내 주는 지표이다. 일봉의 경우는 단기의 궤적을 확인할 수 있으나 변동성이 심하므로 꼭 주봉과 연계해서 볼 필요가 있다.

추세는 차트를 통해 비교적 쉽게 확인해 볼 수 있지만 문제는 지금의 추세가 앞으로도 지속되느냐의 여부이다. 사실, 추세 분석에 있어 가장 어려운 부분이 추세의 막바지가 어디이고, 어디가 변곡점이냐 하는 부분이다. 비록 지금이 상승추세라고 해도 이 추세가 언제 끝날지는 알 길이 없다. 더 위로 갈 수 있는지 아니면 이미 종점에 다다랐는지 판단하기가 어려운 것이다. 더 상승할 것으로 보고 매수에 임했는데 그것이 상승추세의 끝일 수 있고 너무 상승한 것 같아 매수를 자제했더니 더 상승하는 경우도 있다.

하락추세의 경우도 마찬가지이다. 지금이 하락추세에 있는지 확인할 수는 있어도 앞으로도 계속해서 하락할 것인가 아니면 하락을 마감하고 상승으로 전환할 것인가는 판단하기 어렵다. 매도를 해 놓고 보니 바닥인 경우도 있고 이제는 상승하겠지 하고 매수를 했는데 주가가 더 하락하는 경우도 있다. 자칫하다가는 추세에 반한 매매가 되어 버린다. 따라서 추세가 형성된 구간이라면 향후 추세의 지속성 여부가 최대의 관건이 된다.

추세란 기본적으로 일단 방향을 잡으면 그대로 가려는 성질이 강하다. 상승이든 하락이든 방향이 확실히 잡히면 한동안은 그 방향대로 가는 것이다. 따라서 매매는 일단 추세에 순응해서 하는 것이 바람직하다. 추세가 확실한 상승추세라면 중간에 간혹 조정국면이 나타나더라도 궁극적으로는 상승추세를 유지한다고 보는 것이 타당하다. 하락추세에서도 간혹 반등국면이 나타나기는 하지만 역시 기본은 하방이다. 한번 방향을 잡은 추세는 여간해서는 쉽게 뒤바뀌지 않는다. 따라서 매매 역시 추세에 순응하면 무난하게 할 수 있다.

한편, 추세가 확실히 정해지지 않고 갈팡질팡하는 횡보구간에서는 매매하기가 까다롭다. 주가가 특별한 방향성을 보이지 않는 구간이므로 종잡을 수 없다. 그리고 이런 횡보구간에서 가끔씩 나오는 돌파신호는 대부분이 속임수로 끝나는 경우가 많아 주의해야 한다. 돌파하여 상승하는 모습을 보이다가도 어느새 원래의 가격수준으로 되돌아온다. 따라서 이 시점에서의 매매는 냉정해질 필요가 있다.

횡보하는 시점은 서로가 서로의 눈치를 보며 물밑 작업에 들어가는 구간이므로 하루의 변동성이 커지는 경우도 종종 있다. 예를 들어 종합주가지수가 -20포인트로 시작하였다가 +20포인트까지도 갔다가 결국은 -1포인트로 끝난다든지 한다. 종가로만 본다면 전일 대비 -1포인트라는 미미한 변화이지만 장 중에는 밀고 당기는 치열한 공방을 하고 있는 것이다. 이때 섣불리 덤볐다가는 예상외의 큰 손실을 볼 수 있다.

이럴 때는 느긋하게 대응하는 것이 최선이다. 쉬운 구간도 있는데 굳이 갈팡질팡하는 구간에서 같이 갈팡질팡할 필요가 있겠는가? 그렇지 않아도 어려운 매매를 더욱 힘들게 할 필요는 없다. 때로는 판단을 유보할 줄도 알아야 한다. 이것이 성공하는 투자가의 자세이다.

횡보구간의 재미있는 점은 다음 추세를 강화시킨다는 점이다. 즉 하락한 주가가 상당 기간 횡보하고 있다가 추후에 상승추세로 전환한다면 상당히 높게 상승할 가능성이 있다. 횡보기간이 길면 길수록 다음에 본격적으로 시작되는 추세는 오래 지속될 확률이 높다. 따라서 종목 선정에 있어 횡보는 하나의 지표가 된다.

시장이 현재 어느 추세에 있는지 알아보는 추세파악은 본격적인 매매에 있어 가장 처음에 실시하는 사전 탐사이다. 사전 탐사가 정확할수록 성공할 가능성이 높은 매매전략이 나온다. 추세파악의 확인은 아무리 강조해도 지나치지 않다.

(1) 추세를 이용한 쉬운 주식매매

많은 사람이 주식매매는 어렵다고 말한다. 결코 쉽지 않다. 따라서 어느 누구도 간단히 수익을 낼 수는 없다. 오히려 수익을 못 내는 사람들이 더 많다. 수익을 못 내는 직접적인 원인은 비싸게 사서 싸게 팔았거나 오르는 중에도 못 샀기 때문이다. 다시 말하면 타이밍이 안 좋았기 때문이다.

대세하락기에 주식을 매수하여 수익을 내기란 어려운 일이다. 그래도 자기가 산 종목은 오를 것이라는 막연한 기대로 매수했다가는 낭패를 볼 수 있다. 추세적인 하락기에서 주가가 버티기란 정말 어렵다. 물론 전 종목이 다 하락하는 일이야 없겠지만 분위기가 생명처럼 중요한 것이 주식시장인데 어두운 하락 분위기에서 자유롭기란 쉽지 않은 일이다. 대부분의 주가가 하락하게 되고 투자가의 손실은 불어난다. 그리고 주식은 어렵다는 결론에 도달하게 된다.

이런 경우도 있다. 상승을 기대하고 매수했으나 영 오르질 않아 처분하니까 그다음부터는 기다렸다는 듯이 주가가 오르는 것이다. 그렇다고 따라 잡아 사기도 좀 부담스럽고, 역시 주식은 어려운 것이라는 결론만 확인하게 된다.

그러나 비교적 쉬운 매매도 있다. 소위 말하는 대세상승의 파도를 타면 된다. 주가가 무려 40일 넘게 상승하는 시기가 있었다. 그렇게 꾸준히 상승하는 장에서는 머뭇거리고 왜 애매한 장에서 주식을 매수하려 하는가?

투자가가 추세를 정확히 파악하고 거기에 맞게 적절히 대응만 잘한다면 높은 수익을 거둘 수 있다. 손자병법의 병세편(兵勢篇)에 이런 말이 나온다. '전쟁에 능한 자는 세(勢)에서 승리를 추구하며(故善戰者 求之於勢) 사람의 전투력에만 의지하지 않는다(不責之於人).' 이 말을 주식매매에 적용시키면 다음과 같다. '매매에 능한 자는 시장추세의 흐름에서 수익을 추구하며 자신의 매매능력에만 의존하지 않는다.' 흐름에서 수익을 추구한다는 말은 꼭 명심해야 한다. 아무리 투자가가 사고파는 타이밍을 잘 잡는다고 해도 큰 추세에서의 승부를 넘지는 못하는 법이다. 큰 수익을 얻으려면 추세를 타야 하는 것이다.

쉬운 주식매매의 기본은 확실한 상승기에 우량 대형주를 매입해 좀 오래 보유하다가 수급적으로 꺾였다 싶으면 미련 없이 매도하고 푹 쉬는 것이다. 물론 몇 백 퍼센트의 수익은 내지 못한다. 하지만 30~50%의 수익률은 거뜬히 낼 수 있다. 기간도 그리 오래 걸리지 않는다. 최소한 서너 달 정도 보유하면 충분하다. 그냥 잠시 묻었다가 나오면 되는 것이다.

대세상승기는 몇 년마다 온다. 적어도 한 3년은 주기인 것 같다. 물론 앞으로도 또 올 것이다. 주식시장이 사라지지 않는 한 계속해서 온다. 그럼 그때 진입하면 그만이다. 물론 하락기도 반드시 온다. 그럼 또 팔아 버리면 된다. 이 과정을 반복하는 것이다. 문제는 상승기를 정확히 포착하고 상승할 종목을 매수하느냐 하는 것이다. 상승기를 놓쳤다면 기다리면 된다. 무리할 필요는 없다. 기회는 반드시 또 온다.

그 무더운 7, 8월은 놔두고 왜 서둘러 5월에 해수욕을 하거나 철지난 10월에 해수욕을 하려 하는가? 감기밖에 더 들겠는가? 7, 8월을 놓쳤는가? 그럼 기다려라. 내년에도 여름은 또 온다. 놓쳤다고 억울해 하지 말라. 중요한 것은 다음 여름을 어떻게 맞을 것인가이다.

물론 횡보구간에서도 매매는 할 수 있다. 힘든 구간이지만 수익을 낼 수도 있다. 그러나 그런 구간에서의 매매는 매매 자체도 어려울 뿐만 아니라 수익의 폭도 제한적이다. 굳이 그런 구간에서 힘들게 매매할 필요는 없다.

쉽게 수익을 낼 때가 분명히 있다. 대세상승기이다. 이때는 상승추세가 확실한 시기이다. 현명한 투자가라면 이런 쉬운 때를 절대 놓치지 말아야 한다. 큰 물결이 한 곳으로 확실히 움직일 때는 망설일 필요가 없다. 과감하게 대세상승의 파도를 타야 한다. 파도를 만들 필요도 없고 지나간 파도를 아쉬워할 필요도 없다. 기다리면 파도는 또 온다. 그때 타면 그만이다. 이 '파도타기 전략'은 주식시장에서 초보자들도 충분히 향유하면서 나름대로의 수익을 창출할 수 있는 전략이다.

그렇다면 언제가 대세상승기인가 하는 것이 문제이다. 앞에서도 언급했지만 종합주가지수의 차트로 확인하는 것이 가장 무난하다. 후행성이 있기는 하지만 그래도 대체적 흐름은 확인할 수 있다. 일봉보다는 주봉과 월봉으로 그 흐름을 파악하는 것이 좋다. 기술적 분석에서 말하는 단기 이동평균선의 중기 이동평균선 돌파를 그 시발점으로 삼아도 된다. 소위 골든크로스라는 때이다. 여기에서 중요한 포인트는 주가가 충분히 빠져 있는 상태에서의 상승 전환하는 시점과 중기 이동평균선의 돌파 후에도 한동안 추세가 지속될 때를 노려야 한다는 것이다.

다음의 차트는 앞에서도 살펴본 현대중공업의 주봉차트이다. 2006년부터 주가는 조금씩 상승하고 있으나 상승폭은 그리 크다고 말할 수 없다. 주목할 시점은 2007년 1월부터의 상승이다. 20주 이동평균선을 살짝 밑으로 치는 듯이 하다가 곧장 상승하고 있다. 그리고는 7월까지 거의 7개월간 상승한다. 주가는 1월 초 12만 원대에 있다가 7월 40만 원대까지 상승한다. 이런 상승추세를 놓쳐서는 안 된다는 것이다. 상당 기간 분명한 상승추세를 보여 주고 있다. 이런 구간에서의 매매는 쉽기도 쉽지만 수익률도 상당히 높다. 프로라면 절대로 놓치지 말아야 할 구간이다.

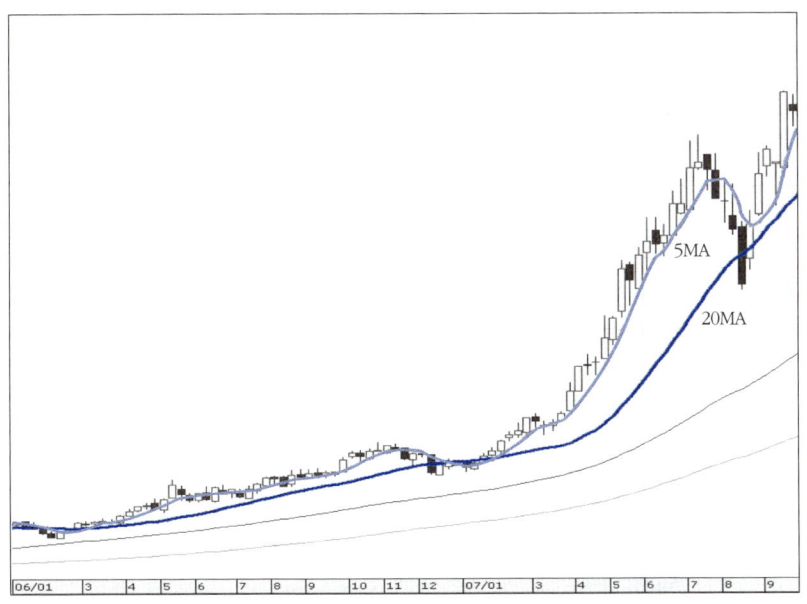

▶▶ 그림 4-1 현대중공업 주봉

위의 차트를 보면 이동평균선은 확실한 정배열 상태이고 상당 기간 바닥을 다진 상태이다. 한마디로 매수에 가장 적합한 상황이자 이해하기도 쉬운 상황인 것이다. 골든크로스를 믿고 당시 조선업 호황에 대한 확신만 있었다면 충분히 매수할 수 있었던 종목이다. 그리고 별로 고민할 필요도 없었던 종목이다. 우량주에서도 이런 100%가 넘는 수익률이 날 수가 있는 것이다. 추세에 대한 판단만 있으면 아주 쉬운 매매가 될 수 있는 대표적 사례이다.

(2) 추세의 성질

어느 방향으로 추세가 잡히든 확실한 추세가 완성되기 위해서는 수많은 도전과 장애가 따른다. 가격이 움직이면서 지지선이나 저항선의 테스트와 돌파 시도 등이 지속적으로 나타나기 때문이다.

상승추세로 전환하기 위해서는 일단 계속되는 하락추세가 있어야 한다. 이런 하락과정을 통하여 매도 물량의 정리가 이루어지는데 특히 여기서 마지막 악성 매물의 소화과정이 필수적이다. 하락추세의 마지막 단계에서 나타나는 악성 매물이란 가격은 신경 쓰지 않고 일단 팔고 보자는 매도 물량을 말한다. 그동안의 하락으로 손실이 난 투자가들이 참다못해 주식을 투매하는 것이다. 이런 투매가 끝나야 비로소 하락추세도 마무리가 된다. 이 과정에서 주식의 활발한 손바뀜 현상이 일어나며 비로소 상승추세로의 준비가 시작된다.

대세가 상승추세로 전환하였다고 해서 주가가 그냥 상승만 하는 것이 아니다. 상승하면서 많은 조정을 반복하게 된다. 오르다가도 제법 강한 매도세와 만나 잠깐씩 주춤하게 되는 것이다. 이런 시련을 극복하면서 추세는 그 강도를 더욱 강화시켜 나간다.

하락추세 역시 한동안의 상승추세 이후에 나타난다. 상승의 마지막 불꽃을 화려하게 터뜨리면서 주식은 그동안 수익을 챙겼던 프로의 손에서 불안한 아마추어의 손으로 넘어가게 되는 것이다. 이렇게 되면 시장에는 더 이상 사 줄 매수세력이 사라지게 된다. 누군가가 더 비싼 가격으로 사 주어야 주가가 오르는데 그런 주체가 없으니 주가는 하락할 일만 남게 되는 것이다. 하락추세로의 전환이다.

이렇게 주가가 하락추세에 접어들게 되면 초기에 상당한 폭의 하락이 연출될 수 있다. 소위 말하는 매수공백이 나타나기 때문이다. 이렇게 주가가 하락추세로 접어들게 되면 그 과정에서 과거의 상승을 재현시키려는 도전이 나타난다. 즉 반등의 시도가 연출되는 것이다. 그래서 제법 강하게 반등하기도 하지만 대세를 뒤집을 정도의 힘은 아니다. 장기적으로는 하락추세를 강화시켜 나간다.

이렇듯 추세는 일단 방향을 잡으면 장시간에 걸쳐 지속되는 것이 보통인데 일반적으로 최소한 몇 개월 정도는 지속되는 것 같다. 따라서 추세가 결정되었다면 투자가는 그 추세를 신뢰하고 그 추세대로 매매하는 것이 무난하다.

추세를 확인하는 가장 쉬운 방법은 추세선을 그려 보는 것이다. 추세선을 긋는 방법은 상승추세선은 주가의 저점을, 하락추세선은 주가의 고점을 연결한다. 추세선은 직선으로 표시되므로 알기 쉽게 나타난다.

그리고 중장기 이동평균선의 확인을 통해서도 추세를 짐작할 수 있다. 특히 주봉의 20주 이동평균선은 추세의 움직임을 나름대로 잘 나타내 준다. 일봉에서는 5일 이동평균선이나 20일 이동평균선이 자주 교차하면서 방향을 전환하곤 하지만 주봉에서의 20주 이동평균선 같은 중장기의 이동평균선은 어지간해서는 그 방향을 잘 바꾸지 않는다. 주봉의 20주 이동평균선의 추세는 거의 시장의 추세라고 볼 수 있다.

추세선은 일반적으로 45도 각도로 진행되는 것이 보통인데 이보다 급한 각도로 형성된 추세는 오래 지속되지 못하는 경향이 있다. 또한 추세선의 길이가 길면 길수록 그 신뢰도는 높아진다. 그리고 가격이 보다 빈번하게 추세선과 접할수록 추세의 유효성은 더욱 증가한다.

추세를 이해하는 데 있어 중요한 사항 중의 하나가 저항선과 지지선의 존재이다. 하나의 추세가 형성되어 나가는 과정에 있어 일방적인 상승이나 하락은 없다. 중간에 방향이 꺾이면서 쉬다가 다시 원래 추세로 회귀하는 것이 보통이다.

주가가 상승하다가도 어느 가격대에 가서는 멈칫거리며 좀처럼 오르지 못하는 경우가 있는데 곧 돌파를 하면 다행이지만 오랜 시간 미적거리고 있으면 의심을 하여야 한다. 결국에는 주가가 꺾이고 마는데 이렇게 더 이상 위로 돌파하지 못하는 가격대를 저항선이라고 한다. 말 그대로 상승에 대해서 저항을 하고 있는 것이다. 저항선에는 매물이 쌓여 있어서 주가가 쉽게 돌파하지 못하는데 이때는 매수의 강도에 따라 그 돌파 여부가 결정된다.

주식시장에서 뿐만 아니라 사람 사는 일이 다 그런 것 같다. 어느 방향이든지 일방적으로 밀고 나가면 반드시 저항에 부딪치게 마련이다. 저항이 워낙 커서 분위기가 반전되면 오히려 역전이 되고, 추진력이 워낙 강해 저항을 분쇄하게 되면 그대로 밀고 나가게 된다.

하락추세에 있어서도 마찬가지이다. 일정 기간 하락해 오던 주가가 어느 순간 더 이상 하락하지 않고 반등을 보이기도 하는데 이를 지지선이라고 한다. 이는 일종의 하락추세에 대한 저항이다. 주가가 어느 가격대까지 밀리면 최소한 그 가격대는 지지하려는 반격이 나타나는 것이다. 이 역시 하락강도가 지지세력보다 강하면 밑으로 돌파되는 것이고 지지의 강도가 막강하다면 장세는 역전되어 상승세로 돌아서게 된다.

하지만 큰 추세가 형성되어 가는 와중에서는 저항선이나 지지선이 돌파되는 것이 보통이다. 큰 추세가 진행되는 중에는 저항선이나 지지선이 별 의미를 갖지 못하는 것이다. 중간에 일시적인 멈춤은 있겠지만 결국은 큰 대세의 흐름 속에 파묻히게 되는 것이 일반적이다.

대부분의 저항선이나 지지선은 시간이 가면 갈수록 점차 그 강도가 약해져 간다. 기존의 추세 흐름에서 손실을 본 투자가들은 시간이 경과함에 따라 시장에서 사라지게 되고 신규 투자가들에 의해 대체되는데 이들은 과거의 가격수준에 대해 그리 연연하지 않기 때문이다.

거래량 또한 추세의 분석에 있어 중요한 요소이다. 안정된 거래량을 동반한 추세는 지속될 가능성이 높다. 거래량이 안정되었다는 것은 장에서 손실을 보고 사라진 투자가를 대신해서 새로운 투자가들이 계속해서 매수에 참여하고 있다는 것을 의미하기 때문이다. 보통 오늘의 거래량이 어제의 거래량을 상회할 경우, 오늘의 추세가 당분간 이어질 가능성이 높다.

한편, 추세는 계속 이어지는데 거래량이 감소하는 경우가 있다. 이는 그 추세가 점점 탄력을 잃어 가고 있다는 의미이다. 추세 자체가 무르익었다고 볼 수 있는데 한마디로 전만 못한 상황인 것이다.

특히 주가가 직전 고가의 거래량보다 적은 거래량으로 고가를 갱신한 경우, 추세가 꺾일 확률이 크다고 하겠다. 거래량의 감소는 새로운 매수자들의 참여가 적은 수준에 머무르고 있다는 것을 의미하므로 이는 추세가 반전할 준비에 들어갔음을 시사한다고 볼 수 있다.

그리고 추세선에서 벗어난 주가가 일정 기간 내에 추세선 안으로 회귀하지 못한다면 그동안의 추세가 역전될 가능성이 크다. 즉 상승추세에서는 하락으로, 하락추세는 상승으로 뒤바뀌게 되는 것이다. 예를 들어 20일 이동평균선을 하향돌파한 주가가 3, 4일 이내에 다시 20일 이동평균선을 상향으로 돌파하지 못 한다면 이는 추세가 꺾였을 가능성이 크다. 주의 깊게 살펴야 한다.

또한 일정한 박스권에서 오락가락 하던 주가가 어느 날 많은 거래량을 동반하며 박스권을 돌파한다면 이는 눈여겨보아야 한다. 새로운 추세의 시작일 가능성이 높기 때문이다. 우리가 매매에서 가장 신경 써야 할 사항 중의 하나가 주가의 움직임이 기존 추세의 강화인지 아니면 새로운 추세로의 전환인지를 파악하는 것이다.

실전에서 대응하기 힘든 때는 상승하던 추세가 갑자기 급격한 하락추세로 전환하는 때이다. 상승추세는 완만한 가운데 꾸준히 지속되는 성질이 있지만 하락추세는 그렇지 않다. 어느 날 갑자기 큰 폭의 하락과 함께 추세가 전환되며 단시일에 큰 폭으로 하락한다. 그만큼 대응하기가 까다롭다. 더군다나 가파른 하락 뒤에는 일시적이지만 빠른 되돌림 현상도 나타나 투자자를 혼란스럽게 한다. 매도 포지션에 뒤늦게 동참했다면 이 되돌림에 당할 수 있다. 하락폭이 큰 만큼 그에 따른 반발 매수도 강하게 들어오는 것이다. 결국은 다시 하락추세로 돌아오지만 일단은 강하게 가격이 튀어 오르므로 매도 포지션으로 대응했다가는 당하기 쉬운 구간이다.

다음의 차트는 종합주가지수의 월봉이다.

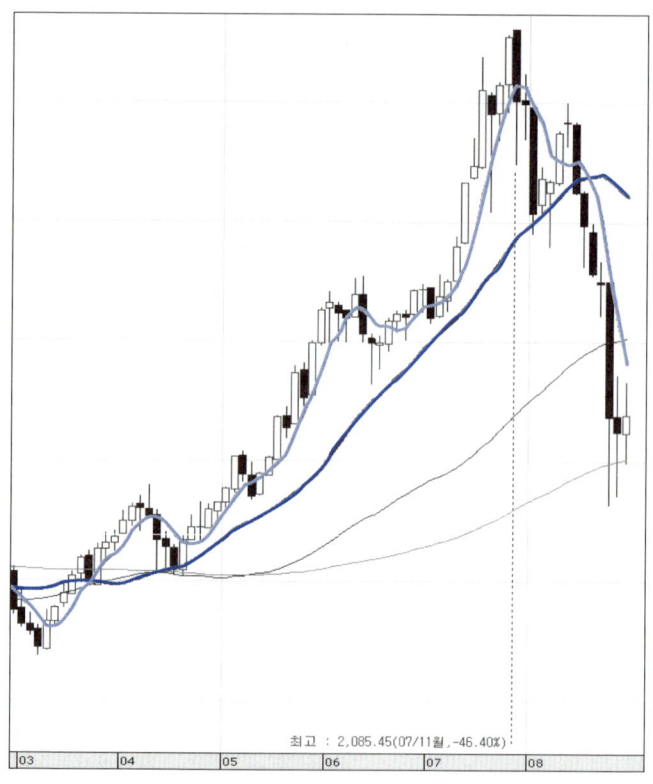

▶▶ 그림 4-2 종합주가지수 월봉

    2003년부터 꾸준히 상승하기 시작한 지수는 2008년 11월에 최고점을 찍는다. 5년에 걸친 대세상승의 모습이다. 이런 상승추세는 반드시 놓치지 말아야 한다. 한번씩 조정구간이 나타나기는 하나 대세를 거스르지 못하며 확실한 상승추세를 보여 주고 있다. 주목해야 할 구간은 2007년 말부터 2008년이다. 제법 강한 하락을 보여 주고 있다. 그 폭으로나 강도나 모두 추세 반전을 암시하는 모양이다. 그러나 곧장 반등하며 상당 폭 회복한다. 만일 매도 포지션을 잡았다면 큰 낭패를 볼 수 있는 상황이다. 그 후 2008년 하반기부터 주가는 엄청난 폭으로 하락한다. 수년에 걸쳐 올라온 지수를 단기간에 밀어 버린다.

이렇듯 하락추세는 상승추세보다 빠른 시일에 더 가파르게 나타난다. 그리고 또 주목할 것이 2008년 초에 나타나는 반등이다. 이 시기에 반발 매수도 만만치 않게 들어왔음을 알 수 있다. 따라서 하락추세를 이용해 매도 포지션으로 대응하려는 투자가들은 급등락에 주의를 기울여야 한다. 예기치 않은 급반등으로 낭패를 볼 수 있기 때문이다. 특히 변동성이 커지기 시작하면 더욱 그렇다.

추세의 성질을 이야기할 때 또 하나 중요한 것은 횡보구간에 관한 것이다. 앞에서도 언급하였지만 소위 박스권이라는 횡보구간은 주가가 거의 제자리걸음을 하는 구간이다. 특별한 추세도 보이지 않고 주가가 오락가락하므로 투자가 입장에서는 대응하기 애매한 구간이다. 그래서 처음부터 섣불리 대응하지 않는 것이 현명하다.

그러나 횡보구간은 절대 영원하지 않다. 보통 3~4개월, 길어야 6개월 정도이다. 중요한 것은 그 후에 나타나는 주가의 움직임이 꽤 탄력적이라는 점이다. 상승이든 하락이든 횡보구간이 끝나고 나타나는 추세는 상당히 강하게 나타나는 경향이 있다. 이때를 주의해야 한다. 지루하게 느껴지는 횡보구간에서 시장은 에너지를 비축하고 있는 것이다. 그것이 상승 에너지가 되었든 하락 에너지가 되었든 향후 추세 형성에 필요한 힘이 응축된다.

따라서 횡보구간이 끝나고 나타나는 추세는 믿고 따라갈 만하다. 움직임이 상당히 탄력적이므로 짧은 기간에 고수익도 기대해 볼 수 있다. 움직임이 둔한 횡보구간은 그냥 지켜보되 그다음에 본격적으로 형성되는 추세는 놓치지 말아야 할 것이다.

(3) 사이클의 반복

하루 동안의 주가 움직임의 총체가 일봉이라는 봉으로 표현되고 한 주 동안의 가격 변동은 주봉이라는 봉으로 표현된다. 그리고 이러한 봉들이 모여 추세가 되고 큰 흐름을 만들어 나간다. 결국 하루하루의 변화가 모이고 모여서 하나의 추세를 만들게 된다는 이치이다.

차트의 이동평균선을 보면 가격은 보이지 않는 선로 위를 달리고 있는 것처럼 보인다. 그런데 그 선로의 패턴은 의외로 단순하다. 수평으로 가거나 올라가거나 내려간다. 그리고 그 패턴은 한참 지속되곤 한다. 위, 아래, 수평으로 반복적으로 움직이는데 한참 오르는 듯이 보이다 때가 되면 내려오고 또 내려갔다 싶으면 다시 올라온다. 추세의 반복이다. 다른 말로 하면 주가란 확산과 수렴을 반복한다는 것이다. 위로, 아래로, 혹은 수평으로 된 선로를 달리고 달리는 것이다. 주가는 이차원적인 이 선로에서 절대 벗어날 수 없다.

추세란 결국 선로의 궤적이다. 그리고 기술적 분석을 활용하는 투자가들은 그 추세를 이용하여 수익을 창출해야 한다. 즉 이때까지의 선로의 궤적을 살펴보고 앞으로 주가가 어떤 선로를 따라 달릴지를 연구해야 하는 것이다.

추세의 사이클은 이렇게 반복되지만 막상 투자가들이 매매에서 곤란을 느끼는 것은 언제 다시 내려가고 올라갈지 그 시기를 정확히 판단하기가 어렵기 때문이다. 즉 지금까지 지속되어 온 추세가 어디서 끝날지 확신하기가 어려운 것이다.

실제로 현 시점이 추세의 초기인지, 중도인지 아니면 추세의 끝자락인지 판단하기는 쉽지 않다. 지금까지의 추세는 상승인 것 같은데 계속해서 이 추세가 이어질지 확신이 안 설 때가 많다. 또 지금까지의 추세는 하락인데 앞으로도 더 떨어질지 아니면 반등을 시작할지도 알 수 없다. 따라서 투자가들은 나름대로의 추세 판단능력을 배양하여야 한다. 어쩌면 매매에 있어 가장 중요한 능력일 수도 있다.

현명한 투자가들은 언제나 추세를 파악하면서 매매에 임한다. 낚시꾼들이 자기가 고기를 잘 낚았던 곳에서 낚시를 하듯 현명한 투자가들은 익숙하고 자신 있는 추세에서 공략한다. 많은 아마추어 낚시꾼들이 혹시나 하고 여기저기에 찔러보는 것과는 아주 다르다.

낚시꾼이 포인트를 정하여 낚시를 하듯, 무엇을 노리는 자는 자기가 노리는 상황을 정확히 인식하고 있어야 한다. 그만큼 주의를 기울이고 있어야 하는 것이다.

기관투자가나 외국인 투자가와 같은 대형 투자가들은 주식매입에 있어 가능한 한 단가를 낮추려고 노력한다. 상대적으로 저렴한 시점을 노리는데 주가가 많이 떨어져 있고 개인 투자가들의 물량이 부담 없이 나오는 시점을 노린다. 이런 시기에 대형 투자가들의 매수가 유입이 되고 이러면서 주가의 하락은 멈추게 된다. 그들의 매수는 가격을 지지하는 역할을 하는데 그 후 주가는 알게 모르게 상승을 지속한다. 가격이 어느 정도 상승하게 되면 대형 투자가들은 매수 물량을 줄이는데, 이때 아마추어 투자가들이 대거 몰려들면서 주가는 고공행진을 하게 된다. 대형 투자가들은 이때 가끔 대량 매수를 해 주면서 가격을 올리는 등, 미끼를 뿌리며 상승 분위기를 계속 조성한다.

그러나 대형 투자가들이 고가에 매수를 한다고 해서 크게 손해 볼 것은 없다. 그들은 워낙 저가에서부터 매입을 시작해 온 터라 한번씩 비싸게 사주어도 평균 매수 단가는 여전히 낮다. 그들이 던진 미끼에 또 많은 아마추어들이 몰리고 주가는 이들 아마추어에 의해 더욱 상승하게 된다.

가격이 상대적으로 고가에 이르렀다고 판단하면 대형 투자가들은 재고 처분에 들어간다. 그들의 매도는 하락추세를 만들고 아마추어들은 처음에는 머뭇거리거나 오히려 매수를 늘리기도 한다.

그러나 더 이상의 대형 매수세가 나타나지 않는 한, 주가는 하락에 하락을 거듭하게 된다. 아마추어들은 멈추지 않는 하락에 당황하게 되며 기다리다 못해 투매에 들어가게 된다. 그러면서 주가의 하락은 더욱 가속화되며 하락폭이 늘어나게 되는데 이렇게 하여 아마추어들이 보유하고 있는 주식들이 털려 나가면 대형 투자가들은 다시 저가매수에 들어간다. 같은 사이클의 반복이 또 시작되는 것이다.

이러한 사이클은 거의 끊임없이 반복되어 왔고 지금도 반복되고 있으며 앞으로도 반복될 것이다. 예나 지금이나 이 게임은 사람들이 하고 있으며 사람들의 성향은 예나 지금이나 크게 달라진 것이 없기 때문이다. 시장의 움직임은 늘 반복되고 있는 것이다. 그리고 앞으로도 사람들의 성향이 크게 달라지지 않는 한, 시장의 움직임은 반복될 것이다. 밀물과 썰물이 반복되고 계절이 반복되듯이 말이다.

이 점을 확실히 인식하고 있어야 한다. 사이클은 반복된다. 주가는 언제나 저평가되어 있다가 고평가되며 고평가되어 있다가 저평가된다. 돌고 도는 것이다. 이 단순명료한 사실을 바탕으로 투자가는 현재의 추세 판정에 힘을 써야 한다. 어쩌면 이것이 매매에서 가장 중요한 작업일지 모른다. 현재의 추세상의 위치만 정확히 안다면 앞에 무엇이 펼쳐질지 짐작할 수 있기 때문이다.

지금도 주가는 분명 어느 선로 위를 달리고 있다. 그 선로가 위로 향하고 있는지 아니면 아래로 향하고 있는지 파악하는 것이 투자가의 일이다.

(4) 추세 속의 작은 파동들

추세는 기본적으로 길게 보면 길게 볼수록 확실한 방향을 가지고 있다. 월봉이나 주봉과 같이 중장기적인 차트를 보면 추세는 더욱 확실해진다. 상당 기간 꾸준히 하나의 방향으로 움직이는 것을 볼 수 있다.

그러나 일봉으로 일정 기간의 추세를 보면 하나의 추세가 진행되는 와중에도 수많은 부침이 있다. 60분봉이나 30분봉을 보면 더욱더 복잡하다. 위로 아래로 끊임없이 파동들이 나타난다. 시간의 단위가 작을수록 더 많은 변동이 나타나는 것이다.

다음의 차트는 종합주가지수의 월봉이다. 2003년도부터 2005년 중순까지의 기간을 월 단위로 나타낸 것이다. 2003년 초반부터 상승하여 2004년 초에 하락을 하고 다시 2004년 중반부터 상승을 하고 있다. 별 복잡함이 없는, 단순하다면 단순한 패턴이다. 기본적으로 한 달 동안의 주가 움직임이 하나의 봉으로 함축되어 나타나기 때문에 그렇다.

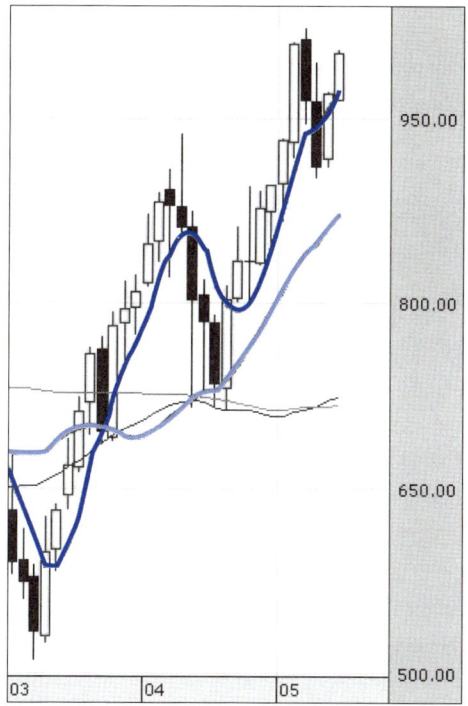

▶▶ 그림 4-3 종합주가지수의 월봉

 다음의 차트는 같은 기간의 종합주가지수 주봉이다. 월봉보다는 조금 더 복잡하다. 주가의 오르고 내림, 즉 변동 폭이 더 많이 나타나고 있다.

▶▶ 그림 4-4   종합주가지수 주봉

　주봉은 한 주의 변동을 하나의 봉으로 나타내기 때문에 월봉보다는 더 많은 개수의 봉으로 이루어져 있고 따라서 더 많은 변동을 보인다. 그래도 대체적인 추세는 확인할 수 있다. 주봉을 보더라도 2003년 3월부터의 상승과 2004년 4월의 하락 그리고 2004년 8월부터의 상승을 알 수 있다.

　월봉처럼 단순하진 않더라도 나름대로의 중장기적 추세를 제대로 보여주고 있는 차트이다. 다만, 중간 중간에 잘못하면 속을 수도 있는 모양이 몇 번씩 보이기도 한다. 상승의 추세에서도 제법 큰 음봉이 나타나기도 하고 하락에서도 양봉이 출현한다. 이런 점이 월봉에 비해서는 조금 혼란스럽다고 할 수 있을 것이다.

　그런데 일봉 차트로 보면 더욱 혼란스러워진다. 그 변동이 더욱 다양하게 펼쳐지기 때문이다. 다음의 차트는 종합주가지수의 일봉차트이다. 기간은 2004년 12월부터 2005년 5월 중순까지의 모습이다.

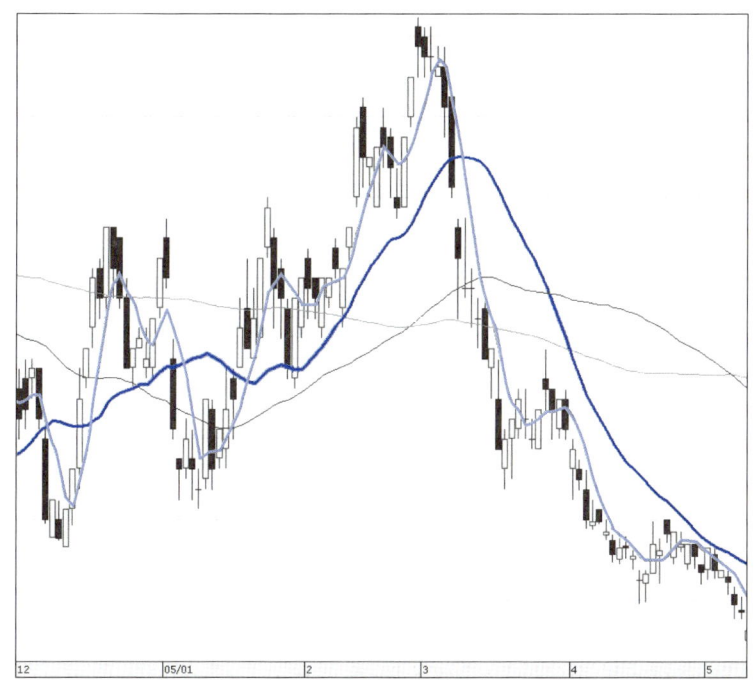

▶▶ 그림 4-5 종합주가지수 일봉

위의 차트를 월봉과 주봉과 비교해 보면 얼마나 많은 미세한 파동이 주봉과 월봉 안에 있는지를 알 수 있을 것이다. 어떤 물체를 현미경으로 보았을 때 평소에는 보이지 않는 미세한 것들이 보이는 것과 마찬가지이다.

만약에 이 기간의 움직임을 60분봉, 30분봉의 단위로 살펴보면 어떨까? 더 드라마틱한 변동이 보일 것이다. 보는 시간의 단위가 작아지면 작아질수록 훨씬 많은 파동을 볼 수 있는 것이다.

문제는 대부분의 투자가들에게 월봉과 주봉은 과거지사로 중요하게 여겨지지 않지만 눈앞에서 움직이는 분봉이나 일봉에는 민감하게 반응한다는 사실이다. 즉 투자가는 현재 진행 중인 미세한 파동에 더 많은 영향을 받는 것이다. 눈앞의 파동들이 투자가에게 심리적으로 더 많은 충격을 준다. 차트에서 분 단위로 만들어지는 무수한 파동들이 투자가의 마음에도 같은

Ⅳ. 추세파악 229

수만큼의 무수한 파동을 주는 것이다.

시시각각 변화무쌍하게 움직이는 가격을 보고 있노라면 추세에 많은 의구심을 갖게 된다. 아무리 상승추세라고 믿어도 2, 3일 주가가 떨어지면 추세에 의구심을 갖게 되며 매도의 유혹을 강하게 느끼게 된다. 일주일 후의 주가에 대한 확신보다 지금 눈앞의 가격하락이 더욱 강하게 작용하는 것이다. 어쩌면 이것도 매매의 어려움 중 하나일지도 모른다.

투자가가 단말기 앞에서의 가격변동에 초연해지기란 정말로 어렵다. 그래서 선물매매가 어려운 것이다. 분 단위, 초 단위로 가격이 위로 아래로 요동을 치므로 추세를 잡고 포지션을 유지한다는 것이 쉽지 않다. 지나고 보면 큰 추세대로 주가가 움직이지만 그 안을 현미경으로 들여다본다면 온갖 파동들이 요동을 치고 있는 것이다. 그리고 투자가는 이런 파동에 실시간으로 노출되어 있으므로 마음이 동하게 되는 것이다. 아예 단말기를 보지 않으면 모를까 그런 가격의 변화를 보고 있으면 보유 포지션에 대한 불안감이 증폭되거나 좀처럼 갈피를 못 잡는다. 물론 여기에도 프로와 아마추어의 차이가 있다. 프로는 미세 파동에 좀 더 의연하게 대처하고 보다 큰 파동을 생각하는 반면, 아마추어는 눈앞의 작은 움직임에 우왕좌왕한다.

추세상승에 대해 어느 정도 확신을 가지고 매수에 임했다 하더라도 갑작스런 가격의 하락이나 연속적인 하락은 투자가에게 상당한 불안감을 준다. 추세에 대한 의구심이 증폭되는 것이다. 그러다가 어느 순간에 추세상승에 대한 확신이 추세하락에 대한 의심으로 뒤바뀌게 된다. 그리고는 서둘러 매수 포지션을 청산하기에 이른다. 하지만 얼마 있다 보면 가격은 언제 그랬냐는 듯이 가파르게 상승한다. 처음에 생각했던 그대로의 추세로 회귀하는 것이다. 정말 황당한 순간이 아닐 수 없다. 처음의 생각대로 밀고 나갔더라면 큰 수익을 낼 수 있었을 것을 중간에 나타나는 변동에 마음이 흔들려 오히려 손실을 보고 끝나게 된다.

가격이란 상승을 하더라도 순순히 상승하지 않고 하락을 하더라도 순순히 하락하지 않는다. 온갖 앙탈을 부린다. 얌전히 한 방향으로 곱게 움직여만 준다면야 매매하는 사람의 입장에서는 얼마나 고맙겠냐마는 실상은 전혀 그렇지 않다. 결국에는 커다란 추세를 벗어나지 못할 것이면서도 금방이라도 벗어날 듯한 기세로 몸부림을 치는 것이다. 그 와중에서 투자가는 당황하게 되고 손실을 보는 경우가 발생한다.

장기적인 추세는 그리 쉽게 뒤바뀌지 않는다. 추세란 한번 방향을 잡으면 계속 그 방향으로 가려는 성질이 있기 때문이다. 따라서 추세확인에 확신이 섰다면 그 추세를 믿고 매매에 임하는 것이 중요하다. 중간 중간에 나타나는 작은 파동에 너무 집착할 필요가 없다는 것이다. 잠시 이탈을 하더라도 대부분의 경우 원래의 추세로 회귀하게 되어 있다.

통계학적인 개념 중에 평균회귀(regression toward the mean)라는 개념이 있다. 많은 데이터를 기초로 결과를 예측할 때 그 결과의 값이 평균에 가까워지려는 경향이 있다는 개념이다. 이것은 상관관계가 완전하지 않은 어떠한 관계에서도 볼 수 있는 특성이다. 우리가 이동평균선을 중시하는 이유도 여기에 있다.

예를 들어 반에서 석차가 평균적으로 10등 하는 학생이 있다고 하자. 그런데 어느 날 3등을 했다. 큰 향상이다. 그렇다면 다음 시험에서 3등보다 위인 1, 2등을 할 가능성이 높겠는가, 아니면 3등 밑으로 떨어질 가능성이 높겠는가? 이는 십중팔구 3등 밑으로 떨어질 확률이 높다. 평균이 10등에 회귀하는 것이 보통이기 때문이다. 물론 서서히 평균 자체가 높아질 수는 있겠으나 결과는 평균에 수렴한다.

2002년 월드컵 축구에서 한국 팀이 4강 진출을 하였다. 한국팀은 평균적으로 본선 16강 진출도 아슬아슬한 팀이었다. 그런데 4강 진출이라는 엄청난 결과가 나왔다. 모두들 놀랐고 흥분하였다. 그렇다면 4년 뒤인 2006년 월드컵에서 우리는 4강보다 더 좋은 성적을 낼 가능성이 높겠는가, 아니면 그 아래 성적을 낼 가능성이 높겠는가? 확률적으로 그 아래의 성적을 낼 가능성이 높다. 결과적으로 2006년 독일 월드컵에서 한국 팀은 16강 진출도 좌절되었다. 평균으로의 회귀였다. 결국 잔파동은 큰 대세의 흐름인 평균에 수렴되는 것이다.

그러나 막상 실전에서는 중간에 나타나는 파동들에 투자가가 초연해지기 어렵다. 눈앞의 파동들이 투자가들을 상당히 혼란스럽게 만든다. 추세를 믿고 버틴다는 것이 말은 쉽지만 막상 단말기에서 가격의 변동을 보고 있노라면 쉽지 않다. 마음이 흔들리는 것이 보통이다. 특히 보고 있는 차트가 단기 차트라면 더욱 그렇다. 일봉보다는 시봉이, 시봉보다는 분봉이, 그리고 분봉이라도 30분봉보다는 10분봉, 10분봉보다는 1분봉이 사람 마음을 더 혼란스럽게 한다. 그만큼 더 요란한 파동을 보이기 때문이다. 솔직히 아무리 확신이 있다고 해도 미래의 주가가 어떻게 변할지는 아무도 모르는 것이고 눈앞의 가격 변동을 보고 있노라면 의심도 생기고 불안해지는 것도 당연하다.

　만일 매수를 해 놓은 다음, 아예 단말기를 쳐다보지도 않는다면 어떠한 결과가 나올까? 아마 때에 따라서는 더욱 높은 수익이 나올 수도 있을 것이다. 그래서 주식은 계속 보는 것보다 과감하게 기다릴 줄도 알아야 한다. 물론 추세에 대한 확신이 섰을 경우에 한해서이지만 말이다. 추세에 대한 확신이 없는 상황에서 그냥 매수해 놓고 기다린다는 것은 어리석은 행위이다. 어디로 튈지 모르는 상황이라면 매수 자체를 자제해야 하며 매수를 했더라도 아니다 싶으면 얼른 빠져나와야 한다.

　그래서 매매에 앞선 추세분석이 중요한 것이다. 추세가 상승인지 하락인지 아니면 횡보국면인지를 사전에 확실하게 인식한다면 매매에 있어서도 적절한 대응을 할 수 있기 때문이다. 추세파악에 정확도를 기할수록 실패할 확률이 줄어들며 중간 중간에 나타나는 작은 파동들에 덜 휩쓸리게 된다. 그래서 추세파악을 강조하는 것이다.

　지나고 보면 단순한 추세이다. 이는 차트의 주봉이나 월봉으로 보면 뚜렷하다. 그런데 왜 그때 수익을 못 냈을까? 아쉬울 수 있을 것이다. 그때 수익을 내지 못한 이유는 일봉과 분봉을 보면 안다. 엄청난 파동들이 있었으며 그 수많은 파동들의 움직임 속에 흔들리는 자신이 있었기 때문이다. 그런 작은 파동들이 매매에 혼란을 주었고 그 와중에서 잘못 판단하여 손실을 보게 된 것이다.

　정확한 추세판단에 의한 매수라면 그 추세 자체의 큰 변화가 있지 않는

한 중간에 나타나는 파동에는 개의치 않는 것이 좋다. 아무리 파동들이 들쑥날쑥 움직여도 어차피 대세를 거스르지는 못하기 때문이다. 추세가 전환되려면 그에 상응하는 징후를 보이는데 그런 징후가 없는 한, 작은 파동은 아무리 추세와 반대 방향이라 하더라도 무시하는 것이 좋다. 작은 파동의 움직임에 섣불리 행동을 취했다가는 큰 추세를 놓치게 되는 우를 범할 수 있다. 단기적 변동은 무시하는 것이 궁극적으로는 수익을 향상시키는 길이다. 꽃샘추위가 봄이 오는 대세를 막을 수 없다는 사실을 명심하여야 할 것이다.

2 추세파악 방법

현재의 시장이 하락세인지 상승세인지 파악하는 것은 매매에 있어 가장 중요한 핵심사항 중의 하나이다. 추세를 파악하면 매매의 기본 방향이 결정되므로 추세파악이라는 과정은 매매에 있어 상당히 비중 있게 다뤄져야 한다.

그렇다면 추세파악은 어떻게 하는 것인가? 이는 투자에서 상당히 중요한 문제이다. 여기서는 추세를 파악하는 방법으로 크게 차트분석을 통한 방법과 수급분석을 통한 방법, 두 가지로 나누어 살펴본다.

(1) 차트를 통한 추세파악

차트를 통한 추세파악이란 기술적 분석을 통한 추세파악인데 이동평균선의 방향과 배열, 그리고 각 봉들의 모양들을 분석하여 종합적으로 추세를 판단하는 것이다. 특히 지지선이나 저항선을 설정해 보거나 추세선을 그려 보면서 나름대로의 방향을 살피는 것이다.

주봉이나 월봉의 흐름을 보면 대략적으로 큰 추세를 파악할 수 있다. 단,

차트분석에서는 명심할 사항이 하나 있다. 차트는 기본적으로 과거의 궤적을 나타내 주는 것이지 미래의 궤적을 나타내는 것이 아니라는 것이다. 우리가 차트를 본다는 것은 과거로부터 지금까지의 흐름을 보는 것이다. 일종의 역사를 보는 것이다. 차트 분석이란 그렇게 과거의 궤적을 보면서 앞으로의 방향을 추측해 보는 데 의미가 있는 것이지 앞으로의 움직임에 대한 절대적인 답을 찾는 것이 아니다. 당장 내일의 주가가 어떻게 될지는 차트를 통해서도 알 수 없는 것이다.

다만 추세란 것이 갑자기 뒤바뀌지는 않으므로 차트를 통해 현재의 추세를 파악하고 이 추세가 당분간 더 지속될 가능성이 높을 것이라는 가정 하에 분석하는 것이다.

차트를 통한 추세파악의 구체적인 방법에 관해 살펴보도록 하자.

① 이동평균선의 방향

차트에서 이동평균선(Moving Average)은 현 추세를 파악하는 데 거의 결정적인 단서를 제공해 준다 해도 과언이 아니다. 단기 이동평균선은 물론 중기와 장기 이동평균선이 위로 향하고 있다면 이것은 틀림없는 상승추세라고 볼 수 있다. 특히 단기 이동평균선이 중기 이동평균선 위에서 우상향으로 방향을 잡고 있다면 거의 확실한 상승추세이다.

반대의 경우, 즉 이동평균선들이 우하향의 모양으로 밑으로 향하고 있다면 하락추세일 가능성이 높다. 상승추세와는 반대로 단기 이동평균선이 중기 이동평균선의 아래에서 밑으로 방향을 잡고 있는 상태라면 확실한 하락추세가 된다.

어느 경우이든 이동평균선에 의한 추세파악은 일봉보다는 주봉에서의 경우가 더욱 신뢰성이 있고 주봉보다는 월봉에서 더욱 신뢰할 수 있다.

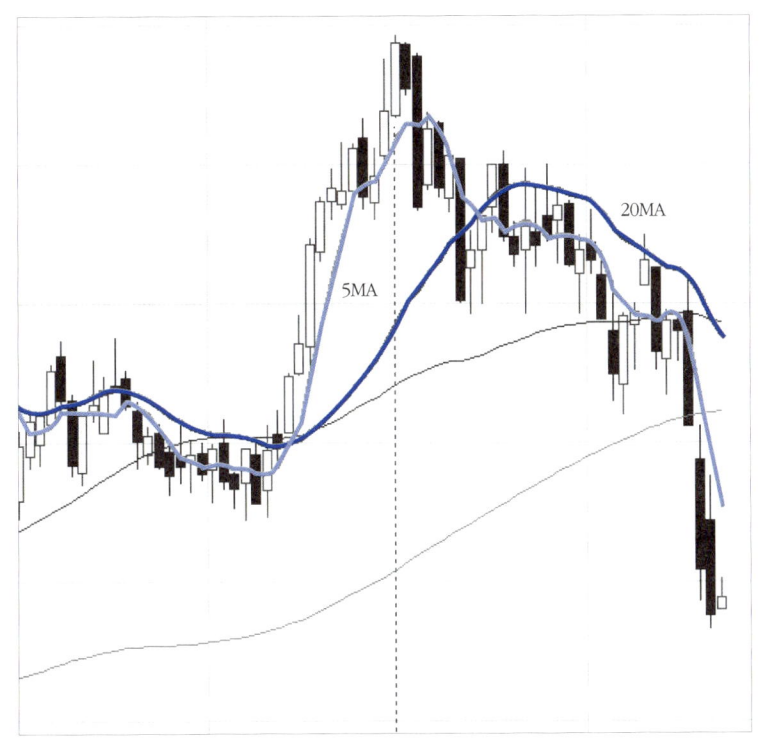

▶▶ 그림 4-6 삼성전자 주봉

위의 차트는 삼성전자의 주봉이다. 아주 전형적인 패턴을 보이고 있다. 일반적으로 말하는 골든크로스의 출현이다. 5주 이동평균선이 20주 이동평균선을 강하게 상향 돌파하면서 주가는 교과서적으로 상승한다. 하락 역시 5주 이동평균선이 20주 이동평균선을 강하게 상향 돌파하는 데드크로스를 보이며 하락하고 있다.

▶▶ 그림 4-7 현대중공업 주봉

위의 차트는 현대중공업의 주봉차트이다. 상승추세의 경우 5주 이동평균선이 20주 이동평균선 위를 달리고 있고, 하락추세의 경우는 그 반대로 20주 이동평균선 아래에 5주 이동평균선이 위치하고 있다.

위의 차트에서 눈여겨 볼 만한 곳이 A와 B이다. A의 경우 5주 이동평균선이 하향하며 20주 이동평균선을 아래로 뚫을 듯하다가 거대 양봉의 출현과 함께 다시 상승하는 모양을 보여 준다. B의 경우는 하락을 멈추고 강한 양봉의 출현으로 5주 이동평균선이 상향으로 방향을 틀 듯하다가 다시 하락하는 모습이다. 주봉 정도 되면 일봉과는 다르게 속임수가 상당히 제거된 상태이다. 따라서 이동평균선을 뚫느냐 못 뚫느냐가 상당히 중요하다. 일봉에서는 자주 오르락내리락하며 돌파가 나타나지만 주봉은 그렇지 않다. 한번 돌파가 나타나느냐 아니냐가 보다 큰 의미를 갖게 되는 것이다.

차트를 통한 추세파악에 있어 단기적인 지표들의 움직임에 너무 민감하게 반응할 필요는 없다. 월봉보다는 주봉이, 주봉보다는 일봉이 단기적으로 갈수록 추세와 다른 방향으로 한 번씩 움직이는데 여기에 정신을 빼앗기지 말아야 한다. 특히 분봉에서는 이러한 일들이 많이 일어나는데, 대부분이 매매가 진행되면서 나타나는 일시적인 것들이기 때문에 크게 신경 쓰지 않아도 무방할 것이다.

상승추세라도 상승하는 와중에 반드시 매물벼락을 맞아야 하고 그러면서 순간적으로 밀리기도 한다. 그러나 그런 시련에도 불구하고 다시 오르기 때문에 상승추세라고 부르는 것이다. 확실한 상승추세를 탔다면 한 번씩 나오는 조정은 오히려 매수의 기회로 삼는 것이 좋다.

하락추세에서도 마찬가지이다. 하락하는 순간에도 한 번씩 큰 양봉이 나타나 혼란스럽게 하는데 양봉 뒤에 나오는 음봉으로 판단하여 하락추세가 지속되는지를 확인할 수 있다.

② 대형 우량주의 방향

종합주가지수 향방에 결정적인 영향을 미치는 것이 바로 지수관련 대형 우량주들의 움직임이다. 삼성전자나 현대차, POSCO 등과 같은 종목들이다. 대부분 외국인들이 선호하는 종목들인데 이러한 종목들이 어느 쪽으로 방향을 잡느냐에 따라 시장 전체의 분위기가 결정된다. 따라서 대형 우량주들의 차트를 보면 시장의 큰 방향을 짐작할 수 있는 것이다.

물론 소형주를 매매하거나 코스닥 종목을 매매하는 투자가들에게는 큰 상관은 없으나 시장 전체의 분위기를 가늠해 본다는 의미에서는 중요하다.

시장의 분위기가 상승추세로 가기 위해서는 이러한 대형 우량주들로 매수세가 집중되어야 한다. 저가주나 소형주에 매수가 집중되는 것보다 대형주에 매수세가 들어와야 시장 전체의 분위기가 바뀌고 이러한 대형 우량주로의 매수세만이 전체적인 장세를 상승세로 유지할 수 있다. 당연한 이야기이지만 소형주나 저가주 매수로는 전체적인 시장의 흐름을 바꿀 수 없다.

적진을 공격하는 데 있어 적진의 중앙부를 강타하는 대형 포탄 하나가 여기저기 흩어져 쏘아 대는 총알 100발, 1,000발보다 파괴력이 훨씬 강한 것과 마찬가지이다. 아무리 소총 100발, 1,000발을 쏜다고 해서 적진에 큰 타격을 입혔다고 말할 수는 없다. 물론 부분적인 성과가 나올 수 있을지는 모른다. 적진의 외곽에 일부 피해를 줄 수는 있겠으나 전세 전반에 큰 영향을 주지는 못한다.

그러나 적진 한가운데 강력한 포탄이 떨어진다면 적들은 우왕좌왕하게 될 것이고 적의 전력에 큰 타격을 줄 것이다. 그렇게 되면 공격하는 측에서는 전진하기가 훨씬 수월해진다. 이럴 때의 소총 100발은 적에게 치명적으로 다가간다. 같은 총알이라도 포탄이 떨어져 타격을 입은 적에게 가하는 것과 서로 대치한 상태에서 총만 쏘아대는 것과는 질적으로 그 효과가 다른 것이다.

결국 대세는 누가 대형 포탄으로 적진의 중앙을 강타하느냐에 의해 결정되는 것이다. 이는 다시 말하자면 지수관련 대형 우량주를 대량으로 매수하느냐 매도하느냐에 따라 시장의 향방이 결정되는 것과 같은 것이다. 외국인이나 기관이 적극적으로 지수관련 우량주를 매수한다는 것은 적진 중앙을 대형 포탄으로 강타한다는 의미로 적은 타격을 입고 퇴각하게 된다. 지수의 한 단계 상승을 의미한다. 시장에서 개인만이 소형주나 저가주들을 매수한다는 것은 적진의 외곽에다 소총을 쏘아 대는 형상이다. 소총사격만으로 전세를 뒤바꿀 수 없다.

소총만 쏘고 있다가 적진에서 갑자기 포탄이 날아와 아군의 중앙을 강타하게 되면 전세는 금방 역전되고 만다. 그렇게 되면 소총을 쏘던 아군들은 슬금슬금 후퇴하게 되고 적군들의 사격은 더욱 거세질 것이다. 또한 아군은 적군의 제2, 제3의 포탄을 두려워하며 슬슬 퇴각하려 할 것이다. 즉 주가가 밀리게 되는 것이다. 이 상황에서 대량매도 물량 즉, 적군의 대형 포탄이 또 연달아 날아온다면 아군진영은 아주 박살나고 만다. 주가가 폭락하는 것이다.

따라서 시장의 전체적 흐름은 언제나 지수관련 대형 우량주의 추이로 판단해야 한다. 이런 종목들로 대형 매수세가 지속적으로 유입이 되면 장은 앞으로 더 상승할 가능성이 있으며 그렇지 않고 매수세가 소형주로 분산된다면 일단 적신호로 받아들여야 하는 것이다.

한국을 대표하는 대형 우량종목들의 방향이 곧 시장 전체의 주도적인 방향이므로 이들 대형 우량종목들이 상승하고 있는지 하락하고 있는지를 파악함으로써 장세의 큰 기조가 상승추세인지 하락추세인지를 구분하게 해준다.

삼성전자나 현대차와 같은 대형 종목들이 조금씩이라도 꾸준히 오르고 있다면 이 장은 전체적으로 상승추세에 있을 가능성이 크다고 판단할 수 있을 것이다.

이렇듯 위의 두 가지 사항들 즉, ① 이동평균선의 방향 ② 대형 우량주의 방향 등을 분석해 봄으로써 어느 정도 시장 전체의 추세를 가늠해 볼 수 있다.

(2) 수급을 통한 추세파악

수급을 통한 추세파악이란 시장의 매매주체들의 매매동향 분석을 통해 추세를 파악하는 것이다. 시장에 영향을 미치는 핵심 주체들이 매수 기조에 있는지 매도 기조에 있는지를 파악하여 시장의 전체적인 추세를 가늠해 보는 것이다.

어떤 의미에서 수급을 통한 추세파악이 차트를 통한 추세파악보다 더 중요할 수 있다. 왜냐하면 기본적으로 수급이 차트를 만들어가기 때문이다. 차트는 후행적이며 상당히 가변적인 반면 수급은 선행적인 성격이 강하다. 그리고 그 움직임도 일관성이 있는 편이다. 따라서 수급의 정확한 분석은 향후 차트의 방향까지도 예측 가능하게 해준다.

그러나 일반적으로 수급분석은 차트분석에 비해 덜 알려져 있는 부분이 많다. 그리고 그 구체적인 분석 방법도 정립이 되어 있지 않다. 한마디로 그 중요성에 비해 투자가들의 인식이 못 미치고 있는 분야라 하겠다. 그러나 현명한 투자가라면 시장의 수급상황은 반드시 살펴야 한다.

① 주식시장의 수급주체

수급주체란 결국 매매주체를 말한다. 주식을 사고파는 주체이다. 한국 주식시장의 3대 매매주체는 외국인, 개인, 기관이다. 이들 3대 주체 이외에도 정부라든지 일반법인도 있지만 일반적으로 외국인, 개인, 기관을 주요 주체로 본다.

여기서 외국인이라 함은 외국의 개인이나 기관투자가를 통틀어 말하는 것이고 개인은 말 그대로 국내의 개인 투자가들을 말한다. 기관은 기관투자가들을 말하는데 증권회사, 보험회사, 투신사, 은행 등의 금융회사들이 여기에 포함된다. 기관투자가들은 고객으로부터 위탁받은 자금이나 회사의 자체자금으로 투자를 한다.

┃표 4-1┃ 소유자별 주식보유비중 (유가증권시장, 시가총액기준)

(단위: %)

연도	외국인	개인	기관투자가	일반법인	정부관련
2000	30.19	20.04	15.83	19.60	14.35
2001	36.32	22.32	15.75	17.16	8.14
2002	36.01	22.33	15.85	20.15	5.66
2003	40.11	19.70	16.70	18.95	4.54
2004	41.97	18.00	17.64	18.00	4.40
2005	39.73	18.43	19.60	18.27	3.98
2006	37.26	17.94	21.96	18.55	4.29
2007	32.37	21.79	21.18	21.53	3.12
2008	28.78	27.05	12.36	28.89	2.91
2009	32.65	31.02	12.52	21.96	1.85
2010	32.97	21.20	14.01	28.28	3.55

위의 표를 보면, 우리나라 주식시장에서 외국인 투자가의 비중이 가장 크다는 사실을 알 수 있다. 시가총액의 3분의 1을 보유하고 있다. 이는 그만큼 우리 시장에서 영향력이 크다는 것을 의미한다. 실제로 시장은 외국

인의 매도로 하락하고 외국인의 매수로 상승하는 일이 허다하다. 막강한 영향력을 행사하고 있는 것이다. 따라서 이들의 행동은 상당히 적극적이다. 즉 시장을 주도하는 매매를 한다. 주가를 올리려고 마음먹으면 아주 강력한 매수로 주가를 끌어 올리고, 내리려고 하면 엄청난 매도 물량을 쏟아내면서 시장을 주도한다.

외국인은 우리나라 주식시장에서 가장 강력한 존재이다. 이렇게 외국인 투자가가 어느 나라의 주식시장에 이렇게 큰 영향력을 행사하고 있는 것은 세계적으로도 드문 현상이다.

그리고 우리나라 주식시장의 또 다른 특징 중의 하나가 개인 투자가의 비중이 비교적 높다는 점이다. 선진국 중에서 개인 투자가의 비중이 기관 투자가의 비중을 웃도는 경우는 드물다.

하지만 비중에 비하면 개인의 시장에 대한 영향력은 미미한 편이다. 일단 소액 자금이 많고 여러 소형주에 분산되어 있기 때문에 시장 전체에 미치는 영향력이 제한적일 수밖에 없다. 그리고 개인은 단기 매매에 치중하는 경향이 있다. 이는 시장의 장기적 추세를 놓친다는 점에서 수익률도 제한적이라는 것을 의미하기도 한다.

개인의 비중이 크다는 것은 상대적으로 기관투자가의 비중이 작다는 것을 의미하는데 우리나라 주식시장에서 기관투자가의 비중은 실제로 작은 편이다. 한때는 펀드 붐이 일어 자금이 기관투자가에게 몰리면서 2005년, 2006년은 기관투자가의 비중이 개인을 압도하기도 하였지만 그 후 2008년의 리먼 사태로 주가가 폭락하자 많은 펀드 가입자들이 손해를 보고 펀드를 해지하는 등 펀드 불신현상이 나타나면서 그 비중이 다시 크게 감소했다. 자금유출로 매수여력이 별로 없는 것이다.

그래서 그런지 한국의 기관투자가들은 매매에 있어 상당히 소극적인 자세를 취하는 경향이 있다. 외국인이 시장의 방향을 주도한다면 기관투자가는 시장의 흐름에 맞추어 너무 올랐으면 매도하고 너무 내렸으면 매수하는 식으로 대응한다.

이래저래 한국 주식시장에서의 주도 세력은 외국인이 되는 셈이다. 또한 외국인은 주식시장뿐만 아니라 파생상품시장에서도 주도적인 역할을 한다. 명실상부한 시장의 주도자이다.

한편, 외국인과 함께 주식시장에 큰 영향을 주는 것이 프로그램 매매이다. 기계에 의한 매매인데 그 규모가 상당히 크다. 따라서 시장에 미치는 영향력이 막강하다. 프로그램 매매는 일반인들이 잘 모르기에 무시되는 경향이 있는데 절대 무시 할 수 없는 부분이다.

수급분석이란 궁극적으로 프로그램 매매와 외국인 매매를 분석하는 것이라 하더라도 과언이 아닐 것이다.

② **프로그램 매매**

프로그램 매매는 사전에 입력된 프로그램으로 컴퓨터에 의해 이루어지는 매매이다. 기계가 하는 매매인 셈이다. 기계가 하는 만큼 인정사정없이 몰아치는 특성이 있다. 시장이 폭등하든 폭락하든 관계없이 주어진 프로그램대로 매매를 하기 때문이다. 그래서 시장은 프로그램 매매에 의해 더욱 급등하거나 더욱 폭락하기도 한다.

프로그램 매매는 크게 차익거래와 비차익거래로 나뉜다. 차익거래는 선물 이론가격과 실제로 시장에서 거래되는 가격이 비정상적으로 벌어질 때 발생하는 무위험 차익거래를 말한다. 선물시장에서는 주가지수 선물을 매매하는 주체들의 수급에 따라 선물가격이 이론가격에 비해 비정상적으로 낮거나 높게 거래되는 경우가 자주 발생한다.

실제로 시장에서 형성되는 선물가격이 이론가격에 비해 비정상적으로 낮다면 정상적인 선물가격에 비해 시장가격이 지나치게 낮은 상태에서 거래되고 있음을 의미한다. 이는 선물이 현물에 비해 과도하게 저평가돼 있는 것으로 투자가는 저평가된 선물을 사들이고 고평가된 현물을 파는 매도차익거래를 한다. 그리고 가격차가 좁혀지면 선물을 다시 팔고 현물을 사들이는 반대매매를 통해 무위험 차익을 얻을 수 있다.

반대로 선물가격이 이론가격보다 지나치게 높은 상태에 있으면 비싼 선물을 팔고 동시에 가격이 낮은 현물을 매수하는 매수차익거래를 할 수 있다.

비차익거래는 선물하고는 무관하게 코스피200 구성종목 중 15개 종목 이상으로 바스켓을 구성한 뒤 바스켓 전체를 일시에 거래하는 프로그램 매매를 말한다. 선물시장과는 상관없이 자체적인 프로그램에 따라 매매하는 것이다. 한국거래소에서 구분하는 비차익거래에는 인덱스매매, 포트폴리오 인슈어런스(portfolio insurance; PI), 자산배분, 기타매매 등이 있다.

　프로그램 매도가 발생하면 매물 압박 때문에 종합주가지수가 하락하거나 반대로 프로그램 매수가 발생하면 주가가 상승하는 경우가 많다. 시장에 큰 영향을 주고 있는 것이다.

　다음의 그림은 2011년 10월말부터 2012년 2월 초까지의 프로그램 차익거래의 추이와 같은 기간의 종합주가지수를 나타낸 것이다.

　다음의 그림을 보면 기본적으로 2012년 1월 18일까지는 프로그램 매도가 매수보다 많다. 2011년 11월 28일까지 프로그램의 주식매수가 최저로 떨어지고 있다. 이 기간에 종합주가지수 역시 하락하고 있다. 그 후 매수가 증가하자 종합주가지수도 함께 상승한다. 그리고 프로그램 차익거래가 혼조세를 보이며 매수와 매도가 엎치락뒤치락한다. 종합주가지수 역시 혼조세를 보이고 있다.

　그리고 2012년 1월 18일 프로그램 매수세가 드디어 매도세를 압도하며 크게 증가하고 있다. 종합주가지수 역시 그 날을 기점으로 크게 상승한다.

　어쩌면 이렇게 딱 들어맞을 수가 있을까 하고 감탄할 정도로 지수와 프로그램 매매는 그 방향을 같이 하고 있다. 이것이 프로그램 매매의 힘이다. 따라서 실전에서 프로그램의 움직임은 늘 주의 깊게 살펴야 한다.

　그리고 프로그램과 관련하여 재미있는 사항은 프로그램 매매의 방향과 외국인 매매의 방향이 일치할 때의 시장 움직임이다. 예를 들어 프로그램이 순매도일 때 외국인도 순매도인 경우나 프로그램이 순매수일 때 외국인도 순매수인 경우, 즉 두 주체의 방향이 같은 경우 시장은 거의 그 방향으로 움직인다는 점이다. 두 주체의 포지션이 순매도인 경우 장은 하락세를 벗어나기 어렵고 두 주체가 순매수를 할 경우 장은 상승세를 유지한다. 통계를 내어 보니 약 72% 정도의 적중률을 가지고 있다. 상당히 높은 적중률이다.

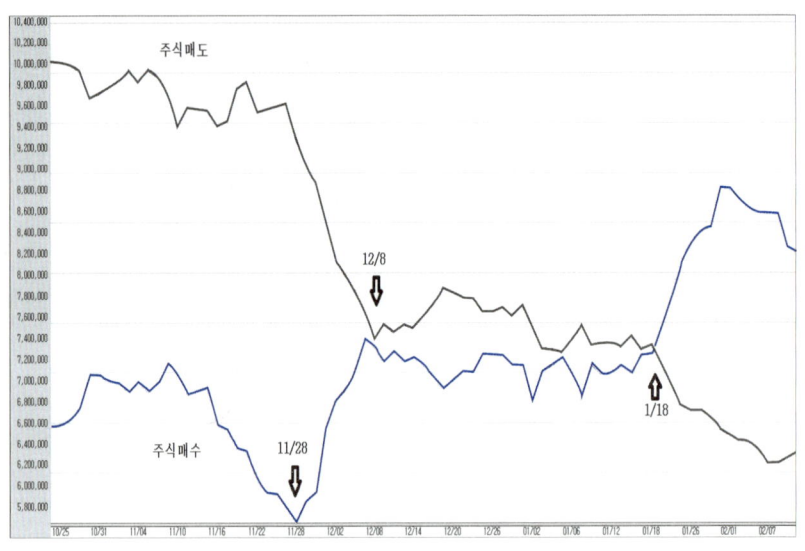

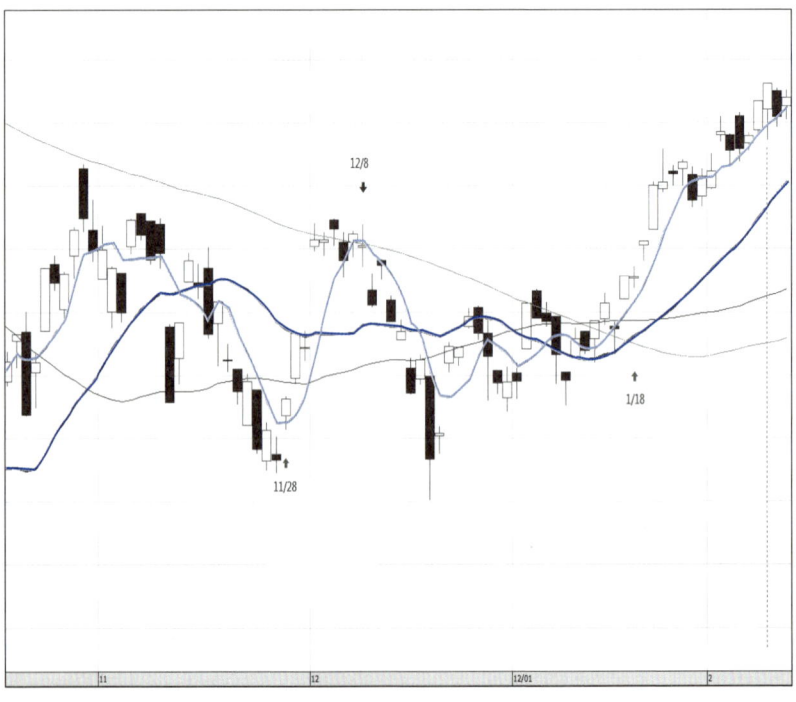

▶▶ 그림 4-8 프로그램 차익거래잔고 추이와 종합주가지수

따라서 장 중 방향을 가늠할 때 두 주체의 포지션이 같다면 그날은 거의 그 방향으로 간다고 보는 것이 좋다. 만일 두 주체가 정반대의 포지션이라면 시장은 혼조세이거나 변동성이 작을 확률이 높다. 물론 상황에 따라 다르게 나타날 수도 있겠지만 위의 상황은 참고할 만하다 하겠다.

그렇다면 프로그램 매매를 좌우하는 요소는 무엇이 있을까? 앞에서도 언급하였지만 프로그램 매매의 차익거래는 선물시장과 관련이 있다. 차익거래는 선물 이론가격과 선물시장에서 실제로 형성되는 선물가격의 차이에 근거해서 발생하는 거래이다. 따라서 선물가격이 이론가격보다 높게 형성되느냐 낮게 형성되느냐에 따라 차익거래가 순매수이냐 순매도이냐가 결정되는 것이다.

주식매매에 있어서 선물시장의 움직임도 살펴야 할 이유가 여기에 있는 것이다. 선물시장의 가격이 프로그램 매매를 움직이고 다시 프로그램 매매가 주식시장의 수급에 큰 영향을 미치기 때문이다.

③ 외국인

한국 주식시장을 논할 때 빼놓을 수 없는 것이 외국인 투자가이다. 시장의 가장 강력한 주도 세력이자 가장 파워풀한 존재이기 때문이다. 실제로 외국인은 한국 주식시장을 좌지우지하고 있으며 그들의 움직임에 많은 투자가들이 울고 웃는 것이 현실이다.

주식시장의 대폭락에는 언제나 외국인들의 무차별 매도가 있었고 주식시장의 폭등에는 그들의 대량 매수가 있었다. 시장의 방향은 그들의 매매 포지션에 전적으로 달려 있다고 해도 과언이 아닐 정도이다.

따라서 시장의 추세를 파악하려면 기본적으로 외국인의 포지션을 파악하여야 한다. 그들의 의중을 파악하는 것이 추세파악과 직결되기 때문이다.

사실, 외국인의 포지션을 통한 추세파악은 그리 어렵지 않다. 왜냐하면 외국인은 매수나 매도, 한 포지션으로 방향을 잡으면 상당 기간 유지하는 경향이 있기 때문이다. 매수로 기조를 잡으면 상당 기간 순매수가 이어지며 매도로 기조를 잡으면 상당 기간 순매도가 이어진다. 물론 이어지는 기간을 정확히 알 수는 없지만 상당 기간 어느 정도의 방향성을 유지한다.

대개 외국인의 순매수나 순매도가 닷새 이상 지속되면 눈여겨봐야 한다. 시장은 그 방향으로 갈 가능성이 높기 때문이다. 또한 외국인 포지션의 강도가 점차 강화되면 강화되는 방향으로 추세가 강화될 가능성도 크다.

예를 들어 순매도가 1,000억 원에서 3,000억 원 그리고 5,000억 원으로 강화되어 간다면 이는 강력한 하방 시그널이다. 시장이 폭락을 향해 갈 수 있다. 반면에 순매수가 강화되어 간다면 이는 추세의 상승을 강력히 시사한다.

다음의 그림은 2011년 12월 9일부터 2012년 2월 24일까지의 종합주가지수와 외국인 누적 순매수 추이를 나타낸 것이다. 외국인의 누적 순매수가 플러스로 돌아서 증가하기 시작하는데 이와 함께 종합주가지수도 상승하고 있다. 외국인의 매수세가 주가를 상승시키고 있음을 알 수 있다.

여기서 중요한 것이 지속성이다. 외국인의 경우 비교적 일관된 기조를 유지하는 경향이 있다. 즉 매수면 매수, 매도면 매도의 추세를 한동안 이어간다. 그래서 누적으로 보는 것이 중요한 것이다. 일단 순매수로 전환되면 한동안은 순매수 기조가 유지되기 때문이다.

여기서 외국인의 매매에 영향을 주는 변수들을 잠깐 언급하고자 한다. 외국인이 우리나라의 주식을 매수하는 데 고려하는 것이 몇 가지 있다. 물론 기본적으로 우리나라의 경제상황이 가장 중요하다. 그러나 이것은 중장기적인 관점에서 보는 것이므로 그렇게 유동적으로 변하는 요소는 아니다.

그렇다면 실질적으로 외국인의 매매에 영향을 주는 가장 중요한 변수는 무엇일까? 바로 환율이다. 이것은 외국인의 주식매매 수익의 크기와 직접적인 관련이 있으므로 상당히 민감한 부분이다. 어떻게 보면 단기적으로나 장기적으로 외국인의 매매에 가장 큰 영향을 미치는 요소라고 할 수 있다.

만약 한국의 원화가치가 상승기조에 있다면, 즉 환율이 하락하고 있다면 외국인은 달러를 한국 원화로 바꾸는 것이 유리하다. 참고로 환율이란 달러 값이라고 보면 이해하기 편할 것이다.

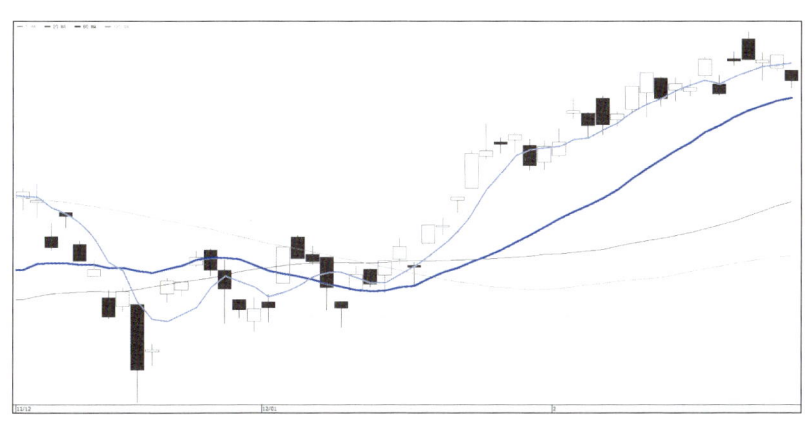

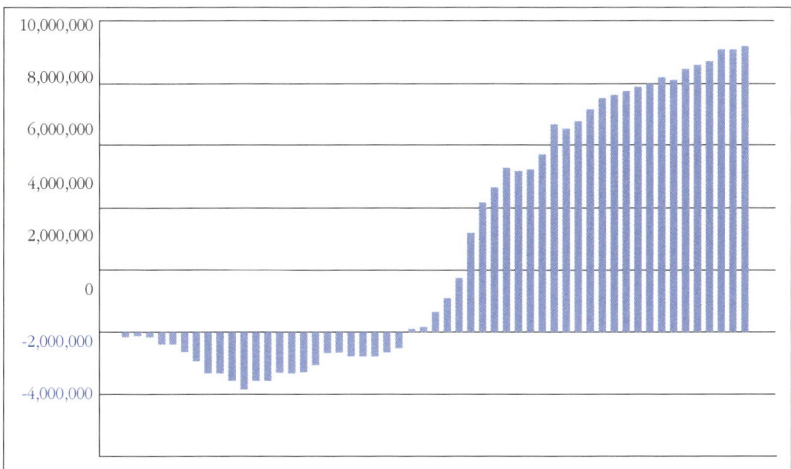

▶▶ 그림 4-9 종합주가지수와 외국인 순매수누적 추이

만약에 환율 하락이 추세적으로 예상되는 상황이라면 외국인 투자가들은 보유 자금을 원화로 환전할 것이며 그리고 그 돈을 그냥 갖고 있느니 주식을 매수하는 것이 유리할 것이다. 주식에서의 시세차익과 함께 환차익도 동시에 노릴 수 있기 때문이다. 원화 가치만 상승해 준다면 주식에서 설령 수익률이 낮다 하더라도 결국은 환차익에서의 수익으로 커버할 수 있으므로 환율 하락은 외국인 투자가들에게는 한국 주식을 매수할 좋은 구실

▶▶ 그림 4-10 원 달러 환율 월봉차트

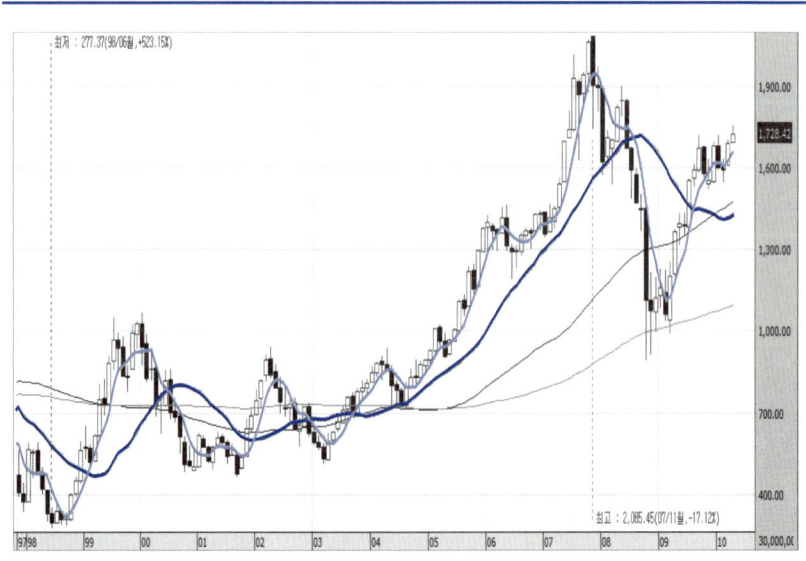

▶▶ 그림 4-11 종합주가지수 월봉차트

이 되는 셈이다.

일반적인 교과서에서는 환율의 하락은 국내 수출기업의 채산성을 악화시키는 요인이므로 주가에 부정적이라고 하지만 실제는 정반대의 현상이 벌어지고 있다. 이는 수급적인 측면이 주가에 훨씬 강하게 작용하고 있음을 보여 준다. 국내 기업의 수출여건이 주가에 미치는 영향보다 외국인이 주식을 사느냐 마느냐가 주가에 미치는 영향이 훨씬 더 중요한 요인인 것이다. 이 점은 한국 주식시장을 이해하는 데 상당히 중요하므로 확실하게 이해하여야 할 부분이다.

다음의 차트는 원·달러 환율과 종합주가지수의 차트이다. 환율이 하락하고 있을 때 종합주가지수는 상승하고 있으며 환율이 상승할 때 종합주가지수는 하락하고 있다. 그리고 환율이 가장 고점이었을 때가 주가의 저점이었고 환율이 가장 저점이었을 때가 주가의 고점이었음을 알 수 있다.

한국 주식시장에서 외국인의 매매동향이 중요하고 그 외국인의 매매동향은 환율의 영향을 받기 때문에 환율의 움직임에도 신경을 쓸 필요가 있다.

3 추세전환

(1) 추세전환의 포착

추세전환이란 지속되던 기존의 추세가 새로운 추세로 바뀌는 것을 말한다. 하락추세가 상승추세로 바뀌거나 상승추세가 하락추세로 바뀌는 것인데 흔히들 말하는 상승반전과 하락반전이다.

추세의 성질은 기본적으로 기존 추세를 유지하려는 경향이 있으므로 쉽사리 반전을 허용하지 않는다. 하지만 그렇다고 영원히 지속되는 추세는 없는 법. 언젠가는 자연스럽게 뒤바뀌게 되어 있다.

이 세상 모든 것이 그렇듯, 힘이 소진되면 쇠퇴하게 마련이고 그리고 더 이상 힘을 못 쓰게 되면 새로운 대체세력이 등장한다. 상승세가 힘을 잃어가면 더 이상 주가가 오르지 못하고 그러다 보면 어느덧 주가는 하락하게 된다. 하락반전의 시작이다. 상승 에너지의 소진과 함께 추세는 상승에서 하락으로 전환되는 것이다.

이렇게 추세는 언젠가는 전환되기 마련인데 투자가에게는 그 시점이 상당히 중요하다. 기존의 추세가 소멸된다는 의미에서 기존 보유 포지션의 청산 문제와 함께 새로운 포지션 구축의 문제와 관련되기 때문이다. 그래서 추세전환을 포착하는 것은 수익과 직결되는 중요한 사항이 된다. 하지만 추세의 전환을 정확히 예측하기란 쉽지 않다.

추세전환의 정확한 예측을 위해서는 우선 기존의 추세를 정확히 파악하고 있어야 한다. 당연한 이야기이지만, 기존의 지속되어 오던 추세가 상승추세인지 하락추세인지를 알아야 그 추세가 전환되는지도 알 수 있는 것이다.

상승추세가 이어져 왔다면 다음의 하락이 일시적인 조정인지 아니면 본격적인 하락추세로의 방향 전환인지를 파악하여야 하며 하락추세가 이어져 왔다면 다음의 상승이 반발 매수로 인한 일시적 상승인지 아니면 본격적인 상승추세로의 방향 전환인지를 파악하여야 한다. 이는 향후 매매를 결정짓는 중요한 작업이다.

추세전환의 방법은 앞에서도 살펴보았듯이 수급분석과 차트분석으로 가능하다. 차트의 모양이 전형적인 하락이나 상승의 패턴인지부터 확인하여야 한다. 사실 차트의 양상은 상당히 다양하고 불규칙할 때가 많다. 그래서 정확한 판단이 어려운 경우가 많다. 하지만 추세가 전환할 때 나타나는 몇 가지 전형적인 패턴이 있는데 그 패턴이 나타나면 추세전환일 확률이 더 높아진다.

그리고 추세전환은 수급분석으로도 확인할 수 있다. 프로그램과 외국인의 매매가 지속적으로 어떻게 진행되어 왔으며 어떤 방향으로 전환하고 있는지를 확인하는 것이다. 누적 포지션으로 확인할 수도 있으며 매수나 매도 강도의 크기를 비교하면서 확인할 수도 있다.

(2) 하락반전

영원히 지속되는 추세가 없듯이 오를 만큼 오른 주가는 서서히 내리막길에 다다르게 된다. 주가의 상투가 되는 시점에서는 주식의 대부분이 뒤늦게 매수에 뛰어든 불안한 투자가들의 손에 있는 것이 보통이다. 보통이 개인 투자가들이다. 이들이 중심이 된 장은 상당히 불안하다.

왜냐하면 이들에게 주식을 판 주체들은 외국인이나 기관투자가인 경우가 대부분이고 외국인과 기관투자가들은 당분간 주식을 매수할 의사가 없기 때문이다. 사 줄 사람이 없는데 가격이 오를 리가 만무하다. 따라서 가격은 약간의 매도에 의해서도 크게 하락하며 그런 가격하락은 매도를 추가적으로 유발시키게 된다. 추세의 하락반전이다.

하락반전은 상승반전보다 더 극적인 모양으로 나타난다. 상승반전이 진행되는 장에서는 그동안의 지루했던 하락장의 영향으로 적극적으로 매매하는 투자가들은 없고 시장의 전체적인 분위기도 침체되어 있다. 상승반전은 그런 분위기 속에서 조용히 나타난다. 경기 역시 침체기이므로 모두들 축쳐진 상태이다. 따라서 주가가 조금 상승했다고 해서 분위기가 갑자기 좋아지지는 않는다. 모두들 주가상승에 무감각한 편이다. 그냥 무덤덤하게 받아들일 뿐이다.

그러나 하락반전은 좀 다르다. 그동안 상승 분위기로 인해 모두들 흥분되어 있는 상태라 폭락 소식은 상당히 충격적이고 의외로 받아들여진다. 주가가 고점에 다다를 시점에는 주가가 앞으로 얼마를 더 갈 것이라고 하는 장밋빛 예상이 지배적이다. 경기 역시 호황국면이어서 새로운 장밋빛 전망이 쏟아지며 모두들 추가 상승에 대한 기대로 한껏 분위기가 고조된 상황이다.

따라서 이럴 때 나타나는 하락반전은 모두를 당황스럽게 만든다. 이렇게 갑작스럽게 찾아오는 하락은 그 폭도 제법 크다. 그리고 이렇다 할 악재도 없는 상황에서 전격적으로 나타나 장을 흔들어 버린다. 한마디로 투자가들의 뒤통수를 치는 격이다. 그래서 처음에는 많은 사람들이 당황해하고 놀라워한다. 뉴스도 폭락소식을 크게 다룬다. 이렇듯 하락반전은 처음부터 좀 갑작스럽고 요란하게 시작하는 경향이 있다.

여기에 투자가들의 반응은 크게 두 가지로 나뉜다. 일단 대부분의 투자가들은 폭락을 일시적인 조정으로 생각한다. 그동안의 상승추세에 길들여져 있기 때문이다. 추가 상승을 위한 잠깐의 휴식 정도로 생각한다. 대부분의 전문가들 역시 겁먹지 말라고 조언한다. 반면에 일부 소수의 투자가들은 추세전환을 의심한다. 그들은 시장 변화에 신중해지기 시작하며 추가매수는 자제하고 물량 정리를 고민하기 시작한다.

여기에서 투자가들이 명심해야 할 것이 하나 있다. 하락은 워낙 갑작스럽게 시작되는 것이므로 그 예측이 쉽지 않다는 점이다. 다시 말해 눈앞에 닥쳐야 알지, 그전에는 예단하기가 무척 어렵다. 계속 오르는 시장이 어디서 갑자기 멈추고 폭락할지는 아무도 모른다. 지속적인 상승이 어느 시점을 넘으면 불안하기는 하나 그렇다고 곧 하락할 것이라고 미리 단정하기도 힘들다. 그러면 일단은 좀 더 상승에 무게를 두고 보는 것이 일반적인 경향이다.

상승의 와중에서 나타나는 하락이 모두다 추세의 반전을 알리는 신호는 아니다. 하락추세로의 본격적인 추세전환인지, 아니면 잠깐의 조정인지를 가늠하는 데 있어 중요한 것이 하락폭과 외국인의 포지션이다. 추세의 하락반전을 논하기 위해서는 일단 하락폭이 상당히 커야 한다. 봉차트에서 음봉의 크기가 그전의 봉들의 몇 개 분량은 되어야 한다. 그리고 외국인의 대규모 매도가 동반되어야 한다. 특히 현물과 선물의 동시매도가 나타나야 한다.

이전 며칠 동안의 상승폭을 모두 제압하는 아주 엄청난 규모의 하락이 나타난다면 이는 그동안의 상승추세가 크게 위협받고 있다고 의심해 볼 만하다. 차트에 거대 음봉이 출현하는 것이다. 매수세력을 완전히 압도하는 매도가 출현했다는 것은 누군가가 상당한 보유 물량을 정리하고 있다는 이야기인데 그 주체가 외국인이라면 이는 심각하게 여겨야 한다. 그런 거대한 보유 물량을 받아낼 매수세력은 그리 흔치 않으며 외국인의 매매 성격상 향후에도 지속적인 매도가 나올 확률이 높기 때문이다.

상당 기간 상승하던 주가가 장 중에 최고점을 기록하면서 종가는 전일 종가에 비해 낮은 수준에서 끝난다면 이것 역시 하락반전의 시그널로 볼 수 있다. 이런 상황이 연출되면 유의해야 한다. 다음에 갑자기 대량 매물이 쏟아질 수 있기 때문이다. 이 매물을 소화할 매수세가 나타나지 않게 되면 추세는 자연스럽게 꺾이게 되며 주도권은 매도세력에게로 넘어간다.

그러나 이러한 하락의 징후가 시작되었음에도 불구하고 많은 개인 투자가들은 좀처럼 이 사실을 인정하여 들지 않는다. 과거의 상승추세와 장밋빛 전망은 투자가들로 하여금 좀처럼 상승에의 미련을 버리지 못하게 하기 때문이다. 상승추세가 상당히 진행된 시점에서는 누구나 상승에 대한 믿음을 쉽게 포기하지 못한다. 오히려 강력한 매수로 맞서기도 하는데 이에 주가가 잠시 반등하기도 한다. 그러면 많은 투자가들이 안도(?)의 한숨을 쉬곤 한다. 하지만 이러한 반등은 한계가 있으며 그 후 매도세는 더욱 매도강도를 높여 나간다.

기본적으로 주식은 가격이 올라야 수익을 낸다. 따라서 주식투자를 하는 많은 사람들은 가격상승에 대한 집착이 대단하다. 여간해서는 상승의 미련을 좀처럼 버리지 못한다. 따라서 주가가 어느 정도 하락하면 이를 저가매수의 기회로 인식하는 경향이 강하다. 주가가 어느 정도 떨어졌다 싶으면 미련 없이 매수에 임하는데 이런 투자가들이 생각보다 많다. 이런 이유로 주가는 하락하는 동안에도 반등의 모습이 자주 나타나는 것이다. 하락초기에는 특히 그러하다. 물론 잠깐 반등한 후에 다시 하락추세로 돌아가지만 중간 중간에 그런 반등의 시도들은 꾸준히 나타난다.

하락추세에서 경계하여야 할 사항이 바로 이런 하락추세 도중에 나타나는 반등이다. 물론 무위로 끝나지만 하락하는 와중에 주가는 꼭 한 번씩 반등을 보인다. 경우에 따라서는 제법 큰 폭의 상승을 하기도 한다. 하락이 너무 지나친 것이 아니냐고 판단한 세력이 적극적으로 매수에 나서면서 주가가 반등하는 것이다. 하지만 추가적인 매수가 뒤따르지 않으면 이내 다시 하락추세로 돌아선다. 하락과정에서 이러한 일시적 반등이 제법 많이 나타나기 때문에 주의하여야 한다.

　이런 시도는 큰 추세에서는 대부분이 무위로 끝나는 것이 보통이다. 투자가들은 주의해야 한다. 반등이 나오면 오히려 매도의 기회로 삼아야지 섣불리 매수로 달려들어서는 곤란하다. 이러한 국면이 매매를 혼란스럽게 하는 국면인데 일단 대세가 하락추세로 접어들었으면 기본 마인드는 매도에 중점을 두어야 한다.

　하락추세 반전 이후의 깜짝 반등은 미처 물량을 처분하지 못한 매도세에게 좋은 매도기회만 줄 뿐, 상승을 기대하며 매수한 투자가들에게는 실망과 손실만을 안겨준다. 상황이 이렇게 되면 많은 투자가들은 '그때 왜 못 팔았을까? 팔았어야 했는데.' 라며 주식을 진작 처분하지 못한 데에 대한 후회를 하게 된다. 그리고는 가격이 어느 정도 오르기만 하면 미련 없이 팔아 치울 생각을 하게 되는 것이다. 이것이 바로 대기 매물벽이 형성되어 가는 과정이다. 이들은 주가가 어느 수준까지 반등해 온다 싶으면 여지없이 주식을 처분하려고 한다. 그래서 반등이 나오더라도 어느 가격선에서는 밀리게 되는 것이다. 이것이 소위 말하는 저항선이다.

　하락반전이 일어나기 직전의 과열 구간에서는 주로 소형주나 저가주들이 상승을 주도하기도 한다. 시장이 흥분된 상태이기 때문에 좀 덜 올랐다 하는 종목들을 마구잡이로 매수하기 때문이다. 5,000원짜리 주식이 갑자기 10,000원, 20,000원으로 오르는 시기가 바로 이 시기이다. 이는 이때까지의 상승을 주도해 왔던 지수관련 대형 우량주들의 매기가 점차 사라지고 매수세가 상당히 분산되어 있음을 의미한다. 대부분 개인 투자가들의 매수가 강하게 유입되는 시기인데 뭉쳐진 집중력 있는 매수세가 아니라 이리저리 튀는 분산된 매수세이다. 이러한 분산된 매수세로는 대량으로 출회되는 매도 물량을 받아내지 못한다.

　하락반전의 상황을 차트로 보면 20일 이동평균선은 그동안의 상승에 지쳐 고개 숙인 모습을 보인다. 피로한 기색이 역력하다. 따라서 당분간 쉴 자리를 찾으려 한다. 20일 이동평균선이 상당히 중요하다는 말을 많이 하는데 실제로 추세의 흐름을 파악하는 데 있어서 20일 이동평균선은 중요한 지표이다. 이런 중요한 지표가 방향을 밑으로 틀었다는 것은 그만큼 추세 하락의 신뢰성을 높여 준다.

하락반전은 일반적으로 많은 사람들의 관심 속에 진행되므로 폭락에 관한 많은 분석들이 나온다. 다들 나름대로 폭락의 이유를 설명하기에 바쁘다. 대부분의 경우 외부적인 요인으로 하락의 이유를 설명하려 한다. 환율 때문에, 유가 때문에, 미국 시장의 하락 때문에 주가가 하락하였다는 식이다. 순전히 외부적 요인만을 폭락의 원인으로 보는 것이다. 이는 모두들 시장 내부적으로는 아무런 문제가 없다고 생각하고 있기 때문이다. 당연한 이야기이지만, 그동안 지속되어 온 상승 분위기에서 누가 내부적으로 문제가 있을 것이라 생각하겠는가? 시장은 충분한 유동성, 실적호전, 신고가 갱신 등의 좋은 소식들로 가득했었으니까 말이다.

그러나 주가가 많이 올랐다는 사실만으로도 주가는 하락하기에 이미 충분하다. 현명한 투자가라면 이 점을 명심하여야 한다. 많이 올랐다는 사실만큼 다음의 하락을 가장 잘 설명해 주는 요인도 사실 없다.

그렇지만 상승에 미련을 못 버리는 사람들은 외부적 요인이 안정만 되면 주가는 언제든지 재상승을 시도할 것이라 믿는다. 그리고 어쩌다 나타나는 기술적 반등에 큰 의미를 부여하면서 강한 매수세의 유입을 기대한다. 그들은 아직도 주가가 하락할 이유가 없다고 굳게 믿고 있는 것이다.

오를 만큼 오른 주가가 하락할 때는 그 이유가 중요한 것이 아니다. 주식을 샀던 사람이 이제는 팔겠다는 데 무슨 이유가 더 필요하겠는가? 그래서 주가가 떨어지는 것이다. 여기에는 그 어떤 논리적인 설명도 무의미하다. 강력한 매도세가 출현했다는 이유만으로 주가는 폭락할 수 있다. 이러한 매도세는 어지간한 호재나 내부적 요인만으로는 막기가 어렵다. 살 사람이 없을 때 주가는 하락추세로 자연스럽게 넘어가는 것이다.

① 기술적 분석으로 확인하는 하락전환

차트를 통해서 하락전환을 확인하는 방법은 여러 가지 있을 수 있겠으나 가장 무난한 방법은 차트 상 전형적인 하락전환 패턴이 나오는지 확인하는 것이다. 전형적인 하락패턴은 다음의 세 가지로 요약할 수 있다.

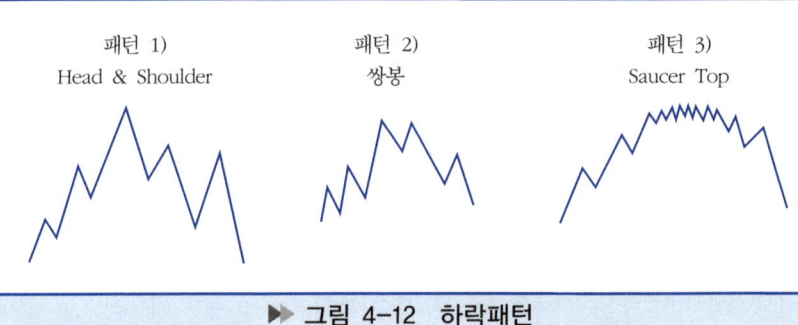

▶ 그림 4-12 하락패턴

패턴 1)은 유명한 헤드 앤 숄더 패턴이다. 주가가 고점을 기록한 뒤 하락하고 다시 상승을 시도하나 전 고점에 도달하지 못하고 결국은 하락하고 만다. 아주 자주 볼 수 있는 패턴인데 이 패턴에서는 전 고점의 돌파 여부가 상당히 중요하다. 다음의 [그림 4-13]은 종합주가지수의 주봉으로 전형적인 헤드 앤 숄더의 하락패턴을 보여 주고 있다.

다음의 패턴 2)도 하락패턴으로 유명한 패턴이다. 주가가 쌍봉을 그리고 떨어지는 모양인데 상당히 신뢰도가 높은 패턴이라 하겠다.

패턴 3)은 고점부분에서 상당 기간 횡보를 하다가 결국 하락하는 모양인데 매수세가 소진되어 가는 모습을 나타내고 있다. 즉 오르려는 힘을 상당한 매도세가 짓누르고 있으며 그런 과정에서 상승여력이 완전히 소진되고 결국은 주가가 하락하는 모양이다. 일반적으로 오를 자리에서 못 오른 주가는 떨어지는 경우가 많다.

위의 세 가지 패턴은 상당히 신뢰도가 높은 패턴들이다. 실제로 위의 패턴과 유사한 모양을 보이면 하락으로 전환하는 경우가 상당히 많으므로 전반적인 차트의 모습을 확인하는 것이 포인트라 하겠다. 이때의 차트는 일봉보다는 주봉이 더욱 신뢰할 수 있다.

▶▶ 그림 4-13 종합주가지수 Head & Shoulder 하락패턴

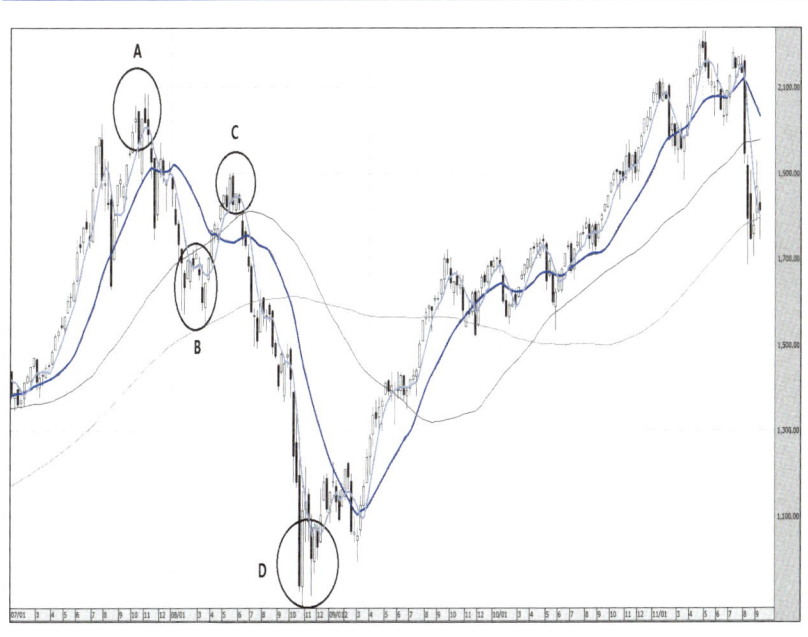

▶▶ 그림 4-14 종합주가지수 주봉

Ⅳ. 추세파악

앞의 차트는 2007년부터 2011년 9월까지의 제법 긴 기간의 종합주가지수의 흐름을 주봉으로 나타낸 것이다. 미국 리먼브라더스 사태로 세계가 금융위기를 겪었던 2008년과 유럽의 재정위기로 몸살을 앓았던 2011년에 대폭락이 나타난다. 짧은 기간에 큰 하락을 보여 준다. 당시는 시장이 거의 패닉 상태로 혼란의 극치였다.

이러한 위기로 인한 폭락에서 몇 가지 하락의 패턴을 찾을 수 있다. 우선 A부분을 살펴보자. 2007년 가을로 서브 프라임 사태 발발 1년 전이다. 서브 프라임 사태의 전조인 미국의 지가하락으로 인한 금융기관 부실문제가 조금씩 드러나면서 문제점들이 나타나기 시작하던 시기이다. 상승 가도를 달리던 주가가 제법 크게 하락하는데 2,100을 넘보던 종합주가지수가 1,700대까지 폭락한다. 서브 프라임 사태의 위험성에 시장은 겁을 먹고 B부분까지 단숨에 하락한 것이다. 2008년 초기의 모습이다.

그러다 다시 주가는 C부분인 1,900직전까지 반등하는데 여기에 함정이 있다. 서브 프라임 사태라는 문제의 본질은 전혀 변한 것이 없는데 반등이 일어난 것이다. 단지 주가가 크게 하락하였다는 이유만으로, 빠질 만큼 빠졌다는 생각만으로 주가가 반등한 것이다. 기술적 반등이라고 하는데 이것이 함정이다. 주가를 하락시킨 원인이 해소되지 않았음에도 불구하고 많이 빠졌다는 이유만으로 오른 주가는 하락 원인이 부각될 때마다 하락에서 자유로울 수 없는 것이다.

근본적으로 문제가 해결되지 않았다는 점을 간과해서는 안 된다. 장마가 끝난 것이 아니라 중간에 잠시 비가 멈춘 상황이다. 상황판단을 잘하여야 한다. 당연히 반등은 제한적일 수밖에 없으며 그 후 종합주가지수는 892.16까지 하락한다. C에서 D까지의 엄청난 폭락이다. A지점에서의 하락으로 치자면 1,200포인트 가까운 대폭락이다.

이러한 양상은 2011년의 유럽발 재정위기로 인한 주가폭락에도 비슷하게 나타났다. 엄청난 폭락과 반등 그리고 다시 이어지는 폭락의 프로세스이다.

따라서 대폭락 이후의 반등에는 경계를 게을리 해서는 안 된다. 반등이 나오면 일시적 반등일 가능성이 높으며 다음에 더 큰 하락이 기다리고 있는 경우가 많다. 일시적인 반등에 현혹되기 쉬운 것은 그 반등이 제법 힘있게 나오기 때문인데 지금 주식을 사야만 할 것 같은 분위기를 연출한다. 여기에 현혹되어서는 안 된다. 근본 원인이 해소되지 않은 상황에서의 반등은 다시 그 원인에 의해 하락으로 돌아서기 때문이다. 서두르지 말고 사태의 추이를 관망하는 자세가 필요하다 하겠다.

대폭락은 투자가에게 있어 암흑과 같은 때이다. 손실도 손실이지만 시장의 불투명과 불안함이 판단을 어렵게 한다. 한마디로 가장 힘들고 어려운 시기이다. 이럴 때를 적절히 쉬는 기회로 삼는 투자가가 있다면 경지에 올랐다 말하겠다. 때를 가릴 수 있어야 진정한 프로이다.

장마전선이 완전히 소멸되었는지 아니면 일시적 소강 상태로 언제 다시 폭우가 시작될지 모르는 상태인지를 판단하여야 한다. 서두르는 것보다 조금 느긋하게 대응하는 것이 투자의 세계에서는 리스크를 감소시킨다. 그리고 대부분의 경우 기다려서 손해 보는 경우는 없다.

② 수급으로 확인하는 하락전환

수급은 프로그램과 외국인의 매매방향이 중요하다. 이들 방향이 같은 방향으로 움직인다면 그 파괴력은 상당하다. 프로그램과 외국인이 동시에 매수를 한다면 그 장은 거의 하락하지 않는다. 한편 동시에 매도를 하고 있다면 장은 오르기 힘들다.

하지만 두 주체가 다른 방향으로 매매를 하고 있다면 시장의 방향이 어느 한 방향으로 일방적으로 가는 장은 출현하기 어렵다. 한쪽은 파는데 다른 쪽은 이를 받고 있기 때문이다. 이럴 경우 장은 혼조 양상이거나 1% 내외 정도의 작은 등락을 보인다. 큰 변동성은 나오기 힘들다. 외국인의 매도 물량을 프로그램이 받고 있다면 가격 하락이 제한될 수밖에 없고 프로그램의 매도 물량을 외국인이 받고 있어도 그렇다.

시장이 큰 변동성을 보일 때는 프로그램과 외국인이 같은 방향으로 매매를 할 때이다. 특히 외국인이 선물시장에서까지 같은 방향으로 일관한다면 시장은 확실하게 그 방향으로 갈 수밖에 없다. 프로그램과 외국인이 모두 매도를 하면서 그 규모를 늘린다면 이것은 상당히 강력한 하방신호이다. 특히 외국인의 선물매도도 지속된다면 상당히 위험한 상황이라 봐야 한다. 또한 외국인들의 매매는 일관성 있게 지속되므로 주의하여야 한다.

다음의 표는 큰 하락이 있었던 2011년 여름의 종합주가지수와 외국인과 프로그램의 매매동향을 나타낸 것이다. 2011년 7월 18일 종합주가지수는 2,130.48이었다. 약 한 달이 지난 8월 12일 종합주가지수는 1,793.31로 하락한다. 337.17포인트의 폭락이다. 무려 15.82%나 급락한 것이다. 당시의 상황을 수급적 관점에서 분석해 보자.

표 4-2 종합주가지수와 외국인과 프로그램 매매

날짜	KOSPI 지수	전일 대비	KOSPI 시장 외국인	KOSPI 시장 프로그램	
2011-07-18	2130.48	-14.72	-210,785	-414,882	
2011-07-19	2130.21	-0.27	-309,490	246,278	
2011-07-20	2154.95	24.74	-135,420	382,215	
2011-07-21	2145.04	-9.91	-183,204	342,041	
2011-07-22	2171.23	26.19	161,614	591,859	A 국면
2011-07-25	2150.48	-20.75	-61,041	-42,254	
2011-07-26	2168.70	18.22	-31,739	495,810	외국인 -1,036,184
2011-07-27	2174.31	5.61	-41,757	153,783	프로그램 1,824,845
2011-07-28	2155.85	-18.46	-76,977	117,525	
2011-07-29	2133.21	-22.64	-147,385	-47,530	
2011-08-01	2172.31	39.10	253,400	742,935	
2011-08-02	2121.27	-51.04	-374,198	-461,999	
2011-08-03	2066.26	-55.01	-777,555	-552,847	
2011-08-04	2018.47	-47.79	-438,616	-104,152	
2011-08-05	1943.75	-74.72	-410,994	1,112,215	B 국면
2011-08-08	1869.45	-74.30	-84,444	526,289	
2011-08-09	1801.35	-68.10	-1,166,877	-797,555	외국인 -5,072,848
2011-08-10	1806.24	4.89	-1,262,539	-2,135,989	프로그램 -2,124,237
2011-08-11	1817.44	11.20	-279,162	-14,066	
2011-08-12	1793.31	-24.13	-278,463	-439,068	

우선 A 국면부터 살펴보자. 7월 18일에서 29일까지 2주 동안 외국인은 단 하루만 제외하고 순매도로 일관한다. 무려 1조 원의 매물을 쏟아냈다. 그러나 종합주가지수는 2,130.48에서 2,133.21로 오히려 상승한다. 외국인의 엄청난 매도공세에도 시장은 잘 버틴 것이다. 이렇게 시장이 버틸 수 있었던 것은 프로그램 매수 때문이다. 같은 기간 프로그램은 1조 8,248억 원의 순매수를 기록한다. 외국인의 매도 물량을 다 받아준 것이다. 이렇게 외국인과 프로그램의 매매방향이 상반되면 대부분 장은 혼조세이다. 큰 변동성이 나오기 힘든 것이다.

하지만 A 국면 중에서도 7월 18일, 25일, 29일은 외국인과 프로그램이 모두 같은 방향으로 움직였다. 모두 순매도를 기록한 이 두 날 시장은 여지없이 큰 폭으로 하락했다. 그리고 그 와중에서도 프로그램과 외국인이 동시에 순매수를 한 22일은 상승을 했다.

문제는 B 국면이다. 8월 들어 외국인의 매도 행진에 프로그램도 동참하게 되면서 시장은 급변한다. 8월 1일 프로그램, 외국인의 큰 폭의 동시 매수로 종합주가지수는 39.10포인트 상승했다. 그러나 다음 날부터 프로그램과 외국인은 물량을 쏟아내기 시작하는데, 정신이 없을 정도이다. 외국인은 8월 1일을 제외하고는 모두 매도로 일관하였고 프로그램 역시 사흘을 빼고는 전부 매도로 일관하였다. 외국인과 프로그램이 매도라는 같은 방향으로 매매를 하는 것이다. 그 결과 종합주가지수는 2,172.31에서 1,793.31로 하락한다. 무려 379포인트, 17.44%의 대폭락이다. 프로그램과 외국인이 매도 한 방향으로 포지션을 잡고 지속시키면 시장은 순식간에 폭락과 공포의 도가니로 변해 버리고 마는 것이다.

두 수급의 방향이 매도로 정해지면 일단 긴장하여야 한다. 이럴 때는 상승에 대한 미련은 버리는 것이 좋다. 하락폭이 연속적으로 확대될수록 기관투자가의 손절 물량이 나올 수 있기 때문이다. 기관투자가의 손절 물량은 그 규모도 규모지만 가격을 따지지 않고 출회되므로 하락폭을 더욱 확대시킬 위험이 있다. 외국인의 매도세 또한 한동안 지속될 가능성이 있으므로 절대적으로 주의해야 한다.

이렇듯 수급분석만으로도 주가의 폭락을 충분히 예측할 수 있다. 수급분석이 이래서 중요한 것이다.

(3) 상승반전

하락해오던 주가가 하락추세에서 벗어나 본격적인 상승으로 전환하는 상승반전에 관해 살펴보자.

하락추세가 지속되는 동안 대부분의 투자가들은 하락을 어느 정도 당연시하는 경향이 생긴다. 하락에 대한 적응, 즉 한동안 시장은 하락추세에서 못 벗어날 것이고 더욱 하락할지도 모른다는 인식을 갖게 되는 것이다. 이렇게 되면 어느 순간 과도한 매도가 나타나게 되고 주가가 크게 떨어진다. 최저가를 경신하는 것이다. 하지만 과매도라는 인식을 한 일부 세력들이 매수로 대응을 하게 되면서 하락추세는 멈추게 되고 상승을 위한 준비에 들어간다.

대부분의 하락에 있어 그 마지막 단계에서는 과매도가 출현하게 되는데, 이는 더 이상 기다리다 못한 투자가들이 실망 매물들을 쏟아내는 것이다. 이런 과매도의 과정에서 가격은 개의치 않고 일단은 매도부터 하겠다는 악성 매물들이 소진된다. 이는 향후 추세전환에 있어 중요한 과정이다. 본격적인 상승을 위해서는 이 과정이 필수적이다.

악성 매물의 소진은 주가의 바닥을 형성하며 향후 매수세의 등극에 유리한 환경을 조성한다. 더 이상의 매도 물량이 없는 상황에서 주가는 쉽게 오를 수밖에 없기 때문이다. 실제로 매도 물량이 정리가 끝난 상태에서는 매수세가 조금만 붙어도 가격은 탄력 있게 상승한다.

주가가 바닥을 친 상태에서도 시장에는 악재들이 산재해 있고 비관론이 퍼져 있다. 따라서 대부분의 투자가들은 바닥을 인정하기 보다는 추가 하락을 두려워한다. 하락의 과정에서 올라갈 것처럼 보이다가 다시 하락하는 상황을 많이 경험했기 때문이다. 아직 투자가의 인식은 이제까지의 하락 분위기에서 좀처럼 벗어나지 못하고 있는 것이다. 이렇게 대부분의 투자가들이 하락에 익숙해져 감히 상승은 생각지도 못할 때 주가는 상승으로 돌아선다.

주가가 하락의 굴레에서 상승추세로 반전하려면 거래에서 손바뀜이 일어나야 하며 거래량이 최저치를 갱신하여야 한다. 이는 매물부담이 사라진다는 의미에서 상당히 중요하다. 즉 기회만 되면 물량을 처분해 버리겠다는 매도세력으로부터 주가가 해방된다는 의미이다. 이제 팔려고 안달이 난 세력으로부터 주식을 장기적으로 보유하려는 세력으로 물량이 이동하는 것이다.

또한 역배열 상태에 있던 중장기의 이동평균선들이 어느 지점에 서로 모이게 되는데 이는 상승전환을 위한 필수조건이 된다. 역배열하에서의 최저가는 그 사실 하나만으로 가격 메리트가 엄청난 것이다. 상승으로 전환될 때는 급등을 하게 되며 수익창출의 폭을 크게 늘려 준다.

이렇게 이동평균선들이 수렴하고 저점의 지지가 확인되면서 거래량이 늘어난다면 추세는 서서히 돌아서고 있다고 말할 수 있다. 추가적인 매도가 없는 저점에서 거래를 동반한 상승은 의미가 있다. 물론 바닥을 확인하려는 매도공세를 받기도 하지만 대부분은 짧은 조정으로 끝나고 재차 상승하는 것이 추세전환이다. 이런 과정에서 장기 이동평균선의 모양이 조금씩 고개를 들게 되며 골든크로스가 실현되기도 한다.

특히, 단기 이동평균선이 장기 이동평균선을 돌파한 후 잠시 눌림 현상이 일어나는 종목은 오히려 급등할 가능성이 높다. 60일 이동평균선을 지지하면서 직전 저점을 하회하지 않고 버틸 경우 주가는 상승할 가능성이 매우 높으며 20일 이동평균선 돌파가 실현된다면 추격 매수에 들어가도 무난하다 하겠다. 이 시기에 20일과 60일 이동평균선이 가까울수록 상승전환이 임박했음을 암시한다.

대부분의 상승전환 초기 단계에서는 상승이 소리 소문 없이 조용히 진행되는 것이 보통이다. 서서히 양봉을 키워가며 상승하는데 이 시기에는 대부분의 투자가들은 이러한 상승을 일시적 반등 정도로 치부하지 본격적 추세전환이라고는 보지 않는다. 물론 상승하는 과정에서 강력한 저항이 나타나며 주가가 하락하기도 하는데 많은 투자가들이 이것을 보고 '그럼 그렇지.'하고 무시하고 만다. 그러나 주가는 다시 오뚝이처럼 일어나 야금야금 하락폭을 만회하며 고점 경신을 시도하게 된다. 이것이 상승초기의 모습이다.

이러한 과정에서 그나마 남아 있던 매도세력은 사라지게 되며 상승 탄력은 강화되어 간다. 매도세력이 사라진 구간에서는 매수세가 조금만 들어와도 가격은 크게 상승하게 되며 주가는 별다른 저항 없이 올라가는 형세가 지속된다. 이 과정이 지속되면 얼마 가지 않아 이익실현 물량과 전열을 가다듬은 매도세가 물량을 뿌리며 저항선을 구축하는데, 이제 막 힘이 붙기 시작한 상승세를 막기에는 역부족이다. 일단 탄력이 붙은 상승추세는 저항선을 간단히 돌파한다. 이제부터는 본격적인 상승추세가 전개된다.

상황이 이런 식으로 전개되다 보면 주가는 자연스레 하방경직성이 생기게 된다. 주가가 일정 기간 상승을 하여 제법 큰 폭으로 올라 있으면 많은 투자가들이 '아, 그때 왜 못 샀을까?' 라는 생각을 하게 되며 주가가 어느 정도 조정을 받으면 이들이 적극적으로 매수에 들어서게 된다. 따라서 주가는 조정을 받아도 더 이상 떨어지지 않고 어느 가격선에서 지지가 된다. 이렇게 주가가 하방경직성을 갖게 된다는 것은 하락에 대한 두려움을 상당히 해소시켜 주는 측면이 있다. 그리고 이는 그만큼 상승에 대한 기대감을 형성시킨다.

이제 추세는 본격적인 대세상승에 근접하게 되는 것이다. 이 구간에서 매매를 한다면 단기적 변동보다는 큰 추세를 한 번쯤 믿어 보고 과감하게 매수 포지션을 취하는 것이 좋다.

상승반전은 나름대로의 시그널을 가지고 있으며 본격적인 추세반전에 앞서 그 시그널을 보여준다. 문제는 투자가가 얼마나 빨리 시그널을 포착하여 매매에 연결시키느냐 하는 점이다.

상승반전을 하는 데 있어 기본적인 신호는 주춤거리는 매도세이다. 그동안의 지속되던 하락추세가 주춤거리며 힘을 전처럼 발휘하지 못하는 것이다. 이는 팔 사람은 다 팔았으니 더 이상 나올 매도 물량이 없다는 것을 의미한다.

상승반전의 초기 국면은 일반적으로 조용히 진행된다. 따라서 일반인들이 그 상황을 인식하기란 쉽지 않다. 상승반전은 또한 상당히 집요한 구석이 있어 얻어맞으면서도 다시 일어서는 오뚝이와 같은 모습을 보인다. 매도공세를 맞으면서도 뚝심 있게 다시 일어나는 것이다. 한번 흙을 뚫고 나온 새싹이 계속해서 자라나는 것과 흡사하다. 흙도 뚫고 나왔는데 더 이상 방해될 것이 어디에 있단 말인가?

그동안 진행해 오던 주가의 하락추세에 많이들 지쳐 있는 상태이므로 상승에 회의적인 시각을 갖고 있는 투자가들이 많다. 그러나 이러한 분위기에서도 상승의 새싹은 자라는 법이다. 회의와 부정이라는 토양에서 자라 나오는 것이 상승반전이다.

① 기술적 분석으로 확인하는 상승전환

상승전환을 확인하는 방법 중 무난한 방법은 역시 차트를 보고 전형적인 상승전환 패턴이 나오는지 확인하는 것이다. 전형적인 상승패턴은 다음 그림의 세 가지로 요약할 수 있다. 앞에서 살펴본 하락패턴을 정확히 뒤집어 놓은 모양이라 보면 될 것이다.

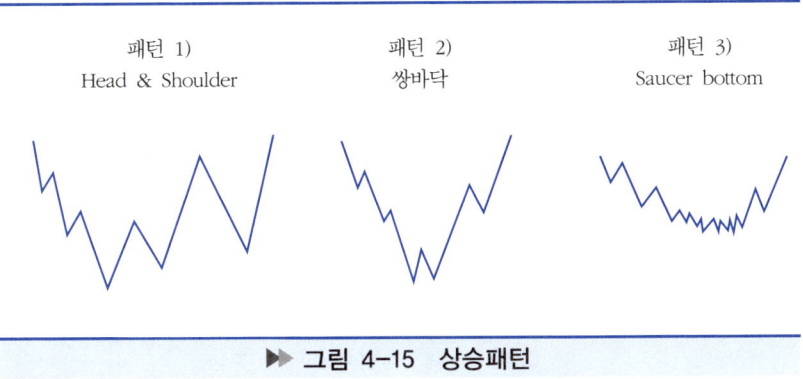

▶▶ 그림 4-15   상승패턴

패턴 1)은 N자 형과 비슷한 모양을 그리면서 상승하고 있다. 오르다가 전 저점을 깨지 않는 수준까지 잠시 조정을 받다 상승하는 패턴이다.

패턴 2)는 W자와 비슷한 모양을 보이며 상승하는 패턴이다. 역시 저점에서 상승한 이후 조정을 받고 다시 상승하는 모양이다. 전 저점은 건드리지 않는 것이 보통이다. 쌍바닥이라고도 하는데 상당히 신뢰도가 높은 상승전환 패턴이다. 패턴 3)은 하락하던 주가가 더 이상 하락하지 않고 상당 기간 박스권 양상을 보인 후 상승하는 모양이다.

실제로는 위의 패턴 세 가지가 복합적으로 나타나는 경우가 많다. 즉 어떻게 보면 패턴 1)이고 어떻게 보면 패턴 2)나 패턴 3)으로 볼 수도 있는 모양이 많이 나온다. 다음의 [그림 4-16]은 종합주가지수의 주봉이다. 큰 하락 이후의 상승전환 패턴을 비교해 볼 수 있다.

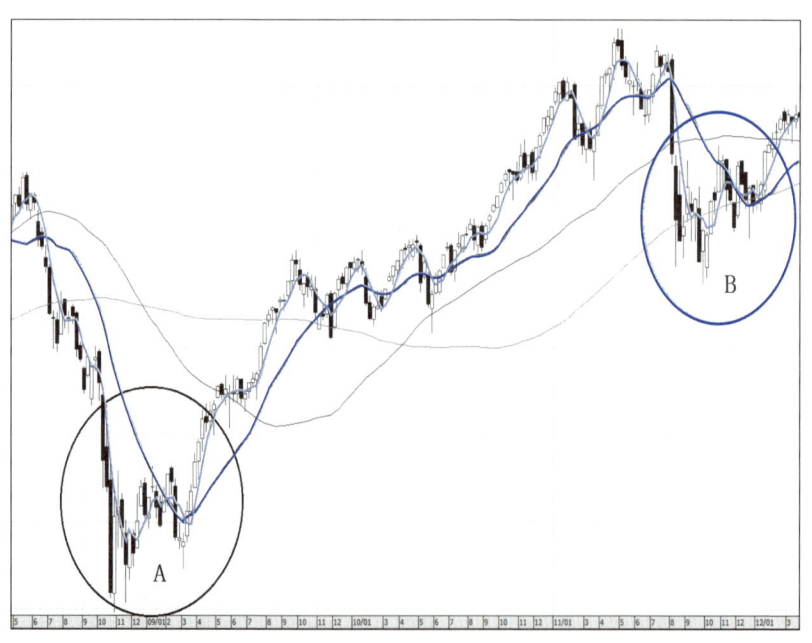

▶▶ 그림 4-16 종합주가지수 주봉

우선 A와 B 모두 하락 후의 반등 구간을 나타낸 것이다. A와 B가 상당히 유사한 양상을 보이고 있다. 제법 큰 폭의 하락이 있었고 저점을 찍은 후 상승하고 곧 다시 조정을 받으나 전 저점은 깨지 않는 모양이다. 그리고 단기 이동평균선이 중기 이동평균선을 상향돌파하면서 상승한다.

모두 다 어떻게 보면 N자 모양, 어떻게 보면 W자의 모양을 보이고 있다. 그러나 공통적인 것은 바닥을 찍은 후 상승하다 다시 조정이 나타난다는 점이다. 다만 전 저점은 깨지 않고 있다. 이 점이 중요하다. 아무리 주가가 밀리더라도 지난 번 저점까지는 밀리지 않는다는 것이다. 이는 주가가 바닥을 다지고 있다는 의미로 상승전환을 확인하는 중요한 단서가 된다.

② 수급으로 확인하는 상승전환

상승전환 역시 수급의 변화로 확인할 수 있다. 여기서도 역시 프로그램과 외국인의 매매방향이 중요하다. 이들의 방향이 함께 매수로 움직인다면 장은 상승으로 기울게 된다.

다음의 표는 주가가 상승한 2012년 1월 12일부터 2월 9일 약 한 달 동안의 외국인과 프로그램의 수급상황을 나타낸 것이다. 일단 종합주가지수는 이 기간에 1,864.57에서 2,014.62로 150포인트나 상승하였다.

다음의 표에서도 확인할 수 있듯이 외국인은 이 기간 중 단 이틀을 제외하곤 전부 순매수 기조를 유지하고 있다. 상당히 일관성 있는 매수이다. 누적매수 규모 또한 8조 4,000억 원에 육박하는 상당히 큰 규모이다. 프로그램 역시 기조적으로 순매수이다. 같은 기간에 5조 7,100억 원의 프로그램 매수가 들어왔다. 외국인과 프로그램이 매수라는 같은 방향으로 움직인 것이다.

이런 수급상황에서는 주가는 상승할 수밖에 없다. 매수세가 강력하게 유입되는 상황에서 주가는 떨어질 수가 없는 것이다. 그리고 이런 상황이 지속되는 한 상승추세는 지속된다.

■ 표 4-3 ■ 종합주가지수와 외국인과 프로그램 매매

날짜	KOSPI 지수	전일 대비	KOSPI 시장 외국인	KOSPI 시장 프로그램
2012-01-12	1,864.57	19.02	166,804	177,911
2012-01-13	1,875.68	11.11	605,291	280,918
2012-01-16	1,859.27	-16.41	6,645	-181,172
2012-01-17	1,892.74	33.47	422,902	707,606
2012-01-18	1,892.39	-0.35	445,043	98,718
2012-01-19	1,914.97	22.58	740,366	700,195
2012-01-20	1,949.89	34.92	1,440,406	1,096,591
2012-01-25	1,952.23	2.34	942,425	674,310
2012-01-26	1,957.18	4.95	464,648	399,416
2012-01-27	1,964.83	7.65	491,051	332,720
2012-01-30	1,940.55	-24.28	-75,078	44,770
2012-01-31	1,955.79	15.24	140,220	507,230
2012-02-01	1,959.24	3.45	415,560	-24,414
2012-02-02	1,984.30	25.06	1,009,506	468,551
2012-02-03	1,972.34	-11.96	-120,814	97,291
2012-02-06	1,973.13	0.79	180,127	39,965
2012-02-07	1,981.59	8.46	363,557	423,044
2012-02-08	2,003.73	22.14	400,601	281,044
2012-02-09	2,014.62	10.89	104,292	-356,239

(4) 돌파

추세가 상승에서 하락으로, 하락에서 상승으로 전환되는 시점을 정확히 파악하는 것은 상당히 중요하다. 앞에서는 이러한 추세전환을 차트와 수급을 통해 확인하였다.

이번에는 이러한 추세전환을 '돌파'라는 관점에서 살펴보고자 한다. 추세의 전환은 간단하게 나타나는 것이 아니다. 반드시 기존 추세의 도전을 받게 된다. 기존추세를 돌파해야만 진정한 의미의 추세전환이 시작되는 것이

다. 상승을 하려면 저항선을 돌파하여야 하고 하락을 하려면 지지선을 돌파하여야 한다. 추세전환은 이렇게 돌파라는 과정이 꼭 필요하다.

추세는 한번 방향을 잡으면 어지간해서는 그 방향대로 그냥 가려는 성질이 있다. 비록 추세가 진행되는 동안 그 추세에 저항하는 크고 작은 도전들이 나타나지만 대부분 그런 도전들을 물리치고 자기 추세를 견지한다.

그러나 그렇다고 해서 영원히 한 방향으로 가는 추세는 없다. 언젠가는 저항을 감당하지 못하고 꺾이는 것이 또한 추세이다. 이러한 추세의 반전에 있어 필수적인 것이 기존 추세의 돌파이다.

이러한 추세의 돌파는 저항선을 돌파함으로써 상승추세로 접어들게 하고 지지선을 돌파함으로써 하락추세로 접어들게 하는데, 돌파 시 이전 거래량을 상회하는 많은 거래량이 동반되는 것이 특징이다. 일반적으로 저항선을 돌파할 때의 거래량이 지지선을 돌파할 때의 거래량보다 많은 편이다.

돌파라는 표현을 다른 말로 쓰자면 '새로운 추세로의 성공적 진입'이라고 말할 수도 있을 것이다. 이 시기는 여러 의미를 가지고 있다. 기본적으로 추세반전이라는 의미도 있지만 특히 수익 극대화라는 의미에서도 좋은 매매 타이밍을 제공해 주기도 한다. 따라서 하나의 추세가 변화를 시도하려는 시점은 주의를 기울여 살펴보아야 한다.

어느 시점에서든 가장 강력한 돌파의 신호는 갭을 동반한 추세선의 돌파이다. 갭이 아니더라도 거래량이 실린 장대 양봉이나 장대 음봉을 수반하면서 돌파를 한다면 그 신뢰성은 더욱 높아진다. 그렇지 않고 약한 돌파는 그 추세전환의 시도가 실패로 끝날 확률이 높다. 따라서 강한 장대 봉이나 갭에 의한 돌파가 아닌 것은 한 번쯤 의심을 하고 추후에 확인해 볼 필요가 있다. 물론 거래량의 체크도 빠지지 말아야 할 것이다.

기존 추세로의 복귀 여부는 추세 돌파 후 3~5일 사이의 움직임에서 결정이 나는데, 돌파 후 새로운 추세로 주가가 뻗어 나가야 비로소 추세가 전환되었다고 볼 수 있다. 상승 돌파 이후 주가가 고점을 지지하면서 힘 있는 상승을 보여 준다면, 상승 돌파가 성공한 것으로 볼 수 있으므로 추격매수를 하여도 무방하다 하겠다.

대부분의 투자가들은 돌파 후 연속 강세가 나타나면 매수에 부담을 느끼곤 하는데, 돌파 후의 상승여력이 확인만 된다면 매수에 임해도 무리가 없을 것이다. 오히려 문제가 되는 것은 상승 돌파가 성공한 듯이 보이다가 주가가 비실거리면서 다시 꺾이는 경우이다. 이때에 매수하는 것은 위험하다. 그래서 돌파 후의 3~5일 사이의 움직임을 꼼꼼히 확인하여야 한다.

강한 음봉으로 하락 돌파 후에는 음봉의 꼬리를 저점으로 하여 몇 번의 상승 시도가 나타나기 마련인데 3~5일 사이에 상승추세로 회복을 못하면 에너지 소진으로 급락하게 된다. 그러나 곧장 강한 양봉이 나타나며 추세를 복귀시킨다면 이것은 주도 세력이 상승을 유지하려는 강력한 의도를 가지고 있는 것이라 볼 수 있다. 이럴 때는 섣불리 매도하지 않고 좀 더 지켜보는 것이 좋다. 매수세도 쉽게는 물러서지 않겠다는 강한 의지를 보이고 있기 때문이다.

박스권에서는 돌파 시도가 자주 나타나는데 대부분 무위로 끝나는 경우가 많다. 위로 갈 듯이 올라오다가 다시 꺾이고 아래로 갈 듯이 내려오다가 다시 고개를 쳐든다. 상당히 혼란스럽게 하면서 향후 예측을 어렵게 한다. 특히 선물시장에서 5분봉과 1분봉, 20분봉이 거의 근접한 상태에서 수평으로 지속되는 경우가 있는데 그 단조로운 상하 움직임은 참을성 없는 사람에게는 곤욕일 정도로 지루하게 이어진다. 여기서 섣불리 판단하여 서둘러 포지션을 잡게 되면 갑자기 시장이 반대 방향으로 움직일 때 당황하게 되며 불필요한 매매만 연발할 수 있다. 이럴 때는 관망이 최선의 자세이다.

따라서 박스권에서는 돌파의 진위를 잘 따지는 것이 가장 중요하다 하겠다. 확실히 박스권을 이탈했을 때 매매를 결정하는 것이 안전하다. 만약 확신이 서는 돌파라면 그 방향이 한동안 향후 추세를 결정지을 가능성이 높다. 만일 매수에 임했다면 한동안 추세를 믿고 기다리는 것도 나쁘지 않을 것이다.

다음의 차트는 삼성증권의 일봉 차트이다. 아주 전형적인 박스권에서의 상승 돌파 모습을 보여 주고 있다.

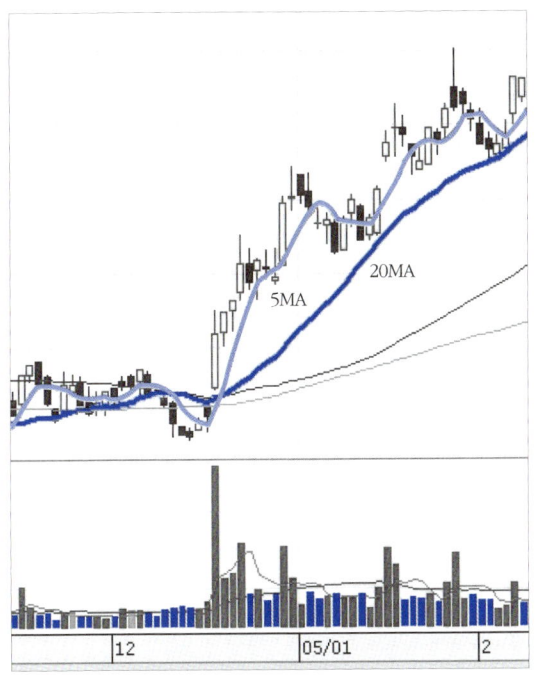

▶▶ 그림 4-17 삼성증권 일봉

2004년 12월 중순까지 이동평균선들이 수렴하면서 박스권장세가 지속이 되고 있다. 그러다가 갑자기 거래량이 폭발하며 갭 상승으로 돌파하는 모습이다. 이와 함께 골든크로스가 나타나고 있다. 거래량이 실린 돌파는 아주 신뢰성이 높다.

어떤 경우든 일단 추세를 돌파하게 되면 그 탄력의 힘으로 한동안은 돌파된 상태가 유지된다. 하락의 추세가 지속되다가 그 저항선을 뚫고 돌파에 성공하면 그 여파로 단시일은 상승이 지속적으로 연출된다. 왜냐하면 갑작스런 상승반등은 저항선에서 저항하던 매도세력을 분쇄시킴과 동시에 한동안 매도세력을 정신없게 만들기 때문이다. 놀란 매도세력은 얼마간 정신을 못 차리며 그동안 매수세력은 더욱 승승장구하며 주가를 올려놓는다.

그러나 얼마 후 주춤하던 매도세력이 진영을 가다듬는다. 그리고는 반격에 나서는데 이 시점이 상당히 중요한 시점이다. 기존의 추세를 돌파 후, 새로운 추세를 형성하며 한동안 별 다른 저항 없이 상승하던 주가가 비로소 적수다운 적수를 만나게 되는 것이다. 이때 이들을 다시 한번 격파하느냐 아니면 밀리느냐에 따라 향후 상승추세가 지속되느냐 아니면 다시 후퇴하느냐가 정해진다.

새롭게 진영을 갖춘 매도세를 만나면 주가는 순간 움찔하게 된다. 그동안의 무기력했던 매도세와는 그 위용이 다르기 때문이다. 혼비백산하며 물러가던 때와는 달리 새로이 만난 매도세는 전열을 정비한 매도세이다. 따라서 일단 주가가 밀리는 모습을 보인다. 이때의 전투는 아주 치열하게 펼쳐진다. 상승해오던 힘에도 가속도와 자신감이 붙어 있고 새로이 대응하는 매도의 힘 역시 그동안의 패배에서 벗어나려고 싸움다운 싸움을 해온다. 매도세와 매수세가 거의 같은 경우 이 싸움은 제법 오래 가기도 한다.

이럴 때 박스권을 형성하면서 지루하게 이어지는 경우도 있는데 대세상승장에서는 신흥세력인 매수세가 승리한다. 매수세가 승리하면 그 상승세는 상당 기간 지속되며 주가를 올려놓는다. 상승에 확신을 가진 세력들이 계속해서 매수에 동참하면서 그 세력은 점점 늘어나기 때문이다. 이렇게 되면 적수가 되는 매도세는 당분간 나타나기 어려우며 주가는 상승행진을 지속하게 된다.

하락 돌파 역시 마찬가지이다. 그동안의 상승세가 지지선을 지지하지 못하고 하락 돌파하게 되면 한동안 매도의 무게를 감당하지 못하고 아래로 밀리게 된다. 단시일 내에 매도세는 상당한 기세로 주가를 급격히 끌어내리게 된다. 그러나 어느 선에서 매수세가 재집결을 하며 매도세와 맞서게 되는데 이때 또한 치열한 공방전이 나타난다.

정신없이 매도세에게 자리를 내주었지만 어느 정도의 선에 오게 되면 저가매수에 임하려는 새로운 세력들과, 그동안 밀려 후퇴해 내려오며 역전을 노리던 기존 세력들이 본격적인 방어선을 구축하며 대들기 때문이다. 이때 주가는 잠시 반등을 보인다. 이제까지와는 다른 많은 수의 적군과 맞서야 하기 때문에 매도세는 그동안의 기세를 유지하지 못하고 한발 물러나는 것이다.

하락추세가 지속될지의 여부는 이 지지선이라는 방어선이 무너지는가의 여부에 달려 있는데 이때의 지지선은 꽤 견고하다. 왜냐하면 새로운 대기 매수세력들이 속속들이 들어오기 때문인데 이들은 매수에 상당히 적극적이다.

따라서 하락해 오던 주가는 멈칫거리게 되는데 이때의 승부는 신규로 들어온 매수세력들이 얼마나 끈기가 있고 지속적인가에 달려 있다. 매도세가 다시 총공격을 가했을 때, 즉 매도 물량을 쏟으며 주가를 끌어 내리려고 할 때 신규로 들어온 매수세력들이 끝까지 버티면서 매도를 하지 않으면 승산이 있으나 매도세에 못 견디고 매수했던 물량을 내놓기 시작하면 승부는 끝난 것이다. 주가는 한 단계 추락하게 되는 것이다.

일반적으로 고가에서 매수한 세력들은 가격적인 부담이 있어 가격이 하락할 때 끈기 있게 버티지 못하는 경향이 있다. 다행히 가격 하락이 그리 크지 않아 이들을 위협하지 못한다면 이들은 기다릴 수 있으나 하락폭을 급격하게 확대시키면서 매도세가 강하게 이들을 압박하면 이들은 대부분 물량을 내놓게 되어 있다. 이들의 물량이 출회되면 주가의 지지가 어려워진다. 어지간한 지지선은 다 무너지며 주가의 하락추세는 더욱 강화되어 한동안 주가는 침체의 늪에서 벗어나지 못하게 된다.

돌파라는 과정을 통하여 주가는 새로운 추세를 형성해 나가지만 그 과정에서 도전을 받게 된다. 그 도전을 물리친다면 그 추세는 더욱 강화되고 그렇지 못하고 도전에 꺾인다면 주가는 박스권 횡보로 들어가거나 추세가 다시 역전되어 전 추세로 회귀하게 된다.

매도세와 매수세의 도전과 응전, 시장은 이 과정의 연속이다. 누가 밀고 밀리느냐에 따라, 즉 누가 주도권을 잡느냐에 따라 추세가 결정되는 것이다. 순간적으로 어느 세력이 이기는 듯이 보이다가도 다시 금방 전세가 역전되는 등 파란만장한 공방이 이어진다. 이 와중에서 투자가는 매도세력과 매수세력 중 궁극적인 승자가 누구이며 추세는 어느 쪽으로 기우는지를 끊임없이 확인하여야 한다. 그래서 이기는 편에 붙는 것이 투자가의 일이다.

4 추세를 이용한 매매 타이밍의 결정

(1) 매수 타이밍 잡기

매수 타이밍을 잡는 기본은 앞으로의 상승이 확실시 되는 시점에 매수를 하는 것이다. 즉 추세전환이 확인된 이후이다. 어느 시점이 최고의 매수 타이밍이었는지는 시간이 지나간 후에야 알 수 있는 것이다. 지금 당장 어떤 최고의 매수 타이밍을 알아낸다는 것은 쉬운 일이 아니다. 다만 몇 가지의 패턴을 이용해서 좋은 매수 타이밍을 찾아내는 것은 가능하다. 그러면 어떤 시점이 베스트 매수 타이밍인지 살펴보자.

물론 추세가 상승으로 전환되는 바로 그 시점이 가장 좋은 매수 타이밍이다. 하락을 멈추고 방향을 본격적으로 위로 잡은 시점이나, 어느 저항선을 돌파했을 때가 그렇다.

다음의 차트는 일반적으로 상정해 볼 수 있는 상승추세의 차트이다. 다음의 몇 번의 시점에서 매수를 하는 것이 이상적일까?

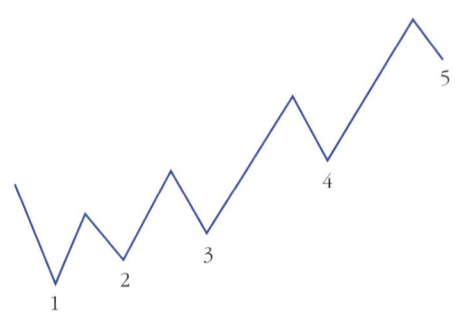

▶▶ 그림 4-18 매수 타이밍의 결정

가장 큰 수익을 낸다는 관점에서는 최저점인 1번 시점이 최고의 매수 시점이 될 것이다. 그야말로 바닥에서 사는 것이다. 그러나 1번 시점에서 매수에 들어가기에는 무리가 따른다. 일단 바닥을 예상하기가 어렵기 때문이다. 하락추세가 진행되는 상황에서 최저점을 예상한다는 것은 극히 위험한 일일 수 있다.

그렇다면 2번 시점은 어떠할까? 최저점을 확인하고 들어간다는 의미에서는 나름대로 의미 있는 시점이 될 수도 있으나 문제는 박스권 장세가 이어질 수 있다는 점이다. 하락추세가 마감되고 흔히 나타날 수 있는 패턴이다.

주가가 박스권 장세에 들어가게 되면, 하락추세는 일단 멈추고 반등하나 저항선에 부딪혀서 다시 밀려 내려오게 된다. 그리고 다시 반등을 시도하지만 저항선에 의해 또다시 저지당한다. 이런 과정이 반복되는 것이다.

즉 주가가 시원스럽게 상승을 못하고 자꾸 올랐다가 밀려 내려오는데 이렇게 되면 투자가는 상승에 대한 회의감이 들 수 있고 지루한 흐름을 견디다 못해 주식을 처분할 가능성도 배제할 수 없다. 그렇기 때문에 2번 시점에서의 매수는 아직은 불안한 상황에서의 매수라 할 수 있다. 박스권에 갇힐 가능성이 있기 때문이다. 물론 상승에의 믿음을 가지고 박스권 장세를 견딘다면 2번에서의 매수도 의미가 있다 하겠다.

그렇다면 가장 이상적인 매수시점은 언제인가? 바로 3번 시점이라고 할 수 있을 것이다. 일단 최저점은 확인한 상태이며 2번의 저점도 깨지지 않은 것이 확인된 시점이다. 따라서 3번 시점에서의 매수는 보다 상승 가능성이 높은 상태에서의 매수라고 할 수 있다. 1번의 최저점을 확인함으로써 추세전환의 변화를 감지하고 저항을 뚫고 나가는 모습으로 추세전환의 확신을 가지게 되는 것이다.

어떤 면에서는 상당히 교과서적인 매수 타이밍 포착 방법이라고 할 수 있겠으나 저점확인과 추세확인이라는 점에서 중요한 기본이 되므로 숙지할 필요가 있다.

실제 상황이 반드시 이렇게 교과서적인 패턴으로 나타나라는 법은 없다. 현실은 보다 복잡한 패턴이 나오지만 기본을 잘 알고 있어야 상황에 따른 응용도 제대로 할 수 있는 것이다.

다음은 이동평균선을 응용한 매수 타이밍의 포착이다. 우선 다음 [그림

4-19]를 보자. 하락추세를 이어오던 주가가 이동평균선을 상향 돌파하며 위로 향하고 있다. 훌륭한 매수 타이밍이 아닐 수 없다. 주가가 이동평균선을 잠시 돌파하는 듯하다 다시 이동평균선 밑으로 하락하는 경우도 있는데 지금처럼 잠시 조정을 받더라도 이동평균선 밑으로 빠지지 않고 곧장 다시 상승을 한다면 이것은 상승할 가능성이 높다 할 수 있다. 매수에 임하기 좋은 타이밍이다.

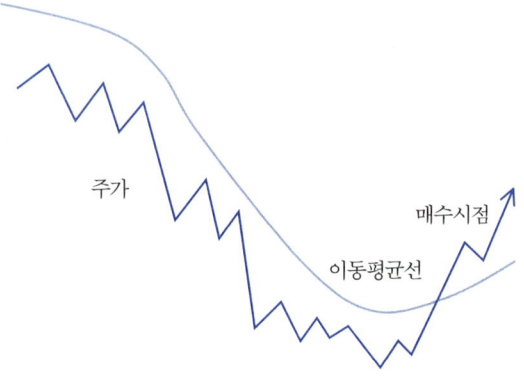

▶▶ 그림 4-19 이동평균선 돌파와 매수시점

다음의 [그림 4-20]은 상승의 추세가 확인되는 경우이다. 일단 상승추세가 지속되어 오던 주가가 잠시 머뭇거린다. 그리고 주가가 하락하나 이동평균선에서 하락을 멈추고 마치 이동평균선에 부딪혀서 올라가듯이 다시 상승한다. 이때가 절호의 매수 타이밍이라고 할 수 있다.

이런 패턴은 비교적 자주 나타나는 패턴이다. 일봉의 경우 20일이나 60일 이동평균선을 지지선으로 하여 재차 상승하는 경우를 자주 볼 수 있다. 특히 이런 경우는 상승해오던 탄력이 아직 살아 있고 추가 상승여지가 얼마든지 있다는 강한 반증이기도 하다. 따라서 기존의 상승에서 다소 밀렸다고 해서 추세 자체가 변했다고 생각하지 말고 이동평균선 부근에서 어떤 모양을 하는지를 지켜보고 판단해야 할 것이다.

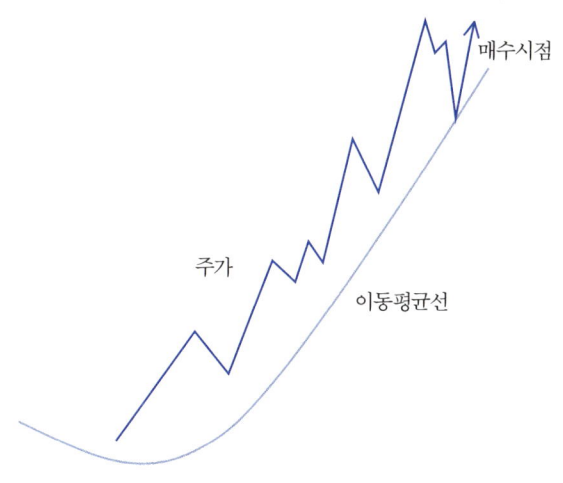

▶▶ 그림 4-20 이동평균선과 매수시점

그리고 주가가 잠시 이동평균선을 무너뜨리고 밑으로 갔다가 곧바로 다시 이동평균선을 위로 뚫고 상승하게 되는 경우도 마찬가지로 추가 상승을 암시하는 경우이니 잘 살펴보아야 한다. 다음의 [그림 4-21]이 그런 경우이다.

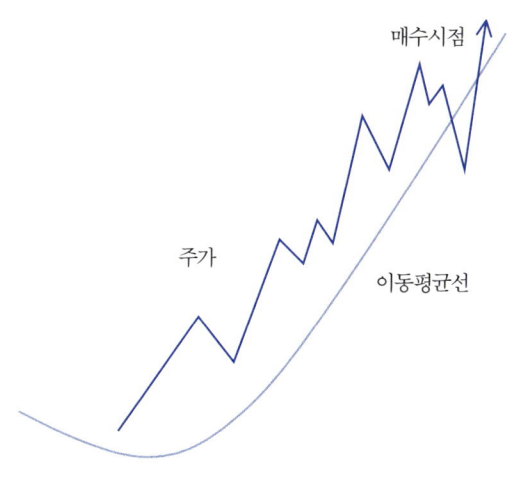

▶▶ 그림 4-21 이동평균선과 매수시점

Ⅳ. 추세파악

주가가 하락하면서 이동평균선 밑으로 빠지는데 추세가 붕괴되는 것처럼 보이지만 곧장 다시 이동평균선 위로 뚫고 올라오는 모습이다. 이는 상당한 매수세력이 대기하고 있음을 암시하며 추가적인 주가상승을 예고한다고 볼 수 있다. 다만 빠른 시일 내에 다시 이동평균선 위로 돌파를 해야지 그렇지 않으면 그야말로 추세붕괴로 이어지는 상황이 될 수도 있다.

(2) 매도 타이밍 잡기

그동안의 상승세가 힘을 다하고 더 이상의 매수세가 들어오지 않을 때가 주가가 하락세로 반전하는 시기인데 이때가 매도 타이밍이 된다. 추가적인 매수세력이 들어오지 않고 매도세력이 주도권을 잡게 되면 주가는 하락하기 시작한다. 강도의 차이는 있을 수 있겠으나 고점을 찍은 후 고점에서 점점 멀어진다.

그러나 정확히 어느 시점에서 하락이 시작되는지는 예측하기가 상당히 어렵다. 최저점을 예상하기도 어렵지만 최고점을 예상하기는 더욱 어려운 것이다.

단순하게 예를 들어 주가가 아무리 하락한다 하여도 최소한 1원 밑으로는 떨어지지 않는다. 그래서 극단적인 예이기는 하지만 주가가 1원이 되면 최저가라는 것을 알게 된다. 그러나 주가가 올라간다면 이론적으로 그 한도라는 것이 없다. 그래서 주가가 어디까지 올라갈지 예상하는 것이 더욱 어려운 것이다. 따라서 주가의 고점은 추세의 하락전환이 확인된 후에야 정확히 알 수 있다.

다음의 [그림 4-22]는 하락추세를 확인한 후의 매도시점을 보여 준다. 이동평균선 위를 달리며 상승해 오던 주가가 슬슬 하락하더니 급기야 이동평균선 아래로 하락하였다. 다시 오르는 듯하다가 다시 하락한다. 이동평균선 부근에서 매수세력보다 매도세력이 더 적극적인 것이다. 이때의 이동평균선은 강력한 저항선 역할을 한다.

이 경우는 하락에 따른 반발매수세가 유입되었으나 그 힘이 충분하지 못한 경우이다. 주가가 올라오면 매도하겠다고 대기하고 있던 매도세력들을 당해내지 못하는 상황이므로 이렇게 되면 실망매물이 증가하게 되어 주가가 추가적으로 하락하게 된다.

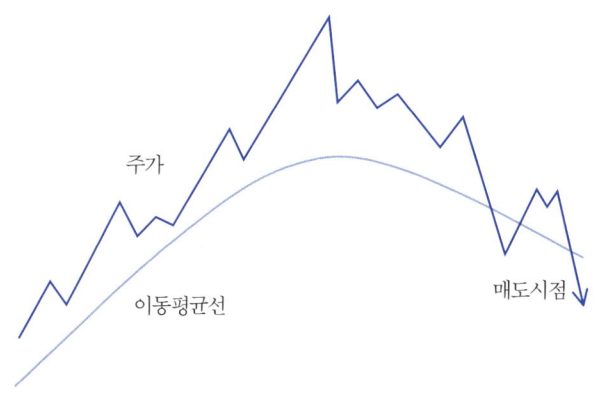

▶▶ 그림 4-22 이동평균선과 매도시점

다음의 [그림 4-23]은 [그림 4-22]의 패턴과 비슷하나 [그림 4-22]의 패턴은 일단 이동평균선을 잠깐이나마 상회하였다 하락하는 패턴이고 [그림 4-23]은 이동평균선에 막혀 밀려 내려오는 패턴이다.

이동평균선을 붕괴시키고 하락하던 주가가 잠시 어느 선에서 지지되면서 반등을 보인다. 그러면서 이동평균선 근처까지 상승하여 접근하지만 돌파를 하지 못하는 것이다.

이러한 패턴 역시 추세가 하락하는 과정에서 자주 볼 수 있는데 어느 경우이든 일단 주가가 이동평균선 부근에 접근하게 되면 긴장을 늦추지 말아야 한다. 일단 붕괴된 이동평균선은 강력한 저항선이 될 수 있다.

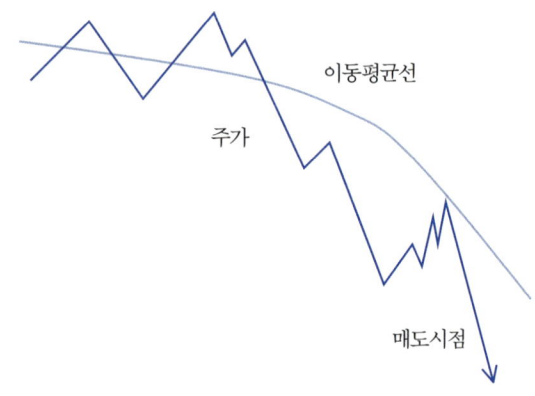

▶▶ 그림 4-23 이동평균선과 매도시점

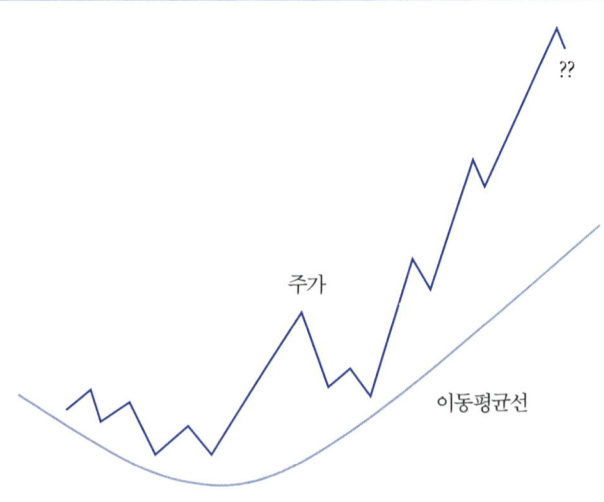

▶▶ 그림 4-24 매도시점의 포착

이동평균선과 주가의 거리가 너무 떨어졌을 때도 기존 추세의 변화의 가능성에 대한 경계심을 가져야 한다. 다음의 [그림 4-24]는 매도시점을 나타낸다고 하기보다는 하락이 충분히 예견되는 상황이므로 주의를 기울여야 하는 경우이다.

주가가 단기간에 엄청난 속도로 급상승을 하게 되면 주가는 이동평균선과 상당한 괴리를 보이게 되는데, 이는 그만큼 급상승에 대한 반발이 나오기 쉬운 상황에 접어들었다고 볼 수 있다. 이런 상황에서는 실제로 갑작스러운 급락이 출현하여 투자가를 당황하게 하는 경우가 있다.

이러한 모습은 선물시장에서 보다 자주 나타는데 급상승 시에 추격매수가 부담스러운 이유이다. 언제 어디서 급락이 나타날지 모르기 때문이다. 따라서 급상승이 지나칠 정도로 진행되었다면 일단 추격매수는 자제하는 것이 좋다. 단기적 매매라면 매도 마인드를 갖고 접근하는 것이 바람직하다. 여러 가지 보조지표 등을 참고하여 과매수 구간인지 여부를 확인하는 것도 한 방법이다.

단, 여기서 조심해야 할 것은 단기간의 급상승에 따른 가격 하락이 예상되는 시점이기는 하나 이것이 본격적인 하락으로의 추세전환인지는 아직 확인할 길이 없다는 점이다. 추세전환이 아닌 급상승에 대한 반발로 일시적인 조정일 가능성도 있기 때문이다. 따라서 본격적인 하락으로의 추세전환인지 아닌지는 좀 더 주가의 동향을 지켜본 후에 판단해야 할 것이다.

(3) 향후 추세의 확신이 어려운 경우

이제까지 추세전환에 관한 여러 시그널들에 관해 살펴보았다. 하지만 실전에서는 추세전환 시점보다는 추세진행 시점이 훨씬 많다. 당연한 이야기이지만, 추세전환의 시그널이 나오는 날은 오랜 추세가 다 진행된 다음에 나오기 때문에 그 횟수가 훨씬 적을 수밖에 없다. 기본적으로 시장은 추세가 진행되거나 혼조세인 날이 훨씬 더 많은 것이다.

따라서 투자가는 추세가 진행되고 있는 상황을 접할 때가 훨씬 더 많게 된다. 그렇기 때문에 일반적으로는 현 추세가 언제까지 지속될지의 여부가 중요한 사안이 된다. 추가적으로 매수에 임할지 아니면 기다려야 하는지에 대한 판단이 필요한 것이다.

상승추세가 상당히 진행되고 있는 상황에서는 추세전환의 신호는 없지만 그렇다고 매수도 좀 부담스러운 때가 있다. 반대의 경우, 하락추세가 상당히 진행된 상황에서 상승전환의 신호는 없으나 그렇다고 매도하기도 부담스러운 경우도 있다.

사실, 고점과 저점을 알아맞힌다는 것은 거의 불가능한 일이다. 이 말은 지금 진행되고 있는 추세가 어디서 끝날지는 아무도 모른다는 것이다. 이런 상황에서 기존의 추세를 믿고 매매할 것인지 아니면 추세전환을 확인하고 매매할 것인지가 최대 관건이다. 이는 전적으로 투자가의 판단에 달려 있다. 몇 달 연속으로 최고가를 경신하며 상승해 온 종목을 추가로 매수를 하느냐 아니면 추가 매수는 부담스러우니 추세전환을 기다려 매도에 임하느냐는 투자가의 개인적 판단에 의한다. 물론 쉽지 않은 판단이다.

몇 달 연속 상승해 온 종목이라면 상승추세는 확실한 상태이므로 매수를 생각하는 것이 일반적일 것이다. 그러나 올라도 너무 올랐다는 느낌이 들 수도 있다. 쉬지 않고 올라온 주가에 대한 부담감이 드는 것은 당연하다. 이런 상황에서는 일단 추가 매수는 망설여진다. 물론 사람에 따라 그 느낌의 강도는 다를 수 있겠지만 너무 올랐다는 느낌은 매수에 있어 별로 좋은 느낌은 아니다.

사실, 너무 올랐다는 재료처럼 하락하기에 좋은 재료도 없다. 물론 너무 올랐다는 생각이 상당히 주관적인 것이고 어느 가격이 최고치인지는 아무도 모른다. 따라서 단지 너무 올랐다는 느낌 때문에 매수를 하지 않는다는 것 역시 문제는 있다. 어디가 천정인지는 아무도 단정 짓기 어려운 상황에서 상승추세에 있는 주식을 모른 척하기도 그렇다. 과연 어떻게 해야 좋을까?

추세전환을 기다린다고 해도 그 추세전환이 언제 올지는 아무도 모르는 일이다. 하지만 반드시 오기는 온다. 예를 들어 10,000원 하던 주가가 불과 몇 달 사이에 20,000원이 되었다고 하자. 무려 두 배가 올랐다. 너무 올랐다는 느낌이 들만도 하다. 그래서 가격이 떨어질 때까지 기다리기로 했다. 그런데 주가는 어느새 25,000원이 되었다. 이제는 떨어질 것이라 생각했는데 어느덧 28,000원까지 상승하였다고 하자. 이것은 처음의 느낌에만 너무 집착한 나머지 기회를 몽땅 잃어버린 경우이다. 그렇다면 지금이라도 매수를 해야 하는가? 여기에는 또 다른 의구심이 있다. 정말 오를 대로 다 올랐을 수가 있기 때문이다. 28,000원이 최고점이라면 여기서의 매수는 정말로 의미 없는 매수가 되고 만다. 그래서 대부분의 경우 쉽게 매수를 하지 못한다. 이렇게 섣부른 고점 판단으로 기회를 놓칠 수 있다.

주가가 계속 상승하고 있는 한, 즉 상승추세에 있는 상황이라면 일단은 추세에 순응하는 것이 정석이다. 불안한 마음이 들 수도 있겠으나 고점을 예상할 수 없는 상황에서 막연한 불안감만을 가지고 두려워하다가는 모처럼의 기회를 활용하지 못할 수도 있기 때문이다. 추세가 꺾인 후에 손절매를 하는 한이 있더라도 일단은 현재의 추세를 신뢰하고 대응하는 것이 무난하다고 본다.

단, 주가가 지나치게 단시간에 급등을 했다면 경계하여야 한다. 이는 급락의 가능성이 높기 때문이다. 그래서 이때는 나름대로의 여러 지표를 살펴보면서 판단해야 한다. 특히 수급관계와 보조지표들을 적절히 활용하여야 한다.

만약에 코스닥의 종목이 상한가를 몇 번씩 치면서 단기간에 급등했다면 이것은 요주의이다. 상승 막판일 가능성이 농후하기 때문이다. 그래서 코스닥 종목은 매매하기가 수월하지 않다. 언제 어떻게 될지 모르는 국면이 너무 많기 때문이다.

하지만 대형 우량종목이 어느 정도의 시간을 가지고 추세를 꾸준히 형성하여 왔다면 일단 그 추세를 믿어 보는 것이 좋다. 아직 급락 신호가 나오지 않았다는 것은 추가적으로 상승할 가능성이 더 높다는 것을 암시하기 때문이다. 일반적으로 추세라는 것은 한번 방향을 잡으면 여간해서는 그 방향으로 계속해서 가려는 속성을 가지고 있다. 그래서 지금까지의 추세가 더 지속될 가능성이 높다고 보는 것이다.

주가가 하락하고 있는 경우도 마찬가지이다. 이제 하락할 만큼 했으니 더 하락하지 않을 것이라고 섣불리 판단하는 것 역시 금물이다. 고점도 그렇지만 저점도 예측하기 어렵다.

섣불리 바닥을 논하지 말라는 말이 있다. 반전 신호가 충분히 나오기 전까지는 하락추세의 진행으로 판단하고 대응하는 것이 현명하다. 하락추세에 순응해 매도해 놓고 보니 추세가 전환되는 신호가 나타나 주가가 상승한다면 그때 가서 적절히 대응하면 된다. 일단은 추세가 진행되는 한은 추세에 순응하는 것이 현명하다.

추세는 분명 언젠가는 무너진다. 언제 어떻게 무너질지 모를 뿐이다. 그래서 우리를 불안하게 한다. 그러나 생각보다는 그리 쉽게 무너지지 않는다. 그래도 언젠가는 확실히 무너지므로 추세가 무너지는 징조가 있는지를 주의 깊게 살펴야 한다. 그러한 징조가 나타나는지 지표를 보고 확인하여야 한다.

추세전환은 수익의 극대화라는 관점에서 보면 분명 최고의 매매 타이밍임에는 분명하다. 그러나 추세전환은 그렇게 자주 나타나지 않으며 예측도 쉽지 않다. 그래서 실전에서는 기존 추세의 파악이 중요하고 기존 추세를 근간으로 대응할 수밖에 없다.

정확한 고점과 저점을 맞추는 것은 우리의 영역이 아니다. 우리는 추세의 향방을 확인하고 순응하는 매매를 할 따름이다. 또한 이것이 매매의 정석이다.

Ⅴ. 선배 투자가의 충고

선배 투자가의 충고

 이 장은 투자라는 승부의 세계를 먼저 경험한 선배로서 이 세계에 관심이 있는 후배들에게 들려주고 싶은 이야기로 구성하고자 한다.

 언제나 강조하지만 주가를 정확히 예측한다는 것은 불가능한 일이다. 이것은 경험이 있다고 해서 정확히 예측할 수 있고 경험이 없다고 해서 예측 못하고 하는 그런 성질의 것이 아니다. 매매의 경험이나 지식과는 상관없이 주가의 방향이란 대부분이 안개 속이다.

 물론 나름대로 시장의 전체적인 큰 그림은 그릴 수 있다. 이 부분은 경험이 많은 사람일수록 유리할 수 있다. 하지만 정작 종목 매매에 있어서는 큰 그림은 그리 도움이 되지 못한다. 어떤 종목의 주가가 장차 어떻게 될지는 큰 그림에는 나와 있지 않기 때문이다.

 결국 당장 매매할 종목의 주가가 내일 어떻게 될지는 어느 누구도 장담하기 어려운 것이 현실이다. 그래서 주가의 예측이란 인간의 영역이 아니라는 말도 있다. 오를 듯하다가도 내리고 당장 크게 하락할 듯하다가도 폭등하는 것이 주가이다. 이런 상황에서 정확한 예측이란 있을 수 없는 것이다. 처음부터 정확한 예측은 불가능하다고 생각하고 시작하는 것이 좋다. 따라서 너무 예측만 하려는 태도는 바람직하지 않다. 예측에 정답은 없기 때문이다.

그러나 투자가의 자세라든지 시장에서의 대응 방법에는 나름대로의 정답이 있다. 지나친 흥분 상태에서 매매를 자제하는 것은 정답이다. 이는 거의 예외 없이 정답이다. 아마 경험 많은 투자가일수록 수긍하는 부분일 것이다. 따라서 경험 많은 투자가의 이런 종류의 충고는 나름대로 도움이 될 수 있다. 그나마 투자에서 경험자가 갖는 유리함이라 할 수 있을 것이다.

시장은 늘 오를 것 같으면서 내리고 내릴 것 같으면서 올라 투자가들을 당혹스럽게 한다. 그래서 시장을 어두운 방에 비유하곤 한다. 아무리 먼저 들어왔더라도 방이 어둡기는 매한가지이다. 다만 먼저 들어온 사람이 그래도 늦게 들어온 신참보다 여기저기 두리번거렸기 때문에 어디에 장애물이 있고 어디가 벽인지 정도는 알고 있다. 먼저 넘어져 보기도 하고 부딪쳐도 보았기 때문이다. 즉 시행착오를 해 보았다는 점이 신참과 다른 점이다.

여기에 선배의 조언이 의미가 있을 것이다. 먼저 넘어져도 보았고 부딪쳐도 보았기에 나중에 들어온 사람에게 주의를 줄 수 있는 것이다.

다음의 내용은 손실의 쓰라림을 너무나도 잘 알기에 다른 사람은 그런 쓰라림을 당하지 않았으면 하는 간절한 바람으로 들려주고자 하는 내용이다. 여기에 언급한 내용만이라도 깊이 새겨둔다면 투자가로서의 기량이 크게 향상될 것이다. 아마 승률과 수익률이 상당히 개선되리라 믿는다.

▶ 성공의 정답은 다 알고 있다

누구나 성공하고자 한다. 현실에 불만을 느끼기도 하면서 더 나은 내일을 꿈꾸기도 한다. 성공. 어떻게 하면 성공할 수 있을까? 어떻게 하면 성공하는 투자가가 될 수 있을까? 여기에 대한 정답은 사실 이미 누구나 다 알고 있다. 다만 우리가 대수롭지 않게 생각했을 뿐이다.

우리는 어떻게 하면 성공하느냐에 대한 완벽한 정답은 10살 이전에 다 배웠다. 무엇일까? 바로 누구나 들어 보았을 '토끼와 거북이' 이야기이다. '꾸준히 가면 승리한다.' 이것이 정답이다. 아주 단순한 이야기이지만 너무나 훌륭한 정답이다. 따분할 만큼, 지루할 만큼 우직하게 한 길을 가면 성공한다. 이 이상 가는 정답은 없다.

그러나 대부분의 사람들은 성공하지 못한다. '토끼와 거북이' 이야기를 알고 있는데도 말이다. 왜 그럴까? 그 이유는 실천을 하지 않았기 때문이다. 사실 이 정답을 실천하는 사람은 언제나 소수이다. 그래서 이 세상에서 성공하는 사람은 늘 소수이다. 그렇다면 왜 사람들은 정답을 들었으면서도 실천하지 않는 것일까?

우선 이 성공의 정답이란 것이 좀 따분하다. 그래서 많은 사람이 선택하지 않는다. 많은 사람들은 뭔가 즉각적인 것을 원한다. 원래 따분하고 지루한 것은 무엇이든 인기가 없지 않던가? 그러나 이 세상에 알라딘의 요술램프는 존재하지 않는다. 당신이 갖고 있는 것은 시간뿐이며 그것을 어떻게 사용하느냐가 모든 것을 결정한다. 그것뿐이다. 꾸준한 노력이 결과를 낼 뿐이다.

주식투자에서의 정답은 의외로 간단하다. 저평가된 우량종목을 열심히 발굴하여 장기 보유하는 것이다. 그래서 꾸준한 종목 발굴의 노력과 또 그 종목을 꾸준히 보유하는 끈기가 필요하다.

그러나 많은 사람들은 이 비법을 선호하지 않는다. 일단 장기투자를 피한다. 모두들 화끈한 급등을 원하지 꾸준한 상승은 기다리질 못한다. 따분하기 때문이다. 그리고 종목 발굴에 30분의 시간도 들이지 않는다. 모두들 루머나 어디서 들은 한마디로 승부를 걸려고 한다.

어쩌면 우리는 주식투자에서 알게 모르게 약간의 스릴을 원하고 있는지 모른다. 부정할 수 있겠는가? 그래서 오랜 기다림보단 단기간의 승부를 원하게 되는 것이고 실적보다는 루머를 쫓게 되는 것이다. 착실한 상승보다는 불확실한 도박에 더 손이 가는 것이다.

그리고 이 세상의 모든 것이 그렇지만 모범답안이란 원래 실천하기 힘든 것이다. 재미없는 것은 지속적으로 하기 어려운 법이다. 운동하라, 담배 끊어라, 술 좀 줄여라. 모두 모범답안이다. 그리고 다들 이것이 정답이라는 사실도 잘 알고 있다. 그러나 실천하는 사람은 드물다. 실천은 어려운 것이다.

만약에 여러분이 중학교 1학년부터 지금까지 매일 영어 문장 한 개씩 외웠다고 하자. 30세에 5,840개의 문장을 외우고 있을 것이고 이 정도면 영어회화는 물론 영어로 강의도 자유자재로 할 수 있는 수준이라고 한다.

그러나 아무도 그렇게 하지 않았고 시간이 지난 지금 모두들 영어에 대한 아쉬움만 가지고 있다. 학원도 다녀 보고 하지만 누구 하나 끝까지 가지 못한다. 이 세상은 거북이처럼 하기가 의외로 어려운 것이다.

저평가된 우량종목을 골라 장기로 보유하라. 이는 변치 않는 주식투자의 성공 비법이다. 그러나 '우량종목은 비싸다', '어느 세월에 오르겠느냐' 하는 이유로 모두들 등을 돌린다.

1997년 35,100원 하던 종목이 하나 있었다. 2013년 1월 2일 그 종목의 주가는 1,527,000원이었다. 15년 만에 무려 약 43배나 올랐다. 삼성전자 이야기이다. 당시 1,000만 원을 투자하였다면 지금 4억 3천만 원이 되어 있다. 엄청난 수익이다. 아파트 값이 폭등했던 지난 버블기에도 43배 올라간 아파트는 없었다.

삼성전자뿐만 아니다. 2008년 1,345원이었던 주가가 2012년 10월 16일 현재 100,000원이 된 회사도 있다. 4년 만에 주가가 무려 74배나 올랐다. 에이블씨엔씨라는 화장품회사이다. 미샤라는 브랜드를 가진 그 회사다.

사실 10배 이상 오른 이런 종목들은 시장에 얼마든지 있다. 그런데 왜 우리는 주식시장에서 손실을 보는 경우가 더 많았을까? 왜 우리는 그런 종목들은 다 놔두고 안되는 종목만 골랐을까? 그것은 우리가 정답을 알고도 답안지에는 오답을 썼기 때문이다. 사실이 그렇다.

우량한 종목을 골라 장기로 투자한다. 얼마나 간단한가? 정답은 이렇게 명확하고 간단하다. 그러나 우리는 정답대로 하고 있지 않다. 아마 삼성전자가 우량한 종목인지 몰랐던 사람은 없었을 것이다. 그러나 삼성전자를 매수하여 장기 보유한 사람은 얼마나 될까?

성공의 정답이란 원래 따분한 것이다. 그래서 우리는 그 정답을 무시하고 있다. 그러나 정답은 변하지 않는다. 지금이라도 우리는 답안지에 정답을 써야 한다. 실적이 좋아지는 종목을 잘 골라 좀 오래 보유하자. 이것은 변하지 않는 정답이다. 우리가 애써 피할 뿐이다.

우리가 아무리 따분해 하고 싫어해도 정답은 변하지 않는다. 결국 성공 여부는 우리가 거북이가 되느냐 마느냐에 달려 있을 뿐이다. 꾸준한 실천만이 결과를 낳는다.

▶ **시장을 받아들여라**

언제나 당부하는 말이 있다. 시장에서 논리 정연한 그 무엇을 찾으려 하지 말라고. 논리를 추구하려는 사람은 수학공부를 하기 바란다. 아마 엄청난 논리와 만날 수 있을 것이다. 그러나 주식시장에서는 논리를 찾아서는 안 된다. 주식시장은 결코 논리 정연한 곳이 아니다.

이곳은 싸움터이다. 인간 심리의 결투장이다. 모두들 수익이라는 결과를 얻기 위해 혈안이 되어 이전투구로 얽혀서 싸우는 곳이다. 매도세와 매수세가 언제나 격돌한다. 달려들고 걷어차고 도망가고 넘어지고 물고 뜯고 하면서 정말 처절하게 싸워댄다. 때로는 숨으면서 기회를 엿보기도 하고 미끼로 상대를 유인하기도 한다. 정말로 별의 별 술수가 난무하는 곳이 이곳이다.

이런 곳에서 과연 논리 정연한 무언가를 찾을 수 있을까? 우리들이 기대하는 멋진 그런 논리는 어디에도 없다. 다만 싸움의 와중에서 대세라는 승패의 큰 흐름만이 형성되어 갈 뿐이다. 어떤 때에는 공방전이 너무 길어 대세의 결정조차 좀처럼 나지 않을 때도 있다.

그나마 우리가 시장에서 할 수 있는 논리적인 행위는 시장에서 결정된 주가를 나중에 나름대로 분석하는 것이다. 일단 결정이 난 주가는 모두들 그럴 듯하게 논리적으로 분석한다. 하지만 이것은 정확히 말하자면 논리적 분석이라기보다는 시장이 끝난 뒤에 적절한 이유를 다는 것에 불과하다.

당장 눈앞에서 펼쳐지는 시장의 변화무쌍함에서 논리를 찾지 말라. 시장은 그냥 있는 그대로 봐야 한다. 싸움터는 아무리 좋게 말해야 싸움터일 뿐이다. 힘이 좋거나 수적으로 유리하거나 아니면 운이 좋은 쪽이 이긴다.

여기서는 왜 이겼는지를 따지는 것이 중요한 것이 아니라 누가 이기는지를 보는 것이 중요하다. 그리고 그보다 중요한 것은 이기는 쪽에 붙는 것이다.

시장이 왜 오르지? 왜 내리지? 그런 의문을 갖기 보다는 어떻게 대응할지에 보다 집중하자. 시장은 언제나 정답이다. 시장이 가끔 정말 엉뚱하게 움직이기도 한다. 도저히 오를 장이 아닌데 오르고 빠질 장이 아닌데 빠지기도 한다. 그러나 그렇다고 누구에게 하소연할 것인가? 시장에서는 오직 결정된 가격만이 현실이자 정답일 뿐이다. 그리고 그 결과에 따라 우리의 잔고가 늘거나 줄어든다. 여기에 아무도 이의를 제기할 수 없다. 여기서 자기만의 고집은 전혀 의미가 없다.

정신없이 싸우는 와중에서 별의별 일이 다 일어난다. 잘나가다가도 의외의 한 방에 어이없이 쓰러지기도 하고 자기 발에 걸려 넘어지기도 한다. 갑자기 전세가 역전되는 것은 부지기수이다. 시장에서는 예측불허의 일이 하루에도 수없이 일어난다. 심한 날은 선물가격이 하한가에 갔다가 다음 날에는 상한가를 가기도 한다. 때에 따라서는 이렇게 도무지 종잡을 수 없는 변동성이 나타나기도 하는 것이다. 이해할 수 없는 움직임이다. 그러나 그것에 관해 너무 따지지 말자. 그것은 아마추어의 푸념이다. 그냥 그럴 만하니까 그렇게 되는 것일 뿐이다.

투자가가 고민할 문제는 어떻게 살아남아서 수익을 창출하느냐 그뿐이다. 시장이 이상하면 이상한 대로 제대로이면 제대로 된 대로 대처하는 것이 투자가의 일이다. 적절히 대응만 하면 그만이다. 왜라는 질문보다 어떻게 대응할지에 언제나 포커스가 맞추어져 있어야 한다.

매매 초보자들은 시장에 대해 많은 의구심을 갖는다. '왜 이러지?', '아니, 시장이 미쳤나?', '여기가 오를 자리가 아닌데.' 초보자들에게 이런 이야기를 많이 듣는다. 모두들 시장을 보면서 납득이 안 가는 것이 많은 모양이다. 여기에는 시장이 그 어떤 합리적 논리를 가지고 움직일 것이라는 잘못된 생각이 전제되어 있기 때문이다.

분명 시장이 투자가보다 바보일 때도 있고 크게 잘못 반응할 때도 있다. 하지만 시장의 움직임은 논리적으로 따질 수도 없으며 그리고 따져봐야 별

실익도 없다. 그리고 논리가 있든 없든 무엇보다 중요한 것은 투자가가 매매를 적절히 하고 있느냐 아니냐의 문제일 뿐이다. 따지지 말고 그냥 받아들여라. 다 나름대로 이유가 있으니까 그렇게 움직이는 것이다.

만약 누군가가 시장을 정말 논리적으로 잘 분석한다고 하자. 그렇다고 그 사람이 매매에서 돈을 벌 수 있을까? 절대 그렇지 않다. 실전매매와 분석은 완전히 별개의 문제이다. 야구 명해설자가 명감독이 되지 못하는 것과 같은 이치이다. 지수의 정확한 예측이 수익을 낼 것이라 생각하는 사람들도 많다. 그러나 현실은 다르다. 지수를 정확히 맞혀 놓고도 깡통을 찬 투자가들도 많다. 문제는 대응이다.

시장이 정말 이해가 안되고 그 움직임을 도저히 납득할 수 없다면 그냥 시장을 떠나는 것이 좋다. 그냥 떠나면 그만이다. 무엇하러 그런 비논리적 시장을 상대하려 하는가? 받아들일 수 없다면 그냥 무시하고 떠나라. 그것도 좋은 방법이다. 다른 돈벌이도 얼마든지 있는데 왜 답답한 곳에서 골머리를 앓고 있는가?

시장이 어떻게 요동을 치든 그리고 당신을 어떻게 실망시키든 시장을 있는 그대로 받아들여라. 그것이 투자가의 운명이다. 당신의 그 똑똑한 논리력은 잠시 접어 두길 바란다. 그냥 시장의 흐름을 타기만 하면 되는 것이다. 진정 당신이 논리적으로 걱정해야 할 대상은 계좌의 잔고라는 점만 잊지 말기 바란다.

손자병법에 이런 말이 나온다. 적이 이길 수 없게 하는 조건은 내게 있고 내가 적을 이길 수 있는 조건은 적에게 달려 있다(不可勝在己 可勝在敵). 따라서 아무리 전쟁을 잘하는 자라도 적이 이길 수 없게는 만들 수 있어도 내가 이기도록 적을 만들 수는 없다(故善戰者 能爲不可勝 不能使敵必可勝).

이 말은 매매의 세계에서 이렇게 쓸 수 있을 것이다. 시장에서 투자가가 손실을 보지 않을 조건은 투자가 자신에게 있고 투자가가 수익을 낼 수 있느냐 없느냐는 시장에 달려 있다. 아무리 매매를 잘하는 투자가라 하더라도 손실이 안 나도록 할 수는 있으나 수익이 나도록 시장을 만들 수는 없다.

즉 시장은 투자가가 어떻게 해볼 수 있는 상대가 아니라는 말이다. 우리가 매매에서 할 수 있는 것이란 큰 손실이 나지 않게끔 리스크를 관리하고 시장의 움직임을 예의주시하는 것밖에는 없다.

시장은 절대로 논리적으로 움직이지 않는다. 시장에서 필요한 자세는 '왜 이러지?'가 아니라 '어떻게 할까?'이다.

▶ 지피지기면 백전백승이다

'지피지기(知彼知己)면 백전백승(百戰百勝)'이라는 유명한 말이 있다. '나를 알고 적을 알면 백 번 싸워 백 번 이긴다.'는 말이다. 손자병법 모공편(謀攻篇)에 나오는 말인데 정확하게는 '지피지기(知彼知己) 백전불태(百戰不殆)'이다. 백전백승이 아닌 백전불태이다. 불태(不殆)란 위태롭지 않다는 말이다.

즉 '적과 아군의 실정을 잘 알고 싸운다면 백 번을 싸워도 위태롭지 않다.'는 의미이다. 백 번 싸워 백 번 이긴다는 말이 아니라 백 번 싸워도 위태롭지가 않다는 말이다.

이 말은 매매에서도 그대로 적용된다. 시장을 알고 나 자신을 알면 백 번 매매를 해도 크게 손실 볼 일이 없다는 말이다. 사실 이 말은 엄청난 말이다. 이 위험한 매매의 세계에서 위태롭지 않다는 것은 거의 기적과 같은 일이기 때문이다. 그러나 그 조건인 지피지기, 즉 시장을 알고 나를 아는 것이 결코 쉬운 일이 아니다.

시장을 알고 나를 알라. 우선 지피(知彼)부터 살펴보자. 우리는 시장에 관해서 얼마나 알고 있을까? 이것은 전적으로 경험과 학습에 의존한다고 본다. 시장과 어울린 경험이 많을수록 시장을 잘 알 것이고 시장에 관해 나름대로 공부를 많이 한 사람일수록 시장을 잘 알 것이다. 시장의 변덕과 냉정함, 그리고 시장의 광기를 이해하여야 시장을 아는 것이다.

시장은 예측하기가 어려운 상대라는 사실 자체를 아는 것만으로도 시장을 잘 아는 사람이라 하겠다. 그리고 시장을 있는 그대로 받아들여야 한다는 사실까지 안다면 그 사람은 시장을 정말 많이 아는 사람이라 할 수 있을 것이다.

또한 시장을 안다는 것은 시장에 참여한 주체들의 심리가 어떤 것인지를 아는 것이다. 그들의 생각, 의도 그리고 행동 패턴을 이해하는 것이다. 이런 것들은 단지 차트를 보는 기술적 분석으로는 불가능한 일이다. 투자가라면 여기에도 많은 노력을 기울여야 한다.

그렇다면 나를 아는 것, 지기(知己)는 어떠한가? 이것은 어쩌면 시장 알기보다 더 어려운 측면이 있다. 왜? 사람은 모두들 자기 자신은 완전하다는 큰 착각 속에 살고 있기 때문이다.

그러기에 나 자신을 정확히 파악하고 있는 사람은 거의 없다. 오히려 남을 더 잘 파악하고 있다. 사람의 눈은 정작 자신은 보지 못한다. 그러니 스스로가 어떤지 알기가 참 어렵다. 남의 약점이나 단점은 눈에 잘 띄어도 자신의 약점이나 단점은 눈에 들어오지 않는다.

본인이 다른 사람들과 대화하는 모습을 촬영해서 나중에 보면 모두들 놀란다고 한다. 어쩌면 그렇게 자기중심적이고 무례한지 깜짝깜짝 놀란다는 것이다. 평생 보지 못했던 자신의 모습을 처음 객관적으로 보았기 때문이다. 우리는 스스로를 객관적으로 보지 못하고 있다. 그래서 몰라도 너무 모른다. 우리의 눈은 언제나 남을 향하고 있지 나를 보고 있지 않다. 그러니 나 자신을 파악하고 있지 못하는 것이다.

매매에서 스스로의 단점을 알고 있는 사람이 얼마나 될까? 매매에 앞서 서두르고 있는 모습, 우왕좌왕하고 있는 모습, 욕심에 가득 차 무모해지는 모습, 겁에 질려 허둥거리는 자신의 모습을 우리는 본 적이 없다. 그래서 그런지 우리는 우리가 얼마나 어리석은 존재이며 얼마나 어리석을 수 있는지를 잘 모른다.

그래서 지피(知彼)보다 지기(知己)가 훨씬 어려운 것이다. 매매에서 자기의 습성과 약점, 그리고 매매에 임하는 정신 상태를 파악하는 것은 아주 중요하다. 스스로를 객관적으로 볼 수 있다면 매매에서 어떤 점에 주의하고 어떨 때에 진입하고 청산해야 하는지를 보다 정확히 판단할 수 있게 된다.

그래서 매매에서 진정 승리를 바라는 투자가라면 끊임없이 스스로를 객관적으로 보려는 노력을 하여야 한다. 그래서 기록을 강조하는 것이다. 자신의 매매를 객관적으로 살펴볼 자료가 중요하다. 자기를 바로 보아야 위태로움이 사라진다. 큰 손실이 사라지는 것이다.

손자병법에 계속해서 이런 말이 나온다. '적의 상황을 모른 채 아군의 실정만 알고(不知彼而知己) 싸운다면 승패의 확률은 반반(一勝一負)이다. 적의 상황은 물론 아군의 실정까지 모르고(不知彼不知己) 싸운다면 싸울 때마다 반드시 패한다(每戰必敗).' 이 역시 의미심장한 말이 아닐 수 없다.

이 말을 다시 매매에 연결시켜 보자. '시장상황을 모르더라도 나 자신을 정확히 파악하고 있다면 매매의 승률은 반반이다. 그러나 시장도 모르고 자신도 모르면서 매매에 임한다면 반드시 손실을 본다.' 자기 자신만이라도 정확하게 파악하고 있으면 그래도 열 번 매매에서 다섯 번은 수익을 낼 수 있다는 말이다. 그러나 시장도 모르고 나 자신도 모른다면 매매할 때마다 손실을 본다. 그야말로 최악의 상황이 되고 만다.

투자가라면 언제나 시장을 알고 나를 알려는 노력을 게을리 하지 말아야 할 것이다. 특히 자신의 단점과 습성을 정확히 진단하는 것이 중요하다는 사실을 잊지 말아야 한다.

우리의 눈은 언제나 남만 보고 있다. 그래서 남의 잘못, 남의 흠만 눈에 들어온다. 그렇다고 해서 자신은 잘못, 흠이 없는 것이 아니다. 다만 보이지 않는다는 이유만으로 없는 것인 양 착각하는 것이다. 착각에서 벗어나야 한다. 나도 결점 많고 남의 눈에는 한심하게 보이는 그런 존재이다. 스스로를 객관적으로 보자.

'지피지기(知彼知己)면 백전불태(百戰不殆)'이다. 나와 시장을 잘 알고 매매한다면 백 번을 매매해도 결코 위태롭지 않다. 투자의 세계에서 기적이 일어난다.

▶ 근거 없는 자신감부터 버려라

재미있는 심리실험 결과가 있다. 동전을 던져 앞면이냐 뒷면이냐를 알아맞히는 내기를 하는 것인데 사람들은 동전을 던지기 전에는 많은 액수의 돈을 걸었으나 동전을 이미 던진 후, 즉 결과가 난 후에는 적은 액수의 돈을 걸었다. 왜 이러한 결과가 나왔을까? 어차피 확률도 같고 던지기 전에 돈을 거나 던진 후에 돈을 거나 객관적으로는 달라질 것이 전혀 없는데도 말이다.

이 실험 결과는 인간의 근거 없는 자신감을 나타내고 있다. 즉 자기가 동전의 앞면에 걸면 그것이 왠지 앞면이 나올 것 같은 느낌이 들게 된다. 자신의 선택이 결과에 어떠한 영향을 줄 수 있을 것이라 생각하는 것이다. 왠지 앞면이 나올 것만 같은 느낌, 완전히 주관적인 자신감이다. 물론 이것은 근거 없는 자신감이다.

이와 같은 근거 없는 자신감은 실제의 매매에서도 빈번히 나타난다. 어떠한 객관적인 근거도 없이 자기가 매수한 주식이 다른 주식보다 더 좋은 결과를 보여 줄 것이라고 생각하는 것이다. 자기 선택에 대한 자신감이다. 물론 얼마 지나지 않아 그 자신감은 심각한 도전을 받게 되지만 말이다.

이렇듯 인간은 스스로가 선택한 것에 대해 과대평가하는 경향이 있다. 근거 없는 자신감을 갖는 것이다. 그러나 현실적으로 자기가 어떤 주식을 보유하고 있다는 이유만으로 그 주식이 상승할 이유는 그 어디에도 없다. 그런 생각은 극히 주관적이며 비논리적이다. 그냥 희망사항에 불과할 뿐이다.

그러나 사람들은 이 주관적이고 비논리적인 자신감에 잘 빠진다. 자기가 보유한 종목이 오를 것이란 지극히 주관적인 자신감이 매수와 동시에 생겨나는 것이다. 이런 상황에서 어떤 그럴듯한 정보나 관련 뉴스라도 듣게 되면 자신감은 거의 절대적 믿음이 되어 버린다.

근거 없는 과도한 자신감은 스스로로 하여금 매매를 서두르게 한다. 따라서 불충분한 정보 하에서 매수를 서두르게 된다. 투자가가 스스로를 너무 신뢰한 나머지 자신의 판단이 정확할 것이라는 편견에 빠지게 되는 것이다. 이렇게 근거 없는 자신감을 갖는 투자가는 보유 주식의 가치를 지나치게 신뢰하게 되며 반드시 가격이 상승할 것이라는 믿음을 갖는다. 다행히 주가가 상승한다면야 해피엔딩이겠지만 문제는 그 반대의 경우이다.

기대했던 상승은 없고 보유 종목이 폭락을 할 때 문제가 발생한다. 손절매를 쉽게 못하는 것이다. 설마, 설마하며 발 빠른 대응을 못하게 된다. 이것이 최악의 결말을 가져올 수 있다. 주가는 하락을 거듭하고 평가손은 불어나는데, 종목이 오를 것이란 자신감으로 무작정 버티게 되는 것이다. 이 정도 상태가 되면 다른 사람의 의견이나 분석은 무시하게 되며 어떠한 객관적 자료도 눈에 들어오지 않는다.

과도한 자신감은 리스크를 대하는 태도에 영향을 미친다. 합리적인 투자가라면 예상수익률에 비해 리스크를 최소화시키려고 한다. 그러나 과도한 자신감에 빠진 투자가는 자신이 감수해야 하는 리스크를 잘못 평가한다. 리스크를 대수롭지 않게 생각하여 과도하게 부담하고자 하는 것이다. 그 결과 예상수익률에 비해 필요 이상의 높은 리스크를 안게 된다. 이는 본인도 모르게 아주 불리한 포지션을 갖게 되는 것을 의미한다. 이런 점은 투자가에게 결정적인 위협이 될 수 있다. 본인만 리스크를 감지하지 못하고 있을 뿐이지 그 리스크는 실존하며 언제 어떻게 막대한 손실로 이어질지 모른다.

이렇듯 과도한 자신감은 리스크를 증가시키고 궁극적으로는 수익률을 저하시킨다. 그리고 손절 타이밍까지 놓치게 한다. 오히려 손실이 늘어나게 되는 결과를 초래하는 것이다.

과도한 자신감은 투자가에게 있어 분명 적이다. 판단의 객관성을 저하시킴과 동시에 무엇보다 리스크에 대한 경각심을 떨어뜨린다. 가능하면 매매에서 배제시키고 싶은 요소이지만 그런 자신감과 같은 심리적 요소란 외부에서 생기는 것이 아니라, 본인 내부에서 생긴다는 데 문제가 있다. 형체도 없이 내부에서 알게 모르게 솔솔 피어나 어느새 투자가의 마음을 장악해 버리는 것이다. 반드시 경계해야 할 대상이다.

특히 무능한 투자가일수록 자신의 무능함은 모르고 엉뚱한 자신감으로 충만해 있다. 그들은 언제나 이번만은 확실하다는 자신감으로 넘쳐 있으며 거듭되는 손실로 잔고가 바닥이 날 때까지 수익을 자신한다. 한심한 일이 아닐 수 없다. 그러나 이러한 근거 없는 자신감은 정도의 차이는 있을지언정 누구에게나 마음 한구석에 자리하고 있다. 이는 인간 심리의 어쩔 수 없는 한 특성이다. 문제는 이러한 자신감이 투자가에게는 크나큰 위험요소라는 사실이다.

단언하건대, 우리는 우리 스스로가 잘 알고 있다고 생각하는 것보다 훨씬 덜 알고 있다. 언제나 이 점을 명심하길 바란다. 우리는 우리의 지성을 언제나 과대평가하고 있다. 그리고 무능한 사람일수록 스스로가 무능한지 모른다.

그럼 이러한 근거 없는 자신감으로부터 오는 피해를 최소화시킬 방법은 없는가? 스스로가 객관적으로 되기 위해 노력할 필요가 있으며 매매에서 원칙을 고수하는 것이 그 피해를 줄일 수 있는 최선의 방법이다.

어떠한 결정에 앞서 돌다리도 두드려 보고 가는 심정으로 최대한 객관적으로 분석하고 판단하는 것이 최선의 대응책이라 할 수 있다. 이 세상일은 어느 누구도 장담하지 못하며 우리 역시 지적 능력에 한계가 있다. 이러한 사실에 우리는 좀 더 솔직해져야 한다.

흔히들 주관이 뚜렷한 사람이 좋다고 한다. 다른 일에서는 그것이 미덕일 수도 있다. 그러나 매매에서는 그렇지 않은 것 같다. 역설적이지만 주관이 뚜렷한 사람일수록 실패할 가능성이 크다. 오히려 객관적인 관점을 가진 사람, 눈치가 빠른 사람일수록 성공할 가능성이 높다. 적어도 시장에서는 그렇다.

나 혼자 아무리 자신한다고 해서 반드시 생각대로 되는 것이 아니다. 생각대로 된다면야 이 세상에 안될 일이 무엇이 있겠는가? 근거 없는 자신감을 키우지 말고 근거 있는 분석을 통해 자신을 갖는 것이 중요하다. 근거도 없으면서 과도한 자신감이 들면 오히려 경계하여야 한다. 언제나 그렇지만, 투자라는 세계에서 당신의 최대의 적, 당신을 파멸 시키려고 안간힘을 쓰고 있는 적은 바로 당신이라는 사실을 명심해야 한다.

▶ 선입견은 끝까지 상황판단을 흐리게 한다

사람들은 모두 나름대로의 '자기 생각'이란 것이 있다. 각자의 환경에 의해 자기 생각이라는 것이 결정된다. 자라온 가정환경이 다르고 경제적 환경, 교육환경도 모두 다르다.

이런 다른 환경이 사람들에게 각각의 다양한 생각을 가지게 한다. 자기 생각 중에는 선입견이란 것이 있다. 선입견은 알게 모르게 자연스럽게 형성되며 삶에 의외로 큰 영향을 준다.

아주 간단한 예를 들어보자. 누가 안경을 쓴 사람은 인간성이 나쁘더라는 선입견을 갖고 있다고 하자. 누구에게 들었던지 자기의 경험에서이든지 그런 선입견을 가진 사람은 안경을 쓴 사람을 만나면 일단 경계심 내지 불쾌감이 들 것이다. 물론 상대하기 싫을 것이다. 그러다가 혹시 안경 쓴 사람에게 진짜 사기라도 한번 당하게 된다면 그 사람의 선입견은 거의 확신으로 굳어진다. 이 정도가 되면 여간해서는 안경 쓴 사람에 대한 그 사람의 생각은 변하지 않게 된다.

매매에 있어서도 우리는 알게 모르게 선입견을 가지고 시장을 대한다. 대표적인 것이 상승과 하락에 대한 선입견이다. 일종의 편견 같은 것인데, 주가가 향후 상승하리라는 생각을 갖게 되면 시장의 호재는 과대평가하게 되고 악재는 애써 무시하게 된다. 경기회복의 기대라든지 향후 기업실적 개선 전망과 같은 주가를 상승시킬 만한 재료만 눈에 들어오고 금리인상과 같은 악재는 거의 눈에 들어오지 않게 된다. 심지어 주가가 떨어져도 그 의미를 애써 축소시키거나 예외적인 경우로 여긴다. 그리고 언젠가는 상승하리라는 생각으로 시장을 지켜본다. 그러다가 주가가 제법 큰 상승을 하기라도 한다면 선입견은 고착화되고 만다. 즉 자기가 보고 싶은 부분만 보는 것이다. 이런 상황에서 주가가 계속 올라준다면야 별 문제가 없겠지만 상황이 반대 방향으로 움직일 시에는 큰 낭패를 볼 수 있다. 선입견에 사로 잡혀 제때 대응을 못하고 시간을 끌어 손실만 늘리는 수가 있다.

하락에 대한 선입견 역시 무섭다. 시장은 바닥을 다지고 상승으로 전환되고 있는 상황에서 시장의 부정적인 면만을 의식하여 하락할 것이라는 선입견은 불필요한 매도를 유발시킨다. 비관적인 생각을 갖는 사람들에게서 자주 볼 수 있는 현상인데 상승의 모양이 아무리 나와도 다시 하락할 것이라는 생각을 좀처럼 버리지 못한다. 하락할 것이라는 선입견에 사로잡힌 사람들은 특히 선물시장에서 매도 주문을 유발하기 쉬운데 자칫하면 아주 큰 낭패를 볼 수 있다.

이렇듯 사람들은 스스로의 판단에 적합한 정보만을 찾을 뿐 아니라 반대되는 정보는 평가절하하거나 왜곡된 것으로 치부해 버린다. 즉 보고 싶은 부분만 보고 자기의 생각에 반하는 부분은 보려고 하지 않는 것이다.

일반적으로 사람들은 자신의 관점에 일치하는 사실은 선호하지만 그와 반대되는 사실은 무시해 버리거나 하찮게 보는 경향을 가지고 있다. 이를 심리학자들은 확증편향(confirmation bias)이라 한다. 확증편향은 자신의 생각이 틀렸다는 것을 증명해 주는 정보들을 무시하게 만든다.

그래서 투자가들은 어떠한 정보를 수집하는 과정에서 의도적으로 자신의 입장을 반박하는 질문들을 던져 보는 것이 좋다. 스스로에게 의문을 제시하는 것이다. 편향된 시각을 조금이나마 객관적으로 하기 위한 것이다. 자신의 생각에 대한 반박도 필요하지만 자신의 생각이 어디에 근거하고 있는지에 대해서도 의문을 던져야 한다. 나아가서 다른 사람들에게 자신의 주장에 대하여 반론을 제기할 것을 주문하는 것도 적극적인 방법 중의 하나이다. 이렇게 스스로를 제어할 줄 알 정도라면 훌륭한 투자가 이전에 훌륭한 사람일 것이다.

아무튼 선입견은 손실을 부르는 역할을 할 뿐 실제로 투자에는 아무런 도움도 주지 못한다. 시장을 있는 그대로 보는 자세가 필요하다. 상승이라든지 하락이라든지 어느 한쪽만 너무 염두에 두면 객관적인 사실을 제대로 받아들이지 못하고 엉뚱한 방향으로 매매를 하게 된다.

선입견은 객관적이지 못하고 지극히 주관적이라는 면에서 아주 위험하다. 특히 지나치게 집착하게 되면 투자에서는 아주 큰 손실을 볼 수 있다. 선입견의 안 좋은 점은 일상생활에서나 매매에서나 우리에게서 기회를 앗아간다는 점이다.

만약 안경 쓴 사람에 대한 선입견이 있다면 그는 수많은 안경 쓴 좋은 사람과 알게 될 기회를 잃어버리게 되는 것이고 시장에서 하락할 것이라는 선입견이 있다면 매수의 기회를 잃게 되는 것이다.

이런 선입견은 대개가 부정확한 정보나 이해의 부족에서 기인하는 것이 많다. 실제로 많은 일본인들이 한국 음식은 모두 매울 것이라는 생각을 갖고 있다. 이것은 한국 음식에 관한 정보가 부족한 상황에서 나올 수 있는 선입견이다. 몇 가지 먹어 본 한국 음식이 맵다보니 한국 음식은 다 매울 것이라는 선입견을 갖게 되는 것이다. 물론 한국 음식이 매운 음식이 많은 것은 사실이지만 맵지 않은 음식도 아주 많다. 만약 한국 음식은 모두 매울 것이란 생각으로 한국 음식을 피한다면 그는 다른 맛있는 음식들을 먹어 볼 기회도 잃어버리고 마는 것이다.

반면, 일본 음식은 모두 생선회일 것이라는 선입견을 갖고 있는 한국 사람들도 많다. 한국에서 보는 일식이란 모두 생선회니까 그런 생각을 하게 되는 것이다. 그러나 실제로 생선회는 수많은 일본 음식의 하나일 뿐이다. 이 역시 정보의 부족에서 오는 선입견이다. 단편적인 지식으로 전부가 그럴 것이라는 생각은 아주 제한적인 지식에서 오는 오류일 가능성이 높다. 단편적인 개인의 경험 그리고 제한된 정보가 선입견을 만들고 있는 것이다.

또한 자신의 매매 경험도 선입견을 만드는 주요한 원인이 된다. 예를 들어 엄청난 수익을 매수 포지션에서 냈다면 그는 상승이라는 선입견에 빠지기 쉽다. 따라서 언제나 상승이라는 관점에서 시장을 보려 하며 그리고 가능하면 매수 포지션으로 시장에 대응하려 든다.

반대로 매도 포지션에서 큰 이익을 본 투자가는 시장의 하방을 은근히 기대하는 하락 선입견에 빠지기 쉽다. 아무리 장이 상승세를 보여도 곧 하락할 것이라는 고집을 갖게 되는 것이다. 그래서 자꾸 매도 포지션으로 승부를 걸려고 한다.

이렇듯 시장의 방향성에 있어 단편적인 정보나 경험 등이 결합되어 상승이나 하락에 대한 선입견을 만드는 것이다. 신중한 분석을 통해 판단을 하려고 하지 않고 너무 쉽게 결론을 내리려고 하니까 문제이다. 대부분의 사람들은 심사숙고보다는 빠른 결론을 내리고 싶어 한다. 그래서 선입견에 좌우되기 쉬운 것이다.

종목 선정에 있어서도 선입견은 개입된다. 모든 종목들을 공평하게 평가하는 사람들은 거의 없다. 모든 사람들은 나름대로의 선입견을 가지고 어느 한 종목을 선호하거나 피하려 한다. 자신에게는 어떤 종목이 좋게 보일지 몰라도 그것이 일반적이라고 생각하는 것은 큰 오산이다. 그것은 어디까지나 본인 한 사람의 생각일 뿐이다. 그 이상도 그 이하도 아니다.

선입견에서 완전히 자유로워지기란 생각보다 어렵다. 우리가 훌륭한 전망을 감상하기 위해 집에 아무리 큰 창문을 설치하였다 하더라도 그 창을 통해 전체를 다 볼 수는 없는 법이다. 우리의 생각도 나름대로의 틀을 벗어나기가 상당히 어렵다. 언제나 틀이라는 한계 내에서 세상을 본다.

그러나 매매에서 성공하려면 가능한 한, 좁은 사고의 틀에서 벗어나야 한다. 자신의 생각에는 한계가 있으며 자신의 생각이 틀릴 수도 있다는 점을 인식하고 있어야 한다. 그리고 더 나아가서는 자신의 생각에 대한 반대 의견에 대해서도 개방적이어야 한다.

시장에서 결정이 난 것은 아무 것도 없다. 처음부터 이럴 것이라는 선입견은 최대한 배제시켜야 한다. 시장의 분위기를 음미하면서 최대한 객관적으로 접근하라. 자기 생각만 갖고 섣불리 결론부터 내놓고 덤벼서는 안 된다. 선입견은 우리의 가능성을 제한해 버리며 소중한 기회를 잃게 할 수 있다.

▶ 자존심은 잔고를 줄이는 최대의 적이다

속된 말로 '자존심이 밥 먹여 주나?' 라는 말이 있다. 그런데 이 말은 투자에서 정말로 중요한 말이다. 투자가라면 이 말을 명심해야 한다. 이 세계에서 얼마나 많은 투자가들이 자존심 때문에 쓰러져 갔던가? 투자가에게 자존심은 독이다. 그것도 아주 치명적인 독이다.

자존심이 강한 사람들의 최대 문제점은 자신의 실수를 좀처럼 인정하려 들지 않는다는 점이다. 시장은 순식간에 분위기가 뒤바뀌곤 한다. 그래서 민첩한 대응이 필요하다. 바뀐 분위기에 다시 순응해야 하는데 자존심 센 사람들은 그것이 잘 안된다. 기존의 포지션을 고집하는 경향이 있는 것이다. 그래서 시장이 급변하는 상황에서 제대로 대응하지 못하고 손실을 보는 경우가 많다.

투자에서 이 자존심은 치명적인 위험으로 투자가의 목을 죄어올 수 있다. 자기 생각대로 어느 종목에 투자를 하였는데 주가가 뜻한 대로 움직이지 않아 큰 손실을 보게 되었다고 하자. 이런 상황에서 자존심은 적절한 대응에 방해가 된다. 자기 판단이 틀렸다는 것을 쉽게 인정하려 하지 않기 때문이다. 손실의 폭이 점점 커지는 상황에서 쉽사리 대응하지 못하고 있는 것이다.

자기가 내린 판단이 틀렸으면 다시 바른 판단을 내리면 그만인데 자존심이 센 사람들은 자신의 판단을 더 우기려는 경향이 있다. 그래서 손절매를 잘하지 못한다.

만약 어떤 투자가가 A라는 종목의 주식과 B라는 종목의 주식을 가지고 있다고 하자. A라는 종목은 수익을 내고 있고 B라는 종목은 손실을 내고 있다고 하면 과연 투자가는 어느 종목을 먼저 처분할까?

대부분의 투자가는 A종목을 먼저 처분하고 손실이 나는 B종목은 그냥 보유한 채로 간다. 그 이유는 B라는 종목을 처분함으로써 확정되는 손실이 자기 자존심을 상하게 하기 때문이다. 스스로의 실패를 인정하기가 싫은 것이다. 그보다는 수익을 내는 종목을 처분하는 것이 심적으로 훨씬 덜 부담스럽다. B종목이 손실이 나고 있더라도 어디까지나 평가손이지 실현된 손실이 아니기 때문에 자존심이 아직은 그리 손상되지 않은 상태이다. 혹시 주가가 상승 반전할 수도 있기 때문에 그래도 희망을 가질 수 있으나 매도하게 되면 손실이 그대로 실현되고 만다. 자존심 상하는 일이 발생하는 것이다.

매매에 있어서 손실은 가능한 한 적게 내고 수익은 크게 키우는 것이 기본이다. 따라서 손실이 나는 종목을 먼저 처분하여 손실을 최소화시키고 수익이 나는 종목은 좀 더 보유하여 수익을 늘리는 것이 바람직하다. 그러나 손실을 확정시킨다는 것이 자존심에 상처를 주는 행위이므로 손절매는 어디까지나 내키지 않는 선택이다. 그래서 대부분의 사람들은 자신의 잘못을 인정하기 보다는 잔고의 평가손을 택한다.

하지만 이런 행위는 투자가에게 있어서 치명적인 위험으로 다가온다. 따라서 현명한 투자가라면 자존심 같은 것은 접어두고 실패를 얼른 인정하고 손실이 나는 포지션은 과감히 정리할 줄 알아야 한다.

쓸데없는 자존심으로 손실을 키우는 경우는 비단 손절매에서 뿐만이 아니다. 손실을 보고 난 후 그 손실을 만회하려고 무리하게 매매를 강행하는 데에서도 그 문제점이 드러난다. 이는 휴식의 타이밍을 놓치는 경우인데 엄청난 손실을 본 후 그 손실을 어떻게 해서든 복구하려고 또 매매를 하는 상황이 발생하는 것이다. 본인이 입은 손실을 자존심이 용납하지 않는다. '내가 왜? 매매를 잘해 온 나인데, 이렇게 손해 볼 수 없지. 곧 만회할 수 있어.' 라는 생각으로 가득하다. 즉 빨리 만회해서 구겨진 내 자존심을 회복하겠다는 심리가 작용하는 것이다.

어떤 투자가든 '내가 누군데' 라는 자존심으로 매매에 임한다면 수익을 내기가 어렵다고 본다. 벌써 평정심은 깨지고 자존심에 집착하는 상황이기 때문이다. 이런 상황에서의 매매는 손실을 배가시키기만 한다.

시장이라는 곳은 영원한 승자도 영원한 패자도 없다. 자신이 아무리 훌륭한 투자가이고 과거의 경력이 화려하다 할지라도 앞으로도 잘 될 것이라는 보장은 그 어디에도 없다. 그 총명하고 명석한 천하의 제갈공명도 운이 다하니 안타까운 최후를 맞지 않았던가? 누구에게도 어쩔 수 없는 때라는 것이 있다. 10년 권세가 없고 30년 가는 대운도 없다고 했다. 하물며 매매에서 100전 100승이라는 것이 있을 수 있겠는가?

매매에서 불리할 때는 그냥 빠져나오는 것이 최고의 전략이자 최선의 작전이다. 스스로의 알량한 자존심 때문에 손실을 더 늘리는 일은 결코 현명한 처사가 아니다. 시장은 특히 그렇게 자존심 때문에 달려드는 자를 먹잇감으로 삼는다. 안될 때는 자존심이 문제가 아니다. 그저 빠져나오는 것만이 상책이다.

자존심이 매매에 끼치는 또 다른 문제점은 반성을 하지 않게 한다는 점이다. 한 번의 매매에서 우리는 하나 이상의 교훈을 반드시 얻을 수 있다. 그리고 그 교훈이 쌓이고 쌓임으로써 트레이딩의 노하우가 되고 힘이 된다. 특히 실패한 매매에서의 교훈은 상당히 중요하다.

자존심이 너무 강하면 그러한 교훈을 겸허히 받아들이려는 자세가 부족해진다. 수익이 나면 당연한 것이고 손실이 나면 잠깐 운이 나빴다고 치부해 버리고 마는 것이다. 실패를 겸허히 받아들이고 무엇이 잘못된 것인지 찾는 노력 없이는 발전할 수 없다. 이는 단지 매매에서뿐만이 아니라 모든 분야에 해당되는 일이다.

'내가 어리석었구나.' 이 사실을 인식하는 순간 투자가는 일보 전진하게 된다. 그러나 자존심을 버리지 못해 '잠깐 실수했네, 뭐.' 라고 넘어간다면 틀림없이 그 투자가는 똑같은 '실수'를 반복하게 될 것이다. 스스로가 어리석다는 사실을 인식하는 순간, 그 사람은 더 이상 어리석은 사람이 아니다. 진정으로 어리석은 사람이란 아직도 스스로가 어리석다는 사실을 모르는 사람이다. 이렇듯 자존심이 강해서 자신의 실수를 인정하지 않으면 실수로부터 소중한 교훈을 얻을 기회도 잃게 되는 것이다.

우리는 기본적으로 스스로를 과대평가하고 있다. 이는 부정할 수 없는 사실이다. 이 사실을 진심으로 받아들인다면 투자가로서 신중한 자세와 겸허한 자세를 가질 수 있다. 그러면 수익이 붙기 시작한다. 쉽지 않은가?

매매에서만큼은 자존심을 버려라. 이 세계는 자존심 센 자의 돈을 좋아한다. 자존심. 그런 것을 챙기기에 시장은 너무 잔인한 곳이다.

▶ **욕심은 지옥의 열쇠이다**

이 부분이 가장 중요한 부분일 수 있다. 상당히 근원적인 문제이기 때문이다. 단언하건대, (결코 그런 일은 없겠지만) 만약 우리가 가지고 있는 욕심을 모두 버린다면 이 세상의 괴로움은 거의 대부분이 사라질 것이다.

하지만 욕심을 버린다는 것이 결코 쉬운 일이 아니다. 누구에게나 바라는 바가 있고 원하는 바가 있으며 그것을 실현시키고 손에 넣고 싶어 하는 욕구가 존재한다. 그리고 그 욕구 때문에 인간은 행동한다. 매매에 있어서도 욕구란 아주 근원적인 부분이기에 컨트롤하기가 어렵다. 매매 자체가 수익을 기대하는 욕망으로부터 출발하고 있기 때문이다.

그러나 세상의 많은 일이 그렇듯이 욕심이 지나쳐 실패하는 경우가 매매에서도 빈번하게 일어난다. 매매에서도 욕심이 지나치게 되면 반드시 실패가 뒤따르기 마련이다.

물론 기본적으로는 수익을 내겠다는 욕심으로 모두가 매매에 임하지만 그래도 욕심이 과한 매매와 그렇지 않은 매매는 조금 다르다. 딱 잘라 설명하기는 쉽지 않지만 매매에 임하는 투자가 본인들은 그 차이를 잘 알 것이다. 어떠한 추세에서 나름대로의 확신을 가지고 진입하는 것과 매매를 안 하고 가만히 있으면 왠지 손해 보는 느낌 때문에, 혹은 조금이라도 더 벌어 보겠다는 마음으로 진입하는 경우가 있다.

정확한 시세의 흐름에 기초한 매매라면 냉정한 상황판단에서 진행이 되었기 때문에 수익이 날 확률도 높겠지만 단지 오르는 시세를 보고 있노라니 괜히 손해 보는 느낌이 들어 매매를 하게 된다면 이것은 감정적 요소에 의한 매매가 되기 때문에 손해 볼 확률이 훨씬 높아지게 된다.

계속해서 강조하지만, 매매에서 감정은 상황판단을 흐리게 하고 수익에서 멀어지게 하는 역할을 할 뿐 수익에 전혀 도움이 되지 않는다. 욕심은 감정 중에서도 아주 강력한 감정이다.

매매에서 한 방의 대박을 노리고 자금을 총동원해 달려드는 경우가 있는데 이것은 전적으로 욕심에 기인한 매매이다. 문제는 누구든 대박을 머릿속에서 의식하는 그 순간부터 감정적으로 되어 간다는 것이다. 그러면서 상황이 꼬이기 시작한다. 상황이 뭔가 안 좋은 방향으로 흐르게 되는 것이다. 이상하리만큼 상황이 안되는 쪽으로 진행된다. 대박과는 전혀 거리가 먼 상황으로 말이다. 그리고 결과는 대박은커녕 엄청난 손실로 끝나게 된다. 투자가라면 누구나 한번쯤은 경험했을 것이다.

실제로 대박으로 큰돈을 번 대부분의 사람들이 공통적으로 하는 말이 있다. 어쩌다 보니까 좋은 결과가 나왔다는 것이다. 처음부터 대박을 노렸다는 사람은 한 사람도 없다. 반면에 큰 손실을 본 사람들의 대부분은 처음부터 대박을 꿈꾼 사람들이 많다. 먼저 돈 계산부터 하고 그 돈으로 무얼 할까 고민한 사람들이다.

별생각 없이 매매한 사람은 대박으로 돈을 벌고 처음부터 대박을 노리고 들어간 사람은 깡통을 차는 것이다. 이것이 이 세계의 법칙이다. 이런 경우는 거의 예외 없이 반복되어 왔으며 앞으로도 그럴 것이다. 이 세상에 기다리는 대박은 없다. 대박을 너무 바라지 마라. 터무니없는 욕심으로 이루어지는 것은 이 세상에 아무것도 없다.

매수한 종목에서 수익이 나고 있는 가운데 그 수익이 영원히 늘어나기라도 할 것처럼 계속 기다리는 사람이 있다. 물론 섣불리 매도하여 더 많은 수익의 기회를 잃을 수도 있겠지만 너무 기다려서 오히려 매도기회를 잃을 수도 있다. 이 역시 욕심이 과한 경우이다.

특히 급등 종목이라든지 소형주의 경우는 언제든지 상황이 급반전할 수 있기 때문에 언제나 매도 타이밍에 신경을 써야 한다. 엄청난 수익률에 현혹되어 기다리면 수익이 더 날 것 같겠지만 상황은 한순간에 뒤집힐 수 있기 때문에 과욕을 부리지 않는 것이 좋다. 그래서 '무릎에서 사서 어깨에서 팔아라.'고 하는 격언이 있는 것이다.

매매에서 몇 번 성공하였다고 해서 더 많은 자금을 투입하는 것도 경계하여야 한다. 몇 번 수익을 보게 되면 매매 규모를 더 크게 늘려 수익을 극대화시키려는 욕심이 생기는데 이 역시 상당히 위험한 행동이다.

매매 규모는 몇 번 수익을 낸 기분에 의해 늘려서는 안 된다. 상당한 매매 경험의 축적으로 위험관리 능력이 향상되었을 때, 즉 많은 경험을 쌓은 이후에 늘리는 것이다. 당장의 기분 같아서는 투자 규모를 늘리면 더 큰 수익이 날 것 같겠지만 반대의 경우, 즉 더 큰 손실이 따를 수도 있음을 잊어서는 안 된다. 매매 규모가 일시에 커지면 매매에 부담이 따르게 되고 그런 심적인 부담은 정확한 판단을 저해한다. 매매 규모가 커지면 그만큼 리스크도 함께 늘어난다는 사실을 명심하여야 한다.

일반적으로 1,000만 원으로 매매를 하는 사람은 1,000만 원으로 얼마를 벌까를 생각한다. 얼마의 수익이 날까 달콤한 환상에 젖는다. 얼마나 손해를 볼 수 있을까에 대해서는 좀처럼 생각하지 않는다. 분명 1,000만 원이 1,500만 원도 될 수 있고 2,000만 원도 될 수 있다. 그러나 한편으론 1,000만 원이 500만 원도 될 수 있고 200만 원도 될 수도 있는 것이다. 왜 한쪽만을 생각하는가? 이것이 욕심이다. 500만 원도 되고 200만 원도 될 수 있다는 객관적 가정에서 매매를 하여야 예기치 않은 상황에서 적절하게 대응할 수 있는 것이다.

아마 실패한 투자가의 상당수는 실패의 원인이 본인의 욕심에 있었다는 사실을 인정할 것이다. 어쩌면 세상사가 그럴지도 모른다. 모든 불행의 근원에는 욕심이 있다. 많은 사람들이 자신의 욕심을 조금만 억제하였더라면 인생을 보다 걱정 없이 편안하게 살 수 있었을 것이다.

그러나 욕심의 불길이란 너무 강렬하여 순식간에 일어나 자기를 태워 버리고 만다. 피어오르는 욕심의 소용돌이에서 자유롭기란 쉽지 않다. 어쩌면 욕심을 억제한다는 일이 가장 힘든 일일 수도 있다. 이 말은 투자가는 매매에서 수익을 내기가 힘들다는 말과도 상통한다.

투자가는 언제나 과욕을 경계하여야 한다. 가능하면 매매에 임할 때만큼은 욕심을 제어하도록 노력해야 한다. 그것이 자금을 보전하는 길이다. 그냥 정확한 매매 타이밍을 노려서 도전해 본다는 정도로만 생각하라. 돈은 그 부산물로 여겨라. 이렇게 생각하는 것이 마음도 편하고 매매도 정교해진다. 과욕은 금물이다.

욕심의 불길은 갑자기 타오른다. 그런데 그 불길은 때로는 너무나 강렬해서 계좌의 잔고들도 남김없이 태워 버릴 수 있다.

▶ 미련, 미련 때문에

투자에서 우리를 혼란스럽게 하는 요소가 또 하나 있다. 바로 미련이다. 미련 역시 상당히 질긴 감정으로 투자가의 냉정한 판단을 방해하는 감정적 요소이다. 과거에 대한 아쉬움이 현실 대응에 차질을 주는 것이다. 이 또한 큰 장애요소이다.

10,000원에 산 주식이 갑자기 9,500원, 9,000원으로 떨어졌다고 하자. 당황스러운 상황이다. 어찌할까 고민하는 가운데 8,000원으로 하락하였고 손절매를 하려는데 주가가 의외로 더 이상 빠지지 않는다고 하자. 그러다가 9,000원으로 반등하게 되면 긴장하면서 조금만 더 올라줬으면 하는 심정으로 기다리게 된다. 그러다 다시 8,000원으로 떨어졌다고 하자. 과연 누가 이 상황에서 손절매를 할 수 있을까? 대부분의 사람은 다시 9,000원으로 오를 것이라는 생각에 좀처럼 손절매를 하지 못한다. 이것이 바로 9,000원대에 대한 미련이다.

그런데 주가가 다시 7,500원, 7,000원으로 하락하면 이제는 처음에 손절매를 하려고 했던 8,000원대의 미련 때문에 손절매를 못한다. 8,000원에서 손절매를 했어야 했다며 후회하는 상황이 된다. 이렇게 손절매를 어렵게 하는 것이 바로 직전 가격대에 대한 미련 때문이다.

다시 상황이 긍정적으로 변했다고 하자. 주가가 다시 8,000원대를 회복하였다고 하자. 처음 손절매를 하고자 했으나 놓쳤던 가격대이다. 그럼 8,000원대에서 손절매를 할 수 있을까? 절대 그렇지 않다. 이제는 다시 9,000원에 대한 미련이 기다리고 있다. 또 손절매를 망설이게 된다. 8,000원까지 왔으니 9,000원으로의 반등이 생각나는 것이다. 9,500원이 되었다가 10,000원이 되었다고 하자. 본전으로 회복한 것이다. 그러다가 11,000원이 되면 7,000원에서부터의 상승에 익숙해져 더 오를 수 있다는 생각을 한다. 40% 손실에서 10% 수익률까지 왔으니 대단하지 않은가? 이제 손절에 관한 생각은 사라진다. 얼마의 수익이 날까가 관심사가 된다.

그러다 갑자기 주가가 다시 하락하여 9,000원이 되었다고 하자. 이 상황에서는 손절매를 생각하기 보다는 본전에 대한 미련이 앞선다. '10,000원에서 팔았더라면'이라는 아쉬움, 즉 미련이 강하게 남는다. 그러다가 8,000원이 되면 이제는 9,000원에 대한 미련으로 가격대가 다시 바뀐다. 그러면서 주가가 다시 9,000원이 되기를 바란다. 주가가 어디 바란다고 되던가? 안타까운 마음으로 있는 순간에도 주가는 여지없이 하락하고 7,000원대를 뚫고, 6,000원으로 내려와 있다. 지나간 주가에 대한 미련이 어느덧 손실의 폭만 크게 키워놓은 셈이다.

가격이 손절매 라인까지 하락하였으면 미련 없이 냉정하게 털고 나와야 하는 것이 정답이다. 하지만 자꾸만 지난 가격이 어른거리고 특히 수익이 났었을 때 처분하지 못했다는 억울함이 더욱더 미련을 버리지 못하게 한다. 그러나 과거는 잊어야 한다. 과거 생각해서 억울하고 아쉽지 않은 사람이 어디에 있겠는가? 지나간 일은 어디까지나 추억거리이지 현재의 행동에 방해가 되어서는 안 된다. 이 점은 꼭 명심하기 바란다. 과거가 현재를 방해해서는 안 된다.

헤어진 여자 친구에 대한 미련이 있다고 하자. '헤어지지 말 것을'하고 후회하며 그 여자 친구에 대한 미련으로 가득하다면 그 사람은 새로운 사람을 만나기가 쉽지 않을 것이다. 그렇다고 해서 헤어진 여자 친구를 다시 만나면 별 일 없이 다시 잘 될 것 같은가? 절대 그렇지 않다. 어떤 문제로든 다시 헤어지게 되어 있다.

헤어진 여자 친구를 못 잊는다는 것은 가끔씩 생각나는 좋았던 순간의 미련이 남아 있다는 것뿐이다. 그러나 이유가 있어 헤어졌다는 점 역시 엄연한 사실이다. 왜 지나간 일에만 집착하는가? 새로운 사람은 얼마든지 많다. 진정 자기를 이해해 주고 더 잘 어울리는 사람은 반드시 어딘가에 있게 마련이다. 그런 사람을 찾는 것이 더 발전적일 것이다.

놓친 버스 억울해 봐야 소용이 없다. 다음 버스가 언제 오는지 알아보는 것이 더 현명한 처사가 아닐까?

투자 역시 마찬가지이다. 실패한 투자, 지나간 가격대에 미련을 갖지 말라. 더 훌륭한 투자로 손실을 만회하는 것이 훨씬 더 중요하다. 어차피 실패한 투자, 빨리 털고 나오는 것이 속 편하다. 타이밍을 놓친 것은 어쩔 수 없다. 질질 끌어봐야 나아지는 것은 없고 무엇보다 다음의 새로운 기회를 놓칠 수가 있다. 미련 없이 정리하고 나와라. 그렇게 하는 것이 조금이라도 손실을 줄일 수 있는 유일한 길이다.

▶ 자만심은 확실한 패배의 자양분이다

시장은 건방진 투자가를 제일 싫어한다. 무슨 일이 있어도 그들을 추방시키고 만다. 이것은 시장의 특성 중의 하나이다.

매매에서 엄청나게 큰 손실을 보고 사라진 투자가들을 보면 한 가지 공통점이 있다. 그것은 그들이 과거에 상당히 큰 수익을 냈었다는 점이다. 소위 '대박'의 경험이 있는 사람들이다. 언제나 수익을 크게 냈던 사람이 손실도 크게 낸다. 이는 무엇을 의미하는가? 왜 매매에서의 큰 수익은 큰 손실로 이어지는 것일까? 이는 매매에서의 성공이 자만심으로 이어지기 때문이다.

사람은 잘 된 것은 자기의 능력으로 돌리고 잘못된 것은 남의 탓으로 돌리는 경향이 있다. 몇 번의 매매에서 난 큰 수익이 자신을 엄청난 투자가라 여기게 만드는 것이다. 이런 자만심은 반드시 무리한 매매로 이어지며 그 결과는 다시 엄청난 손실로 이어진다.

실제로 1995년 영국의 유명한 베어링스 은행을 파산시킨 직원이 있었다. 베어링스 은행은 유럽의 나폴레옹 전쟁 때 영국의 전쟁비용을 조달했고 미국이 프랑스로부터 루이지애나주를 매입할 때 채권을 발행하는 등 실로 오랜 역사와 전통을 자랑하는 은행이었다. 223년의 역사를 가진 이 은행이 싱가포르 지점에서 선물을 거래하던 28세의 닉 리슨이라는 젊은 직원에 의해 파산하고 만다. 닉 리슨은 선물거래에서 무려 14억 달러의 손실을 냈다. 엄청난 손실이었다. 물론 그는 그러한 손실을 내기까지 손실을 감추면서 교묘히 회사를 속여 왔다.

그런 그가 언제부터 그런 큰 거래를 할 생각을 하게 되었을까? 1992년 그는 우연히 동료직원의 실수를 만회하고자 한 매매에서 큰 성공을 거둔다. 아마 그 성공을 계기로 그는 할 수 있다는 자신감을 갖게 되었을 것이다. 자만심이라는 자기 환상에 빠진 것이다. 물론 그 자만심은 엄청난 결과로 끝났지만 말이다.

산전수전을 겪어보지 않은 초보 투자가가 매매에서 큰돈을 벌었다면 그것은 다분히 행운적 요소가 강했다고 볼 수 있다. 매매라는 것이 어떤 것이던가? 조금이라도 경험 있는 투자가라면 매매란 것이 호락호락하지 않다는 사실을 잘 알고 있을 것이다. 그리고 매매에서의 행운이란 자주 오는 것도 아니다.

그러나 처음에 단맛부터 먼저 본 투자가에게는 그렇지 않다. 엄청난 수익이 본인의 능력이라고 믿는다. 그리고 자기는 매매에서 큰 수익을 낼 수 있으리란 환상에 빠진다. 순전히 우연이었음에도 불구하고 말이다. 그리고 더 큰 수익을 위해 더 많은 자금을 가지고 덤벼든다. 바로 여기에 함정이 있다. 잠깐의 행운은 이제 다른 곳으로 가 버리고 없는데 엄청난 자금을 가지고 아무런 보장도 없이 위험천만한 일을 벌이겠다는 것이다.

물론 이 무모한 매매에서 초보 투자가가 수익을 낼 확률은 제로이다. 대부분 막대한 손실을 입는다. 물론 손실의 정도에 있어서 차이는 있다. 도저히 감당하지 못할 정도로 큰 손실을 내어 파산하는 경우와 매매에 쓸 여유돈만 다 잃은 경우 등 여러 경우가 있을 수 있다.

그러나 어떤 경우가 되었든 행운으로 번 돈 이상으로 손실을 보고 만다. 1억 원을 벌었으면 무엇 하겠는가? 다음에 2억 원의 손실을 본다면 오히려 매매를 하지 않았던 것만 못한 것이 아니던가? 그래서 언제나 시장은 자만심으로 찬 투자가를 겸손하게 만든다.

자만심은 불필요한 손실만을 늘릴 뿐이다. 자만심이 매매에 지장을 초래하는 이유는 현실 인식을 결여시킨다는 점이다. 큰 수익이 났으므로 자신의 매매 방법이 훌륭하다고 여기게 되며 같은 식의 매매를 반복하려 한다. 그러나 문제는 실제로 그 매매 방법이 수익과 직결된다는 어떠한 연관성도 검증되지 않았으며 검증하려고도 하지 않았다는 사실이다.

이렇듯 자만심은 투자가 스스로의 능력을 과대평가하게 하고 시장을 얕

보게 하는데 이 점이 가장 큰 문제점이라 할 수 있다. 자만심은 큰 수익을 낸 다음이면 어김없이 찾아온다. 어렵다는 매매에서 몇 번의 클릭으로 수백만 원, 수천만 원을 벌었으니 우쭐해지는 것도 당연한 일일지 모른다. 여기서 현명한 투자가라면 본인의 기분을 잘 컨트롤하면서 대처하겠지만 그렇지 못한 경우는 대부분 우쭐한 마음으로 다음 매매에 임하게 된다. 아주 위험한 순간이라 하겠다. 매매의 세계에서는 평정심의 유지가 관건이다. 순간적인 감정에 도취하여 행동을 하게 되면 그 결과는 치명적일 수 있다.

연속적인 성공 후에는 누구나 반드시 자만하게 된다. 따라서 성공한 후에는 자만심에서 얼른 벗어나도록 노력해야 한다. 그래서 수익을 내면 빨리 잊는 것이 좋다는 것이다. 나폴레옹이 말했다. 승리한 순간이 가장 위험한 순간이라고.

성공에 도취하면 두 가지 실수를 저지르게 된다. 첫째, 성공으로 이끈 방법을 고수하려 한다는 점이다. 즉 같은 패턴을 반복하려 한다. 그 방법이 여전히 유효하고 최선의 선택인지 생각하지 않게 된다. 그냥 옛날에도 통했으니 이번에도 통할 것이란 생각으로 계속 같은 방식으로 나가려 하는 것이다.

둘째, 성공하면 아무래도 경계가 허술해진다. 자만심에 빠져 느슨해지는 것이다. 오만한 태도로 매매에 임하면 판단이 경솔해지기가 쉽다. 그러다가 애써 이룬 성공이 물거품으로 사라지고 만다.

매매는 하나하나가 새로운 도전이다. 지난번에 잘되었으니 이번에도 잘될 것이라는 보장은 그 어디에도 없다. 모든 매매마다 신중해야 하는 이유가 여기에 있다. 모든 매매에서 똑같이 신중하게 대처할 수 있는 능력, 이것이 이 세계에서의 실력이자 능력이다.

여기서 자만심을 억제할 방법을 하나 소개한다. 평소에 자신의 최대의 실패를 곰곰이 생각하며 자신의 능력에 의문을 던지는 것이다. 나의 진정한 한계는 무엇이고 나의 진정한 능력은 어디까지인가? 이 질문을 곰곰이 생각하고 있으면 겸손함과 함께 상당히 객관적인 마음가짐을 가질 수 있다. 평소에 이런 자세를 견지하고 있으면 몇 번의 성공으로 매매에 대한 자만심이 생기지 않는다.

  시장은 언제나 당신의 자만심을 노리고 있다는 사실을 명심하기 바란다. 이 자만심을 견제할 수 있는 것이 겸손함이다. 겸손함은 훌륭한 미덕이자 투자가의 수익을 지켜주는 보배이다. 수익은 운이 좋아서 얻은 것이고 손실은 내 능력이 없어서 그렇게 된 것이라 생각하는 마음가짐이 중요하다.

  이상에서 우리는 매매에서 버려야 할 것들에 관해 살펴보았다. 선입견, 자존심, 욕심, 미련, 자만심 모두 버려야 할 것들이다. 그런데 이런 요소들은 모두가 내적인 요소들이다. 눈에 보이지도 않으며 평소에는 투자가의 마음 한구석에 조용히 있다.

  그러다가 상황이 변하면 갑자기 불쑥 튀어나와 투자자를 완전히 장악해 버린다. 그렇게 투자가를 현혹시키고 손실을 키우게 한다. 그리고 경우에 따라서는 회복불능의 상태까지 몰고 가기도 한다.

  투자가는 어떤 거창한 상대에게 당하지 않는다. 투자가 본인의 마음속에 내재해 있는 보이지 않는 적에게 당하는 것이다.

  따라서 성공적인 매매를 위해서라면 내부의 적들을 제거해야 한다. 내부의 적들을 제거해야 투자가가 산다. 그러나 대상이 눈에 보이는 것 같았으면 제거하기도 쉬울 텐데 문제는 자존심이니 욕심이니 하는 것들이 모두가 눈에 보이지 않는 것이라는 점이다. 아예 마음에서 없애야 하는데 그것이 말처럼 쉽지 않다. 형태도 없이 어느 순간 마음속에서 새록새록 피어난다. 그리고 일단 생겨나면 없애기도 어렵다.

  이렇게 투자가를 파멸에 이르게 하는 적들은 손도 발도 없다. 그 적들이라는 존재는 용감한 존재도 아니고 슬기로운 존재도 아니다. 그런데도 어느 순간에 나타나 우리를 장악한다. 그리고는 파멸의 길로 이끌고 간다. 벌써 많은 사람들이 이들에 의해 파멸되었다. 그리고 이들은 지금 당신을 다음번 희생자로 노리고 있다. 투자가는 노력과 신중함을 버리지 말고 이들을 경계해야 한다.

  이들 적들은 처음에 제어하지 않으면 나중에 가서는 억제하기 어렵다.

처음부터 그들에게 틈을 보여서는 안 된다.

▶ 분위기 파악부터

주식시장처럼 매도세와 매수세가 서로 힘겨루기를 하는 곳에서는 어느 쪽의 힘이 우세한지 그 분위기를 파악하는 것이 중요하다. 매수세의 힘이 불안하다면 가격은 오르기 어려울 것이고 그 반대 상황에서는 내리기 어려울 것이다. 추세라는 것도 결국은 매도세와 매수세의 힘겨루기가 만들어내는 결과이다.

그래서 시장은 분위기 파악이 중요하다. 매도세와 매수세의 공방전에서 형성되는 시장의 기류, 즉 분위기를 살펴야 한다. 어느 방향으로 분위기가 형성되어 나가는지를 지켜보는 것이 투자가의 일이다. 시장에서는 분위기가 시세에 영향을 주고 그 시세가 다시 분위기에 영향을 준다.

하락추세가 진행되는 장의 분위기는 공포심이 지배하는 분위기이다. 더 하락할지도 모른다는 공포, 보유 주식의 가치가 폭락해 큰 손실을 입을 수 있다는 공포, 이러한 분위기에서는 당연히 매도세가 힘을 얻게 된다. 자연스럽게 매수세는 위축이 되고 매도세는 그 기세를 더해 가는데 하락추세는 이런 공포 분위기를 먹으며 더욱 강해진다.

한편, 상승추세는 시장이 더욱 활성화될 것이라는 분위기에서 이루어진다. 그리고 그러한 기대 속에서 수익을 내려는 탐욕이 지배하는 장이다. 실적호전과 경기상승에 대한 기대감 등이 주가상승을 점치게 하고 매수에 적극적인 분위기를 만든다. 이런 분위기는 주가의 추가적 상승에 절대적으로 중요하다.

이렇듯 장의 분위기는 시세를 만드는 데 결정적인 역할을 한다. 공포의 분위기에서 주가가 올라갈 리 없고 긍정적인 분위기에서 주가가 내려가기 힘든 이치이다. 따라서 투자가들은 이러한 시장의 분위기에 민감할 수밖에 없고 또 민감하여야 한다. 사실, 악재니 호재니 하는 것이 중요하게 여겨지는 것도 시장의 분위기에 영향을 주기 때문이다. 비록 단기적이기는 하지만 장 중 돌발 악재나 돌발 호재가 시세를 크게 변화시키곤 한다. 시장의 분위기에 영향을 주었기 때문이다.

그리고 시장의 분위기가 좋을 때는 어지간한 악재도 별로 영향력을 발휘하지 못하고 묻혀 버리는 경우가 많다. 또한 암울한 분위기에서는 어지간한 호재도 별 영향력을 발휘하지 못한다. 이렇게 시장은 전체적인 분위기라는 대세에 의해 흘러가는 것이다.

그런 의미에서 투자는 분위기 게임이라고 할 수 있을 것이다. 시장의 분위기에 영향을 주는 요소를 파악하고 시장 분위기가 어떻게 흐를지를 감지하여 그곳에 돈을 건다. 매매주체가 사람인 이상 분위기에 영향을 받게 마련이고 시장 역시 그런 사람들에 의해 좌우되기 때문에 시장은 분위기를 탄다. 그래서 분위기를 무시할 수 없는 것이다.

그리고 또 한 가지, 시장의 분위기는 사람의 기분만큼이나 아주 변덕스럽다는 점이다. 마치 어디로 튈지 모르는 럭비공과 같다. 한순간에 시장의 분위기가 암울해지기도 하고 언제 그랬냐는 듯이 낙관적이고 희망적인 분위기로 뒤바뀌기도 한다. 사람 마음을 알 수 없듯이 시장 또한 어떻게 변할지 알 수 없는 것이다.

그래서 시장의 분위기는 끊임없이 바뀐다는 사실 또한 명심하고 있어야 한다. 주가가 급등하면서 희망이 넘치는 상승무드에서도 갑작스럽게 매도물량이 대량 출회되어 주가가 급락하게 되면 한순간에 시장 분위기는 뒤바뀐다. 그리고 추가 하락에 대한 두려움에 사로잡힌 매물이 쏟아지기 시작한다. 분위기가 급반전되는 것이다.

그런데 이 분위기라는 것이 시장처럼 집단적일 때 훨씬 더 극단적으로 움직이는 경향이 있다. 일반적으로 상상하기 힘든 정도까지 치닫는 경우가 나타난다. 여기에 시장 참여자들이 놀라곤 하는데 이것이 집단 심리의 무서움이다. 시장 참여자들의 분위기가 어느 한 방향으로 기울기 시작하였다면 시장 전체 분위기가 그 방향으로 더 심하게 쏠리는 것이다.

그래서 시장에서는 극단적 상승, 극단적 하락이 심심치 않게 나온다. 사람은 혼자보다 집단이 되면 더 극단적인 방향으로 가게 된다. 집단이란 그 구성원이 각자 독립적으로 행동할 때보다 훨씬 더 비이성적이 되기 때문이다. 따라서 이런 시장 전체의 분위기가 어느 쪽으로 움직이려 하는지 끊임없이 예의주시하여야 한다. 그리고 극단으로 치닫는 상황을 놓치지 말아야 된다. 대응하기에 따라서는 큰 수확의 장이 될 수도 있다.

이러한 시장의 분위기만큼이나 중요한 분위기가 또 있다. 분위기 중에서 가장 중요한 분위기일 수 있다. 그 분위기란 다름 아닌 바로 자기 자신, '나'의 분위기이다. '나'의 분위기라는 말에 무슨 말인가 의아하게 생각할 수도 있겠지만 말 그대로 투자가 본인이 스스로에게서 느끼는 분위기이다. 투자가 자신이 느끼는 자신의 컨디션이라고 할까? 기분이라고 할까? 아무튼 투자가 스스로가 스스로에게 느끼는 일종의 감(感)같은 것이다.

매매에 있어 차분한 분위기를 스스로에게서 감지할 때도 있고 왠지 모를 불안한 분위기를 느낄 때도 있다. 스스로가 느끼는 자기 자신의 상태이다. 이러한 분위기가 어쩌면 시장 분위기보다 훨씬 더 중요할 수 있다.

이런 적이 있었다. 그 달의 수익은 전 달보다는 못했지만 그럭저럭 수익을 내고 있었다. 그러나 매매 내용이 썩 마음에 들지 않았다. 뭔가 불안한 매매가 많았고 진입하는 점도 그렇게 마음에 들지는 않았다. 무엇보다 손절매 타이밍을 자주 놓쳤다. 아무튼 석연치 않은 매매가 많았다. 그래서 그런지 불길한 분위기를 느꼈고 왠지 모르게 이러다간 손실을 낼지도 모른다는 불안감이 강하게 들었다.

그 달이 다 끝나가던 29일, 30일 이틀 동안 필자는 그 달의 수익을 전부 시장에 반납하여야 했다. 뭔가에 홀린 사람처럼 손절매도 제대로 해 보지 못하고 그냥 보면서 어이 없이 당했다. 나중에 정신을 차리고 보니 최악의 매매였다. 어떻게 그렇게 최악의 매매를 할 수 있었는지 의아할 정도였다. 하지만 그런 한심한 매매를 해 버리고 말았다. 안 좋은 예감이 현실로 나타난 것이다. 그런 분위기를 감지했었음에도 불구하고 설마하고 강행했던 매매가 결정적인 손실로 나타난 것이다.

그리고 예상수익이 어른거릴 때를 조심하는 것이 좋다. 예를 들어 '이번 매매로 1억은 벌 수 있을 것이야.'와 같이 수익에 대한 생각이 강하게 드는 것은 좋은 징조가 아니다. 매매가 끝나지도 않은 상황에서 수익을 의식하지 말아야 한다.

옛말에도 있지 않은가? 떡 줄 사람은 생각도 않는데 김칫국부터 마신다는. 설불리 예상수익을 논하지 말자. 시장이 허락해야 한다. 시장의 윤허가 없이 내가 얻을 수 있는 수익은 단 1원도 없다는 것을 명심하라. 위에서도 말했지만 시장은 건방진 투자가를 싫어한다.

예상수익을 자꾸 의식하게 된다면 이것은 매매의 적신호이다. 경험상 그럴 때 예상수익을 얻은 적은 한번도 없었다. 예상수익이 어른거린다면 더욱 신중해질 필요가 있다. 그런 분위기로는 이기지 못한다.

스스로의 분위기가 이래서 무서운 것이다. 자기가 느끼는 자신만의 분위기가 있다. 분위기가 안 좋을 때는 일단 매매는 피하는 것이 바람직하다. 객관적으로 나타나는 아무 증거도 없이 스스로의 분위기만으로 매매를 중단하다니, 납득이 가지 않을 수도 있다. 비합리적이고 너무 황당하게 들릴 수도 있다. 그러나 시장에서 결정되는 주식의 가격을 보라. 합리적이던가? 실적개선의 뉴스에도 불구하고 주가가 하락하기도 하고 터지는 악재에도 불구하고 상승하기도 한다. 주가는 비합리적이고 황당하게 움직이기도 한다. 시장 스스로의 분위기에 좌우되는 것이다.

투자가의 매매 역시 투자가 자신의 분위기에 의해 좌우된다. 분위기가 안 좋으면 아무리 시장 예측이 정확하다 해도 이상하리만큼 결과가 안 좋게 나오는 수가 있다. 왠지 모를 이상한 분위기를 감지했다면 매매에 더욱 신중해져야 할 것이다. 안되려면 이상하게 엮여져서 안되고 잘되려면 신기하게도 잘 풀려간다. 이 영역은 인간의 이성으로 판단하는 영역이 아닌 것 같다. 그러나 중요한 것은 그런 일이 일어난다는 것이다.

우리가 지금 하고 있는 게임은 수학적으로도 계산이 안되고, 말로써도 설명이 잘되지 않는, 그리고 설부른 예측을 불허하는 그런 게임이다. 분위기라고 하는 추상적이고 아주 변덕스러운 상황에 의해 결정되는 게임이다.

따라서 누가 먼저 분위기 파악을 제대로 하느냐에 따라 승패가 결정된다. 언제 어디로 튈지 모르는 시장 분위기를 상대로 하여 오늘도 우리는 치열한 게임을 하고 있는 것이다. 거기에다 투자가 본인 스스로의 분위기까지 살펴야 한다. 매매에서 분위기 파악은 아주 중요하다.

▶ 역사는 반복된다

역사는 반복된다는 말이 있다. 이 말은 모든 흥망성쇠는 반복된다는 의미로 해석할 수 있다. 과거 로마제국이 막강한 군대로 영토를 넓히며 전성기를 구가하였으나 결국은 멸망하였고 해가 지지 않는 나라로 불리었던 대영제국도 과거의 영광을 추억 속에 간직한 채 쇠퇴하였다. 어떤 나라가 흥하다가 쇠하게 되고 또 다른 나라가 흥하고 다시 쇠하는 반복의 연속이다. 이렇듯 역사는 반복되고 있다.

시장도 마찬가지이다. 영원히 오를 것만 같았던 시장도 어느새 기약 없이 하락하는가 하면 더 이상 오를 것 같지 않아 보이던 시장이 갑자기 힘차게 오르기도 한다. 시장은 오르고 내림의 반복, 반복의 연속일 뿐이다. 시장에서도 역사는 늘 되풀이되고 있는 것이다.

지금 당신이 시장에서 어떤 감정을 느끼고 있다면 그 감정은 20년 전에 어떤 투자가가 느꼈던 감정이고, 50년 전에 미국의 월스트리트의 그 누군가가 느꼈던 감정이다. 사람도 바뀌고 시대도 바뀌었지만 투자가가 시장을 보고 느끼는 감정은 반복되고 있는 것이다. 왜냐하면 시장 자체가 반복되고 있기 때문이다. 만약 시장의 갑작스런 폭락에 황당함을 느꼈다면 수십 년 전 그 누구도 똑같은 느낌을 느끼고 있었을 것이다.

그래서 월스트리트에서 새로운 일은 일어나지 않는다는 말이 있다. 오늘 시장에서 일어난 일은 언젠가 옛날에 일어났던 일이며 또한 앞으로도 일어날 일이다. 시장에서도 이렇게 역사는 반복되고 있다.

그렇다면 왜 역사는 반복되는 것일까? 아마 그것은 우리 인간의 속성이 예나 지금이나 크게 변하지 않았기 때문일 것이다. 물론 과거보다 우리는 엄청나게 발달된 물질문명 속에서 살고 있으며 과거에는 누리지 못한 많은 문명의 혜택을 누리고 있다.

그러나 인간의 심리와 본성은 천 년 전이나 지금이나 그리 크게 변한 것이 없는 것 같다. 무언가에 두려워하고 무언가를 얻고자 애쓰며 뭔가 생기면 기뻐하고 잃으면 속상해 한다. 예나 지금이나 자존심이 상하는 것을 참지 못해 하고 억울하면 분노한다. 남의 그럴듯한 말에 쉽게 속으며 남들이 하면 따라 하고자 한다. 인간의 감정은 언제나 그렇게 반응했고 지금도 그렇게 반응하고 있으며 앞으로도 그럴 것이다.

시장은 인간 심리를 그대로 반영하는 곳이니 시장 역시 예나 지금이나 그리 변한 것이 없다. 상승기에는 탐욕에 휩쓸려 물불 가리지 않고 주식을 사려는 사람들에 의해 주가가 줄기차게 상승한다. 그리고 하락기에는 공포에 휩쓸려 가격에 상관없이 주식을 처분 못해 안달하는 사람들에 의해 하락에 하락을 거듭한다. 100년 전에도 그랬고 지금도 그러하며 앞으로도 그러할 것이다. 혹시 매매 자체를 완전히 기계가 하면 모를까 시장은 인간 심리를 여지없이 반영할 것이다. 그리고 그 인간 심리라는 것이 좀처럼 바뀌지 않는 것이다.

따라서 현명한 투자가가 되려면 역사에서 배우고 시장에서 배워야 한다. 그때의 그 상황은 언젠가 반드시 또 만나게 되어 있다. 시장의 움직임에 본인이 어떻게 반응했는지는 본인이 가장 잘 안다. 만일 매매가 손실로 끝났다면 왜 그랬는지를 철저하게 분석하고 반성하여야 한다. 그래야 언젠가 똑같은 상황이 펼쳐질 때 같은 실패를 되풀이하지 않게 된다.

같은 실수가 반복되고 반성과 진전이 없다면 그 투자가는 시장에서 살아남기 어렵다. 반성이 없으면 반복되는 상황에서 언제나 똑같이 반응하여 손실만 볼 것이 아닌가? 앞으로 어떻게 될지를 심각히 고민하고 싶다면 과거에는 어땠는지를 살피는 것이 좋다. 역사는 반복된다.

▶ 손실의 교훈을 잊지 말라

매매에서 갑자기 큰 손실을 보게 되면 투자가에게 상당한 심적 동요가 일어난다. 보유한 포지션과 정반대로 시장이 급변하면 순간적으로 당황하게 되며 잠시 이성적 판단을 상실할 수 있다. 너무 당황한 나머지 사태수습이 전혀 안되기도 한다. 누구나 한 번쯤은 겪어 본 경험이 있을 것이다. 그런 손실을 연속적으로 두세 번 더 보게 되면 투자가는 완전히 패닉 상태에 빠지며 경우에 따라서는 파산할 수도 있다.

한 달에 걸쳐 거의 연전연승의 전적으로 수익을 키워 왔는데 한순간의 매매에서 그동안의 수익을 전부 토해 내야 할 때가 있다. 두뇌가 멈추는 것 같은 충격에 빠지며 이때의 기분이란 참담함 그 자체일 것이다. 어떻게 번 돈인데. 왜 나에게 이런 일이 일어났는지 원망스럽기 그지없다. 정신은 억울함과 아쉬움으로 가득 차게 된다.

그러나 이 같은 손실의 경험은 하나의 교훈이자 경고로써 받아들여야 한다. 투자가에게 손실만한 교훈이 또 어디 있겠는가? 손실이란 언제든지 발생할 수 있는 것이고, 우리는 그 손실을 통해 다음번 손실을 막아야 하는 것이다.

매매에서 영원한 승자는 없다. 그런데 시간의 흐름과 함께 이 중요한 사실을 망각한다. 그래서 손실이라는 자극을 통하여 다시금 매매의 무서움을 되새기게 된다.

승리의 기분에 취하게 되면 누구나 자만심이라는 것이 생긴다. 인간의 자만심이란 잘나가면 잘나갈수록 강해진다. 그러나 그런 자만심이 향후의 매매에서 비참한 결과를 가져올 수 있다는 사실을 당시에는 알지 못한다. 몇 번의 성공에서 생긴 자만심은 매매에서 자금 규모를 무리하게 늘리거나 리스크 관리를 소홀하게 만든다. 이제까지 잘되어왔으니 앞으로도 잘 될 것이라는 생각이 지배하게 되는 것이다. 이것은 손실을 부르는 위험한 생각이다.

대부분의 사람들은 성공의 기쁨에 쉽게 취하며 근거 없는 자신감을 키운다. 오늘의 매매가 좋았다고 내일의 매매도 좋을 이유는 그 어디에도 없는데 말이다. 이제까지와는 전혀 다른 함정과 돌발변수들이 얼마든지 상황을 장악할 수 있다.

따라서 한번씩 손실을 보는 것은 자만해진 마음을 바로잡고 다시금 시장의 무서움을 인식하는 기회로 삼아야 한다. 누구나 싫어하는 손실이지만 어떤 의미에서는 필요하기도 한 것이다. 왜냐하면 한 번의 손실로 경각심을 갖게 되면 차후의 더 큰 손실을 미연에 방지할 수 있기 때문이다. 그러기 위해서는 한 번의 손실이 났을 때 정신을 바로 차리고 심기일전하여야 한다.

무엇이든지 어떠한 대상에 대해서는 어느 정도의 경외심이라는 것을 갖는 것이 좋다. 조금은 내가 모자란 듯이 겸손하게 대하는 것이 처세하는 데에도 여러모로 도움이 된다. 상대를 무시하고 우습게보다간 꼭 그 상대에게 당하게 되어 있다. 내가 지금 앞서고 있다고 해서 언제나 그럴 것이라는 생각은 착각이다. 상황은 얼마든지 변할 수 있으며 운이란 언제 어떻게 변할지 아무도 모른다.

따라서 자만심은 경계해야 할 1순위이며 잘 나갈수록 한결 같은 마음자세를 유지해야 한다. 그런 의미에서 한 번씩 발생하는 손실은 좋은 경고로 여겨야 한다.

물론 매매의 손실을 경고로 인식할 정도까지의 수준이라면 상당히 노련한 투자가일 것이다. 일반 아마추어는 손실의 경고를 무시하기 일쑤이다. 그냥 운이 나빠서 손실을 본 것이라 생각하고 반성하려 들지 않는다. 그런 상태로 매매에 임하다가는 언제나 같은 손실이 반복된다. 그리고 그러는 동안 손실이 누적되어 나중에는 회복불능의 상태까지 갈 수가 있다. 손실이 주는 경고를 무시하고 자기 고집만 피웠다가 사라진 투자가들이 어디 한둘이던가?

큰 수익을 낸 후에는 반드시 그에 상응하는 손실의 함정이 따라온다. 어떻게 알고 오는지 모르지만 손실의 함정은 수익의 그림자처럼 언제나 다가온다. 만일 자만심으로 시장과 상대하고 있다면 손실의 함정은 어느새 투자가의 발밑에 와 있다. 스스로를 과신하거나 근거 없는 확신을 가지고 시장에 대응하다 보면 언젠가는 꼭 당하게 마련이다. 그래서 시장이 무섭다고 하는 것이다.

경험상 대부분의 큰 손실은 큰 수익을 낸 다음에 찾아온다. 자만심으로 스스로의 원칙을 지키지 않고 원칙과 타협하려고 했던 때이다. 즉 '이번 한 번만'이라는 생각이 손실로 이어지는 것이다. 스스로를 합리화시켜 원칙과 멀어지려고 할 때 손실은 여지없이 찾아온다. 정말 귀신같이 알고 찾아온다.

초지일관(初志一貫), 정말 행하기 힘든 일 중의 하나이다. 매매에서의 초지일관이란 처음의 평정심으로 끝까지 매매에 신중하게 임하는 것이다. 그런데 이것이 어렵다. 시간이 흐르면 나태해지며 자만심도 피어오른다. 그래서 어떤 의미에서는 손실이라는 자극이 정신을 번쩍 들게 해 주는 역할을 한다. 문제는 꼭 이렇게 당해야 정신을 차린다는 것이다. 이것은 인간의 고질적인 병인 것 같다.

하지만 매매에서 이런 경고조차 없다면 더 큰 위험과 마주칠 것이 분명하다. 시장에서의 큰 위험이란 정말 무서운 것이어서 한순간에 모든 것을 앗아간다. 그럴 바에는 한 번씩 작은 손실로 정신 차리고 새롭게 마음을 가다듬는 것이 더 바람직하다고 본다. 백만 원 손해 봄으로써 정신을 차리게 된다면 다음에 천만 원을 잃지 않아도 되는 것이다.

손실을 이렇게 반성의 계기로 받아들여 좋은 경고라고 여기는 것이 좋다. 그러면 다음에는 이런 손실을 보지 않도록 주의하게 될 것이다. 뭐든지 초기에는 더 많이, 더 자주 실수를 해 보는 것이 나중에 약이 된다. 그러면서 시장의 무서움을 느끼며 매매에 관해 알아 가는 것이다.

그리고 손실에서 얻는 교훈을 쉽게 잊지 말아야 한다. 일반적으로 사람들은 수익이 발생한 매매는 기억하면서 손실이 발생한 매매는 잊으려 한다. 하지만 실전에서는 손실에서의 교훈이 더욱 소중하고 유용하다. 리스크 관리에 도움을 주기 때문이다.

손실에서 아무리 훌륭한 교훈을 얻었더라도 그 교훈을 금방 잊고 똑같은 손실을 반복한다면 그것은 안타까운 일이 아닐 수 없다. 인간은 망각의 동물이라 하였던가? 조금 세월이 지나면 과거의 교훈은 어디론지 사라지고 만다. 그리고 같은 실수를 또 반복한다. 이것은 전형적인 패자의 모습이다. 그러나 대부분의 투자가가 실수를 반복하고 있다. 정말 안타까운 현실이다.

일본 전국시대의 영웅, 토쿠가와 이에야스(德川 家康)는 일본을 통일하고 토쿠가와 막부를 세운 유명한 장군이다. 그가 아직 지방 영주였던 시절, 미카타하라(三方原)전투라고 불리는 싸움에서 크게 패한 적이 있었다. 많은 병사들과 가신들을 잃었다. 그때 토쿠가와 이에야스는 화가를 불러 자신의 처참한 모습을 그리게 하였다. 말 그대로 패장의 비참한 모습을 그림으로 남긴 것이다. 후에 그는 두고두고 그 그림을 보면서 다시는 그런 실패를 하지 않겠다고 다짐하였다고 한다.

패배의 쓰라림을 스스로에게 되새기는 것으로 토쿠가와 이에야스는 자만심을 억제하였고 전투에 보다 신중을 기할 수 있도록 하였다. 그리고 그는 마침내 일본을 통일한다. 그가 패전의 교훈을 잊지 않으려고 노력한 결과였다.

매매에서 크게 성공한 어느 투자가의 사무실을 방문한 적이 있었다. 그의 사무실에 커다랗게 613,469,180원이라는 숫자가 써져 있는 것을 보았다. 무엇이냐고 물으니 자기가 매매에서 본 최대의 손실금액이라고 하였다. 언제나 이 숫자를 보면서 그때의 교훈을 잊지 않으려 한다고 했다. 그는 그런 식으로 손실의 쓰라림을 되새기면서 리스크를 철저하게 관리한 결과, 그는 손실액의 열 배가 넘는 수익을 냈다.

승자가 되려면 손실을 보면서 얻은 교훈을 잊지 말아야 할 것이다. 매매에 임할 때마다 과거의 교훈을 되새기는 것이 필요하다. 힘들게 얻은 교훈인 만큼 활용해야 하지 않겠는가? 아마 시장에서 자기가 얻은 교훈을 잊지 않고 매매에 임한다면 성공하지 않을 투자가가 없을 것이다.

▶ 변명은 다음 손실을 예약해 놓는다

주가가 반드시 상승할 것이라는 확신을 가지고 매수에 임하였건만 가격은 하락에 하락을 거듭하여 손실을 보게 되면, 손실도 손실이지만 그와 함께 자존심도 크게 상하게 된다. 스스로가 어리석었다는 사실이 판명되는 순간이기 때문이다. 스스로가 어리석었다는 사실을 어느 누가 인정하고 싶겠는가? 그러나 사실관계는 명확하다. 어리석은 판단, 어리석은 타이밍, 어리석은 매수, 거기에다 손절매도 못하고 우왕좌왕하는 우유부단함, 결론은 '내가 어리석었구나.'이다. 이것은 객관적인 사실이다. 하지만 누구든 스스로가 어리석었다는 것을 인정하려 하지 않는다. 그래서 대부분 적당한 변명거리를 찾는다. 누구 때문에, 무엇 때문에 그렇게 되었다고.

사람이란 남의 어리석음은 눈에 잘 띄고 한심하게 보지만 정작 본인의 일이 되면 상황이 달라진다. 본인의 어리석음은 잘 보이지 않고 좀처럼 인정하려고도 하지 않는다. 그리고는 본인의 잘못에 대해서는 언제나 적당한 변명거리를 찾는다. 투자가로서 성공하려면 이래서는 안 된다.

대부분의 사람이 자기가 틀렸다는 객관적인 사실을 인정하기 싫어하고 여러 이유를 대서 자기를 보호하려 든다. 사람들은 자기의 잘못을 합리화시키는 노력은 하면서도 자기의 잘못을 반성하는 노력은 거의 하지 않는다. 언제나 변명거리만 찾을 뿐이다. 변명은 잠시의 자기 합리화로 위로가 될 수 있을지 모르지만 그렇다고 본인의 어리석음의 결과는 변하지 않는다. 냉엄한 현실은 엄연히 존재하는 것이다.

이제 변명은 그만두자. 잠깐의 회피보다는 미래의 성공에 포커스를 맞추자. 철저한 반성이 없다면 언젠가 같은 실패를 반복하게 되어 있다. 무엇이 잘못되었는지를 반성하라. 그래야 다음에 같은 실패를 피할 수 있다.

매매의 책임은 전적으로 매매를 한 당사자에 귀착된다. 아무리 누구를 탓하거나 핑계를 대도 계좌의 잔고는 엄연한 본인 책임이다. 이는 변하지 않는 진리이다.

어느 누구도 매매를 강요하지 않았다. 본인이 시작했고 본인의 판단이 틀려서 손실이 난 것뿐이다. 외국인 때문에, 프로그램 매매 때문에, 증권사 직원 때문에 당했다고 아무리 그 누구를 탓하더라도 소용없다. 그러한 모든 변수들을 고려해서 해야 하는 것이 투자가 아니던가? 투자에서의 손실은 대부분 경솔한 판단, 지나친 욕심이나 근거 없는 자신감 등에서 나온다. 이 모두 본인에게서 나오는 것이지 남한테서 나오는 것이 아니다. 모든 책임은 자신에게 있는 것이다.

누구나 자존심이 있고 그 자존심이 상처받는 것을 원하지 않는다. 그러나 투자가로서 성공하려면 남과 같아서는 안 된다. 남들이 알량한 자존심으로 누구를 원망하고 변명하고 있을 때 자신은 냉철하게 현실을 인정할 줄 알아야 한다. 변명이 손실을 줄여 주지 못하지만 반성은 손실을 줄여 준다. 잘못을 인정하지 않는데 잘못이 고쳐지겠는가?

기분이 좋고 안 좋고 자존심이 상하고 상하지 않고 하는 문제는 우리의 잔고와 아무 상관이 없다. 매매에서는 이런 감정들을 완전히 배제시켜야 한다. 어떻게 하면 손실을 줄이고 수익을 늘릴 수 있을까? 이것이 이 세계에서의 최대 관건이다. 우리는 우리의 관심을 여기에 집중시켜야 한다. 자존심이 어떻게 되는 것은 전혀 고려의 대상이 되지 않는다.

대부분의 사람들은 자신의 잘못을 심각히 반성하지 않는다. 앞에서도 언급했지만 자존심이 타격을 받는 것을 너무나 싫어한다. 그래서 우리는 사람들에게서 기억력이 나빠졌다는 이야기는 많이 들어도 판단력이 나빠졌다는 이야기는 좀처럼 못 듣는다. "내가 깜빡했네." 라는 말은 자주 들어도 "내가 판단을 잘못했네."라는 말은 좀처럼 듣지 못한다. 우리는 우리가 생각하는 것 이상으로 자존심이 강한 존재들이다.

여기서 우리는 재미있는 대결을 하여야 한다. 돈을 벌겠는가? 자존심을 지키겠는가? 자존심을 없애지 않고서는 돈을 벌 수 없다. 투자에서 성공하고 싶다면 그래서 돈을 벌고 싶다면 부디 '나는 바보다.'를 크게 외칠 수 있는 사람이 되어야 한다.

실패에 구차한 변명을 늘어놓는 사람은 다음번에도 실패할 것이고 그리고는 또 구차한 변명을 늘어놓아야 할 것이다. 왜냐하면 변명은 다음의 손실을 예약해 놓기 때문이다. 변명하지 말라. 그냥 인정하라. 내가 바보였을 뿐이다. 그뿐이다. 이것을 인정하는 순간 수익은 당신에게 한발 더 다가선다. 즉 자기가 바보라고 생각할수록 돈은 더 가까이 오고 바보가 아니라고 부정할수록 돈은 더 멀어지는 것이다. 이것이 이 세계의 재미있는 속성이다.

진심으로 외치길 바란다. 내가 어리석었다고. 내가 바보였다고. 하지만 모두들 자기가 어리석었다고 외치길 정말 싫어하는 것 같다. 그런데 이것이 성공을 부르는 주문이라는 것을 아는 사람은 몇 안 된다. 그래서 이 세상에는 언제나 성공하는 사람이 적은 것이다.

기억하라. 현명한 투자가는 실패에서 교훈을 찾고 어리석은 투자가는 실패에서 변명거리를 찾는다는 것을.

▶ 기다리는 행운은 오지 않는다

투자가들이 매매에서 절대 바라지 말아야 할 것이 있는데 바로 행운이다. 행운을 간절히 원하는 투자는 이미 실패한 투자이다. 포지션 보유 시에는 절대 행운을 바랄 생각을 하지 말아야 한다.

시장의 방향이 보유하고 있는 포지션과 반대 방향으로 움직이고 있을 때, 그래서 손실의 폭이 늘어날 때 대부분의 투자가들은 손절보다는 본인이 뜻한 대로 가격이 되돌아오기를 간절하게 바라게 된다. 바로 기적이 일어나길 바라는 심정이다. 그러나 누구나 알고 있듯이 그런 기적은 절대로 일어나지 않는다. 절박할수록 더욱 그렇다. 매매에 있어 기적을 바랄 정도라면 그 매매는 이미 실패한 매매이다.

우리가 매일 마주하고 있는 시장은 전쟁터와 같다. 괜히 포지션을 잘못 잡아 놓고 기적을 바라며 기다리고 있는 것은 기관총알이 비 오듯이 쏟아지는 곳으로 들어가 놓고는 총알이 자신을 피해 가기를 바라는 것과 같다. 잘못 들어왔구나 싶으면 재빨리 빠져나와야 목숨이라도 보전할 수 있다. 혹시나 하는 마음, 총알이 자기를 피해 가기를 바라는 마음으로 총알이 빗발치는 곳에 서 있는 것은 어리석기 짝이 없는 행위이다. 매매에서도 기적만 바라고 손해나는 포지션을 고집하는 것은 어리석은 행위이다.

매매를 하다 보면 뜻하지 않게 불리한 상황에 빠질 수 있다. 그런 상황에 빠지지 않도록 노력해야겠지만 불리한 상황에 빠지는 경우가 반드시 생긴다. 시장이란 원래 종잡을 수 없는 것이기 때문에 '아차!' 하는 순간에 걷잡을 수 없는 상황으로 몰리게 되는 것이다.

이런 불리한 상황에 빠지게 되면 많은 투자가들이 즉각적인 대응보다는 전세의 역전을 기다리는 애절한 마음으로 상황의 반전을 기다린다. 행운을 기다리게 되는 것이다. '외국인 매수세가 들어올 수 있을지도 몰라', 'A급 호재가 터질 수도 있어', '잠깐의 조정에 불과하니 이젠 오를 거야' 등과 같은 다소 허망한 기대를 갖게 되며 스스로를 위안하려 한다. 심지어는 선물시장에서 하락을 예상하고 매도 포지션을 잡았는데 시장이 상승하여 손실이 늘어나니까 북한에서 미사일 한 방 쏴주기를 바라는 사람도 있었다.

냉정한 상황에서 보면 한심하게 느껴질 수도 있겠지만 막상 그런 상황에 처하면 그렇게 되기 쉬운 것이 사람 심리이다. 궁지에 몰리면 별생각을 다 하는 것이 사람이다.

만약에 10,000원에 매수한 주식이 5~6,000원까지 떨어졌다고 하자. 9,000원이나 8,000원에서 손절매를 못한 사람이라면 아마 행운을 바라는 마음으로 주식을 들고 있었을 것이다. 그러나 그런 행운은 없다. 기다릴수록 행운은 오지 않는다.

오히려 그렇게 행운을 바라는 기대심은 마약이나 진통제와 같아서 현실의 통증을 망각하게 하고 무감각하게 만들 뿐이다. 그럴수록 불리한 상황에서 빠져나올 시간만 낭비하게 된다. 불리한 상황에서는 한시라도 빨리 빠져나와야 한다. 혹시나 하는 생각에 우왕좌왕하다가는 손실만 크게 입고 만다. 만약 그런 상황에서 지체하다가 회복 불가능한 손실을 입는다면 투자자로서의 생명이 끝날 수도 있다.

10,000원에 매수한 주식이 뜻하지 않게 갑자기 20,000원이 된다면 그것은 행운일지 모른다. 아마 간절하게 20,000원이 되도록 애원하면서 구입하지는 않았을 것이다. 행운이란 뜻하지 않게 우연히 찾아오는 것이지, 내가 기다려서 오는 것이 아니다. 그렇다면 그것은 이미 행운이 아니다.

이런 경우도 있다. 혹시나 하는 마음으로 그냥 주식을 사는 행위이다. 종목에 대한 별다른 생각도 없이 그냥 한번 매수하고 싶어서 매수하는 것이다. 단타 매매를 하는 사람들이 많이 하는 방식이다. '어차피 오래 보유할 것도 아닌데'라는 생각으로 혹은 '조금만 오르면 팔아야지' 하는 생각으로 매수를 하는 것이다. 일단 사고 보자는 식이다. 이런 행동의 배경에도 행운을 바라는 심리가 강하게 작용하고 있다. 처음부터 행운을 바라고 행한 매수로 몇 번의 성공은 할 수 있으나 언제라도 잘못되면 큰 손실을 볼 수가 있다. 수익은 적게 내고 손실은 엄청나게 보는 그런 최악의 패턴이 나오기 쉽다.

투자가는 매매에 신중에 신중을 기해야 한다. 가능한 한, 여러 정보를 종합하고 신중히 생각한 후에 납득할 만한 방향으로 승부를 걸어야 한다. 단지 행운 하나만을 바라고 매매를 했다가는 큰코다친다. 시장은 자신의 운을 테스트하는 곳이 아니다. 절대로 만만하게 보지 않기를 바란다.

시험을 보는데, 옆에 앉을 사람이 공부를 잘하는 사람이고 옆 사람의 답안지가 잘 보일 것이라고 기대하면서 시험을 보는 사람의 성적이 과연 좋을 수가 있겠는가? 처음부터 그런 행운을 바라고 시험에 임하는 사람이라면 이미 그 사람은 패자의 대열에 합류한 사람이다. 일단은 시험공부에 최선을 다한 다음에 시험에 임하는 것이 상식이자 좋은 성적을 내는 확실한 길이다. 매매도 이와 다르지 않다.

상황이 불리해지면 스스로의 판단이 틀렸음을 빨리 인정해야 한다. 과연 상황이 이랬을 때 나는 어떻게 했을까? 분명 매수를 안 했을 것이라고 생각된다면 얼른 털고 나와야 한다. 혹시나 하는 마음으로 손실을 키워서는 안 된다. 불리한 상황이 갑자기 좋아질 것이라고 바라는 것이 행운을 바라는 것이다.

태평양전쟁 말기, 전세가 불리해진 일본제국은 혹시나 하는 마음으로 '카미카제(神風) 특공대' 라는 특공대를 만들었다. 카미카제 특공대는 전투기로 적의 항공모함이나 군함에 돌진하여 자폭을 하는 것이 그 임무였다. 한마디로 자살 특공대였다. 지금 생각하면 황당하지 그지없는 이야기이지만, 당시의 일본제국은 그만큼 상황이 절박했다. 전황은 갈수록 불리해지고 있었고 전쟁에서 이길 가능성은 희박하였다. 그런 상황에서 최후의 기적을 바라는 마음으로 만든 특공대가 카미카제 특공대였다.

과거 몽고의 군대가 일본에 침입하였을 때 기적적으로 태풍이 불어 몽고군에 막대한 피해를 주고 물러나게 하였다. 우연히 분 그 바람을 일본은 신(神)의 바람(風)으로 여겨 카미카제(神風)라고 불렀다. 일본으로서는 적군을 없애 준 행운의 바람이었다. 그러나 그 카미카제(神風)는 우연히 온 행운이었지 기다려서 온 행운은 아니었다.

태평양전쟁 말기 점점 전세가 불리해지자 일본제국은 또다시 그런 행운이 오기를 기대했던 모양이다. 신의 바람이라도 불게 하여 궁지에 몰린 상황에서 벗어나고 싶었다. 그래서 만든 것이 카미카제(神風) 특공대였다. 이 특공대의 수많은 조종사들이 적함에 돌진하여 목숨을 바쳤다. 그러나 신의 바람은 불지 않았다. 패망하는 일본제국을 구원하는 기적은 일어나지 않았다. 단지 수많은 젊은 목숨들만 희생되었을 뿐이었다.

만약 당시의 일본제국이 기적을 바라지 않고 상황인식을 제대로 하여 연합군에 일찌감치 항복하였더라면 원자폭탄을 맞을 일도 없었고 수많은 사람들이 죽는 일도 없었을 것이다.

불리한 상황에서 필요한 것은 냉철한 현실의 인식과 재빠른 행동뿐이다. 기다리는 행운은 절대 오지 않는다. 상황판단! 이것을 제대로 하지 못해 우리가 얼마나 많은 손실을 보아야 했던가?

▶ 찬스 다음에는 위기이다

우리가 야구 중계를 보다 보면 찬스 다음에는 위기라는 말을 가끔 듣게 된다. 예를 들면, 무사 만루의 절호의 찬스에서 무득점으로 끝냈다거나 혹은 점수를 1점밖에 못 내고 끝내는 경우가 있는데 이렇게 좋은 찬스를 살리지 못한 경우 그다음의 수비에서 위기를 맞게 되는 것이다.

실제로 야구 중계를 보면 그런 경우를 많이 보게 된다. 좋은 기회를 제대로 활용하지 못하고 끝내면 그다음에 위기로 이어질 가능성이 높다.

매매에서도 그와 비슷한 일이 많이 일어난다. 절호의 기회를 제대로 살리지 못하고 수익을 내지 못했거나 아주 적은 수익밖에 내지 못했다면 그다음의 매매는 혼조 국면에 빠지는 경우가 많다. 찬스 다음의 위기인 셈이다. 이상하게도 그런 일들이 자주 일어난다.

왜 그럴까? 두 가지 정도로 그 이유를 생각해 볼 수 있을 것 같다. 우선 기회를 제대로 살리지 못했다는 심리적 압박이 그다음의 매매에 영향을 주었을 가능성이 있다. 억울함과 안타까움과 같은 심리적인 동요가 다음의 상황판단에 지장을 초래했을 가능성이 있는 것이다. 심적 동요가 냉정한 판단을 저해한 것이다.

실제로 다가온 기회를 제대로 살리지 못했다는 심리적 압박이 한 번 손실을 보았을 때의 심리적 압박보다 더욱 크다. 예를 들어 어떤 사람이 자기가 생각한 로또의 숫자가 1등에 당첨되었다고 하자. 그런데 그 사람이 번호를 표시만 해 놓고 정작 복권은 구입하지 않았다면 과연 그 사람의 기분은 어떨까? 그 억울함과 원통함은 아마 그냥 복권을 샀다 당첨되지 않은 사람과는 비교가 되지 않을 것이다. 생각만 해도 아찔하지 않은가?

야구에서도 그렇다. 무사 만루의 흔치 않은 좋은 기회에서 병살타, 삼진 등으로 아무 득점도 없이 끝난다면 얼마나 허망하겠는가? 어지간하면 희생플라이나 번트로도 득점을 낼 수 있는 찬스에서 무득점으로 끝나다니 억울해도 보통 억울한 것이 아닐 것이다. 이런 기분, 절호의 기회를 그냥 날려 보냈다는 억울함과 안타까움과 같은 기분이 마음을 상당히 동요시킨다. 오히려 이는 홈런 한 방에 1점 빼앗겼을 때보다 분위기가 더 안 좋을 수가 있다.

만루라는 기회는 아무 때나 오는 기회가 아니다. 더구나 노 아웃. 그런 절호의 찬스를 아무 득점 없이 끝냈다는 것은 선수들에게 실망감과 억울함을 가져다준다. 한마디로 심적인 동요를 일으키는 것이다. 평정심은 여지 없이 무너진 상태가 된다. 이런 상태는 선수들의 플레이에 영향을 준다. 따라서 플레이가 제대로 될 수가 없고 그런 와중에 위기는 오는 것이다.

매매에서도 마찬가지이다. 예를 들어 수천만 원의 수익을 낼 수 있는 기회를 목전에서 놓쳤다고 하자. 그때의 기분이란 몇 백만 원 손실을 보았을 때보다 훨씬 더 안 좋을 수가 있다. 그러니 다음 매매에서 이성적으로 되기보다는 억울함을 만회하려고 욕심을 부리는 매매를 하기 쉽다. 그러면서 투자가는 자연스럽게 위기 상황에 빠져드는 것이다.

찬스 다음에 위기가 오는 또 하나의 이유는 아주 간단하다. 운명론적 관점인데, 어차피 안될 운명이었다는 것이다. 약간 비과학적인 분석이기는 하지만 설득력이 있다. 이미 운이 약해졌기 때문에 절호의 기회도 무산이 되어 버리고 위기도 온다는 것이다. 승리의 여신이 이미 저편으로 물러났으니 아무리 좋은 기회가 와도 살릴 수 없는 것이 당연하고 오히려 위기가 온다는 해석이다.

운이 없으면 아무리 좋은 기회가 와도 놓쳐 버리게 되고 운이 따르면 10대 0으로 지고 있는 상황에서라도 11대 10으로 역전승할 수 있다. 아무리 좋은 상황이라도 운이 없으면 10대 0으로 이기고 있는 상황에서라도 10대 11로 역전패할 수 있는 것이다. 운이 없으면 유리한 상황에서도 허무할 정도로 패하고 아무리 어려운 상황에서라도 운이 좋으면 좋은 결과가 나온다.

매매에서도 찬스 다음에 위기가 오는 경우가 얼마든지 많다. 주가가 오르는 것 같아 어느 종목을 8,000원에 샀다고 하자. 주가는 8,000원, 9,000원으로 오르더니 12,000원까지 상승한다. 50%의 상승이다. 더 오를 수 있을 것 같아 기다렸는데 그런데 갑자기 9,000원, 8,000원으로 떨어진다. 겁이 나서 일단 본전인 8,000원에서 매도하고 나왔다.

그런데 주가는 그다음부터 갑자기 상승하더니 15,000원까지 올랐다. 더 이상 안 오를 것이라고 생각했더니 20,000원까지 오른다. 종목은 잘 선택했지만 운이 안 따른 예이다. 하필이면 잠깐 조정을 받는 순간에 매도를 하는 바람에 오히려 나중에 10,000원에 매수를 한 것만 못한 결과가 되어 버리고만 것이다.

그러나 12,000원에서 하락한 후 8,000원에서 사고 기다린 사람은 큰 수익을 보았을 것이다. 같은 종목을 같은 가격으로 샀다고 하더라도 미묘한 타이밍에 따라 그 결과는 이렇게 달라질 수 있는 것이다.

이런 것들은 정말 운으로밖에는 설명할 길이 없다. 그렇다고 투자가가 운만을 탓하거나 운에만 의지하려 할 수도 없다. 여기서 중요한 것은 운을 탓하는 것이 아니라 현재 내게 운이 따르는지 아닌지를 재빨리 판단하는 것이다.

운이 따르지 않는다고 판단된다면 미련 없이 매매를 멈추어야 한다. 더 이상의 위기를 만들지 말아야 하는 것이다. 말은 쉽지만 실전에서는 상당히 어려운 일이다. 그래서 매매가 어려운 것이다. 그러나 멈추는 것이 손실을 방지하는 현명한 방법이다.

야구에서는 계속해서 다음 플레이를 해야 하지만 매매는 자기가 그만두려고 하면 얼마든지 그만 둘 수 있다. 그런 의미에서는 매매가 야구보다 훨씬 융통성 있게 대응할 수 있다.

엄청난 찬스를 놓쳐 버렸다면 잠시 마음을 진정시키는 것이 좋다. 그 억울한 마음으로 매매에 임했다간 오히려 엄청난 위기를 초래하기 쉽기 때문이다. 한번 어긋나면 더 어긋나기 쉬울 뿐, 다시 제대로 돌아오기란 쉽지 않다는 사실을 명심하라. 그럴 때는 어긋났다고 느끼는 순간 어긋난 고리를 끊어주어야 한다. 계속하였다간 더 크게 어긋날 뿐 오히려 나중에는 돌이킬 수 없는 지경에까지 이르고 만다.

찬스를 무산시켜 버릴 수는 있다. 그러나 다음에 위기를 맞느냐 아니냐는 전적으로 투자가 자신의 통제력에 달려 있다. 그래서 매매의 세계에서는 자제력이 요구되는 것이다.

▶ 일단 매매횟수부터 줄여라

지속적인 손실로 곤경에 처한 투자가에게 가장 먼저 해 주고 싶은 말이다. 일단 매매횟수부터 줄여라. 무조건 줄여라. 특히 데이트레이딩을 하는 투자가에게는 절대적이다. 일단 매매횟수를 줄이면 매매 성적이 상당 부분 호전될 것이다. 이는 매매의 세계에서 매우 중요한 부분이다.

매매횟수를 줄이는 것은 당장 손실을 줄이는 긍정적인 효과를 낸다. 즉 각적이고 훌륭한 효과가 아닐 수 없다. 이 말이 믿기지 않는 사람이 있다면 그는 아직 초보 투자가다. 경험이 많은 투자가라면 이 말이 의미하는 바가 무엇인지 잘 알 것이다.

매매횟수가 갖는 의미는 크게 두 가지가 있다. 하나는 매매의 기회를 그만큼 포착했다는 의미이고 다른 하나는 시장과는 관계없이 투자가 자신에게 매매를 할 필요가 그만큼 있었다는 의미이다.

실전에서 수익을 낼 수 있는 기회는 우리가 생각하는 것만큼 그렇게 많지 않다. 물론 지나고 보면 다 기회이고 찬스였겠지만 실제 매매에서 우리가 확신을 가지고 포지션에 진입할 수 있는 기회는 의외로 많지 않다. 이 말은 매매횟수 역시 그렇게 많을 수 없다는 이야기이다.

그렇다면 엄청난 횟수로 이루어지고 있는 매매는 다 무엇인가? 이는 매매의 대부분이 시장의 기회와는 상관없이 단지 투자가 자신이 매매를 하고자 하는 욕구에서 이루어지고 있다는 사실이다. 즉 매매를 위한 매매인 셈이다. 이는 대부분이 손실을 만회하고자 하는 심리 상태에서 비롯되거나 매매중독 때문에 행해지는 매매이다. 시장의 움직임이 아니라 자신의 필요에 의해 매매가 이루어진다는 점, 이것이 문제이다.

뜻하지 않은 손실을 보게 되면 대부분이 일단 당황해 한다. 그러면서 손실을 복구하겠다는 마음에 사로잡히게 된다. 바로 여기에 함정이 있다. 순전히 개인적인 이유에서 매매의 필요성이 다급해지는 것이다. 확실한 타이밍을 노리는 매매가 아니라 손실을 복구해야 한다고 하는, 본인의 주관적 상황에 의해 매매에 임하게 된다.

일단 이런 상황까지 왔다면 이는 평정심이 무너진 상태라고 보아야 할 것이다. 서두르는 마음으로 포지션에 진입하는 것은 불리한 매매이다. 당연히 손실을 볼 확률이 높아진다.

손실을 내서 기분 좋을 사람은 아무도 없다. 누구든 손실을 빨리 복구하고 싶다. 그러나 거기까지이다. 그것은 손실을 낸 투자가의 극히 주관적인 생각일 뿐이다. 손실을 보았다고 해서 다음에는 수익을 낼 기회를 그냥 주기라도 한단 말인가? 그런 것은 없다. 즉 다음번 매매에서 수익을 내게 되리라는 보장은 그 어디에도 없는 것이다. 그런데도 많은 사람들은 손실을 복구하고 싶은 마음에 곧장 다음 매매에 돌입한다. 이러한 매매는 기회하고는 아무 상관이 없는 자기만족을 위한 매매일 뿐이다. 이런 매매의 결과는 십중팔구 또 다른 손실로 이어지며 손실을 복구하려는 투자가의 집착만 더 키운다.

이러한 과정이 반복되는 동안 손실의 규모는 눈덩이처럼 불어나고 나중에는 정말 어찌할 수 없는 지경에까지 이르게 된다. 투자가의 파산이 대부분 이 과정을 통해 진행된다. 손실의 복구라는 절박한 필요성이 투자가의 손실만 더 확대시키는 결과를 가져오는 것이다. 아이러니한 일이지만 이는 매매의 세계에 수많은 투자가들이 파산하는 가장 직접적인 이유 중의 하나이다.

손실 복구의 필요성뿐만이 아니다. 그냥 돈을 벌어야 한다는 조급함에서 하는 매매 역시 마찬가지이다. 가만히 있으면 손해를 본다는 생각 때문에 매매에 뛰어드는 경우인데, 이 경우 역시 기회가 아닌 필요에 의한 매매라 볼 수 있다.

이러한 매매에 대한 강박관념은 대단히 위험하다. 포지션을 갖고 있지 않으면 뭔가 허전하고 무슨 포지션이라도 갖고 있어야 하는 상태는 매매중독에 가까운 상태이다. 매매에 중독이 되면 투자가로서의 생명은 끝이다. 손실만을 키울 위험한 매매의 함정에 빠지기 때문이다. 어쩌면 투자가 최악의 상황에 해당할지 모른다. 투자가라면 경계하여야 할 부분이다.

기회가 없으면 올 때까지 기다려야 한다. 단지 얼마라도 건질 심산으로 하는 매매는 생각하지도 마라. 사냥꾼은 사냥감이 없으면 기다려야지 별 수 있는가? 올 때까지 기다리는 것이 순리이다. 사냥하고 싶은 마음에 대충 사냥감이 있을 만한 곳에 총을 쏘아 대는 것은 어리석은 짓이다. 이는 총알낭비에 스트레스 해소에 지나지 않는다. 오히려 오던 사냥감도 도망갈 수 있는 지극히 비상식적인 행위이다.

매매는 철저하게 기회와 연동해서 행해져야 한다. 자기 기분에 맞추어 하는 매매는 감정적인 상태에서 하는 매매이므로 허술한 경우가 많을 수밖에 없다. 따라서 손실을 낼 확률이 지극히 높아진다. 이는 여러모로 불리하다.

기본적으로 인간은 어떤 스트레스나 강렬한 욕구 하에서는 사고의 유연성이 떨어지게 되어 있다. 한마디로 실수할 확률이 높아지는 것이다. 이런 상황에서 중요한 결정을 한다는 것은 위험천만한 일이다. 매매는 감정적인 안정과 냉정한 상황에서 신중하게 이루어져야 할 행위이지 기분에 따라 하는 행위가 아니다.

일반적으로 투자가들에게는 불필요한 매매가 너무 많다. 초보자일수록 더욱 그렇다. 매매는 확신이 서는 기회가 올 때 하는 것이다. 그래서 일단 매매횟수를 줄이라는 것이다. 기회의 수가 매매횟수가 되어야 한다. 모든 매매는 기회를 기다렸다가 확신이 섰을 때 과감히 해야 하는 것이다. 이런 매매가 이길 확률이 높다.

투자가는 매매에 있어서 최대한의 인내심과 자제심을 발휘해야 한다. 본인의 감정 때문에 하는 매매는 수수료를 챙기는 증권회사에게만 좋은 일일 뿐이다. 자제심을 잃은 투자가는 불나방과 같다. 훨훨 타오르는 불길로 그냥 빨려 들어가는 것이다.

만약 당신이 매매에서 지속적인 손실의 늪에 빠져 있다면 일단 매매횟수부터 줄여라. 그러면 손해를 조금이나마 덜 보게 될 것이다. 만일 당신이 손실을 조금만 보고 있다면 일단 매매횟수를 줄여 보아라. 손실을 보지 않게 될 것이다. 만일 당신이 이익을 조금만 내고 있다면 매매횟수를 줄여 보아라. 더 많은 수익을 낼 것이다. 만일 당신이 큰 수익을 내고 있다면 매매횟수를 줄여 보면 그 수익을 오래오래 보존하게 될 것이다.

▶ 배워야 산다

배움에는 나이가 없다고 한다. 평생 학습이라는 것도 그래서 나온 말이다. 우리가 이 세상에서 배울 것은 정말로 무궁무진하다. 다만 관심이 없고 열정이 없기에 배우지 않고 있을 따름이다. 더 정확하게 표현하자면 게으르기 때문이다.

대부분의 사람들이 학교를 졸업한 후에는 공부라는 말이 더 이상 자신과 관계없다고 느끼는 것 같다. 학교 다닐 때야 지긋지긋하게 들었을지 모르지만 졸업을 하게 되면 이제 누구도 공부하라고 강요하지 않는다. 더구나 시험도 없다. 그래서 많은 사람들에게는 '공부란 학교 다니면서 하는 것'이라는 고정관념 비슷한 것이 존재한다.

그러나 따지고 보면 우리가 초중고 학교에서 공부한 것은 정말 기초 중의 기초, 혹은 정작 사회에 나와서는 별 쓸모없는 것들이 대부분이라 할 수 있다. 정작 삶에 직결되고 활용할 수 있는 공부는 다른 것들인 경우가 많다. 그러나 삶에 직결된 내용들의 공부는 우리가 지긋지긋하게 여기던 공부에서 해방된 시점에 접하게 된다. 즉 더 이상 공부의 필요성을 느끼지 않게 된 시점에 정말로 공부해야 할 것들을 만나게 되는 것이다.

따라서 삶에 도움이 되는 공부가 어떤 것인지 알게 되지만 막상 공부에는 적극적이지 않다. 학창 시절의 공부에 질려서 그런지 아니면 게을러서 그런지 정작 인생에서 써먹을 수 있는 공부와 만났을 때는 의외로 소극적이 되고 만다.

하지만 인생의 또 다른 승부는 거기서 결정이 난다. 입시로 모든 공부가 마무리 되었다면 이는 큰 오산이다. 입시공부는 인생 전반부에서의 작은 승부에 지나지 않으며 후반부의 큰 승부가 남아 있다. 학창 시절은 초중고, 대학까지 16년이지만 그 후의 사회인으로서의 날은 더 길다. 수십 년이 남아 있는 것이다. 그 시간에 아무것도 배우지 않는다는 것은 정말 얄팍한 기초지식으로 인생을 살겠다는 말과 같다. 그러기에는 인생은 길고 이 세상에 배울 것들은 너무 많다. 어느 분야건 기초지식부터 시작해서 응용지식, 그리고 최신동향까지 파악하려고 하면 엄청난 양의 공부를 하여야 한다.

매매 역시 그 한 분야라고 본다. 매매에서도 공부하려고 한다면 정말로 많은 것들을 공부하여야 한다. 매매의 기본적 지식에서 응용지식, 최근 시장분석까지 맘먹고 하자면 끝이 없을 정도로 공부할 것들이 많다.

그러나 정작 하루에 30분이라도 공부하는 투자가가 드문 것이 현실이다. 대부분의 투자가들이 짧은 지식이나 혹은 어디서 들은 이야기 몇 가지로 다 된 것인 줄 착각하고 있다. 그런 정도의 공부로는 어림도 없는데도 말이다. 자신의 능력을 과대평가하고 있는 것이다. 이것은 아주 위험한 생각이다. 당장 서점에 가거나 전문가들을 만나서 이야기를 해봐라. 자신이 모르는 내용들이 얼마나 많은지 알게 될 것이다.

끊임없이 배워야 한다. 모르는 것을 알아가고 듣지 못했던 새로운 이야기를 들어야 한다. 자신이 알고 있는 매매 방법이나 시장분석 방법은 정말 일부에 지나지 않는다. 따라서 보다 많은 학습을 통해 본인의 영역을 넓혀 나가야 할 것이다. 그래야 보다 좋은 매매기법, 보다 유용한 시장분석 방법을 알게 될 확률이 높아진다. 매매는 경험도 중요하지만 관련 공부도 중요하다. 그리고 어떤 경우이든 가장 중요한 것은 배우고자 하는 본인의 의지이다.

▶ 매매에서는 퍼센트(비율)로 생각하라

다음의 상황을 가정해 보자. 주식을 10,000원에 샀다. 2,500원이 하락하여 7,500원이 된 상태이다. 어떻게 할지 망설인다. 그러다 다음에 여기서 또 2,500원이 빠져 5,000원이 되었다.

많은 사람들은 처음의 10,000원에서 2,500원이 빠진 상황과 다음의 7,500원에서 2,500원이 빠진 상황 모두 똑같이 2,500원이 빠진 상황이라 생각한다. 그러나 엄밀히 따지면 두 번째 상황, 즉 7,500원에서 2,500원이 빠진 상황이 더 심각하다. 똑같은 2,500원인데 왜 그럴까? 그것은 바로 하락비율이 다르기 때문이다. 10,000원에서 2,500원의 손실은 25%의 손실이지만 7,500원에서 2,500원의 손실은 33.33%의 손실이다.

2,500원이라는 절대금액으로 생각하는 것이 편하기 때문에 굳이 퍼센트로 생각하지 않지만 투자의 세계에서는 절대금액뿐만 아니라 그 비율이 더욱 중요하다. 10,000원에서 2,500원 손실을 본 것보다 7,500원에서 2,500원 손실을 본 것이 더 큰 손실이다. 그래서 프로 투자가일수록 퍼센트라는 말을 많이 쓴다. 비율로 생각하는 것이다. 이것이 투자에서는 현실적인 계산 방법이다.

얼마나 현실적인지 다음의 경우를 보자. 10,000원에 산 주식이 7,000원이 되었다. 3,000원 손실이다. 원금 10,000원을 되찾으려면 3,000원이 오르면 된다. 즉 3,000원 하락과 3,000원 상승을 다 같은 금액 3,000원으로 생각한다. 그러나 엄밀히 따지면 금액은 같은 3,000원이지만 그 비율은 다르다. 10,000원에서 3,000원의 손실은 30%의 하락이다. 그러나 7,000원에서 3,000원 상승해 다시 10,000원이 되려면 42.85%의 상승이 있어야 한다. 상대적으로 더 큰 비율의 상승이 필요하다. 이것은 3,000원을 하락시킨 에너지보다 더 큰 에너지가 필요한 것이다. 같은 3,000원이더라도 내용은 이렇게 다르다.

이러한 비율로의 계산은 손절매가 왜 중요한지를 수학적으로 설명해 준다. 손실이 적을수록 회복하기가 쉽기 때문이다. 10,000원에서 9,000원으로 하락하였을 때 손절을 하면 1,000원, 10%의 손실이다. 그리고 9,000원에서 다시 1,000원을 벌어 손실을 회복하려면 11.11%의 수익이 필요하다. 11.11%의 수익은 그래도 실현 가능한 수익률이라 볼 수 있다.

그러나 8,000원에서 손절을 하면 20%의 손실이지만 회복을 하려면 25%의 수익률이 필요하다. 25%의 수익률은 흔치 않은 수익률이다. 이렇게 되면 조금 부담스러워진다. 7,000원에서의 손절은 위에서 살펴본 대로 30%의 손실이지만 회복하려면 42.85%의 수익률이 필요하다. 점점 어려워지는 것이다. 5,000원에서의 손절은 50%의 손실과 함께 이를 만회하기 위해서는 100%의 수익률이 필요하다. 이것은 불가능에 가까운 이야기가 된다. 만일 2,000원에서 손절을 하여 80%의 손실을 보았다면 400%의 수익률이 나와야 원금이 회복된다는 이야기이다. 이 상황에서는 거의 원금회복의 가능성은 없다고 봐야 할 것이다. 손절매가 왜 빠르면 빠를수록 좋은지 알 수 있을 것이다.

이렇듯 비율로 생각하게 되면 보다 정확한 상황파악이 가능해진다. 막연한 금액만으로 보게 되면 손실이든 수익이든 정확한 의미를 부여하기가 어려우나 비율을 함께 고려하면 의미를 부여할 수 있다.

가령 1,000만 원의 손실이라 하였을 때 그 절대 규모는 알 수 있으나 그 의미를 찾기 위해서는 비율을 알아야 한다. 2,000만 원을 투자하여 1,000만 원의 손실이라면 50%의 큰 손실이지만, 10억 원을 투자하였다면 1,000만 원의 손실은 1%의 미미한 손실이기 때문이다.

다음의 경우는 약간의 계산이 필요한 경우이다. 어떤 투자가가 세 번 투자하면 두 번은 수익을 낸다고 하자. 그리고 한 번 수익을 내면 30%의 수익을 내고 손실을 보면 30%의 손실을 본다고 하자. 이렇게 수익을 낼 확률이 2/3인 상황이라면 세 번 투자하면 얼마의 수익률이 나올까? 언뜻 보면 그래도 30% 수익은 나지 않을까 생각할 수 있을 것이다. 그러나 정답은 11.8%이다. 손실분을 고려해야 하기 때문이다. 우선 두 번 수익을 내고 한 번 손실을 본다면 $1.3 \times 1.3 \times 0.7 = 1.183$이다. 결국 세 번의 투자에서 11.8%의 수익률을 내는 것이다. 어떤가? 생각보다는 수익률이 그렇게 높지 않다는 것을 알 수 있을 것이다.

이렇듯 현실은 언제나 명확한 비율로 계산되어 진다. 여기서 우리는 30%라는 손실이 얼마나 치명적인지 알 수 있다. 같은 비율이지만 한 번의 손실이 그간의 수익률을 크게 갉아먹는 것이다.

그런데 만약에 위의 상황에서 어떤 투자자가 한 번의 손실을 10%로 제한할 수 있다면 어떻게 될까? 즉 세 번 투자하면 두 번은 수익을 내는데 한 번 수익을 내면 30%이고 손실을 보면 10%인 것이다. 손실을 10%로만 제어할 수 있다면 세 번의 투자에서 이 투자가의 수익률은 52.1%로 급증한다. 손절매를 얼마나 빨리 하느냐가 수익률의 차이를 가져오는 것이다.

이렇듯 상황을 비율로 계산하면 현실을 정확히 인식할 수 있다. 현명한 투자가라면 언제나 비율을 염두에 두고 있어야 한다. 이는 아주 유용한 접근 방법이자 빠른 손절매가 왜 중요한지를 설명해 주는 이유이다. 실전에서 잘 활용하기 바란다.

▶ 낙관론과 비관론은 모두 함정

선물이나 옵션시장에는 주식시장과 다르게 매도를 먼저 할 수 있다. 주식시장에서는 주식을 매수한 다음에야 그 주식을 매도할 수 있지만 선물시장에서는 매수 없이 처음부터 매도 포지션을 취할 수 있다. 상승과 하락, 양방향에 모두 배팅을 할 수 있는 것이다. 그래서 상승을 예상하는 사람은 매수 포지션을 취하고 하락을 예상하는 사람은 매도 포지션으로 대응한다.

주위의 선물 투자가들을 보면 하방에다 배팅을 하는 사람은 거의 언제나 장의 하락을 기대하며 매도 포지션을 취한다. 심지어 시장이 대세상승이라는 것을 인식하면서도 혹시나 하는 생각으로 매도 포지션을 잡으려 한다.

물론 반대의 경우도 있다. 상방에 배팅을 하는 사람은 언제나 상승을 기대하며 매수 포지션을 갖는다. 엄청난 하락장에서도 역시 매수에 대한 미련을 갖는다. 전자의 경우는 대개 비관론을 신봉하는 경우이고 후자의 경우는 대부분 낙관론을 신봉하는 경우이다.

같은 시장을 보더라도 앞으로의 흐름에 대해서는 서로 다른 입장을 취하고 있는 것이다. 비관론자들에게 주가는 항상 과대평가되어 있으며 언제 거품이 꺼질지 모른다는 생각이 지배하고 있다. 따라서 자연스럽게 매도 포지션을 선호하게 되는 것이다.

반면에 낙관론자에게 주가는 언제나 저평가되어 있으며 이제는 상승할 것이라는 믿음을 갖고 있다. 따라서 주식이나 선물 모두 매수의 입장에서 접근하고자 한다. 이들에게 주가는 언제나 싸게 비치며 화끈한 상승의 그 날을 굳게 믿고 있다.

어떻게 이처럼 생각이 다를 수 있을까? 이러한 관점의 차이는 평소의 가치관의 차이라고도 볼 수 있겠으나 과거에 어느 포지션에서 수익을 냈느냐와 관련이 깊다. 매도 포지션에서 큰 수익을 본 사람은 아무래도 시장을 하락의 관점에서 바라보게 되며 매수 포지션에서 재미를 본 사람은 상승의 관점에서 시장을 바라보게 된다. 따라서 매도 포지션에서 큰 이익을 낸 사람은 시장의 하락을 예상하는 비관론자가 되는 것이고 매수 포지션에서 이익을 본 사람은 언제나 상승을 기대하는 낙관론자가 되는 것이다.

한 사람은 매도에서 단맛을 보았고 다른 사람은 매수에서 단맛을 본 것이다. 그리고 한번 맛본 단맛은 쉽게 잊지 못하는 법, 계속해서 이익을 본 포지션을 취하려고 하는 편중된 자세를 보이게 된다.

시장은 상승하기도 하고 하락하기도 하는데 투자가의 생각이 어느 한 방향에 고정되어 있는 것은 상당히 위험하다. 시장의 흐름은 변하는데 본인의 생각은 변하지 않기 때문이다. 따라서 본인의 주관적인 생각에 자꾸만

치우치게 되면 시장의 흐름을 제대로 파악하기가 점점 어려워진다. 물론 이것은 즉각적인 손실의 증가로 이어진다.

그래서 완고한 성격의 투자가는 시장에서 수익을 낼 수가 없다. 완고함이란 요소에 자존심이라는 요소까지 더해져 하나로 뭉쳐진 상태라면 사태는 더욱 심각해진다. 이런 상태라면 어지간한 정보나 추세는 모두 무시하고 자기 고집만으로 상황을 판단하려 한다.

시장은 분명 하락추세로 접어들었는데 일시적인 조정이라고 믿고 상승의 기대를 저버리지 않거나, 상승추세를 탔음에도 일시적 반등 정도로 치부해 버리고 하락을 고집하는 오류를 범하게 되는 것이다. 그리고 거의 집착에 가까울 정도로 자기 포지션을 고집한다. 벌써 엄청난 손실을 보고 있음에도 말이다. 오를 것이라는 생각 혹은 내릴 것이라는 생각이 예측이라는 수준을 벗어나 하나의 집착이 되어 버린 것이다.

실제로 우리 주위에는 그런 사람들이 많다. 지난 2008년 미국의 금융위기로 인해 종합주가지수가 1,900선 근처에서부터 크게 하락하기 시작하였다. 주가지수 1,800, 1,700에서 많은 전문가들은 강력하게 매수를 권하였다. 빠질 만큼 빠졌다는 것이었다. 주가가 아직 바닥을 확인하지 못한 상황에서도 그들은 상승에의 희망을 버리지 못했다. 실제로 많은 사람들이 저가매수라며 매수에 동참했다. 그러나 주가는 정확히 892포인트까지 하락했다. 실로 단시간 내의 엄청난 하락이었다.

그런데 이번에는 지수가 900을 하향 돌파하자 700포인트니 500포인트까지도 하락할 수 있다는 이야기가 전문가들로부터 심심치 않게 나왔다. 이제는 비관론자들이 득세하게 된 것이다. 당시 분위기로는 정말 그렇게 될지도 모른다는 분위기였다. 그러나 언제나 그렇듯, 이후 주가는 반등하여 1,200포인트 근처까지 곧장 상승했다.

시장의 방향은 우리의 생각이나 의지와는 무관하다. 기대하고도 무관하다. 시장은 그저 제 갈 길을 가고 있을 뿐이다. 단지 사람들이 멋대로 방향을 기대하면서 비관론자가 되기도 하고 낙관론자가 되기도 하는 것이다.

실제로 투자가들은 어느 한 방향에 사로잡히기 쉽다. 그래야 안심이라도 되는 듯 꼭 상승이면 상승, 하락이면 하락에 집착하는 경향을 보인다. 그러나 오히려 시장은 비관론이 팽배해 있을 때 상승의 싹이 트고 낙관론이 팽배해 있을 때 하락의 그림자가 드리워진다. 지나친 확신이나 희망적 기대는 낙관론이나 비관론에 치우치기 쉽다. 그리고 정보 수집에 있어서도 편중된 정보만을 선호하게 된다.

비관론을 주장하는 사람이나 낙관론을 주장하는 사람이나 모두 한 번씩은 예상이 맞을 수 있다. 멈춰 있는 시계가 하루에 두 번은 시간이 맞는 것과 같이 말이다. 언론이나 일반인들은 그들의 예측에 감탄하곤 하지만 그것은 멈춘 시계가 시간이 맞는 것을 보고 시계가 정확하다고 말하는 것과 같다.

아마 낙관론을 부르짖는 사람은 대세상승기에는 돈을 벌 것이다. 그러나 하락기에는 잃을 것이 분명하고 비관론을 부르짖었던 사람 역시 하락기에는 돈을 벌 것이나 상승기에 잃을 것이 분명하다. 이들을 진정 훌륭한 투자가라 말할 수 있을까?

일단 한발 물러서서 객관적으로 시장의 움직임을 음미하라. 섣부른 낙관론이나 비관론보다는 진정 시장이 가고자 하는 곳이 어딘지 눈치 있게 살피는 것이 중요하다. 투자가는 시장을 비관적으로도 낙관적으로도 볼 필요가 없다. 그저 움직이는 대로, 추세의 흐름에 따라 대응하면 그만이다.

투자가로서 성공하고 싶다면 세상을 객관적이고 합리적으로 보도록 노력하여야 한다.

▶ 몸으로 터득하라

처음 운전을 배울 때 운전에 관한 여러 가지를 듣고 배운다. 그리고 배운 내용들을 어느 정도 이해하고 연습한 후 도로 주행에 나가게 되는데 막상 핸들을 잡고 차들이 지나는 차도에 들어서면 뜻대로 잘되지 않는 경우가 많다. 그동안 배웠던 것들은 별로 생각나지도 않고 앞에 보이는 상황에 어떻게 대처할까만 고민하게 된다. 아무리 듣고 배우고 이해하였어도 막상 실전에 나서면 당황하게 되고 배운 대로 하기가 쉽지 않다. 이것은 아직 몸으로 터득하지 못했기 때문이다.

뭐든지 제대로 능숙하게 하려면 체득(體得)하여야 한다. 운전의 베테랑들은 일일이 배운 것을 생각하면서 운전하지 않는다. 그냥 몸에 배어 있는 것이다.

매매도 마찬가지이다. 머리로 이해하고 있는 지식과 행동으로 적응한 지식은 그 차원이 다르다. 어느 정도의 지적 능력이 있는 사람이라면 매매에 관한 여러 사항들을 머리로 이해를 할 수 있을 것이다. 책을 읽거나 이야기를 듣고 나면 무슨 의미인지 다 안다.

그러나 그렇다고 해서 그것을 그대로 실천하는가 하면 반드시 그렇지는 않다. 아무리 머리로 이해하고 있다 하더라도 그것을 실천에 옮기는 것은 별개의 문제이다. 아는 것과 그것을 실제로 행하는 것은 차원이 다른 것이다. 매매전략 역시 머리로 이해했다고 해서 그것이 처음부터 그대로 매매에 연결되지 않는다. 모든 것이 그렇지만 실천은 생각보다 쉽지 않다.

서점에 가보면 성공과 처세에 관한 책자들로 언제나 넘쳐난다. 그리고 그런 성공, 처세 관련 서적들이 실제로도 가장 잘 팔린다. 그런데 책의 내용은 10년 전이나 지금이나 거의 비슷하다. 매년 제목만 달라졌지 거의 같은 내용의 책들이 나오고 있는 것이다. 그런데 매년 잘 팔리고 있다. 성공에 목말라 하는 독자들, 무언가 달라지고 싶어 하는 사람들이 그만큼 많다는 것이다.

주식관련 서적 역시 예외가 아니다. 투자에 관한 대동소이한 내용의 책들이 매년 쏟아져 나오고 있다. 물론 책들의 내용은 다 훌륭하다. 모두 훌륭한 분석과 함께 나름대로의 바람직한 방향을 제시해 주고 있다.

그러나 과연 그 수많은 책들이 독자들에게 얼마만큼의 영향을 주었을까? 얼마나 많은 사람들을 성공으로 이끌었으며 얼마나 많은 사람들로 하여금 주식으로 돈을 벌게 하였을까? 여기에는 의문이 든다.

아마 많은 사람들이 그런 책들을 통해 새로운 정보와 지식들을 알게 되었을 것이다. 감동 또한 받았을 것이다. 그러나 거기까지이다. 모두들 책에서 나름대로의 감동만 받고 거기서 끝난다. 행동의 변화로까지는 이어지지 않는 것이다. 여기에 결정적인 한계가 있다. 단지 순간의 지적 만족이나 감동으로 끝나고 마는 것이다. 그리고 슬픈 일이지만 아마 이 책의 경우도 대부분 그럴 것이다.

무엇이든 실제적 효과를 얻으려면 몸으로 행해져야 한다. 실천 없이 이루어질 수 있는 것은 이 세상에 아무것도 없다. 어떤 지식이더라도 온 몸 뼛속 깊숙이 배어 있어야 제대로 활용할 수 있다. 운전 베테랑이 자연스럽게 운전을 하듯이 말이다.

투자의 세계에서 머리로 이해하는 정도로 무엇을 알고 있다고 감히 말하지 말라. 그 정도는 누구나 책을 보거나 강의를 들으면 다 아는 내용들이다. 머리로 이해하는 것은 조금만 집중하면 누구나 가능하다. 한 가지 예를 들어보자.

고금리 상태에서 금리인하 정책의 시행으로 갑자기 금리가 큰 폭으로 하락하였다고 하자. 이런 상태에서는 일반적으로 시중의 유동성이 풍부해지고 부동산과 같은 자산 가격이 상승하게 된다. 이는 그리 어렵지 않은 경제 지식이다. 그러나 이 내용을 이해하고 있다는 것과 실제로 저금리 상황에서 부동산을 구입한다는 것과는 하늘과 땅 차이다. 그냥 머리로 이해하는 사람은 금리와 자산가격의 관계 역시 우리가 그냥 이해하고 넘어가는 그 수많은 경제 지식의 한 조각에 불과하다.

그러나 저금리 정책과 부동산 가격의 관계를 체득한 사람, 즉 온몸으로 알고 있는 사람은 저금리 정책 시에 어떻게 행동해야 할지를 알고 즉각적으로 반응할 것이다. 자연스럽게 부동산투자가 떠오를 것이며 이를 행동에 옮기려 할 것이다. 이는 그냥 알고 있는 것과 엄청난 차이이다.

비단 경제적 지식뿐만 아니다. 베푸는 자에게 복이 있다는 말을 그냥 머리로 이해하고 있는 사람들은 많다. '그래, 좋은 일 하면 좋겠지.' 이 정도로만 생각한다. 그러나 실제로 베푸는 사람은 그리 많지 않다. 이는 몸으로 체득한 사람이 많지 않기 때문이다. 체득한 사람은 이를 실천에 옮긴다. 대부분의 사람들에게 이 말은 그냥 어디서 들어 본 말에 불과하다. 진짜 복을 받는지 않는지에 대한 의구심도 있을 것이며 그냥 좋은 말 정도로만 인식하고 있지 몸으로 반응하지 않는다.

그렇다면 몸으로 아는 것, 체득(體得)이란 어떤 것일까? 그것은 온몸으로 받아들이고 느껴서 결국 행동으로 옮길 수 있다는 이야기이다. 온 몸의 감각이 받아들여 행동에 각인되는 것을 말한다.

또 다른 예를 들어 보자. 아침에 이를 닦아야 하는 것은 다 알고 있는 상식이다. 그러나 수많은 어린이들이 부모님의 그 많은 잔소리에도 불구하고 이를 닦지 않아 치과 신세를 진다. 몸으로 체득하지 못한 그냥 지식에 불과했기 때문이다. 그러나 행동에 옮겨서 매일 아침 알아서 이를 닦는다면 이것은 단순한 지식 이상의 의미가 된다. 행동에 반영되었기 때문이다. 정작 중요한 것은 행동에 반영되느냐의 문제이다.

매매의 경우도 마찬가지이다. 매매에 관한 수많은 기법과 지식들이 있다. 누구나 책을 보거나 설명을 들으면 그 내용들을 이해하고 기억할 수 있다. 그런데 막상 실전매매에서 활용되지 못하는 경우가 대부분이다. 그 이유는 그 지식들을 단지 머리로만 알고 있기 때문이다. 이러한 상황에는 이렇게 대응하라는 내용을 책으로 알았다고 하여 진짜 그런 상황에서 책에 있는 대로 대응할 수 있을까? 절대 그렇지 않다. 행동은 말처럼 쉽지 않다. 별로 어려울 것 같지 않지만 막상 닥치면 그것이 뜻대로 되지 않는다. 머리로 이해하는 것과 실제 몸으로 대응하는 것은 차원이 다른 문제이다.

어떠한 상황에서 그 상황에 맞는 대응기법을 사용하여 그 효과를 지속적으로 보게 되면 그 기법은 자연스럽게 몸에 배고 다음에는 별생각 없이도 기법을 사용하게 된다. 이것을 체득하였다고 하는 것이다. 즉 몸으로 반응하게 되는 것이다. 이 단계에 이르려면 제법 많은 시간과 노력이 필요하다.

군대에서 반복적인 훈련과 숙지가 강조되는 이유가 여기에 있다. 실전에서 당황하지 말고 자연스럽게 대응하게 하기 위해서이다. 경험과 느낌이 반복되면서 몸에 적응되고 이것이 어느 수준에 다다르면 완전히 몸에 각인되어 자연스럽게 반응하게 된다. 그래서 투자가에게는 어느 단계에 갈 때까지 수업료를 지불하는 견습생 생활이 필요하다고 하는 것이다.

수많은 지식이 머리에만 저장된 사람은 실전에 별 쓸모가 없다. 10개의 지식이 머릿속에서만 맴도는 사람보다 1개의 지식이라도 확실하게 체득하여 행동으로 옮기는 사람이 결과를 낸다. 이는 비단 매매에서뿐만 아니라 모든 분야에서도 그렇다. 행동이 따라야 결과물이 생기고 비로소 의미가 있는 것이다. 이 점은 투자가들이 명심하여야 할 부분이다.

사람은 결코 몰라서 성공하지 못하는 것이 아니다. 아는 것을 제대로 실천하지 못했기 때문에 그런 것이다. 그 많은 지식들, 그 좋은 것들을 왜 당신의 머릿속에서만 맴돌게 하는가? 당신의 몸, 행동으로 옮겨라. 그래야 의미가 있고 결과가 있는 것이다.

▶ 이 돈은 내 돈이 아니다

지금부터의 내용은 앞에서도 언급한 자금관리와 연관이 있는 부분이다. '이 돈은 내 돈이 아니다.'라는 말은 증권계좌나 혹은 선물계좌에 있는 돈, 즉 투자를 위해 대기하고 있는 돈은 내 돈이 아니라는 말이다. 잠시 내 계좌에 머물러 있기는 하지만 언제 다시 남의 계좌로 갈지 모르는 돈이기 때문이다.

많은 사람들이 이 말에 대해 의문을 품을 수 있다. 내 계좌에 있으니 내 돈이 아니냐고 말이다. 이론적으로야 맞는 말이다. 그래서 대부분의 사람들이 증권계좌에서 돈을 빼지 못하고 있다. 그냥 또 다음의 투자에 사용할 생각만 한다. 사실, 투자에 사용한다는 말은 돈을 위험에 노출시킨다는 말이다. 그리고 위험에 노출되었다는 것은 손실이 언제 발생해도 이상할 것이 없다는 의미이기도 하다.

그래서 투자에 사용하는 돈은 완전한 내 돈이라고 보기 어렵다는 것이다. 언제라도 사라질 수 있는 돈이기 때문이다.

그렇다면 내 돈은 어떤 돈인가? 아주 노골적으로 말하자면 내 지갑에 있는 빳빳한 현금이다. 이것은 아주 노골적인 '내 돈'이다. 언제나 마음대로 쓸 수 있으며 이 돈은 나의 분부만을 기다리고 있는 돈이다. 입출금이 자유로운 예금계좌에 들어 있는 돈도 내 돈이다. 카드대금이나 전화요금 등이 이체되는 계좌에 있는 돈 역시 나의 분부를 기다리며 대기하고 있는 내 돈이다. 조금만 생각해 보면 알 수 있지만 증권계좌의 돈과는 상당히 그 성격이 다르다.

증권계좌나 선물계좌 등에서 투자를 위해 대기하고 있는 돈은 명목상의 주인은 '나'이지만 내가 마음대로 부릴 수 있는 돈이 아니다. 그리고 '아차' 하는 순간에 남의 돈이 되어 버리는 돈이다.

투자가가 돈을 버는 것이 목적이라면 그것은 내 돈을 늘리는 일일 것이다. 투자용 자금을 늘리는 것이 궁극적인 목적이 되어서는 안 된다. 진정한 내 돈을 늘리는 것을 목적으로 하여야 한다. 내가 마음대로 쓸 수 있는, 나의 분부만을 기다리는 돈을 늘리는 것이 목적이 되어야 한다.

만약 주식에 투자하여 100만 원을 벌었다고 하자. 그냥 증권계좌에 있으면 다음번 투자에서는 사라질 수 있는 돈이다. 그러나 은행계좌에 옮겼거나 현금으로 내 지갑 안에 있다면 그 돈은 주인의 분부에 따라 주인의 만족을 위해 사용될 것이다. 진정한 의미의 '내 돈'이다.

투자는 언제나 위험을 동반한다. 위험을 동반한다는 것은 언제든지 내 돈이 남의 돈이 될 수 있다는 의미이다. 어느 누구도 투자한 돈이 어떻게 될지 모른다. 늘 수도 있겠지만 줄 수도 있다. 다만 확실한 것은 그 어느 경우이든 투자를 위한 돈들은 순순히 내 분부만을 기다리며 대기하는 그런 돈은 아니라는 것이다. 마음대로 쓸 수 있는 돈이 아니다.

그래서 투자로 돈을 벌면 반드시 일부나마 내 돈으로 만들어 놓아야 한다. 이것은 간단하지만 아주 중요한 자금관리의 한 방법이다. 투자용 계좌만 늘릴 생각을 하지 말기 바란다. 언젠가 큰 후회를 할 것이다. 수익은 은행계좌로 옮겨 당신의 확고한 부하로 만들어 놓아라. 증권계좌의 돈은 당신을 배반할 개연성이 너무 높다. 우리의 궁극적인 목적은 우리에게 충실한 돈을 늘리는 것이지, 우리를 배신할 돈을 늘리는 것이 아니다. 이 점을 명심하길 바란다. 배신할 수도 있는 부하는 진정한 부하라고 말할 수 없으며 따라서 그런 부하들은 규모를 적절히 관리하여야 한다.

언제든 우리를 배신할 수 있는 녀석들에게 너무 많은 힘을 실어주지 말자. 이 말의 진정한 의미를 이해한다면, 당신은 이 세계에서 절대 파산하지 않는다.

▶ 버는 것보다 덜 잃는 것

아마추어 권투 시합은 프로 권투 시합보다 훨씬 난타전이다. 주먹도 더 많이 나오고 더 격렬하게 싸운다. 그에 비해 프로 권투는 탐색전이 길며 난타전은 드물다. 그래서 구경하는 입장에서는 아마추어 권투가 더 재미있을 수 있다.

왜 프로 권투 선수들이 아마추어보다 경기에 더 소극적일까? 아마추어는 일단 공격부터 생각한다. 상대를 눕히겠다는 생각이 앞서다 보니 주먹도 자주 나가고 저돌적이게 된다.

그렇다면 프로 선수들에게는 상대를 눕히겠다는 생각이 없는 것일까? 아니다. 프로는 다만 한 가지 사실을 더 잘 알고 있을 뿐이다. 섣불리 한 방을 노리고 덤볐다간 오히려 한 방에 자기가 쓰러질 수도 있다는 사실을 말이다. 그래서 아마추어가 때리려고 애를 쓴다면 프로는 안 맞으려고 애를 쓴다.

투자의 세계에서는 돈을 못 벌어서 망하는 사람은 없다. 돈을 잃어서 망하는 것이다. 따라서 우선은 돈을 잃지 않는데 모든 포커스를 맞추어야 한다. 우리가 투자에서 얼마를 벌지는 아무도 모른다. 그러나 얼마를 덜 잃을지는 전적으로 우리의 의지에 달려 있다. 계좌의 잔고를 지키는 것은 계좌의 잔고를 늘리는 출발점이라는 점을 명심하여야 한다.

많은 투자가들이 돈을 벌 생각만으로 가득 차 있다. 1,000만 원으로 얼마를 벌까? 1억 원으로 얼마나 수익이 날까? 모두 돈을 벌 것으로만 알고 있다. 즉 권투선수가 때릴 생각만 하고 있는 것과 같다. 그러나 현실에서는 어떠한가? 매매에서 돈을 벌기만 한 사람이 과연 있었던가? 권투에서 자기는 한 대도 맞지 않고 상대방만 때린 선수가 있었던가? 엄연한 현실을 외면하려 해서는 안 된다.

이 세상에 일방적이란 것은 없다. 수익이 날 수도 있고 손실이 날 수도 있다. 그러니 양쪽을 다 고려해야 하는 것이 합리적인 사고이다. 손실이 날 수도 있음을 염두에 두어야 하는 것이다. 이것이 리스크 관리의 시작이다. 위험을 전혀 느끼지 못하는 사람이 리스크 관리를 잘할 수 있을까? 절대 그렇지 않다. 위험을 느끼는 사람이 위험에 대한 대비도 잘하는 것이다.

매매에서 승률이라는 것이 있다. 수익을 낸 매매와 손실을 낸 매매를 비율로 보는 것이다. 예를 들어 10번 매매를 했는데 여섯 번에서 수익이 났다면 그 사람의 승률은 60%이다. 일반적으로 많은 투자가들의 매매에서 승률은 50% 이상이다. 즉 10번 매매하면 다섯 번 이상은 수익이 나는 것이다. 나쁘지 않은 승률이다. 그런데 그럼에도 불구하고 많은 투자가들이 파산한다. 승률은 절반 이상인데 파산을 하다니, 그 이유는 무엇일까?

어떤 투자가가 승률이 70%라고 하자. 열 번 매매에서 일곱 번 수익을 낸다고 하면 이는 대단히 높은 승률이다. 그런데 이 투자가가 파산을 했다. 높은 승률에도 불구하고 파산하는 이유는 간단하다. 손실금액이 수익금액을 압도하였기 때문이다. 열 번 매매를 하였다. 일곱 번 수익을 냈는데 한 번의 매매에서 100만 원 정도씩 수익을 내서 700만 원을 벌었다고 하자. 그런데 손실을 본 세 번의 매매에서 각각 1,000만 원씩 잃었다고 하자. 3,000만 원 손실이다. 결국 10번의 매매에서 총 2,300만 원의 손실이 난 것이다.

투자의 세계는 몇 번 수익을 냈는지가 아니라 얼마를 벌었느냐의 문제이다. 열 번 매매 중에 아홉 번 수익을 내어 1억 원을 벌었다고 하자. 마지막 매매 한 번에서 2억 원의 손실을 보면 그전 아홉 번의 수익은 의미가 없게 된다. 한 번의 손실이 그동안 번 수익을 모두 잠식할 수 있는 것이다. 무서운 일이 아닐 수 없다. 이런 일이 일어나는 이유는 단 하나, 리스크 관리에 문제가 있었기 때문이다.

돈은 조금 벌었지만 손실액이 미미한 투자가, 돈을 엄청나게 벌었다 한 방에 모두 다 날린 투자가, 당신은 어느 쪽을 택하겠는가? 100만 원을 번 사람과 150만 원을 번 사람의 기분의 차이는 별로 크지 않으나 본전을 지킨 사람과 50만 원을 손해 본 사람이 느끼는 감정의 차이는 분명하다. 그래서 중요한 것이 어떻게든 덜 잃는 것이다.

투자가는 모든 것을 장기적인 관점에서 접근해야 한다. 계속해서 매매를 하려면 원금이 온전해야 하고 그러기 위해서는 꾸준한 리스크 관리가 지속되어야 한다.

덜 벌더라도 손실을 최소화시키는 데에 주력해야 한다. 언제나 강조하지만 투자의 세계에서는 돈을 못 벌어서 문제가 되는 것이 아니다. 너무 많이 잃어서 문제가 되는 것이다.

▶ 치타는 새가슴으로 사냥에 임한다

육지에 사는 네 발 달린 동물 중 가장 빠른 동물이 치타이다. 100m의 거리를 3~4초에 주파하는 속도라고 하니 엄청난 스피드라 아니 할 수 없다. 그러나 지구상에서 가장 빠른 치타도 사냥할 때는 아주 조심스럽게 한다. 그 어떤 동물보다도 빠르게 달릴 수 있는 치타가 사냥에는 신중하게 접근하는 것이다.

우선 치타가 사냥감을 고를 때는 무리에서 제일 어리거나 부상을 당해 빠르지 못한 상대를 고른다. 한마디로 제일 약한 상대를 고르는 것이다. 치타는 이런 식으로 해서 성공 가능성을 최대한 확보한다. 그리고 적당한 사냥감을 골랐다 싶으면 최고의 타이밍을 노린다. 살금살금 다가가 거리를 최대로 좁힌 다음에 단숨에 일격을 가하는 것이다.

이런 사냥 방법은 비단 치타에만 국한된 것이 아니다. 사자나 호랑이, 표범 등의 거의 모든 육식 동물이 다 이런 식으로 사냥을 한다. 그들은 엄청난 힘과 이빨, 발톱을 가지고 있는 맹수들이다. 그런데도 사슴과 같은 힘없는 초식 동물 하나를 사냥하는 데 온갖 주의를 기울여 행동하는 것이다. 그들이 가진 힘에 비하면 너무나 신중하다 할 수 있을 것이다.

왜 그럴까? 압도적인 힘의 우위를 가지고 있으면서도 사냥에 임할 때는 왜 그리도 조심스러운 것일까? 그 이유는 부상의 위험 때문이다. 그들은 단 한 번의 부상이 얼마나 치명적일 수 있는지 너무나 잘 알고 있다. 아무리 맹수들이라 할지라도 사냥을 할 때 의외로 부상을 입는 경우가 많다. 그런데 그 부상이 치명적일 경우 더 이상의 사냥이 불가능하게 된다. 그리고 이것은 바로 죽음을 의미한다. 육식 동물이 사냥을 못 하면 굶어 죽는 수밖에 없다. 실제로 많은 육식 동물들이 사냥 중에 다리를 다쳐 굶어 죽는다고 한다. 다리를 다친다는 것 자체가 생명에 위협이 되지는 않지만 그로 인해 사냥이 불가능해지므로 굶어 죽게 되는 것이다.

따라서 그들에게 있어 모든 사냥은 목숨을 건 사냥이다. 신중해질 수밖에 없는 것이다. 비록 상대가 약한 초식 동물이라 할지라도 혹시라도 있을 수 있는 실수로 인해 목숨을 잃을 수 있기 때문이다. 그래서 모든 조건이 완벽해 질 때 사냥에 임한다. 치타 역시 혹시라도 있을 수 있는 그 한 번의 치명적 위험을 잘 알고 있는 것이다.

그렇다면 투자가들은 어떤가? 단 한 번의 실수가 얼마나 치명적이 될 수 있는지 알고 투자에 임하고 있는 것일까? 매매 하나하나가 결정적이고 치명적일 수 있는지 자각하고 있는 투자가들은 과연 얼마나 될까?

성공하는 투자가는 누구보다도 시장의 무서움을 잘 아는 투자가이다. 시장의 무서움을 너무나 잘 알기에 신중을 기하는 것이다. 시장에서의 경험이 많은 투자가일수록 시장을 두려워 할 줄 알고 시장에서의 경험이 없는 투자가 일수록 시장을 쉽게 보고 겁 없이 달려든다.

많은 베테랑 투자가들이 매매를 통해 절실하게 느끼는 것 중의 하나가 시장의 무서움이다. 시장은 투자가에게 주었던 수익을 한순간에 빼앗아 버리기도 하며 잘나가던 투자가를 한순간에 거지로 만들어 버리기도 한다. 몇 억 원의 수익이 한번에 사라지고는 정말 꿈인 것 같다고 말하는 투자가들이 한둘이 아니다.

시장은 힘들게 번 수익을 아주 천천히 조금씩 앗아가기도 한다. 그러더니 어느새 수익을 손실로 만들어 버리고 손실의 폭을 점점 늘려 간다. 투자가는 당황하며 어떻게든 손실을 만회해 보려 하지만 생각대로 되지 않는다. 그러면서 시장은 투자가를 천천히 짓밟는다. 그리고는 아주 결정적인 순간에 투자가를 회복불능의 상태로 만들어 버린다. 아마 이 순간이 투자가로서는 가장 처참한 순간일 것이다. 시장은 이렇게 무서운 곳이다.

특히 큰 이익을 본 다음이 중요하다. 거대한 손실은 큰 이익을 본 다음에 찾아온다. 자만하게 되는 시점에 크게 당하게 되는 것이다. 자만심이 생기게 되면 리스크 관리가 허술해지기 쉬우며 손실의 파도는 그 틈을 놓치지 않고 파고든다. 앞에서도 강조했지만 자만심은 확실한 패배의 지름길이다. 아무리 10을 벌면 뭐하는가? 그다음에 20을 잃는다면 오히려 하지 않은 것만 못하지 않은가?

그래서 투자가는 이익보다 리스크에 주의를 기울여야 한다. 치타가 먹잇감보다 부상에 신경을 쓰는 것처럼 말이다. 먹잇감이야 많다. 안되면 다음에 시도하면 그만이다. 사냥이야 다음에 해도 되지만 부상은 돌이킬 수 없다. 뭔가가 의심스럽다면 일단 주의해야 한다. 뭐든지 일단 리스크부터 줄여라. 나중에 기회는 얼마든지 있다. 지금 서둘러야 할 이유는 그 어디에도 없다.

모든 매매에서 언제나 수익을 낼 수 있는 것이 아니다. 손실은 반드시 보게 되어 있다. 문제는 그 손실 규모에 따라 모든 것이 무너질 수도 있다는 사실이다. 만드는 데는 오랜 시간이 걸리지만 무너지는 것은 한순간이다. 리스크 관리는 언제 올지 모르는 그 한순간을 미연에 방지하고자 하는 것이다. 그래서 중요하다.

매매에서 리스크 관리는 자동차에서의 브레이크와 같은 존재이다. 어떤 운전자이든 브레이크를 밟을 일은 꼭 생긴다. 그런데 잘 달릴수록 스피드를 즐길수록 브레이크는 생각에서 멀어진다. 하지만 정작 대형 사고는 속도를 내며 달릴 때 순식간에 일어난다. 한참 잘나가던 투자가가 갑자기 파산하는 경우와 같다.

중간에 여러 장애물이 있는 길이나 좁은 길을 갈 때 운전자는 브레이크를 밟으며 신경을 더 쓴다. 한마디로 더 경계하는 것이다. 그래서 좁은 골목길에서는 대형 사고가 잘 일어나지 않는다. 조심해서 운전하기 때문이다. 대형 사고는 고속도로나 야간에 많이 일어난다. 부주의를 하기 쉬운 때 일어나는 것이다.

마찬가지로 조심해서 매매를 할 때는 대형 손실이 잘 나지 않는다. 투자에서도 경계심이 풀려 있을 때 대형 사고가 일어난다.

성공하는 투자가가 되려면 모든 매매에 있어 최악의 순간을 상정하고 있어야 한다. 이 한 번의 포지션으로 모든 것을 잃고 최악의 길로 접어들 수도 있다는 사실을 명심해야 한다. 특히 큰 이익을 본 다음에는 더욱더 그래야 한다. 잠깐 방심을 한 사이에 모든 것을 빼앗기는 일이 이 세계에서는 너무 자주 일어나기 때문이다. 언제나 한순간의 방심이 나중에 돌이킬 수 없는 결과를 낳았으며 그 때문에 수많은 투자가들이 시장에서 사라졌다.

매매에서 투자가의 성패는 한순간의 판단이다. 한 번의 과욕이나 실수가 나중에 엄청난 후회를 가져오게 되는 것이다. 그래서 모든 매매에 주의를 쏟아야 한다. 뭔가가 의심스러울 때는 일단 경계해야 한다.

명심하기 바란다. 투자의 세계는 공격을 못해서 무너지는 곳이 아니다. 방어를 제대로 못해 무너지는 곳이다. 철저한 리스크 관리만이 생존을 보장해 준다. 새가슴이 되어 매매에 임하라. 벌벌 떨면서 매매에 임하라. 마지막이 될 수 있다는 심정으로 매매에 임하라. 그래야 살아남는다.

오늘도 치타는 풀 속에 몸을 낮추고 먹잇감을 노려보고 있다. 가장 성공 가능성이 높은 상대를 골라 최상의 타이밍을 노리고 있는 것이다. 자칫했다가는 사냥은커녕 자기가 죽을 수가 있기 때문이다. 사냥 하나하나가 생명을 건 승부인 것이다.

투자가에게도 매매 하나하나가 생명을 건 승부가 되어야 하는 것이다. 뭔가 의심스럽다면 일단 멈추어라. 이것은 생존을 위한 철칙이다.

에필로그

　이 책은 투자가라는 위험한 직업에 있어 필요하다고 생각되는 조건을 크게 두 가지 관점에서 제시하고 있다. 정신자세와 매매기법이다. 정신자세는 방패이며 매매기법은 창이다. 강한 정신자세와 확립된 스스로의 매매기법만 갖추어져 있다면 이는 투자가로서의 성공요건을 갖춘 셈이 된다.

　정신자세는 몇 가지의 중요한 요소를 갖추면 된다. 그에 비해 매매기법은 상당히 다양하다. 무궁무진할 정도로 많다. 이 책에서 필자는 매매기법을 추세를 보는 기법에 초점을 맞추어 설명하였다. 장기적이고 전체적인 시장의 흐름을 파악하는 것이 무엇보다 중요하기 때문이다.

　그런데 투자가의 성공조건 두 가지 중에서 정말 어려운 것이 정신자세이다. 여기에 몇 가지 요소가 있지만 이들을 실행하는 것은 생각보다 상당히 힘들다. 얼마나 힘든지는 투자경험이 많은 사람이라면 누구나 알 것이다. 투자가 어렵다는 것은 이 때문이라 생각한다. 그래서 이 책은 마지막 장, 선배의 충고라는 장을 통해 정신자세의 중요성을 다시 한 번 강조하였다.

　만약에 어떤 사람이 이 책을 읽고 투자라는 일이 본인과는 맞지 않다고 느껴 아예 주식투자는 하지 않겠다고 결심하게 된다면 이는 대성공이다. 그 사람은 엄청난 스트레스와 금전적 손실을 경험하지 않아도 되기 때문이다. 그렇게 되면 이 책은 최소한 한 사람을 구제한 셈이 된다.

　아마추어 투자가가 이 책을 읽고 최소한 '투자라는 것이 생각보다 쉽지 않은 것이구나.' 라고 느꼈다면 이 역시 성공한 것이라고 생각한다. 최소한 그 투자가는 리스크 관리에 대해 더 신경을 쓰게 될 테니까 말이다. 그리고 이는 틀림없이 엄청난 손실을 사전에 방지하게 해 줄 것이다.

주식투자에서 성공하는 사람이 전체 투자가의 10% 정도라고 한다면 90%는 손실을 보고 있는 것이다. 그렇다면 90%라는 절대 다수가 손해 보는 주식투자를 하고 있다는 이야기이다. 대다수가 하지 않아도 될 일을 하여 돈을 읽고 있는데 이 책을 읽고 주식투자를 하지 않게 되었다면 이는 대단한 것이라고 생각한다.

그리고 이 책을 읽고 투자하는 데 리스크와 손실에 대해 한 번 더 생각하게 되어 조금이나마 손실을 줄일 수 있게 된다면 이 역시 책을 쓴 보람이 아닐 수 없을 것이다.

성공하는 투자가가 되기 위해서는 수익보다 손실에 민감하여야 한다. 그래서 모든 매매에서 수익보다 손실에 신경을 쓰는 습관을 들이는 것이 중요한 것이다. 이 책은 투자가의 성공요건으로 이 점을 강조하고 있다. 정신력, 매매기법, 매매원칙 모두 여기에 필요한 것들이다.

마지막으로 필자가 살아가면서 언제나 되새기고 있는 내용을 하나 소개하고자 한다.

> 한 생각이 한 행동을 만들고 그 행동이 습관을 만들며 그 습관이 그 사람을 만든다. 어떤 행동을 반복하느냐에 따라 우리의 모습이 결정되는 것이다. 그리고 그 모든 처음의 시작은 한 생각이다.

저자 약력

■ 서 병 학

현) 강남대학교 경제학과 교수
- 고려대학교 경제학과 졸업 (경제학사)
- 일본 동경대학 대학원 경제학과 졸업 (경제학 석사·박사)
- 한국산업은행
- 고려대학교 정책대학원 강사
- 강남투자클럽 대표

〈저서〉
- 동경대와 일본에 관한 진실(2003), 예사랑
- 주식매매의 원칙(2006), 두남
- 투자가를 위한 알기 쉬운 증권경제론(2012), 시그마프레스

인 지

● **투자가의 성공조건**

초 판 1쇄 인쇄 —— 2013년 7월 25일
초 판 1쇄 발행 —— 2013년 7월 30일
지은이 —— 서 병 학
펴낸이 —— 전 두 표
펴낸곳 —— 도서출판 **두남**
　　　　서울시 강동구 성내로6길 34-16 두남빌딩
　　　　신 고 : 제25100-1988-9호
　　　　TEL : 02) 478-2065, 2066, 2067, 2311
　　　　FAX : 02) 478-2068
　　　　E-mail : dunam1@unitel.co.kr
　　　　http://www.dunam.co.kr

● **정가 20,000원**

ISBN 978-89-6414-424-4　93320